U0862859

国家骨干高职院校项目建设成果

Guoji Huoyun Daili Shiwu

国际货运代理实务

闵秀红　闫跃跃　主　编
安礼奎　副主编
黄友荣　主　审

人民交通出版社股份有限公司
China Communications Press Co.,Ltd.

内 容 提 要

本书是物流管理专业职业岗位核心能力课程教材,是在各高等职业院校积极践行和创新先进职业教育思想和理念,深入推进"校企合作、工学结合"人才培养模式的大背景下,根据新的教学标准和课程标准组织编写而成。

本书以不同运输方式下国际货运代理业务为主线,内容主要包括:国际海上出口货运代理、国际海上进口货运代理、国际航空出口货运代理、国际航空进口货运代理、国际多式联运,共5个学习模块,23个工作任务。

本书主要供高职高专院校国际货运代理专业、物流管理专业教学使用。

图书在版编目(CIP)数据

国际货运代理实务 / 闵秀红,闫跃跃主编. —北京:人民交通出版社股份有限公司,2015.1

国家骨干高职院校项目建设成果

ISBN 978-7-114-12363-4

Ⅰ.①国… Ⅱ.①闵… ②闫… Ⅲ.①国际货运-货运代理-高等职业教育-教材 Ⅳ.①F511.41

中国版本图书馆CIP数据核字(2015)第176511号

国家骨干高职院校项目建设成果

书　　名:国际货运代理实务
著 作 者:闵秀红　闫跃跃
责任编辑:卢仲贤　司昌静　薛　民
出版发行:人民交通出版社股份有限公司
地　　址:(100011)北京市朝阳区安定门外外馆斜街3号
网　　址:http://www.ccpress.com.cn
销售电话:(010)59757973
总 经 销:人民交通出版社股份有限公司发行部
经　　销:各地新华书店
印　　刷:北京虎彩文化传播有限公司
开　　本:787×1092　1/16
印　　张:18.75
字　　数:476千
版　　次:2015年1月　第1版
印　　次:2020年7月　第2次印刷
书　　号:ISBN 978-7-114-12363-4
定　　价:66.00元

江西交通职业技术学院
优质核心课程系列教材编审委员会

序

PREFACE

为配合国家骨干高职院校建设，推进教育教学改革，重构教学内容，改进教学方法，在多年课程改革的基础上，江西交通职业技术学院组织相关专业教师和行业企业技术人员共同编写了“国家骨干高职院校重点建设专业人才培养方案和优质核心课程系列教材”。经过三年的试用与修改，本套丛书在人民交通出版社股份有限公司的支持下正式出版发行。在此，向本套丛书的编审人员、人民交通出版社股份有限公司及提供帮助的企业表示衷心感谢！

人才培养方案和教材是教师教学的重要资源和辅助工具，其优劣对教与学的质量有着重要的影响。好的人才培养方案和教材能够提纲挈领，举一反三，而差的则照搬照抄，不知所云。在当前阶段，人才培养方案和教材仍然是教师以育人为目标，服务学生不可或缺的载体和媒介。

基于上述认识，本套丛书以适应高职教育教学改革需要、体现高职教材“理论够用、突出能力”的特色为出发点和目标，努力从内容到形式上有所突破和创新。在人才培养方案设计时，依据企业岗位的需求，构建了以岗位需求为导向，融教学生产于一体的工学结合人才培养模式；在教学内容取舍上，坚持实用性和针对性相结合的原则，根据高职院校学生到工作岗位所需的职业技能进行选择。并且，从分析典型工作任务入手，由易到难设置学习情境，寓知识、能力、情感培养于学生的学习过程中，力求为教学组织与实施提供一种可以借鉴的模式。

本套丛书共涉及汽车运用技术、道路桥梁工程技术、物流管理和交通安全与智能控制等27个专业的人才培养方案，24门核心课程教材。希望本套丛书能具有学校特色和专业特色，适应行业企业需求、高职学生特点和经济社会发展要求。我们期待它能够成为交通运输行业高素质技术技能人才培养中有力的助推器。

用心用功用情唯求致用，耗时耗力耗资应有所值。如此，方为此套丛书的最大幸事！

江西省交通运输厅总工程师 [signature]

2014年12月

前言

FOREWORD

随着国际贸易和国际运输的发展，国际货运代理已渗透到国际贸易的各个领域，成为国际贸易中不可缺少的重要组成部分。它是连接货主与承运人的重要纽带，是国际贸易的桥梁和国际货物运输的设计师与组织者。我国国际货运代理行业起步较晚，由于国家重视，发展十分迅速。国际货运代理业的快速发展急需大量理论基础扎实、实践动手能力较强的技能型人才。

本书以不同运输方式下进出口货运代理业务操作流程为主线，以货代基本理论为指导，设置教学模块和任务单元。全书共设5个模块，每个学习模块由多个学习任务构成，各学习任务的编写内容包括：案例导入、任务分析、任务实施、延伸阅读4部分。在任务分析的基础知识部分运用了大量图片、案例资源直观展示相关知识内容，立足"看得懂、学得会、用得上"，讲对于提高学生技能最重要、最需要的知识；在任务实施部分，提供了实训目的、实训技能、实训内容、实训准备、实训步骤、实训评价等内容，帮助学生完成真实货运代理任务的模拟演练。

本书由江西交通职业技术学院闵秀红、闫跃跃担任主编，安礼奎担任副主编，由江西交远物流有限公司总经理黄友荣高级经济师担任主审。编写分工如下：闵秀红编写模块一和模块二，安礼奎编写模块三和模块四，闫跃跃编写模块五。曾素文、曾周玉、邹丽娟负责统稿和校对工作。

本书在编写过程中，参考了大量文献资料及网络资源，引用了众多专家学者的研究成果，并列于书后的参考文献之中，在此向有关作者一并表示诚挚的谢意。由于现代物流业与国际货运代理业的不断发展，各种新的理论与见解不断出现，有待于进一步探讨与研究。再者，由于作者水平有限，书中难免有不妥之处，恳请广大读者批评指正，以臻完善。

作　者

2014年12月

目 录

CONTENTS

模块一 国际海上出口货运代理 …… 1
任务一 揽货与接受委托 …… 2
任务二 订舱 …… 17
任务三 货物装箱与装船 …… 39
任务四 海运运费计算 …… 48
任务五 出口检验检疫 …… 55
任务六 出口报关 …… 66
任务七 提单的缮制与签发 …… 77
模块二 国际海上进口货运代理 …… 91
任务一 集装箱进口货运代理实务 …… 92
任务二 国际海运进口货运代理单证 …… 97
任务三 进口保险索赔 …… 106
模块三 国际航空出口货运代理 …… 109
任务一 揽货与接收委托 …… 111
任务二 订舱备货 …… 138
任务三 制单与报关 …… 155
任务四 货交承运人装机 …… 166
任务五 货物发运后事项 …… 177
模块四 国际航空进口货运代理 …… 208
任务一 到货与卸机 …… 208
任务二 理单与理货 …… 216
任务三 报关与报检 …… 220
任务四 发货与转运 …… 230
模块五 国际多式联运 …… 234
任务一 国际多式联运认知 …… 236
任务二 国际公路联运实务 …… 244
任务三 国际铁路联运实务 …… 254
任务四 国际多式联运业务及程序 …… 269
参考文献 …… 288

模块一　国际海上出口货运代理

学习导语

随着国际贸易、运输方式的发展,国际货运代理已渗透到国际贸易的各个领域 ,成为国际贸易中不可缺少的重要组成部分。市场经济的迅速发展,使社会分工越加趋于明确,单一的贸易经营者或者单一的运输经营者都没有足够的力量亲自经营处理每项具体业务,他们需要委托代理人为其办理一系列商务手续以实现各自的目的。国际货运代理的基本特点是受委托人委托或授权,代办各种国际贸易、运输所需要服务的业务,并收取一定报酬,或作为独立的经营人完成并组织货物运输等业务,因而被认为是国际运输的组织者,也被誉为国际贸易的桥梁和国际货物运输的设计师。

国际海上货运代理是随着海上贸易的形成、国际贸易运输领域的逐渐扩大、社会分工越来越细而发展起来的。海上货物运输业务范围广、头绪多,使得任何一个承运人(船公司)或货主都很难亲自处理好运输业务中每一个环节的具体业务,很多工作需要委托代理人代为办理。虽然花费一些酬金,但从代理提供的服务中可以得到补偿。

故事分享

大连伟达贸易有限公司与进口商 SANGYONG CORPORATION 签订进出口贸易合同(合同号为:XM0151TJ06),于 2013 年 9 月 19 日收到进口商通过 Bank of Korea 开立的信用证 C84E0081/99。按照信用证规定,须在 2013 年 11 月 13 日前将货物装运出口。

收到信用证后,大连伟达贸易有限公司开始安排货物生产以及货物运输的相关事宜。为保证运输,决定委托辽宁港捷国际货运代理有限公司代理其办理出口货物的租船订舱以及装运过程中各项业务手续。辽宁港捷国际货运代理有限公司代大连伟达贸易有限公司办理好了出口所需各项事项,货物顺利海运出口。

引例思考:

国际货运代理企业通晓国际贸易环节,精通各种运输业务,熟悉有关法律、法规,业务关系广泛,信息来源准确、及时,与各种承运人、仓储经营人、保险人、港口、机场、车站、堆场、银行等相关企业,海关、商检、卫检、动植检、进出口管制等有关政府部门存在着密切的业务关系,不论对于进出口货物的收、发货人,还是对于承运人和港口、机场、车站、仓库经营人都有重要的桥梁和纽带作用。不仅可以促进国际贸易和国际运输事业发展,而且可以为国家创造外汇来源,对于本国国民经济发展和世界经济的全球化都有重要的推动作用。

学习目标

通过本模块的学习,期望达到下列目标:

1. 专业能力

(1)具有办理海运订舱操作、海运报检报关操作、海运结算操作的能力;

(2)能办理整箱货国际海运出口货运代理业务;

(3)能办理拼箱货国际海运出口货运代理业务;

(4)能缮制各种国际海运出口相关货运代理单证;

(5)具有对国际海上货运代理相关知识的系统理解能力和综合运用能力;

(6)具有国际海上货运代理各项业务的熟练操作能力,并能实现在国际物流的大背景下灵活掌握综合的国际海上出口货运代理业务的能力。

2. 社会能力

(1)具有可持续发展的能力;

(2)具有沟通及与人合作的能力;

(3)具有爱岗敬业的精神、诚实守信的品质、团队协作的意识、吃苦耐劳的作风;

(4)注重遵章守纪、积极思考、耐心、细致、勇于实践、竞争意识等职业素质的养成。

3. 方法能力

(1)具有利用各种信息媒体,获取新知识、新技术的能力;

(2)通过情境化的任务单元活动,掌握分析问题解决实际问题的能力;

(3)具有制订工作计划和培养工作方法的能力。

模块图解

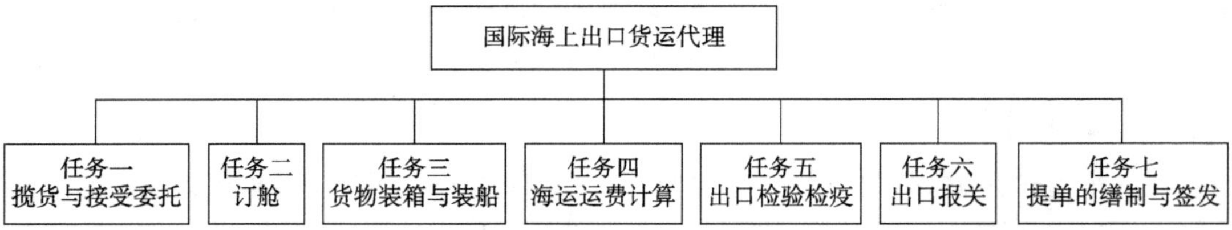

任务一　揽货与接受委托

案例导入

货代业务员小李谈下来一家比较稳定的客户,他取得了大连伟达贸易有限公司工厂外贸部唐经理的信任,并把货物全部放到外贸部出口,唐经理不可能自己做单证等工作,只是询价,下面的事情都是由单证员小沈来做。由于小沈是新人,遇到很多事情都要麻烦小李,向他请教。小李经常要报价,所以比较忙,就会觉得小沈很烦,很多问题不懂,有时甚至不会理会小沈的询问。自己认为,唐经理都搞定了,管她那个单证员干吗呢?小沈心里当然能感觉到小李的不满,所以尽量少去麻烦小李。这期间,小沈认识了另外一名货代业务员小林,每次小沈有问题问小林,小林都会耐心地帮助她解决问题,并教她怎么做,小沈在心里特别感激这个热心的小林。随着时间的推移,唐经理慢慢无暇顾及询价订舱之类的事情,加上小沈也越来越熟练了,就直接把这个权力放给小沈了,只要货物安全稳定,货代业务员就由小沈去选择了。两个星期没有委托书,小李感觉不对了,去找唐经理,唐经理就让他直接去找小沈。这时小李带着礼物去找小沈,得到的回应是:“我现在合作的货代业务员很好,没有问题不会换的。”这个业务员就是小林。

小林是辽宁港捷国际货运代理有限公司的业务员,这次接到小沈的一批业务情况是:大连伟达贸易有限公司向韩国 SANGYONG CORPORATION 出口 Boy's sport suit(合同号为:XM0151TJ06),数量 3600 件,每打 20 美元 CFR 釜山,纸箱包装,每箱 10 打,箱件尺寸为 50cm × 20cm × 30cm,毛重为 10kg/箱。运输标志为:SANYONG/PUSAN/NOS:1 - 30 货物须在 2013 年 11 月 13 日前将货物装运出口。

思考:

货代业务员需要不断地积累自己的人脉,其中的细节很重要。千万别忽略"小人物"(这里的"小人物"是指跟踪货物的跟单员,或者制单的单证员,订舱的船务等)。每个人不可能一直都是"小人物",善待别人,也是在积累自己的潜在资源。即使关系再好,业务别心存侥幸。一名合格的货代业务员要维护好客户的关系,做事让人放心。

任务分析

1. 任务准备

(1)一家出口企业材料,主要包括:企业的主要经营业务(含业务介绍)、模拟几个客户的资料、公司宣传资料、模拟托运单据、该物流企业的网址等。

(2)多媒体教室(含可供学生上网查资料的电脑、多媒体教学设备、课件和动画等教学资料)。

2. 任务目标

(1)掌握国际货运代理的业务范围;

(2)熟悉国际货运代理公司的部门设置及部门职能,了解国际货代员应具备的业务素质;

(3)能开展国际货运代理揽货业务;

(4)能缮制国际海运出口货运代理委托书。

基础知识

一、国际货运代理基本知识

1. 国际货运代理的概念

目前,国际上对于货运代理没有一个统一的定义。

国际货运代理协会联合会 FIATA(简称菲亚塔)将其定义为:根据客户的指示,并为客户的利益而揽取货物运输的人,其本身不是承运人。

在我国,国际货运代理具有两种含义:一是指国际货运代理业;二是指国际货运代理人。

根据国务院批准的《中华人民共和国国际货物运输代理业管理规定》第 2 条规定"国际货物运输代理业,是指接受进出口货物收货人、发货人的委托,以委托人的名义或者以自己的名义,为委托人办理国际货物运输及相关业务并收取服务报酬的行业。"

国际货运代理人,是指接受进出口货物收货人、发货人和承运人的委托,以委托人的名义或者以自己的名义,为委托人办理国际货物运输及相关业务并收取服务报酬的企业。可见,国际货运代理人就是我们通常所说的国际货运代理企业。

2. 国际货运代理的类型

根据不同的角度,国际货运代理可划分为不同的类型。按运输方式划分,有国际海上货运代理、国际航空货运代理、国际陆路(铁路、公路)货运代理和国际联运代理。

3. 国际货运代理的作用

1）为发货人服务

（1）组织协调作用。国际货运代理人历来被称为“运输的设计师”，“门到门”运输的组织者和协调者。凭借其拥有的运输知识及其他相关知识，组织运输活动，设计运输路线，选择运输方式和承运人（或货主）。

协调货主、承运人及其与仓储保管人、保险人、银行、港口、机场、车站、堆场经营人和海关、商检、卫检、动植检、进出口管制等有关当局的关系，可以省去委托人时间，减少许多不必要的麻烦，专心致力于主营业务。

（2）专业服务作用。国际货运代理人的本职工作是利用自身专业知识和经验，为委托人提供货物的承揽、交运、拼装、集运、接卸、交付服务，接受委托人的委托，办理货物的保险、海关、商检、卫检、动植检、进出口管制等手续，甚至有时要代理委托人支付、收取运费，垫付税金和政府规费。国际货运代理人通过向委托人提供各种专业服务，可以使委托人不必在自己不够熟悉的业务领域花费更多的心思和精力，使不便或难以依靠自己力量办理的适宜得到恰当、有效的处理，有助于提高委托人的工作效率。

（3）降低成本作用。国际货运代理人掌握货物的运输、仓储、装卸、保险市场行情，与货物的运输关系人、仓储保管人、港口、机场、车站、堆场经营人和保险人有着长期、密切的友好合作关系，拥有丰富的专业知识和业务经验，有利的谈判地位，娴熟的谈判技巧，通过国际货运代理人的努力，可以选择货物的最佳运输路线、运输方式，最佳仓储保管人、装卸作业人和保险人，争取公平、合理的费率，甚至可以通过集运效应使所有相关各方受益，从而降低货物运输关系人的业务成本，提高其主营业务效益。

（4）资金融通作用。国际货运代理人与货物的运输关系人、仓储保管人、装卸作业人及银行、海关当局等相互了解，关系密切，长期合作，彼此信任，国际货运代理人可以代替收、发货人支付有关费用、税金，提前与承运人、仓储保管人、装卸作业人结算有关费用，凭借自己的实力和信誉向承运人、仓储保管人、装卸作业人及银行、海关当局提供费用、税金担保或风险担保，可以帮助委托人融通资金，减少资金占压，提高资金利用效率。

（5）沟通控制作用。国际货运代理人拥有广泛的业务关系，发达的服务网络，先进的信息技术手段，可以随时保持货物运输关系人之间、货物运输关系人与其他有关企业、部门的有效沟通，对货物进行运输的全过程进行准确跟踪和控制，保证货物安全、及时运抵目的地，顺利办理相关手续，准确送达收货人，并应委托人的要求提供全过程的信息服务及其他相关服务。

（6）咨询顾问作用。国际货运代理人通晓国际贸易环节，精通各种运输业务，熟悉有关法律、法规，了解世界各地有关情况，信息来源准确、及时，可以就货物的包装、储存、装卸和照管，货物的运输方式、运输路线和运输费用，货物的保险、进出口单证和价款的结算，领事、海关、商检、卫检、动植检、进出口管制等有关当局的要求等向委托人提出明确、具体的咨询意见，协助委托人设计、选择适当处理方案，避免、减少不必要风险、周折和浪费。

2）为承运人服务

货代向承运人订舱，一定对承运人和发货人都公平合理的费率，安排适当的时间交货以及以发货人的名义解决与承运人的运费账目等问题。

国际货代与班轮公司关系密切，越来越多的班轮公司支付国际货代一定的佣金以承认其在提高运力方面的有益作用。近年来，随着国际贸易中集装箱运输的增长，国际货代公司引进“集运”与“拼箱”服务，使得他们与班轮公司的及其他承运人如铁路承运人之间建立起更为密切的联系。

3）为港口服务

货代接运整船货物或装运整船大部分货物，在合理流向的前提下可以争取船舶在货代所在地港口装卸，这就为港口争揽了一条船的货源。

4）为海关服务

目前，世界上80%左右的空运货物，70%以上的集装箱运输货物，75%的杂货运输业务，都控制在国际货运代理人手中。

我国80%的进出口贸易货物运输和中转业务（其中，散杂货占70%，集装箱货占90%），90%的国际航空货物运输业务都是通过国际货运代理企业完成的。

4. 国际货运代理的业务范围

（1）根据《中华人民共和国国际货物运输代理业管理规定》及其实施细则的规定，我国国际货运代理的业务范围是相当广泛的。至于某个国际货运代理人的经营范围，应以其经营许可证上核准的业务范围为准。从各国国际货运代理业务经营来看，国际货运代理的业务范围包括以下几个方面：

①以代理人的身份从事海、陆、空进出口货物的报关报验代理以及保险等业务；

②以居间人、代理人或当事人身份从事海、陆、空货物的租船、订舱及运输组织等业务；

③以多式联运经营人身份从事物流服务业务；

④以第三方物流经营人身份从事物流服务业务。

（2）根据《中华人民共和国国际货物运输代理业管理规定实施细则》的规定，国际货运代理企业的经营范围如下：

①揽货、订舱（含租船、包机、包舱）、托运、仓储、包装；

②货物的监装、监卸、集装箱的拆箱、分拨、中转及相关的短途运输服务；

③报关、报检、报验、保险；

④缮制签发有关单证、交付运费、结算及交付杂费；

⑤国际展品、私人物品及过境货物运输代理；

⑥国际多式联运、集运（含集装箱拼箱）；

⑦国际快递（不含私人信函）；

⑧咨询及其他相关国际货运代理业务。

由此可见，货代企业几乎可以经营运输过程中的所有日常服务，在第三方物流运营中将担任重要的角色。

（3）面对不同的服务对象，国际货代的工作内容是不同的。对“发货人”而言，国际货代在货物运输的各个不同阶段，可以代理以下的作业内容：

①以最快、最省的运输方式，安排合适的货物包装，选择合理的货物运输路线；

②向客户建议仓储与分拨；

③选择可靠、效率高的承运人，并负责缔结运输合同；

④安排货物的计重和计量（尺码）；

⑤代办货物的保险；

⑥拼装货物（如果需要的话）；

⑦装运前或在目的地分拨货物之前，将货物存仓（如果需要的话）；

⑧安排货物到装运港的运输，办理海关和有关单证手续，并将货物交给承运人；

⑨代表托运人/收货人承付运费、关税、税收等；

⑩办理有关运输的外汇交易；

⑪取得承运人签发的各种单证，并交付发货人，监督货物运输的进程；

⑫其他。

5. 货代与物流、第三方物流的关系

物流（Logistics）是物品从供应地向接受地实体流动过程，将运输、储存、装卸、搬运、包装、加工、配送、信息处理的功能有机结合。对企业来讲，物流可以分为5种，即生产物流（加工环节）、供应物流（原材料）、回收物流（废原材料回收）、销售物流和废弃物物流（企业排放的无用物处理）。

第三方物流（TPL）是指生产经营企业为集中精力搞好主业，把原来属于自己处理的物流活动，以合同方式委托给专业物流服务企业，同时通过信息系统与物流服务企业保持密切联系，以达到对物流全程的管理和控制的一种物流运作与管理方式。提供第三方物流服务的企业，其前身一般是运输业、仓储业等从事物流活动及相关的行业。在委托方物流需求的推动下，从简单的存储、运输等单项活动转为提供全面的物流服务，其中包括物流活动的组织、协调和管理、设计建议最优物流方案、物流全程的信息搜集、管理等。目前第三方物流的概念已广泛被西方流通行业所接受。

货代与物流联系紧密：货运代理企业参与物流经营能够提供更专业、更快捷的服务，特别是货代发展第三方物流业务，也将成为货代业发展的主流趋势；物流把货代的具体工作当作物流链的环节并着重各相关环节动作的控制、管理，以及整个物流链的有效运作。

然而，传统货代业务与物流服务之间依然存在着很大的区别，具体如下。

(1)货代注重货运安排与设备选用，如船公司与船舶的选择，货运进仓、进场站等；而物流注重的是货物流动过程及其协调与管理。

(2)货代重视船期与航班"控制"；而物流重视的是物流信息"跟踪"及其反馈作用。

(3)货代单证是货代工作的主要内容；而物流特别是现代物流，信息管理系统、互联网与资讯技术贯穿着物流管理的全过程，并作为物流运作的重要平台。

总之，物流覆盖的面很广泛。形象地说，物流是大类，而货代是小类，是物流的一个节。物流是从流通的角度来讲的，而货代是从货物的角度来说的。货代同样能通过拓展一系列增值服务，如货物包装、储存、加工、配送等，来发展第三方物流业务。当然，作为本书主题的"国际货代"所提供的服务必定是国际性的，可以说，国际货代是国际物流当中的一个关键性环节。

6. 区分货代与船代和报关行等相关当事人

对于中小型进出口企业而言，在外贸运输过程中直接接触的是货代，即前所述的国际货运代理人。它有别于"船代"，"货代"是对"货"而言的第三方主体，货代可以代表货主处理有关的报关、报检、签单、改单、集货和货物跟踪等工作。

"船代"是指对"船"而言，却并非船公司和货主的第三方主体。"船公司"又称船东，是自己拥有船舶的企业，一般情况下为了专注于船舶业务，它会把船舱的销售权承包给"船代"，即船务代理人。对于"船"而言，货代的主要工作是订舱，船代却可以代表船公司处理有关订舱、报关、车运、签单、改单和放箱等工作。从舱位的生产销售过程来看，"船公司—船代—货代"的关系类似于"生产商—批发商—零售商"的关系。此外，船代是交通运输部审批并管理的；货代早些年由商务部审批并管理（现在由国家工商行政管理总局登记备案）。

在业务范围上，国际货代与船代、航空销售代理人、无船承运人、多式联运经营人、专业报关行等其他中间人存在一定的身份重叠和业务交叉，而且随着货代提供门到门运输服务、第三方物流服务甚至兼营仓储、铁路、公路集运等业务，它们之间的同行竞争性更突出了。另外，货代可以自己报关，也可以委托报关行报关，只要报关人员有报关员资格即可。

7. 认识一级货代与二级货代

目前在我国，货代公司划分为一级货代（也称二类货代）和二级货代（也称二类货代）。能直接向承运公司订舱，有一定的海外代理并已成规模的公司，就是一级代理。相对一级代理，很多公司规模不大，人员有限，一般都是通过能够直接订舱的代理再进行订舱的代理，就是二级代理。

一级、二级中，一级货代的资信程度最高，运费最低，提供的服务也最及时到位。

报关代理企业或其他代理企业（俗称二级、三级货代）数量极其庞大，它们以挂靠一级货代的形式承揽货代业务。

货代业务有内贸也有外贸，（一级国际货运代理有限公司，还有二级、三级等），一级代理可以直接在空运或海运公司或铁路公司订舱，二级必须只能在一级订舱，以此类推。

事实上，物流行业的市场分级虽然表面上不是分得很清，但实质是不管是一级货代还是二级货代，不管拥有多少家公司和多大的营销网络，关键是谁的资信程度最高，运费最低，提供的服务最及时到位。

知识链接

我国有很多一级货代都是国外知名物流企业在中国的分支机构，以此来实现全球物流网络的一体化。这也是物流企业的最终目标——与国际接轨。

二、国际货代企业内部运行认知

1. 货代公司业务部门设置与职能设定

国际货代公司内部往往实行流程型管理，以减少管理层级，打破部门间的界限，建立以业务流程为中心的、扁平化的“流程团队”。一般按市场部、业务部、操作部和结算部来设置，操作部通常又分设航线、文件、海外与地面、客户服务等岗位，见图1-1。

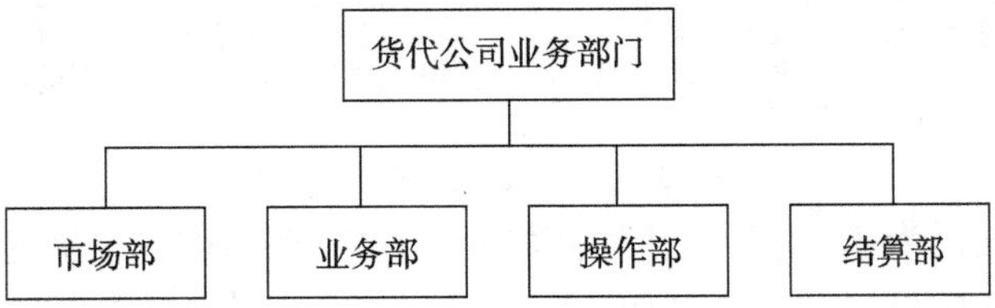

图1-1 货代公司业务部门设置

在扁平化的流程结构下，各个部门处于不同的工作流程的节点上，在工作中都有可能直接面对顾客，要对公司总体目标负责，对整个流程和规章制度负责。同时每个部门的业务重心又有所不同。

1)市场部

市场部是公司的“采购部门”,主要负责公司的供应(采购)管理,即市场开拓和管理工作,货代公司依靠它构建较低的服务成本体系。

2)业务部

业务部(Sales)负责开拓业务,即“揽货”是指按照高于成本的价格向海内外货主销售货代服务,形成自己稳定的客户资源网络。

3)操作部

简单地说,操作部(OP)就是直接面对客户,为客户提供各类服务的部门。可以具体分解为文件、航线、海外与地面(现场)和客户服务等岗位,按照业务流程操办代理运输的各项工作,圆满履行货代协议。

操作人员,特别是客户服务工作人员,必须精通各类业务,具备较强的综合能力。不但要求英语好,更重要的是,必须精通货代流程和海运、陆运、空运、拖车、多式联运等知识。其次要有耐心,能够仔细处理各种问题。一般来说,客服人员必须在操作部的具体业务岗位上工作多年,以积累经验。

4)结算部

(1)向货主收取应收相关费用。快速反馈必要的信息给客户,做好全程跟踪,实现最大客户满意度。

(2)支付各种应付费用,确认所属操作客户的业务凭证的应收、应付款项。根据付款通知,及时、准确开具银行票据与客户结算。

但是,实行流程化管理的货代公司内部不同部门及岗位的职责分工并不是绝对的,只要顾客有需要,就可以打破原有的职能界限,跨部门、跨岗位操作业务。例如,公司的市场部、操作部和结算部的员工也会像业务员一样开拓顾客市场(揽货)。业务部、市场部和结算部的员工为了稳定所面对的顾客,同样可以承担维护客户关系和处理客户投诉等职能。

2. 国际货运代理相关职业岗位要求

在扁平化和网络化的组织模式下,公司的每位员工都可能直接面对客户,此时在客户眼中,员工就代表着公司,员工形象就是公司形象,员工的业务素质和职业素养就是公司的品牌形象。

1)国际货代人员的业务素质(见图1-2)

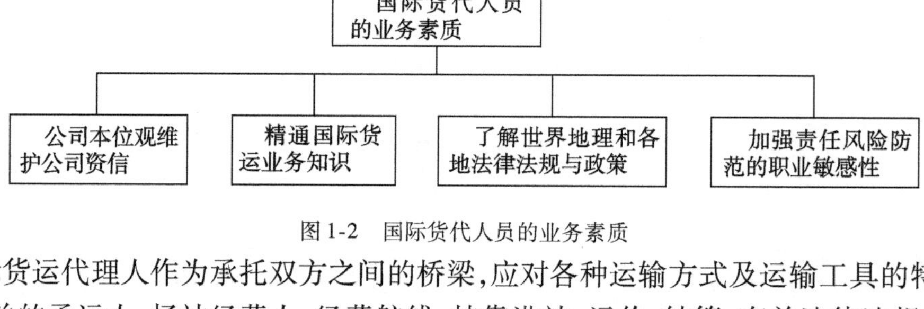

图1-2 国际货代人员的业务素质

国际货运代理人作为承托双方之间的桥梁,应对各种运输方式及运输工具的特点,常见货物,有关的承运人、场站经营人、经营航线、挂靠港站、运价、结算,有关法律法规等方面有全面的了解,才能充分发挥出自己的优势与特长。

(1)公司本位观,维护公司资信。公司资信包括资本和信誉两个方面。当员工直接面对顾客时,员工对业务是否娴熟是公司取信于客户的关键,员工形象就是公司形象。所以,公司每位员工都应该时刻站在公司的立场和高度上,凭借其专业知识和业务技能,借助信息与业务关系网络，树立一切为了客户的思想，处理和维护好公司与各方客户的关系，从而不断提高服务质量。

（2）精通国际货运业务知识。以航运为例，国际货代人员应该做到“六知”（见图 1-3）。

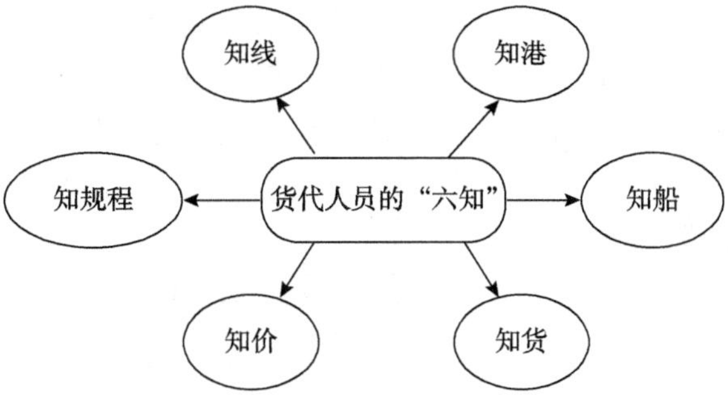

图 1-3　货代人员的“六知”

①知线：了解国际航线的现状与构成。目前大多数航线有定期的班轮航行，暂无直达航线的港口可以通过一程船或一线船运至日本、新加坡、韩国等中转港口进行转船运输。作为航运货代，需要熟悉各卸货港的所属航线，掌握主要定期班轮的航线情况。

②知港：了解装、卸港口情况。各航线都有基本港口和非基本港口之分，一般基本港口都是一些条件较好的大港口，船舶班次多。因此，为了避免货主成交需要二次转船，并选择装卸条件差、船舶拥挤的港口，国际货代人员特别是外销员要掌握各航线的基本港口并适时向货主提供咨询意见。对于非基本港口的货运，国际货代人员在接受委托前，需要预先与有关方面联系，并应建议货主在购销合同上订明“允许转船和允许分批装运”的条款。

③知船：了解船舶情况。国际货代人员要了解各主要班轮公司所属船舶的基本状况，包括国籍、船龄、载重量、舱容及服务质量等。

④知货：了解货物对运输的要求。国际货代人员应对普通杂货、集装箱货物、特种货物对运输的要求有一定的了解。

⑤知价：了解运价市场。国际货代人员有义务为货主精打细算节约运费，这就要求在订舱租船前从不同的承运人、运输方式和运输途径着手进行比价工作，以减少运费支出。

⑥知规程：了解业务操作规程。国际货代人员除了精通本公司的业务流程外，还应对其他环节，如货主、一关三检（在向海关申报前，首先要申请商品检验、动植物检验和卫生检验，即俗称“一关三检”）、码头、船公司等业务流程及其特殊规定予以全面的掌握，才能有效地开展业务活动。

（3）了解世界地理和各地法律法规与政策。

①时刻“心中一张图”。有熟悉世界地图，熟知世界各地的外贸概况，才能做到胸有成竹，才能取得货主的信任。

②时时“脑中一片网”。由于各国政治、法律、金融货币制度不同，政策、法令规定不同，贸易、运输习惯和经营做法也有所差别，很多国家对外贸易政策受政治、经济和自然条件的影响，对进出口货物有着不同的规定。因此，国际货代人员应时刻关注这方面的动态。

（4）加强责任风险防范的职业敏感性。在国际货代过程中，有可能因为公司自身或分包人的过失，未能履行义务给委托人或第三人造成损失，所以公司在追求利润的同时，应尽可能地对可能带来的责任风险进行预防。

除了进行商业投保、加强对分包人的评估以及在公司内部建立全业务过程和环节的责任风险防范机制外，公司的员工要加强风险意识，提高专业敏感度和职业敏感性。另外，还要加强业务学习，熟悉有关国际货代业务的标准交易公司、提单条款及相关行业术语，时刻关注业务中存在哪些风险；公司可能会承担哪些责任；在投保责任险的情况下，哪些风险可以由保险公司承保，哪些责任只能由公司自己承担。从而充分发挥主观能动性为公司防范风险。

2）国际货代人员的职业素养（见图1-4）

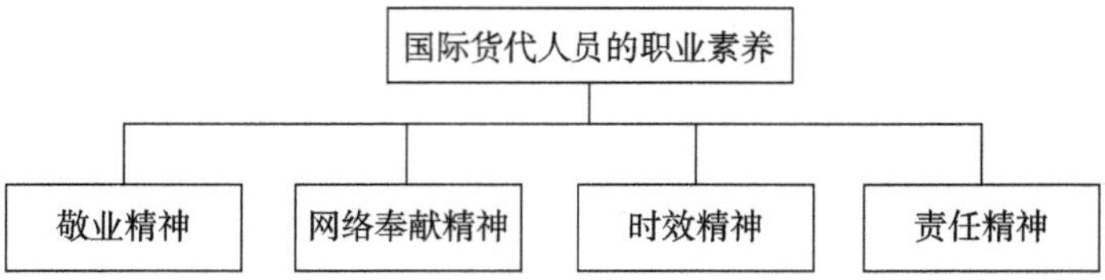

图1-4　国际货代人员的业务素质

货代行业里有一句俗语“要想受折磨，就来做货代”。由于国际货运历时长，空间跨度大，这就要求国际货代人员除了具备专业技能之外，更要关注个人品格修养的提升和综合素质的提高，养成良好的职业素养。对于货代工作，国际货代人员不仅认真去做，更要用心去做，否则就会“失之毫厘，谬以千里”。

（1）敬业精神。要做好工作，不是只有细心就足够的，还要把公司的工作当成自己的事，保持高度的细致与耐心，每时每刻分辨什么是重要的和关键的，不允许有任何的错误和偏差，否则就会延误，造成损失。举例来说，进出口单证有一个最基本的原则，就是单单一致、单证相符，所有的文件必须保持完全一致，否则就存在不符点，客户就有可能拒付。

（2）网络奉献精神。网络可以解决国际货代在时间和空间上的障碍，所以许多国际货代公司建设“IT信息化管理系统”，应用大型数据库，实现了总、分公司与办事处与海外代理之间的计算机远程互联，使信息能即时传递和交换。同时，许多公司还构建了专业化的物流网站，以实现网上运价查询、网上订舱、货物跟踪等一系列电子化服务。通过内部的操作网络同外部的电子网络的有机结合，使公司实现对客户的“零距离”服务。

在货代业务高度依赖网络的背景下，货代公司的员工就要奉行“网络建设的奉献精神”，对于网络上的客户、信息和沟通，都要给予最大的尊重与支持。因为跨地区的统一行动和密切配合更需要奉献精神。

（3）时效精神。国际货代工作对时效性要求非常高，稍有耽误，就可能承担后果与责任。

（4）责任精神。责任也是一种能力。在国际货代行业，如果不能做到严格认真，积极负责，就无法在这个行业立足。因为这个行业非常关键的职业素质就是强烈的责任感。认真做事只能做“对”，用心做事才能做“好”。

3. 国际货代的行业管理

按照现行的规定，我国对国际货代的行业管理实行国际货运代理协会联合会、中国国际运代理协会和各地货运代理协会的三级管理。

1）国际货运代理协会联合会

国际货运代理协会联合会（International Federation of Freight Forwarders Associations），以其法文缩写“FIATA”为其标志，谐音为“菲亚塔”。

知识链接

FIATA 是在 1926 年 5 月 26 日，由 16 个国家的货运代理协会在奥地利首都维也纳成立，总部设在瑞士苏黎世，是一个非营利性的国际货运代理行业组织。

FIATA 具有广泛的国际影响力，目前被联合国近 90 个国家与地区以及官方和非官方的非政府组织认为是国际货运代理行业的代表，如国际商会、世界海关组织、国际航空运输协会、国际铁路联合会和国际公路联合会等。

FIATA 会员分为一般会员（国家会员）、团体会员、联系会员和名誉会员。其会员单位涵盖世界各地的国际货运代理行业，具体有 96 个一般会员和 2700 个联系会员，遍布 86 个国家和地区，包括 4000 家国际货运代理公司，拥有 800 万～1000 万个雇员。中国国际货运代理协会已代表中国的国际货代业加入了 FIATA。

FIATA 的最高权力机构是会员代表大会，其目的是保障和提高国际货运代理行业在全球的利益。

2）中国国际货运代理协会

中国国际货运代理协会（China International Freight Forwarders Association，简写 CIFA）是 FIATA 的国家会员，是中国国际货运代理行业的全国性民间组织。

知识链接

CIFA 于 2000 年 9 月 6 日在北京成立，业务指导部门是商务部。作为联系政府与会员之间的纽带和桥梁，CIFA 的宗旨是，协助政府部门加强对我国国际货代行业的管理；维护国际货代业的经营秩序；推动会员企业间的横向交流与合作；依法维护本行业利益；保护会员企业的合法权益；促进对外贸易和国际货代业的发展。

对外，CIFA 以民间形式代表中国国际货代业参与国际经贸运输事务并开展国际商务往来，参加各种国际行业会议，不断扩大并加深我国与世界各国同行业组织、企业的交流与合作。2006 年取得了全球货代业界的盛会——FIATA 年会的举办权。

对内，CIFA 会员单位是我国各省、市、自治区国际货运代理行业组织、国际货运代理企业、与货运代理相关的企事业单位或社会团体，也吸纳在中国货代、运输、物流行业有较高影响的个人。目前，CIFA 拥有会员近 600 家，其中理事 81 家，常务理事 27 家。

CIFA 在商务部的直接领导下开展行业管理工作。负责组织国际货代从业人员资格培训与考试，并代发上岗资格证书；负责对本行业全国范围内企业的年审情况进行汇总、统计、分析和调查核实；负责《中华人民共和国国际货物运输代理企业批准证书》的发证及换证工作；并负责对在京的各有关中央企业申请成立货代公司或申请扩大经营范围、增资扩股、股权变更等进行初审；对在京的各有关中央企业申请在异地设立子公司或分支机构进行审核并出具审核意见；负责在京的各有关中央企业的年审工作。

3）各地方国际货运代理协会

在我国改革开放不断深化，国际货代业快速发展条件下，各地方国际货运代理协会在 20

世纪 90 年代纷纷成立。协会本着“服务行业、服务企业”的办会理念和宗旨，协助政府有关部门加强行业管理，维护当地国际货代市场的经营秩序；研究国际货代业发展趋势；代表会员利益，反映行业呼声；开展各类培训，提高从业人员素质；协调行业内外各种关系，促进当地国际货代行业的健康发展。

从地域分布来看，沿海、沿边地区和东部地区的国际货代业发展很快，协会吸收的会员单位行业覆盖率高，协会功能比较齐全，对地方国际货代业建设发挥作用非常大。

4. 国际货运代理从业人员资格

标准化建设是国际货运代理业发展的必然要求，国际货运代理从业人员资格证书（Certificate of Practitioners´Qualification）是行业规范管理的客观要求，是入门条件，取得此证书，就可以进入国际货代行业，从事国际货代工作。

1）证书简介

国际货运代理从业人员资格证书，由商务主管部门授权，由全国性国际货运代理行业中介组织（中国国际货运代理协会 CIFA）统一组织考试、统一注册、统一编号、统一颁发，并予以公告，是国内公认的职业资质证书。该资格证书共分为 4 个等级，即国际货运代理员、国际货运助理工程师、国际货运工程师和高级国际货运工程师。

除 CIFA 证书外，还有 FIATA 证书，它是由 FIATA 或由其授权来统一组织、考试、颁布的国际公认的职业资质证书。获得 FIATA 证书需参加“货代基础知识”、“国际海上货运、多式联运及物流”和“航空货运”三门科目的英文考试，并随后参加复试。

2）国际货代从业人员职业资格考试

国际货代从业人员职业资格考试，采用统一命题、统一考试、统一阅卷的方式，取得证书后，全国通用。一般在下半年组织考试，提前 2 ~ 3 个月组织报名。

三、国际海上货运代理

1. 国际海上货运代理

国际海上货运代理是指在合法的授权范围内接受货主的委托并代表货主办理有关海运货物的报关、交接、仓储、调拨、检验、包装、装箱、转运、订舱等业务的企业。

从事国际海上货运代理业务的人，都是经营运输业务多年，精通业务，经验比较丰富，熟悉各种运输程序、手续和规章制度的人。他们与交通运输部门及贸易、银行、保险、海关、商检等部门有着广泛的联系和密切的关系，从而具有有利条件为委托人代办各种运输事项，甚至比委托人自己亲自去办理更为有利。海上货运代理还可将小票货物从不同的货主那里集中起来向班轮公司订舱，以争取优惠运价。集装箱运输可将同一装、卸港的不同托运人的小票货物拼装，享受包箱费率。事实上不仅货主愿意委托给货运代理，而且船公司也乐于支付佣金给货运代理以求得到稳定的货源。

2. 揽货

揽货，即招揽货源的意思，是指国际货运代理企业通过一定的营销手段争取对货物的承运权，以期获得最好的经营效益的行为，也称为揽载。

揽货有广义和狭义之分。广义的揽货是指货运代理公司所做的各种宣传，包括广告宣传、传送船期表、电话咨询、网站发布、信息咨询等。狭义的揽货是指货代公司的业务员到货主单位进行业务联系，承接进出口货物运输工作。其业务程序，见图 1-5。

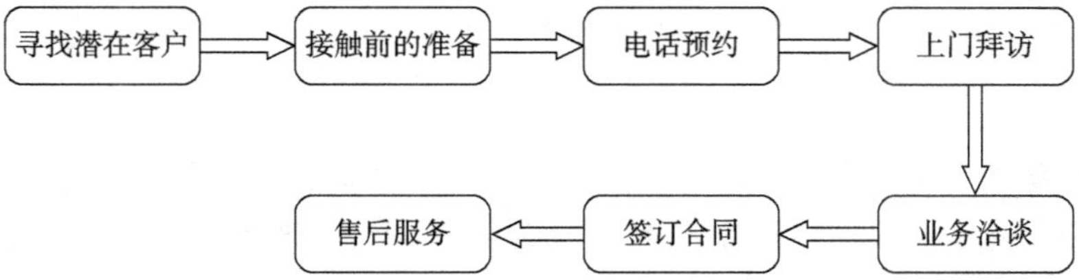

图 1-5　业务员揽货程序

3. 接受委托

接受客户的委托后，揽货业务员应详细填写业务联系单，之后和客户签订业务合同。国际货代合同，一般不采用正式文本的形式，而是通过办理国际货运代理委托书、托运单、订舱单等形式。

国际货运代理委托书在货运代理业务中最为常用，是委托方与受托方进行业务的主要凭证，受托方将按照委托书的内容完成货运代理业务的各项工作。因此，委托书的内容必须与货物实际情况一致，以免在业务中引发不必要的麻烦，影响出口货物正常发运。国际货运代理委托书样本，见表 1-1。

国际海上出口货物代理委托书　　表 1-1

DATE:2011/11/16　　编号: × × ×

<table>
<tr><td>装船人</td><td colspan="5">× × ×TEXTILE CO. LTDADD:DAXIN TOWN, ZHANGJIAGANG CITY JIANGSU, PR CHINA</td></tr>
<tr><td>收货人</td><td colspan="5">FABRICA DE CALCETINES CRYATAL S. A. CARRERA 48 NO. 60 SUR - 81 AVENIDE LAS VEGAS SA-BANETA—MEDELLIN COLOMBIA</td></tr>
<tr><td>通知人</td><td colspan="2">FABRICA DE CALCETINES CRYATAL S. A. CARRERA 48 NO. 60 SUR - 81 AVENIDE LAS VEGAS SABANETA—MEDELLIN CO-LOMBIA</td><td colspan="2">FROM:SHAGNHAI,CHINA</td><td>TO:BUENAV—ENTURA, COLOMBIA</td></tr>
<tr><td>运费</td><td>预付 FREIGHT PREPAID</td><td>到付</td><td colspan="2">装运日期:2011/12/18</td><td>价格条款:CFR</td></tr>
<tr><td>Marks &Nos</td><td>Qty&descriptions</td><td>Package</td><td>N. W. kgs</td><td>G. W. kgs</td><td>MeasCU. M.</td></tr>
<tr><td>N/M</td><td>FANCY YARN(H. S. CODE: 5606.0000)ORDER NO. 4500003230</td><td>320 CTNS</td><td></td><td>7000</td><td>30</td></tr>
<tr><td colspan="6">附记:预配 11/18EMC 船。装箱时间:11/15 日早上 8:00, 1 ×20’FCL,到时具体再确认。
装箱地点:　　联系人: × × ×　　电话:</td></tr>
<tr><td colspan="2">联系人:</td><td colspan="2">手机:</td><td colspan="2">传真:</td></tr>
<tr><td colspan="6">地址:</td></tr>
<tr><td colspan="6">海运费:USD2000
报关 RMB100,订舱 RMB200,安保 RMB20,THC:RMB370
拖车:RMB1350</td></tr>
</table>

知识链接

发货人和货代业务员之间的委托协议——海运出口货物委托书，其主要内容有：发货人、收货人、通知人、起运港、目的港、货物的件数、重量、体积、装运时间、运价确认等，具体见表1-1。填制出口委托书需要注意以下几点：

(1)提单确认是根据委托书来制作的，为了减少不必要的麻烦，一定要在出口委托书上认真填写发货人、收货人、货物的详细信息。

(2)运价以及杂费一定要在出口委托书上明确，这也是最终费用确认的一项依据。

(3)海运整箱货要注明是内装(送货至货代码头仓库装货)还是厂装(提集装箱去工厂装货)，厂装要注明货物备齐日期，以便货代业务员能够根据船期和开港时间来安排装货时间。

任务实施

1. 寻找潜在客户

要求学生通过网络寻找潜在客户，主要包括两个方面：发布广告和搜寻客户信息。

(1)要求学生在主要网络中搜寻客户信息并发布广告，见图1-6。主要有阿里巴巴、中国制造网、中国物流论坛、锦程物流网、福步外贸论坛等。

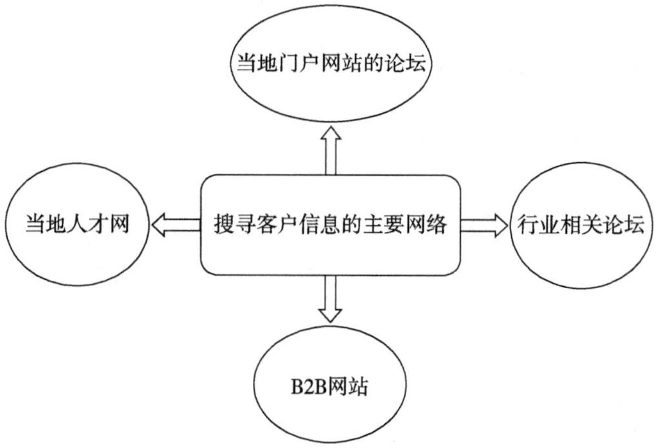

图1-6 搜寻客户信息的主要网络

(2)搜集潜在客户信息。通过网络，搜集潜在的客户，其业务信息如下：

大连伟达贸易有限公司向韩国SANGYONG CORPORATION出口Boy's sport suit(合同号为：XM0151TJ06)，数量3600件，每打20美元CFR釜山，纸箱包装，每箱10打，箱件尺寸为50cm×20cm×30cm，毛重为10kg/箱。运输标志为：SANYONG/PUSAN/NOS：1－30货物须在2014年11月13日前将货物装运出口。

2. 业务实训

(1)实训目的：通过实训，让学生体会揽货业务流程及货代公司的接受委托业务，并能填写国际海上出口货运代理委托书。

(2)实训内容：要求根据网络寻找的客户业务信息，演示揽货及接受委托业务，填写国际海上出口货运代理委托书。

(3)实训步骤:

①把全班学生平均分为几个小组,以小组为单位进行揽货及接受委托业务模拟准备并填写国际海上出口货运代理委托书,见表1-2;

②业务演示;

③教师点评;

④根据表现进行成绩评估。

国际海上出口货物代理委托书 表1-2

DATE: 编号:

装船人					
收货人					
通知人			FROM:		TO:
运费	预付	到付	装运日期:		价格条款:
Marks &Nos	Qty&descriptions	Package	N. W. kgs	G. W. kgs	Meas CU. M.
附记:					
联系人:		手机:		传真:	
地址:					

(4)实训评价:训练评价的方式,有教师评价、小组内部成员评价和第三方评分组成员评价3种,建议教师评价占60%权重,小组内部成员评价占20%的权重,第三方评分组成员评价占20%的权重。将三者综合起来的得分为该生在该项目的评价分,见表1-3。

训 练 评 价 表 表1-3

考评人		被考评人	
考评地点			
考评内容	揽货及接受委托业务		
考评标准	具体内容	分值(分)	实际得分
	工作态度	15	
	沟通水平和团队合作	15	
	发布广告及搜寻信息	20	
	填写国际海运出口货运代理委托书	20	
	演示揽货及接受委托业务	30	
合计		100	

注:考评满分100分,60以下为不及格,60~69分为及格,70~79分为中,80~89分为良,90分以上为优。

拓展阅读

货代揽货的八大技巧

1. 真诚和热情

虽然竞争激烈,许多进出口公司或者外贸业务员都有自己合作的伙伴,介入的可能性小，但大家还是要热情和认真的追踪。这里的追踪是要保持不断的联系和不断的交流，不用刻意追求什么订单，而是先交朋友。很多外贸公司合作的货代就是从别人介绍到成为朋友，有时虽然收费高，但仍然会安排货物由其负责。因为信任和稳定比服务费更重要。之所以，许多外贸公司不好介入，多由于外贸公司考虑稳定的一个原因。

2. 运价方面的实力

一个韩国集装箱，你报 260 元，他报 220 元，当然你不具备优势。为什么不同货代公司价格会有差距呢，因为客户关系问题。所以，现在许多货代和船公司的业务都是朋友，就是靠朋友拿一些价格低的运价来接业务。但大家这里也要知道一点，不是价格低就一定好。因为外贸公司的业务员不会刻意追求运费的高低，在之前就预估了运费。常做进出口的公司都希望价格稳定，这便于核算成本，毕竟合同要长期做。虽然，南方有些小工厂也在出口，价格压得低，不能作为普遍来讨论。

这里建议大家可以建立自己的优势航线，有些货运公司就明确表示，走美国加拿大最优惠，有的是日本等。建立一个自己在你所在地区最优惠的价格是迈向成功的一个基石。要建立小范围垄断，垄断就是优势，你获得了别人没有的优势，那么你就有了成功的可能。

3. 持之以恒的关心你的顾客

有些货代送了一趟名片，然后就消失了，这样不好，如果你想获得一个客户，需要不断在你的客户和潜在客户名单中联系，建立你的客户群，建立你的客户熟悉度，建立你的服务优势。每个月或每两个月打个电话。我们要求业务人员每个月都要访问大客户，虽然没有合同，但相互交流也帮助今后的合作。

4. 建立和海关的良好合作关系

这的确是一个可以打动外贸公司的一个地方。中国加入 WTO 以后，许多公司、工厂都获得了进出口经营权从事自营工作，但业务人员没有很好的综合水平。因此，报关、通关都需要货代的帮助。你有良好的海关关系可能比运费高低更重要。

5. 单证业务能力要强

要能帮助客户了解，解释单据，甚至帮助客户做单据，这是一个基础知识能力。并不是所有的外贸人员都了解单证的，有时你就是他们的老师，要给他们解释需要什么单据。可能他们能卖出产品给外国客户，但未必了解外贸必需的单据。

6. 与船公司保持良好的关系

这里说的是有些船公司可以免除洗箱费和修箱费。这是可以帮助进口公司可以做到的服务，很容易产生良好的印象。

7. 有一家外贸合作公司

现在一些工厂也在出口，但未必有进出口权，如有外国厂商通过互联网找他们。那么你在揽业务的同时，发现这种没有进出口权的工厂，就可以帮助他，既揽了业务，又代理了出口。

8. 与保险公司建立合作关系

出口有自己找保险公司的，也有委托货运代理公司做的。

总之，货运代理要加强业务的学习，多掌握综合的知识，多建立自己的优势服务内容。谈吐举止要优雅，不卑不亢，给客户留下良好的形象。

任务二　订　　舱

案例导入

辽宁港捷国际货运代理有限公司，接受大连伟达贸易有限公司办的货运代理委托后，于2013年9月25日将出口货物装货单传给中远集装箱运输有限公司，办理订舱手续，确定：船名为SINORTANS QINGDAO V.021E，集装箱号码为COSU6650438，船期为2013年10月20日，提单号5839SKG－381。

思考：

1. 订舱的方式有哪些？
2. 订舱的程序是什么？

任务分析

1. 任务准备

（1）一家船公司的材料主要包括企业简介、企业的发展、主要经营领域（含业务介绍）等。

（2）多媒体教室（含可供学生上网查资料的电脑、多媒体教学设备、课件和动画等教学资料）。

2. 任务目标

（1）熟悉集装箱规格、类型；

（2）熟知全球主要承运商；

（3）了解全球主要航线和港口；

（4）掌握订舱的方式和程序；

（5）会查询班轮船期；

（6）能顺利办理海运出口订舱业务；

（7）能缮制订舱业务涉及的单证；

（8）能及时处理订舱过程中出现的各种问题并及时和委托人沟通。

基础知识

一、国际海上货物运输基础知识

1. 国际海上货物运输

我国国际货物运输的进出口货物，大部分是通过海运，少部分通过铁路或公路运输，也有些货物是管道运输或邮政运输。随着航空事业的发展，通过航空运输的货运量有较大的增长，货物种类和范围也在不断扩大。

国际海上货物运输是指使用船舶通过海上航道在不同的国家和地区的港口之间运送货物的一种运输方式。

国际海上货物运输有以下特点：

(1)运输量大。国际货物运输是在全世界范围内进行的商品交换，地理位置和地理条件决定了海上货物运输是国际货物运输的主要手段。国际贸易总运量的75%以上是利用海上运输来完成的，有的国家的对外贸易运输海运占运量的90%以上。主要原因是船舶向大型化发展，如50万~70万t的巨型油船，16万~17万t的散装船，以及集装箱船的大型化，船舶的载运能力远远大于火车、汽车和飞机，是运输能力最大的运输工具。

(2)通过能力大。海上运输利用天然航道四通八达，不像火车、汽车要受轨道和道路的限制，因而其通过能力要超过其他各种运输方式。如果因政治、经济、军事等条件的变化，还可随时改变航线驶往有利于装卸的目的港。

(3)运费低廉。据统计，海运运费一般约为铁路运费的1/5，公路汽车运费的1/10，航空运费的1/30，这就为低值大宗货物的运输提供了有利的竞争条件。

(4)对货物的适应性强。由于上述特点使海上货物运输基本上适应各种货物的运输。如石油井台、火车、机车车辆等超重大货物，其他运输方式是无法装运的，船舶一般都可以装运。

(5)运输的速度慢。由于商船的体积大，水流的阻力大，加之装卸时间长等其他各种因素的影响，所以货物的运输速度比其他运输方式慢。较快的班轮航行速度也仅30 n mile/h左右。

(6)风险较大。由于船舶海上航行受自然气候和季节性影响较大，海洋环境复杂，气象多变，随时都有遇上狂风、巨浪、暴风、雷电、海啸等人力难以抗衡的海洋自然灾害袭击的可能，遇险的可能性比陆地、沿海要大。同时，海上运输还存在着社会风险，如战争、罢工、贸易禁运等因素的影响。为转嫁损失，海上运输的货物、船舶保险尤其应引起重视。

2. 国际海运船舶的营运方式

国际海上货物运输是随着航海贸易的发展而发展起来的。国际海运船舶的营运方式必须与国际贸易对国际海上运输的要求相适应。因此，为了适应不同贸易合同下的货物运输需要，也为了合理地利用船舶的运输能力，并获得良好的营运经济效益，目前国际海运船舶的营运方式可分为两大类，即定期船运输（班轮运输）和不定期船运输（租船运输）。

1)班轮运输

班轮运输(liner shipping)，也称定期船运输，是指班轮公司将船舶按事先制订的船期表(liner schedule)，在特定航线的各挂靠港口之间，经常地为非特定的众多货主提供规则的、反复的货物运输服务(transport service)，并按运价本(tariff)或协议运价的规定计收运费的一种营运方式。

(1)杂货班轮运输。最早的班轮运输是杂货班轮运输。杂货班轮运输的货物以件杂货为主，还可以运输一些散货、重大件等特殊货物。

对货主而言，杂货班轮运输具有以下优点：

①能及时、迅速地将货物发送和运达目的港。由于货主和货代能根据船期表预知货物的发运和到达时间，因此能保证货物的供需要求。

②特别适应小批量零星件杂货对海上运输的需要。货主或货代能够随时向班轮公司托运，而不论货物的批量大小，因此，可以节省货物等待集中的时间和仓储的费用。

③能满足各种货物对海上运输的要求，并能较好地保证货运质量。

④通常班轮公司都负责转运工作。货主或货代可以要求班轮公司安排货物的转运工作,从而满足货物运输的特殊需要。

(2)集装箱班轮运输。20 世纪 60 年代后期,随着集装箱运输的发展,班轮运输中出现了以集装箱为运输单元的集装箱班轮运输方式。由于集装箱运输具有运送速度快、装卸方便、机械化程度高、作业效率高、便于开展联运等优点,到 20 世纪 90 年代后期,集装箱班轮运输已逐渐取代了传统的杂货班轮运输。

对货主而言,集装箱班轮运输除了具有与杂货班轮相似的优点外,在运输速度、货运质量等方面更具有优势。但是,目前大多数班轮公司不接小批量的拼箱货,因此需要集拼经营人来安排小批量的拼箱货运输。

(3)班轮运输的特点。班轮运输与租船运输相比,具有以下一些特点:

①承运人与货主之间在货物装船之前通常不书面签订具有详细条款的运输合同。在杂货班轮运输中,通常是在货物装船后,由承运人或其代理人签发提单;在集装箱班轮运输中,除通常由承运人或其代理人签发提单外,还可以根据需要签发海运单。这些单证上记有详细的有关承运人、托运人或收货人的责任以及权利和义务的条款。

②在杂货班轮运输中,除非订有协议可允许托运人在船边交货和收货人在船边提货外,通常承运人是在装货港指定的码头仓库接收货物,并在卸货港的码头或仓库向收货人交付货物;在集装箱班轮运输中,通常承运人是在装货港集装箱堆场接受货物,并在卸货港集装箱堆场交付货物。拼箱货则由集拼经营人在装货港集装箱货运站接受货物,并在卸货港集装箱货运站交付货物。

③班轮公司一般负责包括装货、卸货和理舱在内的作业和费用,在杂货班轮运输中,班轮公司通常不负担仓库至船边或船边至仓库搬运作业的费用;在集装箱班轮运输中,由于运输条款通常为 CY/CY(堆场/堆场),所以,班轮公司理应负担堆场至船边或船边至堆场搬运作业的费用。

④承运人与货主之间不规定装卸时间,也不计算滞期费和速遣费。在堆场或货运站交接货物的情况下,会约定交接时间,而不规定装卸船时间;在船边交货或提取货物时,也仅约定托运人或收货人需按照船舶的装卸速度交货或提取货物,否则,货方应赔偿船方因降低装卸速度或中断装卸作业所造成的损失。

2)不定期船运输(tramp shipping)

不定期船运输又称租船运输,这是相对于定期船运输,即班轮运输而言的另一种船舶营运方式。由于这种营运方式需在市场上寻求机会,没有固定的航线和挂靠港口,也没有预先制订的船期表和费率本,船舶经营人与需要船舶运力的租船人是通过洽谈运输条件、签订租船合同(charter party)来安排运输的,故称之为“租船运输”。

租船运输,主要是根据租船人的要求来安排营运的。通常由租船人租用整船进行运输,而且根据租船人的不同要求,又分为不同的租船方式。

租船运输具有以下特点:

(1)租船运输是根据租船合同组织运输的。租船合同订明船舶出租人与船舶承租人双方的责任、义务和权利,租船合同条款是解决争议的依据。

(2)国际租船市场行情影响租金或运费水平的高低。世界经济状况、船舶运力供求关系、季节性气候条件及国际政治形势等都是影响因素。

(3)船舶营运中有关费用的分担,取决于不同的租船方式,并在租船合同中订明。

(4)租船运输主要适于大宗货物的运输。如谷物、矿石、煤炭等。

二、集装箱

1. 集装箱(container)

1)集装箱的定义

集装箱在我国台湾和香港等地称为“货柜”或“货箱”。根据 ISO 及大多数国家的标准术语的定义,它是一种运输设备(transport equipment)。而在运输实践中又分为 S. O. C (shipper's own container)货主箱和 C. O. C(carrier's own container)承运人提供的集装箱两种情况来处理。国际标准化组织制定了集装箱规格,力求使集装箱标准化得到统一。国际标准化组织不仅对集装箱尺寸、术语、试验方法等,而且就集装箱的构造、性能等技术特征作了某些规定。集装箱的标准化,促进了集装箱在世界各国之间的流通,对国际货物流转的合理化起了重大作用。

根据《国际标准化组织 104 技术委员会》(International - Organization for Standardization Technical Committee 104,简称 ISO - 104)的规定,集装箱应具有如下条件:

(1)具有耐久性,其坚固强度足以反复使用(a permanent character and accordingly strong enough to be suitable for repeated use)。

(2)便于商品运送而专门设计的,在一种或多种运输方式中无须中途换装(specially designed to facilitate the carriage of goods, by one or more modes of transport, without intermediate reloading)。

(3)设有便于装卸和搬运,特别是便于从一种运输方式转移到另一种运输方式的装置(fitted with devices permitting it's ready handling, particularly its transfer from one mode of transport to another)。

(4)设计时应注意到便于货物装满或卸空(so designed as to be easy to fill and empty)。

(5)内容积为 $1m^3$ 或 $1m^3$ 以上(having an internal volume of 1 m^3 0r more)。

承运人提供的集装箱(C. O. C)应能满足抵抗海上运输中所会遇到的可预见的风险的条件和能满足货物运输所需要的条件。货主箱(S. O. C)则应能满足抵抗海上运输中所可能遇到的风险的条件。

2)集装箱主要技术参数

集装箱的主要技术数据,包括集装箱外尺寸、集装箱内尺寸和集装箱内容积等。

集装箱外尺寸,应包括集装箱永久性附件在内的集装箱外部最大的长、宽、高尺寸。它是确定集装箱能否在船舶、底盘车、货车、铁路车辆之间进行转换的主要参数。

集装箱内尺寸是指集装箱内部的最大长、宽、高尺寸。高度为箱底板面至箱顶板最下面的距离,宽度为两内侧衬板之间的距离,长度为箱门内侧板至端壁内衬板之间的距离。它决定集装箱内容积和箱内货物的最大尺寸。

集装箱内容积是按集装箱内尺寸计算的装货容积。同一规格的集装箱,由于结构和制造材料不同,其内容积略有差异。集装箱内容积是物资部门或其他装箱人必须掌握的重要技术资料。

常见的集装箱柜装货技术规范(仅供参考)见表 1-4 和表 1-5。

3)国际标准集装箱

国际标准集装箱是指根据国际标准化组织(ISO)第 104 技术委员会指定的国际标准来

制造和使用的国际通用的标准集装箱。

常见的集装箱柜装货技术规范 表 1-4

集装箱类型	内容积(m×m×m)	最大总重(t)	体积(m^3)
20ft 柜	5.899×2.353×2.393	24.00	33.2
40ft 柜	12.032×2.352×2.393	30.48	67.2
40ft 高柜	12.032×2.352×2.689	30.48	76.4
45ft 高柜	13.556×2.353×2.689	30.48	86.0
40ft 开顶柜	12.029×2.352×2.339	30.48	66.2
20ft 平底柜(折叠箱)	5.638×2.210×2.233	30.00	—
40ft 平底柜(折叠箱)	12.18×2.230×1.955	45.00	—

箱体内容积及载重量 表 1-5

容积单位:m^3,载重量单位:kg

项目	干 货 箱		冷 冻 箱		开 顶 箱		框 架 箱	
	内容积	载重量	内容积	载重量	内容积	载重量	内容积	载重量
20ft	33.1	21 740	27.5	21 135	32.6	21 740	—	27 800
40ft	67.7	26 630	58.7	26 580	65.8	26 410	—	40 250
HC	76.3	26 600	66.1	26 380	—	—	—	—

目前使用的国际集装箱规格尺寸主要是第一系列的 4 种箱型,即 A 型、B 型、C 型和 D 型。它们的尺寸和重量见表 1-6。另外,为了便于计算集装箱数量,可以以 20ft 的集装箱作为换算标准箱(twenty-foot-equivalent unit,简写 TEU),并以此作为集装箱船载箱量、港口集装箱吞吐量、集装箱保有量等的计量单位。其相互关系为:40ft 集装箱 = 2TEU,30ft 集装箱 = 1.5TEU,20ft 集装箱 = ITEU,10ft 集装箱 = 0.5TEU。另外,实践中人们有时将 40ft 集装箱称为 FEU(forty-foot equivalent unit)。

第一系列集装箱规格尺寸和总重量 表 1-6

规格 ft	箱型	长		宽		高		最大总重量	
		公制 mm	英制 ft in	公制 mm	英制 ft in	公制 mm	英制 ft in	kg	LB
40	1AAA 1AA 1A 1AX	12192	40′	2438	8′	2896 2591 2438 <2438	9′6″ 8′6″ 8′ <8′	30480	67200
30	1BBB 1BB 1B 1BX	9125	29′11.25″	2438	8′	2896 2591 2438 <2438	9′6″ 8′6″ 8′ <8	25400	56000

续上表

规格 ft	箱型	长		宽		高		最大总重量	
		公制 mm	英制 ft in	公制 mm	英制 ft in	公制 mm	英制 ft in	kg	LB
20	1CC 1C 1CX	6058	19′10.5″	2438	8′	2591 2438 <2438	8′6″ 8′ <8′	24000	52900
10	1D 1DX	2991	9′9.75″	2438	8′	2438 <2438	8′ <8′	10160	22400

国际标准集装箱长度关系见图 1-7。

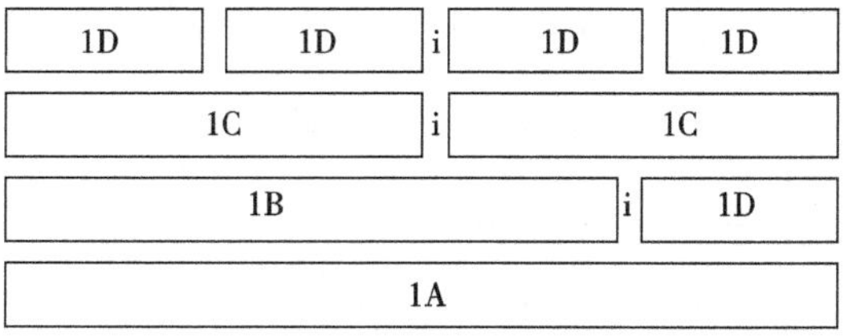

图 1-7　国际标准集装箱长度关系

图 1-7 中,中间距 i 为 76mm,之间的关系如下

$$1A = 1B + i + 1D = 9125 + 76 + 2991 = 12192\text{mm}$$

$$1B = 1D + i + 1D + i + 1D = 3 \times 2991 + 2 \times 76 = 9125\text{mm}$$

$$1C = 1D + i + 1D = 2 \times 2991 + 76 = 6058\text{mm}$$

4)集装箱类型

集装箱类型,可以按照不同标准进行分类,如以制造材料不同或以尺度不同等进行分类。这里以集装箱的用途不同进行分类,以使大家在工作中可以根据所运输的货物的不同来选择不同类型的集装箱,见图 1-8。

(1)通用集装箱(general propose container,简写 GP)。除冷冻货、活的动物、植物外,在尺寸、重量等方面适合集装箱运输的货物,几乎均可使用通用集装箱。通用集装箱使用时,应注意箱子内部容积和最大负荷,特别是在使用 20ft、40ft 集装箱时更应注意这一点。通用箱有时也称为干货集装箱(dry cargo container)。

(2)散货集装箱(bulk container,简写 BU)。散货集装箱主要用于运输豆类、谷物、硼砂、树脂等货物。散货集装箱的使用有严格要求,如:每次掏箱后,要进行清扫,使箱底、两侧保持光洁;为防止汗湿,箱内金属部分应尽可能少外露;有时需要熏蒸,箱子应具有气密性;在积载时,除了由箱底主要负重外,还应考虑到将货物重量向两侧分散;箱子的结构应易于洗涤;主要适用装运重量较大的货物,因此,要求箱子自重应比较轻。

(3)冷藏集装箱(reefer container,简写 RF)。冷藏集装箱是指"装载冷藏货并附设有冷冻机的集装箱"。在运输过程中,启动冷冻机使货物保持在所要求的指定温度。箱内顶部装有挂肉类、水果的钩子和轨道,适用于装载冷藏食品、新鲜水果,或特种化工产品等。冷藏集装箱,投资大,制造费用几倍于普通箱。在来回程冷藏货源不平衡的航线上,经常需要回运空箱;集装箱船上用于装载冷藏集装箱的箱位有限。同普通箱比较,冷藏集装箱的营运费用较高,除因支付修理、洗涤费用外,每次装箱前,应检验冷冻装置,并定期为这些装置大修而

a）通用集装箱

b）散货集装箱

c）冷藏集装箱

d）敞顶集装箱

e）框架集装箱

f）动物集装箱

g）罐式集装箱

h）汽车集装箱

图 1-8　集装箱类型

支付不少费用。

在实际营运过程中，冷藏集装箱的货运事故较多。原因之一是由于箱子本身或箱子在码头堆场存放或装卸时所致；另一原因是发货人在进行装箱工作时，对箱内货物所需要的温度及冷冻装置的操作缺乏足够的谨慎所致。尽管如此，世界冷藏货运量中，使用冷藏集装箱运输的比重不断上升，近年来使用冷藏集装箱运输的冷藏货物数量已经超过了使用冷藏船运输的货物数量。

（4）敞顶集装箱（open－top container，简写 OT）。敞顶集装箱，实践中又称开顶（集装）箱，是集装箱种类中属于需求增长较少的一种。主要原因是货物装载量较少，在没有月台、叉车等设备的仓库无法进行装箱，在装载较重的货物时还需使用起重机。敞顶集装箱的特点是吊机可从箱子上面进行装卸货物，然后用防水布覆盖。目前，敞顶集装箱仅限于装运较高货物或用于代替尚未得到有关公约批准的集装箱种类。

（5）框架集装箱（plat form based container）。这是以装载超重货物为主的集装箱，它省去箱顶和两侧，其特点是可从箱子侧面进行装卸。在目前使用的集装箱种类中，散货集装箱、罐式集装箱等，其容积和重量均受到集装箱规格的限制，而框架集装箱（frat rack container，简写 FR）则可用于装运那些形状不一的货物，如废钢铁、卡车、叉车等。框架集装箱的主要特点有：自身较重；普通集装箱是采用整体结构的，箱子所受应力可通过箱板扩散，而框架集装箱仅以箱底承受货物的重量，其强度很大；由于同样的原因，框架集装箱的底部较厚，所以相对来说，可供使用的高度较小，密封程度差。因此，框架集装箱在海上运输时必需装载在船舱内运输，在堆场存放时也应用毡布覆盖。同时，货物本身的包装也应适应这种集装箱。

（6）牲畜集装箱（pen container）。这是一种专门为装运动物而制造的特殊集装箱，箱子的构造采用美国农业部的意见,材料选用金属网使其通风良好,而且便于喂食,该种集装箱也能装载小汽车。

(7)罐式集装箱(tank container,简写 TK)。这类集装箱专门装运各种液体货物,如食品、酒品、药品、化工品等。货物由液罐顶部的装货孔进入,卸货时,货物由排出孔靠重力作用自行流出,或者由顶部装货孔吸出。

(8)汽车集装箱(car container)。这是专门供运输汽车而制造的集装箱。结构简单,通常只设有框架与箱底,根据汽车的高度,可装载一层或两层。

5)集装箱标志(见图 1-9)

为了方便集装箱运输管理,国际标准化组织(ISO)拟订了集装箱标志方案。根据 ISO 790—73,集装箱应在规定的位置上标出以下内容:

a)　　b)

图 1-9　集装箱标志

(1)第一组标记:箱主代码、顺序号和核对数。箱主代码:集装箱所有者的代码,它由 4 位拉丁字母表示;前 3 位由箱主自己规定,并向国际集装箱局登记;第 4 位字母为 U,表示海运集装箱代号。例如,中国远洋运输(集团)公司的箱主代码为:COSU。

顺序号:为集装箱编号,按照国家标准《集装箱标记代号》(GB 1836—85)的规定,用 6 位阿拉伯数字表示,不足 6 位,则以 0 补之。

核对数:用于计算机核对箱主号与顺序号记录的正确性。核对号一般位于顺序号之后,用一位阿拉伯数字表示,并加方框以醒目。

核对号是由箱主代码的 4 位字母与顺序号的 6 位数字通过以下方式换算而得。具体换算步骤如下:

①将表示箱主代码的 4 位字母转化成相应的等效数字,字母和等效数字的对应关系,见表 1-7。

核对号计算中箱主代码字母的等效数字　　表 1-7

字母	A	B	C	D	E	F	G	H	I	J	K	L	M
数字	10	12	13	14	15	16	17	18	19	20	21	23	24
字母	N	O	P	Q	R	S	T	U	V	W	X	Y	Z
数字	25	26	27	28	29	30	31	32	34	35	36	37	38

从表中可以看出,去掉了 11 及其倍数的数字,这是因为后面的计算将把 11 作为模数。

②将前 4 位字母对应的等效数字和后面顺序号的数字采用加权系数法进行计算求和。计算公式为:

$$S = \sum_{i=0}^{9} C_I \times 2^I$$

③以 S 除以模数 11，求取其余数，即得核对号。

例如，求中国远洋运输公司的集装箱 CBHU 068301 的核对号。具体确定如下：

首先，对应的数字是：13 – 12 – 18 – 32 – 0 – 6 – 8 – 3 – 0 – 1；

然后求和，$S = 1695$，最后，除以 11 取余数：7；

所以，核对号为：7

(2)第二组标记：国籍代号、尺寸代号和类型代号。国籍代号：用 3 位拉丁字母表示，说明集装箱的登记国。例如，“RCX”为“中华人民共和国”的代号。

尺寸代号：由 2 位阿拉伯数字组成，用于表示集装箱的尺寸大小。例如，20 表示 20ft 长，8ft 高的集装箱。尺寸代码表见表 1-8，表 1-9。

类型代号：由 2 位阿拉伯数字组成，说明集装箱的类型，其中 00 ~ 09 为通用集装箱，30 ~ 49 为冷藏集装箱，50 ~ 59 为敞顶式集装箱。

箱长代码表(部分)　　表 1-8

箱　长　(mm)		代码字符
mm	ft in	
2991	10	1
6058	20	2
9125	30	3
12192	40	4
未选定的		5
未选定的		6

箱宽、箱高代码表　　表 1-9

箱　　高		代码字符		
		箱宽		
mm	ft in	2.438 mm(8 ft)	>2.438 mm 和 2.500 mm	>2.500 mm
2438	8	0		
2591	8 6	2	C	L
2743	9	4	D	M
2895	9 6	5	E	N
>2895	9 6	6	F	P
1295	4 3	8		
≤1219	≤ 4	9		

(3)第三组标记：最大总重和自重。

①最大总重(Max Gross)：又称额定重量，是集装箱的自重和最大允许载货量之和。最大总重单位用千克(kg)和磅(lb)同时标出。

②自重(Tare)：是集装箱的空箱重量。

三、全球主要承运商

1. 全球主要海运船公司(见表 1-10)

全球主要海运船公司 表 1-10

公司名称	代码	公司名称	代码
澳大利亚国家航运公司(澳国航运)	ANL	太平船务	PIL
美国总统轮船私人有限公司(美国总统)	APL	韩进海运有限公司(韩进海运)	HANJIN
邦拿美船务有限公司(邦拿美)	BNML	香港航运有限公司(香港海运)	HKMSH
波罗的海航运公司(波罗的海)	BOL	南美邮船	CSAV
中波轮船股份公司(中波)	C－P	赫伯罗特船务有限公司(赫伯罗特)	LLOYD
南美邮船公司(南美邮船)	CLAN S. A	现代商船有限公司(现代商船)	HYUNDAI(HMM)
南美智利国家航运公司(智利航运)	CCNI	东吴海运	DONGWOO
中日国际轮渡有限公司(中日轮渡)	CHINJIF	加拿大太平轮船	CP
马士基	MAERSK	川崎汽船株式会社(川崎汽船)	K'LINE
法国达飞轮船公司(达飞轮船)	CMA	高丽海运株式会社(高丽海运)	KMTC
京汉海运有限公司(京汉海运)	CO－HEUNG	七星轮船有限公司(七星轮船)	SSCL
中国远洋集装箱运输有限公司(中远集运)	COSCO	萨姆达拉	SSL
韩国兴亚船务	HEUNG－A	日本邮船有限公司(日本邮船)	NYK
达贸国际轮船公司(达贸国际)	DELIMAS	商船三井有限公司(商船三井)	MOL
德国胜利航运公司(德国胜利)	SENATOR	泰国宏海箱运	RCL
埃及国际轮船公司(埃及船务)	EIL	台湾亿通	YI－TONG
长荣海运股份有限公司(长荣海运)	EVERGREEN	铁行渣华船务有限公司(铁行渣华)	P&O EDLLOYD
远东轮船公司(远东轮船)	FESCO	东南海运	DONGNAN

2. 全球主要集装箱船公司(见表 1-11)

世界二十大集装箱船公司(截至 2014 年 7 月 1 日) 表 1-11

排名	船公司	标志	总部	英文简称	运力(TEU)	成立年份
1	AP 穆勒/马士基		丹麦哥本哈根	MAERSK	2723091	1904
2	地中海航运		瑞士日内瓦	MSC	2480091	1970
3	法国达飞		法国马赛	CMA	1580143	1978
4	长荣		中国台湾	EVERGREEN	886577	1968

续上表

排名	船公司	标志	总部	英文简称	运力(TEU)	成立年份
5	中远集运		中国北京	COSCON	787693	1961
6	赫伯罗特		汉堡、不来梅	HAPA - LLOYD	767703	1970
7	中海集运		中国北京	CSCL	635625	1997
8	韩进海运		韩国首尔	HANJIN	593739	1977
9	商船三井		日本东京	MOL	569588	1878
10	美国总统轮船		美国纽约	APL	568272	1848
11	东方海外		中国香港	OOCL	500500	1947
12	汉堡南美		德国汉堡	HAM - SUD	498826	1871
13	日本邮船		日本	NYK	494458	1885
14	阳明海运		中国台湾	YANGMING	402786	1972
15	现代商船		韩国	HYUNDAI	377319	1976
16	太平船务		新加坡	PIL	360758	1967
17	川崎汽船		日本	KLINE	359865	1919
18	以星综合航运		以色列	ZIM	346273	1945
19	阿拉伯联合国家轮船		科威特	UASC	298415	1976
20	智利南美轮船		智利	CSAV	242955	1872

注:运力统计包括自有运力和租入运力。

四、全球主要航线和港口

船舶在两个或多个港口之间从事货物运输的线路称为航线。海运航线按其不同的要求分为国际大洋航线、地区性国际航线和沿海航线；根据船舶营运的形式可分为定期船航线和不定期船航线，见图1-10。

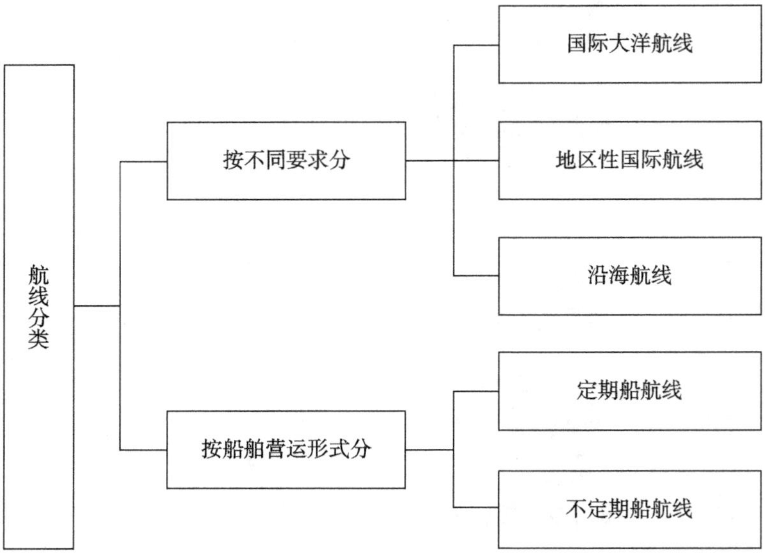

图1-10　航线分类

1. 太平洋航线

太平洋沿岸有30多个国家和地区，经济水平比较发达。太平洋航线有以下几组：

(1)远东—北美西海岸各港航线：包括从中国、韩国、日本和俄罗斯远东海港出发到加拿大、美国、墨西哥等北美西海岸各港。目前我国已与北美西海岸港口之间辟有定期集装箱航线。该航线以日本与美国、加拿大贸易量为最大，其次是韩国。

(2)远东—加勒比海、北美东海岸各港航线：该航线大多是经夏威夷群岛南北至巴拿马运河后到达。

(3)远东—南美西海岸航线：从我国北方沿海各港出发的船舶多经琉球奄美大岛、硫黄列岛(火山列岛)、威克岛、夏威夷群岛之南的莱思群岛附近穿越赤道进入南太平洋至南美西海岸各港。

(4)远东—东南亚航线：这组航线是我国、朝鲜、韩国、日本去东南亚各港，以及过马六甲海峡去波斯湾、地中海、西北欧、东西非、南美东海岸各港常走航线。东海、台湾海峡、巴士海峡、南海是该航线船舶经常进出的海域。

(5)远东—澳、新航线：由于澳大利亚面积辽阔，远东至新西兰、澳大利亚东西海岸航线有所不同。我国北方沿海各港去澳东海岸和新西兰港口，走琉球、加罗林群岛、进入所罗门海、珊瑚海；日本等国到该地区的航线也基本与我国相同。但中澳之间的集装箱航线则由我国北方港口南下经香港加载后经南海、苏拉威西海、班达海、阿拉弗拉海，然后进入珊瑚海、塔斯曼海。

(6)中国—澳西海岸航线，多半经菲律宾的民都洛海峡，然后经望加锡海峡、龙目海峡南下。

(7)澳、新—北美东西海岸航线:澳、新至北美西海岸航线大多途经苏瓦、火奴鲁鲁等太平洋上重要航站。澳、新至北美东海岸航线则大多取道社会群岛中的帕皮提,后经巴拿马运河到达。

(8)北美—东南亚航线:这组航线一般要经过夏威夷、关岛、菲律宾等地;到北美东海岸和加勒比海各港要经巴拿马运河。

2. 大西洋航线

大西洋水域辽阔,海岸线曲折,有许多优良港湾和深人大陆的内海。北大西洋两侧是西欧、北美两个世界经济发达的地区,又有苏伊士运河和巴拿马运河通印度洋和太平洋。

(1)西北欧—北美东海岸各港航线:这组由北美东海岸经过纽芬兰横渡大西洋进入西北欧的航线历史最悠久,是美国、加拿大与西、北欧各国之间国际贸易的海上大动脉。

(2)西北欧、北美东岸—加勒比海各港航线:该航线大多出英吉利海峡后横渡大西洋。除去加勒比海沿岸各港外,还经巴拿马运河到达美洲太平洋西岸港口。

(3)西北欧、北美东岸—地中海、苏伊士运河去东方航线:这是世界上最繁忙的一条航线,它除与地中海各港间往来外,还与海湾国家往来密切。

(4)西北欧、地中海—南美东海岸航线:该航线一般经过西非大西洋岛屿、加纳利、佛得角群岛上的航站。

(5)西北欧、北美大西洋岸—好望角、东方航线:该航线一般是巨型油船的运输线。西北欧、北美去海湾运油的15万吨级以上巨轮必须经过好望角。西非大西洋上的佛得角群岛、加拿利群岛是它们经常停靠的地方。

(6)南美东海岸—好望角航线:它是南美东海岸去海湾运油,或远东国家购买巴西的矿石常走的路线。中国至南美东海岸运油和矿石也走该航线。

3. 印度洋航线

由于印度洋的特殊地理位置,其航线可以将大西洋与太平洋连接起来,因此经过的航线众多。

横贯印度洋东西的航线:这组航线是从亚洲太平洋地区和大洋洲横穿印度洋西行的航线,在这组航线上的港口,如塞得港、苏伊士港、亚丁、科伦坡等因地理位置的特殊性而有着极其重要的地位。

进出印度洋北部国家各港的航线:印度洋北部包括孟加拉湾、阿拉伯海沿岸各国,即进出缅甸、孟加拉国、印度、斯里兰卡、巴基斯坦等国港口的航线。船舶来自东部太平洋地区或欧洲。

进出波斯湾沿岸国家的航线:波斯湾沿岸大多为石油输出国,石油为这组航线的基本货物。大致分3条航线:

(1)去曼德海峡和红海,经苏伊士运河、地中海进入大西洋,到达欧洲或继续驶往北美。

(2)南下印度洋,经东非的索马里、肯尼亚、坦桑尼亚附近,绕道好望角通往大西洋,到达西欧和北美。

(3)由波斯湾东行,经印度洋、马六甲海峡、太平洋到东南亚和日本。

进出非洲东岸国家的航线:在这条航线上货物的运量较其他航线要少,但它仍是印度洋上一组重要的航线。

4. 集装箱运输的主要航线

当前,世界上规模最大的3条主要集装箱航线是:远东—北美航线,远东—欧洲、地中海航线,北美—欧洲、地中海航线。

(1)远东—北美航线,习惯上也称为(泛)太平洋航线,该航线实际上可以分为两条航线,一条是远东—北美西岸航线,另一条为远东—北美东岸航线。远东—北美西岸航线主要由远东—加利福尼亚航线和远东—西雅图、温哥华航线组成。其涉及港口主要有亚洲的高雄、釜山、上海、香港,东京、神户、横滨等港口,和北美西岸的长滩、洛杉矶、西雅图、塔科马、奥克兰港和温哥华港,涉及亚洲的中国、韩国、日本和中国香港、中国台湾地区以及北美的美国和加拿大东部地区。远东—北美东岸的纽约航线涉及北美东岸港口主要有美国东部地区的纽约、新泽西港、查尔斯顿港和新奥尔良港。

(2)远东—欧洲、地中海航线,也被称为欧地线。该航线由远东—欧洲航线和远东—地中海航线组成。远东—欧洲航线是1879年由英国4家船公司开辟的世界最古老的定期航线。欧洲地区涉及的主要港口有:荷兰的鹿特丹港,德国的汉堡港、不来梅港,比利时的安特卫普港和英国的费利克斯托港。远东—地中海航线是1972年10月开始集装箱运输的,其地中海地区主要涉及的港口有位于西班牙南部的阿尔赫西拉斯、意大利的焦亚陶罗和位于地中海的中央、马耳他岛南端的马尔萨什洛克港。

(3)北美—欧洲、地中海航线,也被称为跨大西洋航线。该航线实际包括3条航线:北美东岸、海湾—欧洲航线,北美东岸、海湾—地中海航线和北美西岸—欧洲、地中海航线。

五、查询班轮船期

班轮船期表(Liner Schedule)是班轮运输营运组织工作中的一项重要内容。班轮公司制定并颁布班轮船期表有多方面的作用。

(1)为了招揽航线途径港口的货载,既为满足货主的要求,又体现海运服务的质量;

(2)有利于船舶、港口和货物及时衔接,以便船舶有可能在挂靠港口的短暂时间内取得尽可能高的工作效率。

(3)有利于提高船公司航线经营的计划质量。

了解各船公司、航线、港口的船期,可以通过电话、E - mail、网络查询等方式进行。一般来说,班轮的船期是通过船期表来描述的。班轮船期表主要内容包括航线、船名、航次编号、始发港、中途港、终点港的港名,到达和驶离各港的时间,其他有关注意事项等。典型的班轮船期表,见表1-12。

事实上,各船公司的具体情况,与编制公布的船期表是有所差异的,需要与其直接联系最后确定。通常而言,近洋班轮航线船期比较准确。因其航程短且挂港少,船公司能较好地掌握航区和挂靠港的条件及装卸效率等实际状况,可以编制出时间准确的船期表,船舶可以严格按船期表规定时间运行。

远洋班轮运输船,由于航线长、挂港多、航区气象海况复杂,船公司难以掌握航区、挂靠港、船舶在航线上运行可能发生的各种情况,在编制船期表时对船舶运行的时间必然会留有余地。

另外,集装箱运输具有速度快、装卸效率高、码头作业基本上不受天气影响等优点,所以集装箱班轮航线可以编制较为精确的船期表。

六、订舱

1. 订舱(Booking)的含义

订舱是指托运人(包括其货运代理人)在截单日前向承运人申请货物运输,承运人对该

班轮船期表 表 1-12

××轮船有限公司深圳分公司
GOLD STAR LINE LTD SHENZHEN BRANCH
Room 1901,Excellence Times Square,×× YITian Road,FuTian District ShenZhen
深圳市福田中心区益田路××号卓越时代广场大厦××邮政编码：518048
TEL:（86-0755）×××××××× FAX:（86-0755）××××××××

AGS-Asia Gulf Service 中东线

VESSEL	VOYAGE	CLOSING	ETA SHEKOU	ETD SHEKOU	ETA JEBEL ALI(AEZXH)
MARINA（RWE）	107W	20-Aug	21-Aug	21-Aug	5-Sep
CHINA STAR（RFH）	106W	27-Aug	28-Aug	29-Aug	12-Sep
ANKE（ZAJ）	106W	3-Sep	4-Sep	5-Sep	19-Sep
DUBAI STAR（DBF）	106W	10-Sep	10-Sep	11-Sep	26-Sep
ALMA THEA（LLJ）	106W	17-Sep	19-Sep	20-Sep	4-Oct

AME-ASIA MED EXPRESS 印度线
周五截大铲湾大船，预计周日开船

VESSEL	VOYAGE	CLOSING DACHAN BAY	ETD DACHAN BAY	ETA PORT KFL ANC(O)	ETA NHAVA SHEVA
ZTM U.S.A.（ZUN）	54W	19-Aug	22-Aug	27-Aug	2-Sep
ZTM PACIFIC（ZPC）	54W	26-Aug	28-Aug	2-Sep	9-Sep
CONTI EMD EN（EIO）	125W	2-Sep	4-Sep	9-Sep	16-Sep
HS CHOPIN（OHI）	24W	9-Sep	11-Sep	16-Sep	23-Sep

请求进行承诺的行为，是操作岗位最基本也是最为关键的环节。订舱单（Booking Note，Booking Form，Booking Sheet，简写 B/N）是国际货代企业向承运人订舱的单据。

在国际贸易实践中，出口商通常会以 CIF 价格条件成交，所以订舱工作多数在装货港或货物运输地由出口商办理。此时，货运代理人可以直接和出口商联系，取得货物运输代理权。

如果货物是以 FOB 成交的，则货物运输由进口商安排，此时订舱工作就可能在货物的卸货地或输入地由进口商办理，这就是所称的卸货地订舱（Home Booking）。此时，进口商的货运代理人通常会“指定”出口地有外资背景的大型国际货代公司代理装运港的运输代理业务。所以，卸货地订舱的货物在实践中也称为“指定货”（Buyer's Nominated Cargo）。

2. 订舱的方式

1）暂时订舱

暂时订舱是托运人或国际货代企业向承运人订舱时只是为了预订舱位而没有特定的货物要运载。在海运中，一般是在运输船舶到港这一段时间（如 1 个月）提出的订舱。采用暂时订舱的原因是担心舱位紧张。在许多国家，允许口头暂时订舱，危险品运输除外。

2）确定订舱

确定订舱是委托人根据信用证或合同的要求和货物出运的时间，选择合适的船舶，在船期表或航空运输规定的截单日期之前，向承运人或其代理人以口头或书面形式提出的订舱。就海运来说，国际货代企业应该提交以下确切信息：订舱船名、接货地点、装货港、卸货港、交货地点、揽货代理名称、货名、数量、包装、重量、接货方式、交货方式、所需空箱数、装箱地点等。

国际货代企业向船公司确定订舱，一般是在截单日前几天，因为船公司到那个时候才放舱。

确定订舱主要有以下两种方式：

(1)在线订舱。在线订舱也称电子订舱(E - booking),它可以提供给客户一个交易平台,通过电子数据交换(EDI)或互联网等把客户询价和服务供应商的报价在网上进行对碰使双方达成交易。

(2)离线订舱。离线订舱主要是通过电话、传真或者 E - mail 等途径实现的。网上离线订舱可以使用离线订舱软件来进行,然后发电子邮件给承运人完成订舱工作。

3. 订舱程序

1)审单

操作部收到业务部转交的流程卡和客户托运单(即 Booking)后,审核两者是否一致,如起运港、目的港、柜型、截关日、品名、价格、毛重、体积;利润是否合理;运费是到付或预付。若两者一致即可以发 Booking 向船公司订舱,否则与业务员确认。

2)订舱

备齐以下资料后可订舱:起运港、目的港(具体港口或堆场)、柜型、柜量、船公司、截关日、货物品名、PP(预付)或 CC(到付)的价格。否则,需与客户确认后再订舱。订舱可以通过电子订舱系统来进行:登录承运人网站后,查找“定舱管理栏目”,进入后按提示操作即可。

3)放舱

承运人在订舱单上确认订舱,随后国际货代企业可以向船公司取得 S/O(装货单)后,先审核 S/O 上的资料与订舱信息是否一致,确认无误后准备下一步的报关相关工作。

4. 订舱业务涉及的单证

1)托运单(Booking Note,简写 B/N)

托运单也称订舱申请书,是指托运人或其代理人根据买卖合同和信用证的有关内容向船公司或其代理人申请订舱配载的书面凭证。船公司或其代理人对该单进行审核无误并接受承运后,予以编号并签发装货单,填写承运船名并加盖印章,以示订舱确认。

2)装货单(Shipping Order,简写 S/O)

装货单也称放柜纸、下货纸或关单,是托运人或其代理填制交船公司或其代理人,审核并签章后,据以要求船长将货物装船承运的凭证。它是船公司或其代理人签署而形成的一份出口货运的承诺书面文件。装货单是托运人办理货物出口报关手续的必备单据之一,当海关经查验并在该单上加盖海关放行章后作为船公司或其代理接收货物、安排货物装船与出运的依据,因此装货单又称为“关单”。

3)收货单(Mate’s Receipt,简写 M/R)

收货单又称为“大副收据”或“大副收单”,是指某一票货物装上船后,由船上大副(Chief Mate)签署给托运人的作为证明船方已经收到该票货物并已装上船的凭证。大副在签署收货单时,会认真检查装船货物的外表状况、货物标志、货物数量等情况。如果货物外表状况不良、标志不清,货物有水渍、油渍或污渍等状况,数量短缺,货物损坏时,大副就会将这些情况记载在收货单上。

托运人取得了经大副签署的收货单后,即可凭以向船公司或其代理人换取已装船提单。大副签署收货单有以下作用:

(1)证明承运人已经收到货物,并开始负责;

(2)证明货物已经装上船;

(3)证明货物交接时状况。

这种在收货单上记载有关货物外表状况不良或有缺陷的情况,称为“批注”(Remark),

习惯上称为“大副批注”。有大副批注的收货单称为“不清洁收货单”(Foul Receipt);无大副批注的收货单则为“清洁收货单”(Clean Receipt)。凭清洁收货单能换取清洁提单,依据收货单签发的提单为已装船提单。

4)集装箱运输订舱单—场站收据(Dock Receipt)联单

场站收据是集装箱运输重要出口单证,其组成格式说法不一。不同的港、站使用的也有所不同,联数有 7、10、12 不等。这里以 10 联单格式为例说明场站收据的组成情况。

第 1 联 集装箱货物托运单——货主留底 白色

第 2 联 集装箱货物托运单——船代留底 白色

第 3 联 运费通知(1)白色

第 4 联 运费通知(2)白色

第 5 联 场站收据副本——装货单(关单)白色

第 6 联 场站收据副本——大副联 粉红色

第 7 联 场站收据(正本联)黄色

第 8 联 货代留底 白色

第 9 联 配舱回单(1)白色

第 10 联 配舱回单(2)白色

标准格式为 12 联的其第 11、12 联供仓库收货和点数使用。标准格式为 7 联的场站收据无上述第 1、3、4、10 联,但增加集装箱理货留底联。

5. 货运单证流程

(1)托运人向船公司在装运港的代理人(也可直接向船公司或其营业所)提出货物装运申请,递交托运单,填写装货单(S/O,10 联单)。

(2)船公司同意承运后,其代理人指定船名,核对 S/O 与托运单上有内容无误后,签发 S/O,将留底联留下后退还给托运人,要求托运人将货物及时送至指定的码头仓库。

(3)托运人持 S/O 及有关单证向海关办理货物出口报关、验货放行手续,海关在 S/O 上加盖放行章后,货物准予装船出口。

(4)船公司在装货港的代理人根据留底联编制装货清单(L/L)送船舶及理货公司、装卸公司。

(5)大副根据 L/L 编制货物积载计划交代理人分送理货、装卸公司等按计划装船。

(6)托运人将经过检验和检疫的货物送至指定的码头仓库准备装船。

(7)货物装船后,理货长将 S/O 交大副,大副核实无误后留下 S/O 并签发收货单(M/R)。

(8)理货长将大副签发的 M/R 转交给托运人。

(9)托运人持 M/R 到船公司在装货港的代理人处付清运费(预付运费情况下)换取正本已装船提单(B/L)。

(10)船公司在装货港的代理人审核无误后,留下 M/R,签发 B/L 给托运人。

(11)托运人持 B/L 及有关单证到议付银行结汇(在信用证支付方式下),取得货款,议付行将 B/L 及有关单证邮寄开证银行。

(12)货物装船完毕后,船公司在港口的代理人编妥舱单(M/F),送船长签字后向海关办理船舶出口手续,并将 M/F 交船随带,船舶开航。

(13)代理公司根据 B/L 副本编制出口载货运费清单(F/M),连同 B/L 副本、M/R 送交船公司结算代收运输,并将卸船港所需的单证邮寄卸货港的代理公司。

(14)卸货港的代理公司接到船舶抵港电报后,通知收货人船舶到港日期,做好提货准备。

(15)收货人到银行付清货款,取回 B/L。

(16)卸货港代理公司根据装货港代理公司寄来的货运单证,编制进口载货清单等卸货单据,约定装卸公司,联系泊位,做好卸货准备工作。

(17)卸货港船舶代理公司办理船舶进口报关手续。

(18)收货人向卸货港代理公司付清应付费用后,以正本提单换取提货单(D/O)。

(19)收货人持 D/O 送海关办理进口报关手续,支付进口关税,海关核准后放行。

(20)收货人持 D/O 到码头仓库提取货物。

任务实施

1. 实训目的

掌握有关订舱单证的填写(见表1-13~表1-15)。

2. 实训内容

本实训要求按照情景资料,填写国际海运订舱相关单证。通过本项目的实训使学生能够熟练掌握各种订舱单证的填写。

3. 实训准备

把学生分成5~6人一组,分析背景资料,分组填写国际海运出口订舱单证。

背景资料

上海市某纺织品进出口公司与新加坡一家贸易公司签订了一份进出口合同,合同规定信用证支付,开证行为华侨银行新加坡分行,上海市某纺织品进出口公司为出口方,出口货物品名是麻绸(COTTON DYED POPLIN),委托中国对外贸易运输公司上海分公司出口装运,对方银行开来信用证规定有效期为2008年11月6日,可以分批装运,禁止转船转运,装期为2008年10月20日,贸易术语为CIF,由上海至新加坡,收货人为开证行指示性抬头(To order of Oversea - Chinese Banking Corp. Ltd. Singapore),被通知人为:

BAN JOO and CO. (PTE) LTD. 23 CIRCULAR ROAD SINGAPORE 0104

其他资料如下:船名:白云山 V. 108 场站收据编号:97JCC3046

唛头:B. J/21S13002/SINGAPORE/NO. 1 - 264

包装:共用264包(bales)

毛重:23 496kg 净重:22 704kg 体积:39. 278m^3

4. 实训步骤

(1)把全班学生平均分为几个小组,以小组为单位进行出口报关订舱相关单证填写。

(2)分析背景材料。

(3)填写单证。

(4)根据表现进行成绩评估。

托 运 单 样 式 表1-13

Shipper(发货人)	D/R No.(编号)
Consigner(收货人)	
Notify party(通知人)	
Pre carriage by Place of receipt	集装箱货物托运单 货主留底联 第 联
Ocean vessel Voy. No. Port of loading	
Port of discharge Place of delivery	Final destination for merchant's reference(目的地)

Container No.	Seal No. Marks&Nos.	No. of containers or pkgs	Kind of packages: Description of goods	Gross weight kgs	Meas. m^3

TOTAL NUMBER OF CONTAINERS OR PACKAGES(IN WORDS)箱数或件数合计(大写)	

FREIGHT &CHARGES (运费与附加费)	REVENUE TONS (运费吨)	RATE (费率)	PER (每)	PREPAID (预付)	COLLECT (到付)

Ex Rate:(兑换率)	Prepaid at(预付地点)	Payable at(到付地点)	Place of issue(签发地点)
	Total prepaid(预付总额)	No. of original B(s)/L(正本提单份数)	

Service type on receiving□-CY,□-CFS,□-DOOR	Service type on receiving□-CY,□-CFS,□-DOOR	Reefer temperature required(冷藏温度)	°F °C

TYPE OF GOOD(种类)	□Ordinary,□Reefer,□Dangerous,□Auto.(普通)(冷藏)(危险品)(裸装车辆)	危险品	Class: Property: IMDC Code Page:UN. NO.
	□Liquid,□Live Animal,□Bulk □______(液体)(活动物)(散货)		

可否转船:	可否分批:	
装 期:	效 期:	
金 额:		
制单日期:		

装 货 单 样 式 表 1-14

<table>
<tr><td colspan="3">Shipper(发货人)</td><td colspan="3" rowspan="5">D/R No.(编号)

装 货 单
场站收据副本
第四联

Received by the carrier the total number of containers or other packages or units stated below to be transported subject to the terms and conditions of the carrier's regular from of Bill of Lading(for Combilled transport or pot to port shipment) which shall be deemed to be incorporated herein. Date(日期):

场站章</td></tr>
<tr><td colspan="3">Consigner(收货人)</td></tr>
<tr><td colspan="3">Notify party(通知人)</td></tr>
<tr><td colspan="3">Pre carriage by Place of receipt</td></tr>
<tr><td colspan="3">Ocean vessel Voy. No. Port of loading</td></tr>
<tr><td colspan="3">Port of discharge Place of delivery</td><td colspan="3">Final destination for merchant's reference(目的地)</td></tr>
<tr><td>Container No.</td><td>Seal No.
Marks&Nos.</td><td>No. of containers
or pkgs</td><td>Kind of packages:
Description of goods</td><td>G. W.
kgs</td><td>Meas.
m^3</td></tr>
<tr><td colspan="3">TOTAL NUMBER OF CONTAINERS OR PACKAGES
(IN WORDS)
箱数或件数合计(大写)</td><td colspan="3"></td></tr>
<tr><td colspan="3"></td><td colspan="3"></td></tr>
</table>

FREIGHT &CHARGES (运费与附加费)	REVENUE TONS (运费吨)	RATE (费率)	PER (每)	PREPAID (预付)	COLLECT (到付)

<table>
<tr><td rowspan="2">Ex Rate:(兑换率)</td><td>Prepaid at(预付地点)</td><td>Payable at(到付地点)</td><td>Place of issue(签发地点)</td></tr>
<tr><td>Total prepaid(预付总额)</td><td>No. of original B(s)/L
(正本提单份数)</td><td></td></tr>
</table>

Service type on receiving ☐-CY,☐-CFS,☐-DOOR	Service type on receiving ☐-CY,☐-CFS,☐-DOOR	Reefer temperature required(冷藏温度)	°F	°C

<table>
<tr><td rowspan="2">TYPE
OF
GOOD
(种类)</td><td>☐Ordinary,☐Reefer,☐Dangerous,☐Auto.
(普通) (冷藏) (危险品) (裸装车辆)</td><td rowspan="2">危
险
品</td><td rowspan="2">Class:
Property:
IMDC Code Page:
UN. NO.</td></tr>
<tr><td>☐Liquid,☐Live Animal,☐Bulk ☐______
(液体) (活动物) (散货)</td></tr>
</table>

场站收据样式

表1-15

<table>
<tr><td>Shipper(发货人)</td><td rowspan="5">D/R No.(编号)

场站收据

Received by the carrier the total number of containers or other packages or units stated below to be transported subject to the terms and conditions of the carrier's regular from of Bill of Lading(for Combilled transport or pot to port shipment) which shall be deemed to be incorporated herein.
Date(日期):

场站章</td></tr>
<tr><td>Consigner(收货人)</td></tr>
<tr><td>Notify party(通知人)</td></tr>
<tr><td>Pre carriage by　　　　Place of receipt</td></tr>
<tr><td>Ocean vessel　　Voy. No.　　Port of loading</td></tr>
<tr><td>Port of discharge　　　　Place of delivery</td><td>Final destination for merchant's reference(目的地)</td></tr>
</table>

Container No.	Seal No. Marks&Nos.	No. of containers or pkgs	Kind of packages: Description of goods	G. W. kgs	Meas. m^3

TOTAL NUMBER OF CONTAINERS OR PACKAGES(IN WORDS) 箱数或件数合计(大写)	

Container No. (箱号)	Seal No. (封志号)	Pkgs (件数)	Container No. (箱号)	Seal No. (封志号)	Pkgs (件数)

FREIGHT &CHARGES (运费与附加费)	REVENUE TONS (运费吨)	RATE (费率)	PER (每)	PREPAID (预付)	COLLECT (到付)

<table>
<tr><td rowspan="2">Ex Rate:(兑换率)</td><td>Prepaid at(预付地点)</td><td>Payable at(到付地点)</td><td>Place of issue(签发地点)</td></tr>
<tr><td>Total prepaid(预付总额)</td><td>No. of original B(s)/L
(正本提单份数)</td><td></td></tr>
</table>

Service type on receiving □-CY,□-CFS,□-DOOR	Service type on receiving □-CY,□-CFS,□-DOOR	Reefer temperature required(冷藏温度)	°F	°C

<table>
<tr><td rowspan="2">TYPE
OF
GOOD
(种类)</td><td>□Ordinary,□Reefer,□Dangerous,□Auto.
(普通)　(冷藏)　(危险品)　(裸装车辆)</td><td rowspan="2">危险品</td><td rowspan="2">Class:
Property:
IMDC Code Page:
UN. NO.</td></tr>
<tr><td>□Liquid,□Live Animal,□Bulk □____
(液体)　(活动物)　(散货)</td></tr>
</table>

5. 实训评价

训练评价的方式有教师评价、小组内部成员评价和第三方评分组成员评价 3 种，建议教师评价占 60% 权重，小组内部成员评价占 20% 的权重，第三方评分组成员评价占 20% 的权重。将三者综合起来的得分为该生在该项目的评价分，见表 1-16。

训 练 评 价 表　　表 1-16

考评人		被考评人	
考评地点			
考评内容	海运出口订舱单证填写		
考评标准	具体内容	分值(分)	实际得分
	工作态度	15	
	沟通水平和团队合作	15	
	托运单的填写	20	
	装货单的填写	25	
	场站收据的填写	25	
合计		100	

注：考评满分 100 分，60 以下为不及格，60 ~ 69 分为及格，70 ~ 79 分为中，80 ~ 89 分为良，90 分以上为优。

延伸阅读

中国远洋运输集团

中国远洋运输(集团)总公司(简称 COSCO，远洋或中远)是中华人民共和国中央人民政府直接管理的 53 家直管特大型的部级中央企业之一，其前身是成立于 1961 年 4 月 27 日的中国远洋运输公司(交通部远洋运输局)，经过中国海外运输公司、国际业务局、交通部远洋运输局、中国远洋运输公司的历史沿革，中国远洋运输集团以国际航运、物流码头和船舶修造为主业的大型跨国企业集团，在《财富》世界 500 强企业中排名第 327 位。

中远集团拥有和控制各类现代化商船近 800 艘，5600 多万载重吨，年货运量超 4 亿 t，远洋航线覆盖全球 160 多个国家和地区的 1600 多个港口，船队规模稳居中国第一、世界第二。

其中，集装箱船队规模，在国内排名第一、世界排名第六，有 130 艘现代化全集装箱船舶，其中包括数艘世界最大的 10000TEU 型集装箱船。该船队设施先进、装备精良，是当今世界航海领域中科技含量最高的新型船队之一，被誉为中远"精锐之师"。船队总载箱量超过 35 万个标准箱位，主干航线直达 100 多个世界重要港口，规模居世界第五。

另外干散货船队，世界排名第一，总运力超过 2800 万载重吨，船队的规模和效益迅猛增长，举手投足间，成为全球航运界密切关注的焦点。

还有，专业杂货、多用途和特种运输船队，综合实力居世界前列，全球高端航运市场，是中远特种船队大显身手的舞台。中远集团拥有和经营着 110 多艘专业杂货船和能够装载超大超重货物的特种运输船，综合实力居世界第二，尤其是中远拥有的半潜船，更是接受航运领域里"稀有品种"，其中扬名全球的"泰安口"轮，素有半潜船中的"全能冠军"和"亚洲第一船"之美誉，可以潜至水下 9m，托起一整座石油钻井平台漂洋过海。

油轮船队是当今世界超级油轮船队之一，以"远大湖"为代表的中远系列 30 万吨级油轮，堪称国内油轮中的"巨无霸"，也是当今世界上最先进的现代化运输船队之一。

中远集团在全球范围内投资经营着32个码头，总泊位达157个，根据Drewry2009年7月发布的最新统计，2008年中远集团所属中远太平洋的集装箱码头吞吐量继续保持全球第五。中远集团拥有丰富的物流设施资源，控制各种物流车辆超过4000台，包括具有289个轴线、最大承载能力达8000t的大件运输车，堆场249万m^2，拥有和控制仓库297万m^2，在家电、化工、电力、融资等领域为客户提供高附加值服务，为青藏铁路、天津空客、印度电站等国内外多个重大项目提供物流服务，创造多项业界记录。

中远集团已形成以北京为中心，以中国香港、美洲、欧洲、新加坡、日本、澳洲、韩国、西亚、非洲等九大区域公司为辐射点的全球架构，在50多个国家和地区拥有千余家企业和分支机构，员工总数约13万人，其中驻外人员400多人，外籍员工4000多人，资产总额超过3000亿元人民币，海外资产和收入已超过总量的半数以上，正在形成完整的航运、物流、码头、船舶修造的全球业务链。

任务三　货物装箱与装船

案例导入

辽宁港捷国际货运代理有限公司办好订舱手续后，于2013年10月16日派车办理提箱装货手续，按计划在10月17日早上7:30左右，集装箱拖车赶到发货人工厂。货物装箱完毕后，集装箱送至大连港集装箱码头，以待装船。

思考：

1. 装箱的方式有哪些？
2. 装箱应注意哪些事项？

任务分析

1. 任务准备

(1)一家货代公司材料，主要包括：公司介绍、业务信息、业务资料等。

(2)多媒体教室(含可供学生上网查资料的电脑、多媒体教学设备、课件和动画等教学资料)。

2. 任务目标

(1)熟悉集装箱货物装箱的形态；

(2)熟悉集装箱货物的交接地点与方式；

(3)了解集装箱装箱的注意事项；

(4)了解货物的装船。

基础知识

一、货物装箱的地点与方式

1. 整箱货与拼箱货

集装箱运输是将散件货物(break bulk cargo)汇成一个运输单元(集装箱)，使用船舶等运输工具进行运输的方式。集装箱运输的货物流通途径与传统的杂货运输有所不同，集装箱运输不仅与传统杂货运输一样以港口作为货物交接、换装的地点，还可以在港口以外的地点设立货物交接、换装的站点。

集装箱运输改变了传统的货物流通途径，在集装箱货物的流转过程中，其流转形态分为两种：一种为整箱货；另一种为拼箱货。

1）整箱货

整箱货[full container(cargo) load，简写 FCL]是指由货方负责装箱和计数，填写装箱单，并加封志的集装箱货物，通常只有一个发货人和一个收货人。

国际公约或各国海商法没有整箱货交接的特别规定，而承运人通常根据提单正面和背面的印刷条款以及提单正面的附加条款（如：said to contain：S. T. C；shipper's load and count and seals. L&C&S 等"不知条款"），承担在箱体完好和封志完整的状况下接收，并在相同的状况下交付整箱货的责任。在目前的海上货运实践中，班轮公司主要从事整箱货的货运业务。

2）拼箱货

拼箱货[less than container(cargo) load，简写 LCL]是指由承运人的集装箱货运站负责装箱和计数，填写装箱单，并加封志的集装箱货物，通常每一票货物的数量较少。因此，装载拼箱货的集装箱内的货物会涉及多个发货人和多个收货人。承运人负责在箱内每件货物外表状况明显良好的情况下接受并在相同的状况下交付拼箱货。在目前的货运实践中，主要由拼箱的集运公司从事拼箱货的货运业务。

货运代理人可以从事拼箱货的货运业务，但此时其身份也发生了变化。货运代理人参与拼箱货的货运业务，为小批量货物提供了快速和高效率的运输服务，解决了集装箱班轮运输大量替代传统杂货班轮运输后小批量货物的运输等问题。

货运代理人或拼箱集运商从事拼箱货运输：

（1）可以由其直接面对客户和承接小批量的货运业务、专门处理相关的货运问题，使班轮公司不再需要为小批量货物专门组织人力和物力、耗费资金和时间、承担风险和责任。

（2）可以扩大货运代理企业的活动空间和业务范围，使货运代理企业通过为小批量货物提供良好服务的同时获得回报。

（3）可以通过提供拼箱集运的服务，满足货主对于小批量货物在贸易、技术、经济、流通等方面的要求。

2. 集装箱货物交接地点与方式

1）集装箱货物的交接地点

货物运输中的交接地点是指根据运输合同，承运人与货方交接货物、划分责任风险和费用的地点。由于国际公约或各国法律通常制定了强制性的法律规范，因此承运人不能通过合同的方式减轻自己的责任；而有关费用问题，则可以由双方当事人另行约定。在集装箱运输中，根据实际需要，货物的交接地点并不固定。

目前集装箱运输中货物的交接地点有船边或吊钩（ship's rail or hook/tackle）、集装箱堆场、集装箱货运站和其他双方约定的地点（门－door）。

集装箱堆场（container yard，简写 CY），是交接和保管空箱（empty container）和重箱（loaded container）的场所，也是集装箱换装运输工具的场所。

集装箱货运站（container freight station，简写 CFS），是拼箱货交接和保管的场所，也是拼箱货装箱和拆箱的场所。

集装箱堆场和集装箱货运站,也可以同处于一处。

2)集装箱货物的交接方式

根据集装箱货物的交接地点不同,理论上可以通过排列组合的方法得到集装箱货物的交接方式为16种。在不同的交接方式中,集装箱运输经营人与货方承担的责任、义务不同,集装箱运输经营人的运输组织的内容、范围也不同。要注意的是,由于海上集装箱运输中货物的交接地点在船边或吊钩的情况比较少,所以很多书中都没有列出船边或吊钩交接的情况。我国的国家标准中也只列出了9种交接方式,即门—门、门—场、门—站;场—门、场—场、场—站;站—门、站—场、站—站。

二、货物装箱

发货人或其代理人应在预定的装运期之前,联系船公司或其代理人,提取已经预订的集装箱进行装箱,之后将重箱送堆场。

1. 提取空箱

提空箱时,船公司或其代理应该开具提箱通知单。发货人或其代理人凭通知单到指定的集装箱货运站或堆场提取空箱。

1)空/重箱提箱通知单的填写

空/重箱提箱通知单(见表1-17)是由船公司或其代理人根据发货人或其代理人订舱情况开具的提箱通知单,集装箱货运站或堆场凭此通知并核对舱单准于放箱或收箱。

空/重箱提箱通知单 表1-17

空/重箱提箱通知单

编号:

日期: 年 月 日

提货单位: 运往

提箱原因:

请凭此单向××港集装箱堆场提取如下船舶之空/重箱:

船名: 航次:

提单号:

拖货时间:

拖货地点:

联系电话:

以上集装箱除另附有损坏报告单者外,均应认为在交接时已经双方检查,状况良好,已予签认。

集装箱管理员/发箱人 交接时间:

运输部门司机/收箱人 提箱有效期:

批准发箱单位:

空/重箱提箱通知单填写内容如下:

(1)编号:由发箱方编制填写。

(2)提货单位:指集装箱使用单位,通常是指发货人。

(3)提箱原因:填写出口或空白。

(4)集装箱目的地:指集装箱装完货物后,运往何处,是去CFS还是CY。

(5)船名及航次:装载此集装箱的船舶名称及航次号。

(6)提单号:租船订舱时由船公司给定的提单号码。

(7)拖货时间:指去工厂装货的时间。

(8)拖货地点:指工厂地点。

(9)联系电话:指工厂联系人电话。

(10)集装箱管理员/发箱人:CFS 或 CY 集装箱管理人员签字。

(11)运输部门驾驶员/收箱人:拖车驾驶员或集装箱使用人即发货人签字。

(12)交接时间:指集装箱出场站的时间。

(13)提箱有效期:指提箱最后期限,超出此期限,需重新签发空/重箱提箱通知单。

(14)批准发箱单位:发箱单位盖章。

空/重箱提箱通知单,通常是一式三份,发箱人留底一份,驾驶员留存一份,用箱人留存一份。

2)集装箱设备交接单(equipment receipt)

(1)定义。设备交接单也称设备收据,是集装箱所有人或租用人委托集装箱在 CFS、CY 与货方即用箱人或其代表之间交接集装箱及承运设备的交接凭证。交接单由承运人或其代理人签发给货方,据以向场、站领取或送还重箱或空箱。交接单第一张背面印有交接使用条款,主要内容是集装箱及设备在货方使用期中,产生的费用以及遇有设备及所装货物发生损坏、灭失的责任划分及对第三者发生损害所承担的赔偿。设备交接一般在场、站大门口办理。设备包括集装箱、底盘车、台车及电动机等。交接单分“出门”和“进门”两种。

(2)主要内容。设备交接单是作为集装箱以及其他机械设备交接的证书,由借方和出借方共同签字。当集装箱或机械设备在集装箱码头堆场或货运站借出、回收时,由码头堆场或货运站制作设备收据,经双方签字后,作为两者之间设备交接的证书。其主要内容有:

①集装箱、机械设备的所有人,应提供完好的,并具有合格有效证书的设备、集装箱。

②集装箱、机械设备交接时,用箱人、运箱人如无异议,则表示该箱子、机械设备处于良好状态。

③用箱人在接收集装箱和有关机械设备后,在使用期内应保持其良好状态,并应负责对该集装箱和机械设备进行必要的维修、保养。

④用箱期间,不论是何种原因引起的有关集装箱、机械设备的丢失、损坏,均由用箱人负责赔偿,但自然耗损除外。

⑤用箱期间,因使用集装箱、机械设备不当,所引起的对第三者的损害责任,由用箱人负责赔偿。

⑥用箱人应在规定的时间、地点,将集装箱和机械设备,如同租赁时的状况一样,交还给出租人,不论是何种原因引起的迟期交还,用箱人应支付附加费用。

⑦用箱人只有在事先得到出租人允许的情况下,才可将集装箱和机械设备转租给第三者,但原出租人和用箱人之间的责任、义务等各项规定并没有任何改变。

⑧在规定的归还期之前如发生集装箱、机械设备的灭失、损坏以及包括不能修复或已无法修复的情况时,用箱关系即告终止。与此同时,用箱人即应办理赔款事项,但在赔偿时应扣除已使用的折旧费。

(3)“出门”时,工作人员与用箱人、运箱人应按设备收据共同审核以下内容:

①用箱人名称、地址。

②“出门”时间、“出门”目的。

③集装箱箱号、规格、铅封号,空箱还是实箱。

④有关机械设备的情况,正常还是异常。

(4)“进门”时,工作人员与用箱人、运箱人应按设备收据共同审核以下内容:

①集装箱、机械设备归还日期、时间。

②集装箱、机械设备归还时外表状况。

③集装箱、机械设备归还人名称、地址。

④整箱货交箱货主名称、地址。

⑤集装箱箱号、规格、铅封号。

⑥“进门”目的。

⑦拟装船舶的船名、航次、航线、卸箱港。

这里需要说明的是,拼箱货是需要发货人将货物送到集装箱货运站装箱的,因此,对于拼箱货来说,没有提箱的环节,也就不需要提箱通知单和设备交接单。

2. 集装箱装箱

发货人或其代理人提取空箱后,即开始组织装箱。集装箱装箱,常见于集装箱班轮运输的操作环节中。简单地说,装箱就是把货物装进集装箱里。对集装箱合理地进行搭配装载,提高集装箱的装载率,减少集装箱的使用量,这无论对承运人还是货主都是十分有利的。装箱人在装箱前应按规定认真检查箱体,发现集装箱不适合装运货物时,应拒绝装箱,并立即通知集装箱所有人。

1)装箱的方法(见图1-11)

图1-11　现场装箱作业的三种方法

2)集装箱装箱方式

根据集装箱的装箱地点,把集装箱装箱分为场装和拖装两种。

(1)场装。指客户将货物送到指定堆场(集装箱堆场)装箱。其注意事项主要有以下几个方面:

①确定要走货,及时安排吊柜。若柜吊好而货未走,会产生空吊费。

②轻泡货的场装,务必要先吊柜,否则要进仓产生费用。

③货主将货物运至堆场应先将柜子吊好,柜号应与船公司确认,货到,盖进场章,并在10联单的第6、第7、第8联上打上柜号及封签。拖一票货有多个集装箱时,应记录各个集装箱的货名、件数和唛头。

④若货主在没有定舱时将货物运至堆场,首先应将货进库,待排载完再装柜。

(2)拖装。指拖车公司将集装箱拖到客户指定地点装货。其程序主要有订舱排载;拖装计划;跟踪上柜、回柜;盖进场章;盖申报章(或换单),拖装程度见图1-12。

图1-12　拖装程序

3)货物装箱注意事项

装载时,如果忽视了货物特性和包装状态,或由于操作不当等,都会发生货损事故。集装箱装箱时应注意以下事项:

(1)注意最大装载量。在货物装箱时,箱内所装货物的重量在任何情况下都不能超过集装箱的最大装载量。集装箱的最大装载量由集装箱的总重减去集装箱的自重求得，集装箱总重和自重一般都标在箱门上。

(2)注意单位容重。每个集装箱的单位容重是一定的，因此如箱内装载一种货物时，只要知道货物密度，就能断定是重货还是轻货。货物密度大于集装箱单位容重的是重货，装载的货物以重量计算；反之，货物密度小于集装箱单位容重的是轻货，装载的货物以容积计算。及时区分这两种不同的情况，对提高装箱效率是很重要的。

(3)注意箱底负荷。装载时要使箱底上的负荷平衡，箱内负荷不得偏于一端或一侧，特别是要严格禁止负荷重心偏在一端的情况。

(4)要避免产生集中载荷。例如，装载机械设备等重货时，箱底应铺上木板等衬垫材料，尽量分散其负荷。标准集装箱底面平均单位面积的安全负荷大致如下：20ft 集装箱为 1330×9.8 N/m，40ft 集装箱为 980×9.8N/m。

(5)人力装货时的注意事项。用人力装货时要注意包装上有无"不可倒置"、"平放"、"竖放"等装卸指示标志。要正确使用装货工具，捆包货禁止使用手钩。箱内所装的货物要装载整齐、紧密堆装。容易散捆和包装脆弱的货物，要使用衬垫或在货物间插入胶合板，防止货物在箱内移动。

(6)叉式装卸车装箱的注意事项。在使用叉式装卸车装箱时，将受到机械的自由提升高度和门架高度的限制。在条件允许的情况下，叉车装箱可一次装载两层，但上下应留有一定的间隙；如条件不允许一次装载两层，则在箱内装第二层时，要考虑到叉式装卸车的自由提升高度和叉式装卸车门架可能起升的高度。这时门架起升高度应为第一层货高减去自由提升高度，这时第二层货物才能装在第一层货物上面。通常使用普通起重量为 2t 的叉式装卸车，其自由提升高度为 50 cm 左右，但还有一种全自由提升高度的叉式装卸车，这种机械只要箱内高度允许，就不受门架起升高度的影响，能很方便地堆装两层货物。此外，还应注意货物下面应铺有垫木，以便使货叉能顺利抽出。

(7)拼箱货在混装时应注意以下事项：

①轻货要放在重货上面。

②包装强度弱的货物要放在包装强度强的货物上面。

③不同形状、不同包装的货物尽可能不装在一起。

④液体货和清洁货要尽量在其他货物下面。

⑤可能从包装中渗漏出灰尘、液体、潮气、臭气等的货物，最好不要与其他货物混装在一起，如不得不混装时，就要用帆布、塑料薄膜或其他衬垫材料隔开。

⑥带有尖角或突出部件的货物，要把尖角或突出部件保护起来，使其不损坏其他货物。

(8)冷藏货装载时的注意事项，具体如下：

①冷冻集装箱在装货过程中，冷冻机要停止运转。

②在装货前，冷冻集装箱内使用的垫木和其他衬垫材料要预冷；要选用清洁卫生的衬垫材料，不使其污染货物。

③不要使用纸、板等材料作衬垫，以免堵塞通风管和通风口。

④装货后箱顶与货物顶部一定要留出空隙，使冷气能有效流动。

⑤必须注意到冷藏货要比普通杂货更容易滑动，也容易破损，因此对货物要加以固定，固定货物时可以用网等做衬垫材料，这样不会影响冷气的循环和流通。

⑥严格禁止鲜度已降低或已变质发臭的货物装进箱内，以避免损坏其他正常货物。

(9)危险货物装箱时的注意事项，具体如下：

①货物装箱前，应调查清楚该类危险货物的特性、防灾措施和发生危险后的处理方法，作业场所要选在避免日光照射、隔离热源和火源、通风良好的地点。

②作业场所要有足够的面积和必要的设备，以便发生事故时，能有效处置。

③作业时，要按有关规则执行，作业人员操作时应穿防护工作衣，戴防护面具和橡皮手套。

④装货前应检查所用集装箱的强度、结构，防止使用不符合装货要求的集装箱。

⑤在装载爆炸品、氧化性物质的危险货物时，装货前箱内要仔细清扫，防止箱内因残存灰尘、垃圾等杂物而产生着火、爆炸的危险。

⑥要检查危险货物的容器、包装、标志是否完整，与运输文件上所载明的内容是否一致，禁止包装有损伤、容器有泄漏的危险货物装入箱内。

⑦使用固定危险货物的材料时，应注意防火要求以及是否具有足够的安全系数和强度。

⑧危险货物的任何部分都不允许突出于集装箱外，装货后箱门要能正常关闭。

⑨有些用纸袋、纤维板和纤维桶包装的危险货物，遇水后会引起化学反应而发生自燃、发热或产生有毒气体，故应严格进行防水检查。

⑩危险货物的混载问题各国有不同的规定，如日本和美国规定，禁止在同一区域内装载的危险货物，或不能进行混合包装的危险货物，不能混载在同一集装箱内。英国规定，不能把属于不同等级的危险货物混载在同一集装箱内。在实际装载作业中，应尽量避免把不同的危险货物混装在一个集装箱内。

⑪危险货物与其他货物混载时，应尽量把危险货物装在箱门附近。

⑫严禁危险货物与仪器类货物混载。

⑬在装载时不能采用抛扔、坠落、翻倒、拖地等方法，避免货物间的冲击和摩擦。

3. 重箱集港

装箱完毕后，集装箱应集中到港口堆场，准备装船。在集装箱进入堆场大门时，堆场工作人员除了核查设备交接单外，还要签署场站收据。

所谓场站收据（dock receipt），也称码头收据或港站收据，是承运人委托集装箱堆场或集装箱货运站收到集装箱整箱货或拼箱货后签发的收据。场站收据由发货人编制，并跟随货物一起运至集装箱堆场或货运站，由接受货物的人在收据上签字后交还给发货人，证明托运的货物已收到。场站收据的作用，相当于传统运输中的大副收据，它是发货人向船公司换取提单的凭证。如果同一批货物装有几个集装箱时，场站通常先凭装箱单验收，直到最后一个集装箱验收完毕时，才由场站管理员在场站收据上签收。

接受货物的人在签署场站收据时，应仔细审核收据上所记载的内容与运来的货物实际情况是否相一致，如果货物的实际情况与收据记载的内容不符，则必须修改；如果发现货物外表或箱子外表有损失或有异状时，则一定要在收据的备注栏内加批注，说明货物或箱子的实际情况。码头收据的签署，不仅表明承运人已收到货物，而且也明确表示承运人对收到的货物已开始负有责任。

场站收据是由发货人制作，其内容与我们在前面所讲到的出口货物装货单格式和内容是一样的，因此，场站收据的内容，这里不再赘述。

集装箱进入堆场后，由堆场工作人员按照堆场作业程序编制集装箱配载图，并协调船公司安排装船计划，保证船到港后能够以最快的速度装船。

三、货物装船

集装箱班轮运输中，由于班轮公司基本上是以 CY/CY 作为货物的交接方式，所以集装箱货物的装船工作都会由班轮公司负责。

杂货班轮运输中，除另有约定外，都规定托运人应将其托运的货物送至船边，如果船舶是在锚地或浮筒作业，托运人还应将驳船将货物驳运至船边，然后进行货物的交接和装船作业。对于特殊货物，如危险货物、鲜活货、贵重货、重大件货物等，通常采取由托运人将货物直接送至船边，交接装船的形式。即采取现装或直接装船的方式。

然而，由于杂货班轮运输中，船舶承运的货物种类多，票数多，包装式样多、挂靠港口多等原因。如果要求每个托运人都将自己托运的货物直接送至码头船边，就可能发生待装货物不能按规定的装船先后次序送至船边的情况，总的来说会造成装货现场混乱，影响装卸的效率。为了提高装船效率，加速船舶周转，减少货损货差，所以在杂货班轮运输中通常是“仓库收货，集中装船”，“集中卸船，仓库交付”。

不论采取何种交货形式，船公司的责任都是以船边或吊钩为责任界限。

任务实施

1. 实训目的

掌握集装箱货物装箱程序，填写相关单证。

2. 实训内容

本实训要求按照情景资料，熟悉集装箱货物装箱程序。

3. 实训步骤

(1)把全班学生平均分为几个小组，以小组为单位演示集装箱货物装箱程序。

(2)分析背景材料。

(3)演示装箱程序。

(4)根据表现进行成绩评估。

4. 实训评价

训练评价的方式有教师评价、小组内部成员评价和第三方评分组成员评价 3 种，建议教师评价占 60% 权重，小组内部成员评价占 20% 的权重，第三方评分组成员评价占 20% 的权重。将三者综合起来的得分为该生在该项目的评价分，见表 1-18。

训练评价表 表 1-18

考评人		被考评人	
考评地点			
考评内容	集装箱装箱相关单证填写		
考评标准	具体内容	分值(分)	实际得分
	工作态度	15	
	沟通水平和团队合作	15	
	演示装箱程序	70	
合计		100	

注：考评满分 100 分，60 以下为不及格，60 ~ 69 分为及格，70 ~ 79 分为中，80 ~ 89 分为良，90 分以上为优。

延伸阅读

关于马士基·迈克—凯尼·穆勒

在丹麦首都哥本哈根城市的东北部,有一条东西向的马路名为“伊斯普兰登路”。沿着这条马路一直向东走,视野逐渐变得开阔,映入眼帘的是宽阔的厄勒海峡。而世界著名的航运巨头——马士基集团的总部正坐落于此。从这里向远处眺望,可以清楚地看到港口的入口处和霍尔曼岛。在厄勒海峡的另一边,是瑞典海港马尔默。

几个世纪以来,全球贸易的发展带动了航运业的繁荣,而马士基集团正是丹麦航运业的代表。从1904年创建以来,马士基集团已经发展成为世界最大的航运集团,2013年马士基集团的总收入为474亿美元。如今,在全球142个国家,都可以看见马士基标志性的蓝底白色七星,还有船身上印刷着的“Maersk”标志。

尽管马士基集团已经家喻户晓,但是其背后的统领者——穆勒家族却鲜为人知。事实上,马士基集团的全称是A.P.穆勒—马士基集团,而A.P.穆勒正是马士基航运帝国的缔造者阿诺德·彼得·穆勒名字的缩写。

1876年10月2日,阿诺德·彼得·穆勒出生在丹麦的Dragor。1904年,他和父亲彼得·马士基·穆勒(P.M.穆勒)共同创立了斯温堡汽船公司,这是马士基集团的前身。

1965年,马士基·迈克—凯尼·穆勒在他的父亲A.P.穆勒去世后继承了家业,并将马士基集团打造成为全球最大的航运集团。

A.P.穆勒—马士基集团目前在约130个国家雇用了约11万人。马士基航运是集团的核心产业之一。马士基航运继1999年收购南非海运和美国海陆之后,一直稳坐行业第一把交椅。在2005年成功收购当时世界排名第三的铁行渣华,使其船队规模达到168.6万TEU,是世界第二大班轮公司——地中海航运的2倍多,市场占有率达到18.3%,从而牢固地确立了其在航运业中的领先地位。马士基是“超级承运人”的代表,截至2012年5月29日,马士基船队运力达265万TEU,比第二位的地中海航运多19%,市场占有率达16.1%。

穆勒绝非只是一个涉足航运的大资本家。A.P.穆勒—马士基集团的确是一个巨大的企业集团,其投资经营涉足的领域很广泛,从石油、天然气到丹麦的零售业。在运输和物流这个行业中,公司也经营码头业务和物流业务。马士基也是丹麦最大的银行丹斯克银行(Danske Bank)的最大个人股东。

世界航运公会(World Shipping Council)的主席和首席执行官克里斯·科赫说:“大家会承认穆勒先生是航运巨子。”这位海陆公司的资深航运人说:“通过半个世纪的努力,穆勒用他的执着、领导力和机遇使得公司成长为全球最大的集装箱航运公司。他总是表现出对世界上的事件有着浓厚的兴趣,对美国有种特殊的情结,而且深爱着丹麦。就像其他行业的巨人,比如,福特、卡内基和盖茨,人们记住他不仅是因为他创造了一个多么了不起的商业帝国,而是因为他的领导气质和对自己国家和社会所做出的贡献。”

当马士基·迈克—凯尼·穆勒1965年接管公司时,公司经营着88艘船舶,在7个国家设有办事处;当他2012年4月离开人世时,A.P.穆勒—马士基集团已经发展成为一个全球性大型企业集团,拥有超过1460艘船舶,办事处遍布142个国家,是世界首屈一指的航运公司。

如今,穆勒家族迎来了第四代的掌门人。在父亲马士基的葬礼上,身为最小的女儿和集团未来CEO候选人、A. P. 穆勒——马士基集团的副总裁安娜·马士基·迈克—凯尼·邬格拉曾透露,父亲的临终遗言是告诫子女们“想念我,就将我珍藏在你们的记忆中,但你们要打理好生活,坚持自己的价值观,最重要的是要时刻谨慎引领公司向前。”

任务四　海运运费计算

案例导入

辽宁港捷国际货运代理有限公司查询了班轮公司运费表,计算了该批商品的运费,并把运费通知联交给大连伟达贸易有限公司,以便双方结算运费。

思考:

1. 运费的组成。

2. 附加费的种类。

任务分析

1. 任务准备

(1)一家船公司的运价信息,主要包括运价表、几家客户的货物信息等。

(2)多媒体教室(含可供学生上网查资料的电脑、多媒体教学设备、课件和动画等教学资料)。

2. 任务目标

(1)了解运费的构成;

(2)会计算海运运费。

基础知识

一、班轮运费的构成

1. 运价与运价本

1)相关概念

运价是指承运单位承运货物而付出的运输劳动的价格。运价指数是反映运价水平变动趋势的相对数量指标。

运费是承运人根据运输契约完成货物运输后从托运人处收取的报酬。

运价本也称费率本或运价表,是船公司承运货物向托运人据以收取运费的费率表的汇总。主要由条款与规定、商品分类和费率3部分组成。

2)运价本的形式

按运价制订形式不同,运价本可以分为等级费率本、列名费率本以及航线运价。

(1)等级费率本。等级费率本中的运价是按商品等级来确定的。这种运价是按照货物负担运费能力的定价原则,首先根据货物价格,将货物划分为若干等级;之后确定不同等级的货物在不同航线或港口间的不同等级的运价。同一等级的商品在同一航线或港口间运输时,使用相同的运价。

(2)列名费率本。列名费率本,也称单项费率运价本,其中的运价是根据商品名称来确定的。对各种不同货物在不同航线上逐一确定的运价称为单项费率运价。按照货物名称和航线名编制的这种运价表也称作“商品运价表”。

(3)航线运价。航线运价是指不分运输距离的长短,只按航线、货物名称或等级确定的运价。航线运价是按照航线上各挂靠港口的平均距离为基础制订的运价。对于某一商品,只要其起运港和目的港是同一航线上规定挂靠的基本港口,就不再考虑运输距离的远近,而按同一运价计收运费。

2. 班轮运费的构成

班轮运费,一般由基本运费和附加运费构成。

基本运费是从装运港到目的港的基本费用,它构成班轮运费的主体。它根据基本运价(Basic Freight Rate)和计费吨(即运量)计算出来。基本运价按航线上基本港之间的运价给出,是计算班轮基本运费的基础。基本运价主要是按照成本定价原则确定的,影响运价的主要因素是各种成本支出,包括船舶的折旧、燃油费、修理费、港口使用费(如装卸费、吨税和港口停泊等费用)、管理费、船员工资等。基本运价形式多样,如普通货物运价、个别货物运价、等级运价、协议运价、集装箱运价等。

附加运费是由于有些货物需要特殊处理,或者由于有突发事件的发生或客观情况变化等原因,船方根据不同情况为了弥补在运输中额外开支或费用而加收的费用。班轮运费中的附加费名目繁多,主要包括:

(1)燃油附加费(bunker adjustment factor,简写 BAF)。这是由于燃油价格上涨而加收的费用,是一项主要的附加费,几乎所有的航线都有这种附加费。它的计算多用基本运费乘以燃油附加费率的方法。

(2)港口附加费(port additional)。这是由于一些港口设施差;装卸效率低或港口使用费过高而增加了承运人的运输成本,承运人为了弥补这些损失而加收的附加费。

(3)港口拥挤附加费(port congestion surcharge,简写 PCS)。这是由于港口拥挤,船舶抵港后需长时间等泊,为弥补船期损失而加收的附加费。

(4)绕航附加费(deviation surcharge,简写 DS)。这是由于某些原因船舶不能按正常航线而必须绕道航行,从而增加开支而加收的附加费。当航线恢复正常,该项费用即取消。

(5)货币贬值附加费(currency adjustment factor,简写 CAF)。由于国际金融市场汇率发生变动,计收运费的货币贬值,使承运人的实际收入减少,为了弥补货币兑换的过程中的汇兑损失而加收的附加费,是按基本运价的一定百分比加收的附加费。

(6)转船附加费(transshipment additional,简写 TA)。对于那些运往非挂靠港口、数量没有达到直航要求或者目的港口不在班轮航线上的需要在中途港转运的货物而加收的费用。要注意的是,转船附加费应为基本运费加上燃油附加费后再乘以转船附加费率。

(7)直航附加费(direct additional,简写 DA)。这是托运人要求承运人将其托运的货物从装货港,不经过转船而直接运抵航线上某一非基本港时所增收的附加费。该非基本港本来班轮是不去挂靠的,但如果在班轮的航线上,港口条件适合停泊,特别是装载的货物达到一定重量(如有的班轮公司规定商品在 400t 以上,有的规定在 1000t 以上)船舶是可以挂靠的,但要交纳一定数量的费用,这种费用就叫直航附加费。

(8)选港附加费(optional surcharge,简写 OS)。由于买卖双方贸易的需要,在货物托运时尚不能确定具体卸货港,需要在两个或两个以上的卸货港中选择,为此而加收的费用。一般要求货方在货物抵达第一个卸货港 48h 前告知船方选择。

(9)变更卸货港附加费(alteration of discharging port additional,简写 ADPA)。这是由于

某种原因，货方要求改变原来规定的卸货港，从而加收的费用。如改卸的港口运价低于原卸港口的运价，则已收运费不予退还。

（10）超长附加费（long length additional，简写 LLA）。是指由于单件货物的外部尺寸超过规定的标准，运输时需要特别操作，从而产生额外费用，承运人为补偿这一费用所计收的附加费。一般长度超过 9m 的件杂货，就可能要收这项费用，一般长度越长其附加费率越高。

（11）超重附加费（heavy lift additional，简写 HLA）是指每件商品的毛重超过规定重量时所增收的附加运费。这种商品称为超重货，通常规定超过 5t 时就要增收超重附加费。超重费是按重量计收的，重量越大费率越高。

（12）洗舱费。船舶运输散装油类货物时，装前要洗刷船舶使之符合装运条件，有的还要经过检验部门验收并出具证明，因此，租船人要交纳一定费用。

其他还有很多名称不同的附加费，集装箱班轮运输中，还有很多关于运费的概念，如"整体费率上调"（general rate increase，简写 GRI）是指通常在每年的 5 月开始，承运人将所有的费率上调一定幅度。"目的地交货"（destination delivery charge，简写 DDC）是指在北美地区的港口对到港的货物收取的费用。空箱调运费（equipment reposition charge，简写 ERC）是指收货人没有按约定还空箱时，承运人为调运空箱而收取的费用。码头作业（操作）费（terminal Handing Charges，简写 THC）、原产地接货费（original receiving charge，简写 ORC）等。

二、运费计算

1. 运费计收标准

班轮运费的计费标准（freight basis）也称计收标准，是指计算运费时使用的计算单位。在班轮运费的计收中涉及的基本概念有运费吨、起码运费等。

1）运费吨

运费吨在运价表中一般表示为 FT（freight ton）或 W/M（weight/measurement）。是计算运费的一种特定的计费单位。通常取重量和体积中相对值较大的为计费标准，以便对船舶载重量和舱容的利用给予合理的费用支付。

如：100 个纸箱包装的纸制品，重 1.2t，体积为 $15m^3$，它的运费吨则按（15 > 1.2）15t 计算。而 100 箱的铁钉，重 9000kg，体积为 $2.6m^3$，它的运费吨为 9t。其运费则按各自的运费吨计收。

2）起码运费（minimum rate/minimum freight）

起码运费也称起码提单，指以一份提单为单位最少收取的运费。承运人为维护自身的最基本收益，对小批量货物收取起码运费，用以补偿其最基本的装卸、整理、运输等操作过程中的成本支出。

杂货和拼箱货一般以 1 运费吨为起码运费标准，最高不超过 5 运费吨；有的以提单为单位收取起码运费，按提单为标准收取起码运费后不再加收其他附加费。

3）班轮运输中的计收标准

班轮运输中，主要使用的计费标准是按容积和重量计算运费；但对于贵重商品，则按货物价格的某一百分比计算运费，而对于某些特定的商品也可能按其某种包装状态的件数计算运费。

某些商品则按实体个数或件数计算运费，如活牲畜按"每头（per head）"计收，车辆按"每辆（per unit）"计收，以及按承运人与托运人双方临时议定的费率计收运费。

根据商品种类的不同,一般可采用以下几种标准:

(1)按货物的毛重计收,即重量吨,在运价表中用“W”表示,一般以每1t为计算单位,吨以下取两位小数,也有按长吨或短吨计算的。

(2)按货物的体积计收,即尺码吨,在运价表中用“M”表示,一般以$1m^3$为计算单位,也有按$40ft^3$为1尺码吨计算的。

(3)按货物的毛重或体积计收。在运价表中用“W/M”表示,由船公司选择其中收费较高的一种计收运费。按惯例,凡1重量吨货物其体积超过$1m^3$或$40ft^3$者即按体积收费;反之,1重量吨货物其体积不足$1m^3$或$40ft^3$者,即按重量计收。

(4)按货物的价格计收运费,也称从价运费,在运价表中用“Ad Val”或“A. V.”表示。一般按货物的FOB价格的百分比计算运费。

(5)按货物重量或体积或价值三者中选最高的一种计收,在运价表中,以“W/M”或“A. V.”来表示。也有按货物重量或体积计收,然后再加收一定百分比的从价运费,在运价表中以“W/M plus A. V.”表示。

(6)按货物重量或尺码选择其高者,再加上从价运费计收。在运价表中以“W/M plus A. V.”表示。

(7)按货物的件数计收,适用于包装固定且包装内的数量、重量、体积固定不变的货物。如汽车、火车头,按辆计费;活牲畜如牛、羊等按头计费。

(8)临时议定运价。即由货主与船公司临时协商议定,适用于大宗低值货物,如粮食、豆类、煤炭、矿砂等。

(9)起码费率,它是指按每一提单上所列的重量或体积所计算出的运费,尚未达到运价表中规定的最低运费额时,则按最低运费计收。

2. 运费的计算

1)运费的计算步骤

(1)据货物的英文名称,从运价表的货物分级表中,按字母顺序查出货物的计费等级和计收运费的标准。

(2)从航线费率表中,查出有关货物的基本费率以及各项须支付的附加费。

(3)该货物的基本费率和附加费率之和,即为每一运费吨的单位运价。

(4)用该货物的计费重量吨或尺码吨乘以单位运价即得出总运费额。

2)杂货班轮运费的计算

(1)运费计算公式。

①杂货班轮运费是由基本运费和各项附加运费构成的,其计算公式为:

$$F = F_b + \sum S$$

式中:F—— 运费总额;

F_b—— 基本运费总额;

S——某一项附加费($\sum S$为各项附加费总和)。

②基本运费是所运货物的计费吨与基本运费的乘积,即:

$$F_b = f \times Q$$

式中:f—— 基本运价;

Q——计费吨。

③附加运费是各项附加费的总和。各项附加费按基本运费的一定百分比计算时,附加

费的总额应为：

$$\sum S=(S_1+S_2+\cdots+S_n)\cdot F_b=(S_1+S_2+\cdots+S_n)\cdot f\cdot Q$$

式中，$S_1,S_2,\cdots,S_n$ 分别为某一项附加费率，因此，运费总额的计算公式为：

$$\begin{aligned}F&=F_b+\sum S=f\cdot Q\cdot(S_1+S_2+\cdots+S_n)\\&=(1+S_1+S_2+\cdots+S_n)\cdot f\cdot Q\end{aligned}$$

（2）运费计算。

[例1]中远公司班轮装运铜锁1000装一箱，每箱体积0.0328m^3，毛重30kg，运往西非达碲尔，查铜锁属小五金类，M/W，10级，基本运价117，CAF35.8%，BAF37%，求运费？

[例2]我方出口商品共100箱，每箱的体积为30cm×60cm×50cm，毛重为40kg，查运费表得知该货为9级，计费标准为W/M，基本运费为每运费吨109港元另收燃油附加费20%，港口拥挤费20%，货币贬值附加费10%。试计算：该批货物的运费是多少港元？

（3）从价运费中的货物价格换算

从价运费是按货物的FOB价格的一定百分比计算的。但是，某些贸易合同可能是以CIF或CFR价格成交的，需要在他们之间进行价格换算。其换算关系式如下：

$$F_{CFR}=0.99P_{CIF}$$

$$FR=(\text{Ad. Val.})\cdot P_{FOB}$$

$$P_{CFR}=P_{FOB}+FR=P_{FOB}+(\text{Ad. Val.})\cdot P_{FOB}=(1+\text{Ad. Val.})\cdot P_{FOB}$$

$$P_{FOB}=\frac{P_{CFR}}{1+\text{Ad. Val.}}=\frac{0.99P_{CIF}}{1+\text{Ad. Val.}}$$

3）集装箱班轮运费的计算

集装箱班轮运输中运费计算方法：

（1）采用与普通杂货班轮运输相同的方法，对具体的航线按货物的等级和不同的计费标准计算。

（2）对具体航线按货物等级及箱型、尺寸的包箱费率（BOX RATE）。

（3）仅按箱型、尺寸的包箱费率而不考虑货物的种类和级别计算基本运费。

包箱费率指对单位集装箱计收的运费率，也称为“均一费率（FAK）”。采用包箱费率计算集装箱基本运费时，只需要根据具体航线、货物等级以及箱型、尺寸所规定的费率乘以箱数即可。

集装箱班轮运输中的附加费也与杂货班轮运输中的情况相似。

[例3]某票货物从张家港出口到欧洲费力克斯托，经上海装船，2×20FCL，上海到费力克斯托的费率是USD1850/20’，张家港经上海装船，其费率是在上海直达费力克斯托的费率基础上加USD100/20’，另有货币贬值附加费10%，燃油附加费5%。问托运人应支付多少运费？

解：运费＝费率×箱数

$$\begin{aligned}&=[(1850+100)\times(1+10\%+5\%)]\times 2\\&=1950\times 1.15\times 2=4485\text{ 美元}\end{aligned}$$

[例4]用集装箱装运一批木箱包装的货物从青岛运往国外某港口，木箱尺寸为：1m×1m×1m，共有40m^3，总重为35t，整箱运输。可以选用的箱型为ISO标箱中的1AA或者1CC。查运价本得：USD1000/TEU，USD1800/FEU。问：

①国际货运代理人为节省成本，应该如何选用集装箱？

②支付多少运费？

解：①由题意可知，木箱的长、宽、高均为1m，共计有40箱，这样1AA的尺寸长宽高分为12.1921m，2.438m，2.591m；1CC的尺寸长宽高分为6.058m，2.438m，2.591m。显然，一个1AA最多可以放该尺寸的木箱数为48个，1CC最多则可放24个，所以该批货物如果要用1AA即40ft集装箱的话则需1个，运费为：USD1800 × 1 = USD1800。而如果选用1CC即20ft集装箱的话则需2个，运费为USD1000 × 2 = USD2000，所以，从节省运费的角度考虑，国际货运代理人应该选用1AA箱型。

②由①中的分析可知，应该支付的运费为USD1800。

实践中有时会将基本运费和附加费合并在一起，以包干费(all in freight)的形式计收运费。此时的运价称为包干费率，又称"全包价"(all in rate)。

任务实施

1. 实训目的

计算海运运费。

2. 实训内容

本实训要求按照背景资料，计算海运运费。

背景资料

1. 某出口商以CFR成交一批出口货物，货物成交价为USD350000。该出口商委托甲货运代理人查问这批货物从装货港到卸货港的海运运费。甲货运代理人从乙船公司那里得知运输这批货物按从价运费的方式计收运费，并且"Ad Val."是0.6%假如你是货运代理人，请告诉该出口商，运输这批货物所需要支付的海运费是多少？

2. 某进出口公司委托一国际货运代理企业，代办一小桶货物以海运方式出口国外。货物的重量为0.5t，小桶(圆的)的直径为0.7m，桶高为1m。货代最后为货主找到一杂货班轮公司实际承运该货物。货代查了船公司的运价本，运价本中对该货物运输航线、港口、运价等的规定为：基本运价是每运费吨支付100美元(USD100/Freight Ton)；燃油附加费按基本运费增收10%(BAF10%)；货币贬值附加费按基本运费增收10%(CAF10%)；计费标准是"W/M"；起码提单按1运费吨计算(Minimum freight：one freight ton)。你作为货运代理人，请计算该批货物的运费并告诉货主以下内容：

(1)货物的计费吨(运费吨)是多少？

(2)该批货物的基本运费是多少？

(3)该批货物的附加运费是多少？总的运费是多少？

延伸阅读

国际海洋运输中的THC之争

国际海洋运输中的THC之争从1997年开始，发展到现在，已经历了十几年的纷争历史，但关于THC收费问题没有任何权威性的结论，斗争仍在继续。

THC：Terminal Handing Charges的英文缩写，翻译为中文为集装箱码头操作费(集装箱码头作业费)。该费用在不同的国家和地区有不同的叫法,例如在中国南方地区叫 ORC (Original Receiving Charges:始发地交接费用,这是相对于作为出口方的发货人而言的),在上海叫 SPS(Shanghai port Surcharge:上海港附加费),在美国叫 DDC (Destination Delivery Charges:目的港交接费,这是相对于作为进口方的收货人而言的),在日本则称之为 CY Charges。但无论名称如何变化,其所指的内容都是集装箱码头操作费用,即从船—堆场或堆场—船之间所产生的所有与集装箱有关的操作费用,其中包括了一定时间的免费堆存期。

一、追溯 THC 的起源

早在 1997 年,一些班轮公司就在中国的广东、广西、云南和海南地区向外贸货主收取 ORC(Origin Receiving Charge,始发地收货费)。收费标准:20ft 集装箱 141 美元,40ft 集装箱 269 美元。缺乏经验的中国货主就默认了这项费用并不高的收费。1999 年、2000 年 5 月及以后,一些航运公会组织代表相继到上海、大连和青岛等口岸,企图推行 THC(Terminal Handling Charge,集装箱码头装卸作业费),遭到当地货主组织的强烈反对而未能实施。

二、导火索的出现

引发 THC 中国"战火"之争的导火索,是在 2001 年 12 月,TSA、WTSA、IADA、FEFC、AWRA、AADA 等航运公会组织宣布:决定从 2002 年 1 月 15 日起向货主收取 THC,收费标准为 RMB370/560 PER20/40。已在广东、广西、海南、云南现行收取的始发地接货费(ORC)改名为 THC,其原收费标准(20ft 集装箱 141 美元,40ft 集装箱 269 美元)不变。即在海运费不变的情况下,加收高额的 THC 费用,THC 问题随即引发了船货双方激烈的争端与冲突。

三、THC 的目的

THC 的目的是补偿承运人因为集装箱进入堆场大门开始到装船时止这段时间内发生的、支付给码头公司和/或装卸公司的费用,不具有海运基本费率中所应有的利润性质。这部分费用,通常是取决于各船公司与码头公司或装卸公司签订的商务合同,与货量、装卸效率、合同有效期长短等相关,因此是有差异的,同一船公司在同一港口收取的 THC 费率每年可能不一样,各船公司在同一港口收取的 THC 费率也不一样。当然,THC 费率与承运人实际支付给码头公司的费用是否必须严格一致。

四、各方观点

1. 货方

码头作业费在性质上属于国际集装箱班轮运费的组成部分,这是定性的结论,即 THC 在中国法律法规的范畴里是运费,因此,在运费之外收取 THC 是重复收费。货方认为,承运人收取 THC,属于"滥用优势地位,以歧视性价格或者其他限制性条件给交易对方造成损害",违反《国际海运条例》第 27 条。

2. 船方

征收 THC 没有违反国际法和中国法律。征收 THC,用于弥补亏损,而不是赢利,希望能得到中国货主的理解。外方承认承运人拥有优势地位,这一事实不可否认,但征收 THC 并未违法。凡收取码头作业费,是为了提高运价报价的透明度,便于货主区分码头作业费和远洋海运费。征收码头作业费是国际海运市场正常商业行为,也是被广泛认同的国际通常做法,没有违反有关国际公约和中国的有关法律法规。

3. 法律

在我国,THC 是运费的组成部分,承运人有权收取;中国的法律法规没有禁止承运人收取 THC;承运人收取 THC 不违反《国际海运条例》;航线协议组织发布涉及 THC 的指南也不违反《反垄断法》。

五、垄断嫌疑

举一个案例说明:广东包装进出口公司和广东土畜产进出口公司反映,要求货主在签了保证支付 THC 的保函后才给订舱,并在货主支付了 THC 费用后才签发提单。不付 THC,班轮公司就扣单扣货,不给订舱。货主怕造成更大的损失,只好忍气吞声,被迫支付 THC。分析认为:国际班轮公会或国际班轮公司之间订立的有关在中国加收 THC 费用的协议,是班轮公会组织的统一、联合决定和行动,是几个公会联合起来搞价格垄断,损害了公平竞争。班轮公会在中国港口向货主收取 THC 是没有根据的,不合法的。

综上所述,各方各执一词,无法得到一个结果。

任务五　出口检验检疫

案例导入

在提取集装箱、装货、集港之前或同时,辽宁港捷国际货运代理有限公司及时安排报检工作,填制出境货物报检单,并准备好检验检疫要求的随附单据,如商业发票、装箱单、许可证等单据以及合同和信用证等报检单证,在规定的时间内向检验检疫局办理申报。待检验检疫局办理放行后,再向海关申报。

思考:

1. 出口报检程序是什么?
2. 出口报检应备齐哪些单据?

任务分析

1. 任务准备

(1)一个出入境检验检疫机构的材料,主要包括机构介绍、业务范围、电子服务平台信息、网站。

(2)多媒体教室(含可供学生上网查资料的电脑、多媒体教学设备、课件和动画等教学资料)。

2. 任务目标

(1)熟悉出口检验检疫的分类;

(2)熟悉检验检疫的报检范围;

(3)掌握出口检验检疫的一般流程。

(4)会填制出境货物报检单;

(5)能办理出口货物报检业务;

(6)能处理报检过程中遇到的问题。

基础知识

一、检验检疫基础知识

1. 出入境货物检验检疫的含义

出入境货物检验检疫是指在国际贸易中,由出入境检验检疫机构对货物的质量、数量、重量、包装、安全、卫生以及装运条件等进行检验检疫,并对涉及人、动物、植物传染病、病虫害、疫情等进行检疫的工作。检验检疫工作是保证国际贸易活动能够顺进行的重要环节,也是一个国家为保障国家安全,维护国民健康,保护动物、植物和环境,而采取的技术法规和行政措施。按业务内容不同,出入境货物检验检疫分为进出口品检验、进出境动植物检疫和过境卫生检疫3部分。

2. 出境货物检验检疫的报检分类

出境货物报检可分为:出境一般报检、出境换证报检、出境预检报检。

1)出境一般报检

出境一般报检是指法定检验检疫出境货物的货主或其代理人,持有关证单向产地检验检疫机构申请检验检疫以取得出境放行证明及其他证单的报检。对于出境一般报检的货物,检验检疫合格后,在当地海关报关的,由报关地检验检疫机构签发《出境货物通关单》,货主或其代理人持《出境货物通关单》向当地海关报关。在异地海关报关的,由产地检验检疫机构签发《出境货物通关单》或"换证凭条",货主或其代理人持《出境货物通关单》或"换证凭条"向报关地的检验检疫机构申请换发《出境货物通关单》。

2)出境换证报检

出境换证报检是指经产地检验检疫机构检验检疫合格的法定检验检疫出境货物的货主或其代理人,持产地检验检疫机构签发的《出境货物换证凭单》或"换证凭条"向报关地检验检疫机构申请换发《出境货物通关单》的报检。对于出境换证报检的货物,报关地检验检疫机构按照国家质检总局规定的抽查比例进行查验。

3)出境预检报检

出境货物预检报检是指货主或其代理人持有关单证向产地检验检疫机构申请对暂时还不能出口的货物预先实施检验检疫的报检。预检报检的货物经检验检疫合格的,检验检疫机构签发《出境货物换证凭单》。正式出口时,货主或其代理人可在检验检疫有效期内持此单向检验检疫机构申请办理放行手续。申请预检报检的货物须是经常出口的、非易腐烂变质、非易燃易爆的商品。

3. 出入境检验检疫的报检范围

根据我国检验检疫法律、行政法规的规定和目前我国对外贸易的实际情况,出入境检验检疫的报检范围包括6个方面:

(1)法律,行政法规规定必须由检验检疫机构实施检验检疫的。

(2)输入国家或地区规定必须凭检验检疫机构出具的证书方准入境的。

(3)有关国际条约规定必须经检验检疫的。

(4)有关国际条约规定经检验检疫的。

(5)对外贸易合同约定须凭检验检疫机构签发的证书进行交接、结算的。

(6)申请签发一般原产地证明书、普惠制原产地证明书等原产地证明书的。

1)法律、行政法规规定必须由检验检疫机构实施检验检疫的报检范围

根据《中华人民共和国进出口商品检验法》及其实施条例、《中华人民共和国进出境动植物检疫法》及其实施条例、《中华人民共和国国境卫生检疫法》及其实施细则、《中华人民共和国食品卫生法》等有关法律与行政法规的规定,以下对象在出入境时必须向检验检疫机构报检,由检验检疫机构实施检验检疫或鉴定工作。

(1)列入《出入境检验检疫机构实施检验检疫的进出境商品目录》内的货物。

(2)入境废物、进口旧机电产品。

(3)出口危险货物包装容器的性能检验和使用鉴定。

(4)进出境集装箱。

(5)进境、出境、过境的动植物、动植物产品及其他检疫物。

(6)装载动植物、动植物产品和其他检疫物的装载容器、包装物、铺垫材料;进境动植物性包装物、铺垫材料。

(7)来自动植物疫区的运输工具;装载进境、出境、过境的动植物、动植物产品及其他检疫物的运输工具。

(8)进境拆解的废旧船舶。

(9)出入境人员、交通工具、运输设备以及可能传播检疫传染病的行李、货物和邮包等物品。

(10)旅客携带物(包括微生物、人体组织、生物制品、血液及其制品、骸骨、骨灰、废旧物品和可能传播传染病的物品以及动植物、动植物产品和其他检疫物)和携带伴侣动物。

(11)国际邮寄物(包括动植物、动植物产品和其他检疫物、微生物、人体组织、生物制品、血液及其制品以及其他需要实施检疫的国际邮寄物)。

(12)其他法律、行政法规规定需经检验检疫机构实施检验检疫的其他应检对象。

2)输入国家或地区规定必须凭检验检疫机构出具的证书方准入境的报检范围

有的国家发布法令或政府规定,要求对某些来自中国的入境货物须凭检验检疫机构签发的证书方可入境。如一些国家和地区规定,对来自中国的动植物、动植物产品、食品,凭我国检验检疫机构签发的动植物检疫证书以及有关证书方可入境。又如一些国家或地区规定,从中国输入货物的木质包装,装运前要进行热处理、熏蒸或防腐等除害处理,并由我国检验检疫机构出具《熏蒸/消毒证书》;货到时凭《熏蒸/消毒证书》验放货物。因此,凡出口货物输入国家和地区有此类要求的,报检人须报经检验检疫机构实施检验检疫或进行除害处理,取得相关证书。

3)有关国际条约规定必须经检验检疫的报检范围

随着加入世界贸易组织和其他一些区域性经济组织,我国已成为一些国际条约、公约和协定的成员。此外,我国还与世界几十个国家缔结了有关商品检验或动植物检疫的双边协定、协议,认真履行国际条约、公约、协定或协议中的检验检疫条款是我们的义务。因此,凡国际条约、公约或协定规定须经我国检验检疫机构实施检验检疫的出入境货物,报检人须向检验检疫机构报检,由检验检疫机构实施检验检疫。

4)对外贸易合同约定须凭检验检疫机构签发的证书进行交接、结算的报检范围

对外贸易合同是买卖双方通过协商,确定双方权利和义务的书面协议,一经签署即发生法律效力,双方都必须履行合同规定的权利和义务。然而,在国际贸易中,买卖双方相距遥

远,难以做到当面点交货物,也不能亲自到现场查看履约情况。为了保证对外贸易的顺利进行,保障买卖双方的合法权益,通常需要委托第三方对货物进行检验检疫或鉴定并出具检验检疫鉴定证书,以证明卖方已经履行合同,买卖双方凭证书进行交接、结算。此外,对某些以成分计价的商品,由第三方出具检验证书更是计算货款的直接依据。因此,凡对外贸易合同、协议中规定以我国检验检疫机构签发的检验检疫证书为交接、结算依据的进出境货物,报检人须向检验检疫机构报检,由检验检疫机构按照合同、协议的要求实施检验检疫或鉴定并签发检验检疫证书。

5)签发证明书

根据发货人的申请,签发一般原产地证明书、普惠制原产地证明书等原产地证明书。

二、检验检疫业务一般流程

1. 检验检疫业务一般流程

1)报检

出境报检是指出口商或其代理人对于属于检验检疫范围的出境商品向检验检疫机构申请检验检疫的行为。报检时必须向检验检疫机构提供以下单据:

(1)出境货物报检时,应填写《出境货物报检单》,并提供外贸合同或销售确认书或订单、信用证、有关函电、生产经营部门出具的厂检结果单原件、检验检疫机构签发的《出境货物运输包装性能检验结果单》(正本)。

(2)凭样品成交的,须提供样品。

(3)经预检的货物,在向检验检疫机构办理换证放行手续时,应提供该检验检疫机构签发的《出境货物换证凭单》(正本)。

(4)产地与报关地不一致的出境货物,在向报关单检验检疫机构申请《出境货物通关单》时,应提交产地检验检疫机构签发的《出境货物换证凭单》(正本)或“换证凭条”。

(5)出口危险货物时,必须提供《出境货物运输包装性能检验结果单》《出境危险货物运输包装使用鉴定结果单》(正本)。

(6)预检报检的,还应提供货物生产企业与出口企业签订的贸易合同需在报检单上注明检验检疫的项目和要求。

(7)按照检验检疫的要求,提供相关其他特殊证单。

报检,一般是在装运期前 7d 申报。但某些特殊商品检验检疫局有特殊要求,应按照规定的时间向检验检疫局申报。

2)抽样

检验检疫机构接受报检后,须及时派人到货物堆存地点进行现场检验鉴定。其内容包括货物的数量、重量、包装、外观等项目。现场检验一般采取国际贸易中普遍使用的抽样法。抽样时须按规定的抽样方法和一定的比例随机抽样,以便样品能代表整批商品的质量。常用的抽样方式有:

(1)登轮抽样。进口大宗商品时,采取在卸货过程中登轮抽样的方法。可随卸货进度,按一定的比例,抽取各个部位的代表性商品,然后经过混合、粉碎、缩分,取得代表性的检验样品。

(2)甩包抽样。例如进口橡胶,数量很大,按规定以 10% 抽样,采取在卸货过程中,每卸 10 包甩 1 包,供抽样用,既可使抽样工作便利进行,又能保证样品的代表性。

(3)翻垛抽样。出口商品在仓库中密集堆垛,难以对不同部位抽样时,如果有条件则可进行适当翻垛，然后进行抽样。这种方式要多花一定的劳力。

(4)出厂、进仓时抽样。在仓容紧张、翻垛困难的情况下，对出口商品可事先联系安排在出厂或进仓时进行抽样，同时加强批次管理工作。

(5)包装前抽样。为了避免出口商品抽样时的拆包损失，特别是对用机器打包的商品，在批次分清的前提下，采取在包装前进行抽样的办法。

(6)生产过程中抽样。有些出口商品，可在生产加工过程中，根据生产批次，按照规定的要求，随生产抽样，以保证代表性，检验合格后进行包装。

(7)装货时抽样。出口大宗散装商品，有条件的可在装船时进行抽样。如原油用管道装货时，可定时在管道中抽取样品；出口食盐的可在装船时每隔1h抽样一次。这种样品的代表性都很好。

(8)开沟抽样。出口散装矿产品，抽样困难，且品质又不够均匀，一般视垛位大小，挖掘长宽2～3m、深1m的沟，以抽取代表性样品。

(9)流动间隔抽样。大宗矿石产品抽样困难，可结合装卸环节，在输送带上定时抽取有足够代表性的样品。

不论采取上述哪种形式的抽样，所抽取的样品必须遵循抽样的基本原则，即能代表整批商品的品质。

3)检验检疫

目前，国家质量监督检验检疫总局对出境商品的检验检疫实行"一次报检、一次取样、一次检验检疫、一次卫生除害处理、一次收费、一次发证放行"的工作规程和"一口对外"的国际通用的检验检疫模式。新的检验检疫规程极大地提高了检验检疫效率，方便出口商发运货物。

检验检疫机构的施检工作人员根据抽样和现场检验记录，仔细核对合同及信用证对品质、规格、包装等的规定，弄清楚检验的依据、标准，采用检验检疫规定的方法实施检验检疫。

4)签证与放行

根据原国家出入境检验检疫局和海关总署2000年1号联合公告规定，对列入《出入境检验检疫机构实施检验检疫的进出口商品目录》范围内的出境货物，经检验检疫合格的，签发《出境货物通关单》，海关凭报关地检验检疫机构签发的《出境货物通关单》验放。同时，国外有要求签发有关检验检疫证书的，检验检疫机构根据对外贸易关系人的申请，经检验检疫合格的，签发相应的检验检疫证书。经检验检疫不合格的，签发《出境货物不合格通知单》。

(1)签证：

①检验检疫证单的签发程序。出入境检验检疫证书的签发程序包括审核、制证、校对、签署和盖章、发证/放行等环节。施检过程的抽样记录、检验检疫结果记录、拟稿等环节在各检验检疫施检部门完成，其他环节均在检务部门完成，包括审核证稿及其全套单据，缮制各种证单，经过校对证单，签署和盖章后发证，完成签证工作的最后一个环节，也是检验检疫工作程序的最后一个环节。检务部门收到施检部门的证稿后，出境签证在两个工作日内完成，特殊情况除外。

②签证日期和有效期。检验检疫机构签发的证单，一般以验讫日期作为签发日期。出境货物的出运期限及有关检验检疫证单的有效期如下：

a. 一般货物为60d；

b. 植物和植物产品为21d，北方冬季可适当延长至35d；

c. 鲜活类货物为14d；

d. 交通工具卫生证书用于船舶的有效期为12个月，用于飞机、列车的有效期为6个月，除鼠/免于除鼠证书为6个月；

e. 国际旅行健康证明书有效期为12个月，预防接种证书有效期限参照有关标准执行；

f. 出口换证凭单以标明的检验检疫有效期为准；

g. 信用证要求装运港装船时检验，签发证单日期为提单日期3d内签发（含提单日）。

（2）出境货物放行。在本地报关的出境货物，经检验检疫合格后，签发《出境货物通关单》（两联）。正本由报检人持有，用于在海关办理通关手续。

①产地检验检疫，产地放行。放行要求：检验检疫机构审核对外贸易合同/信用证、发票、装箱单等是否齐全，《出境货物通关单》、检验检疫有关证书与外贸的相关单据是否一致（证证相符），以及检验检疫签发的所有证单与出境货物的品，质、数/重量、包装等相一致（货证相符）。

②产地检验检疫，口岸查验放行。口岸查验放行时，检验检疫机构审核检验检疫查验所需的对外贸易合同/信用证、发票、箱单、产地检验检疫机构出具的《出境货物换证凭单》等单据是否齐全，《出境货物换证凭单》与其他外贸单据是否一致（证证相符）。同时，口岸检验检疫机构按照规定对货物进行查验，核查《出境货物换证凭单》与出境货物是否一致（货证相符），对于证证相符、货证相符的，签发《出境货物通关单》放行。《出境货物换证凭单》可以并批和分批使用。

正常情况下，检验检疫局完成以上4个步骤，货物的检验检疫工作即告完成。如果有特殊情况，需要办理更改、撤销或复验等业务，则应该按照以下步骤向检验检疫局办理。

5）更改

已报检的出入境货物，检验检疫机构尚未实施检验检疫或虽已实施检验检疫但尚未出具证单的，由于某种原因报检人需要更改报检信息的，可以向受理报检的检验检疫机构申请，经审核后按规定进行更改。

检验检疫机构尚未实施检验检疫，品名更改后与原报检不是同一种商品的，不能更改。

检验检疫机构已实施检验检疫但尚未出具证单，品名、数/重量、检验检疫要求、包装等重要项目更改后与原报检不一致的，或者更改后与输出、输入国家地区法律法规的规定不符的，均不能更改。

办理更改应提供以下单据：

（1）填写《更改申请书》，说明更改的理由和更改的事项。

（2）提供有关函电等证明文件，并提交原证单。

（3）变更合同或信用证的，须提供新的合同或信用证。

6）撤销

报检人向检验检疫机构报检后，因故需撤销报检的，可提出申请，并书面说明理由，经检验检疫机构批准后按规定办理撤销手续。

报检后30d内未联系检验检疫事宜的，作自动撤销报检处理。

办理撤销应提供以下单据：

（1）填写《更改申请书》，说明撤销的理由。

（2）提供有关证明材料。

7)重新报检

(1)报检人在向检验检疫机构办理报检手续并领取检验检疫证单后,有下列情况之一的应重新报检:

①超过检验检疫有效期限的;

②变更输入国家或地区,并有不同检验检疫要求的;

③改换包装或重新拼装的;

④已撤销报检的。

(2)重新报检的要求:

①按规定填写《出境货物报检单》,交附有关函电等证明单据。

②交还原发的证书或证单,不能交还的应按有关规定办理。

8)复验

报检人对检验检疫机构的检验结果有异议的,可以向做出检验结果的检验检疫机构或者其上级检验检疫机构申请复验,也可以向国家质检总局申请复验。受理复验的检验检疫机构或者国家质检总局负责组织实施复验。检验检疫机构或者国家质检总局对同一检验结果只进行一次复验。报检人对检验检疫机构、国家质检总局做出的复验结论不服的,可以依法申请行政复议,也可以向人民法院提起行政诉讼。

(1)复验工作程序(见图1-13)和工作时限。

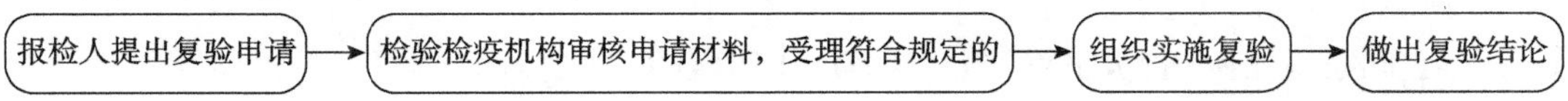

图1-13　复验工作程序

工作时限:受理复验的检验检疫机构或者国家质检总局应当自收到复验申请之日起60日内做出复验结论,技术复杂、不能在规定时限内做出复验结论的,经本机构负责人批准可以适当延长,但延长期限最多不超过30日。

(2)复验申请的时限和条件:

①报检人申请复验,应当在收到检验检疫机构做出的检验结果之日起15日内提出;因不可抗力或者其他正当理由不能申请复验的,申请期限中止。从中止的原因消除之日起,申请期限继续计算。

②报检人申请复验,应当保证和保持原报检商品的质量、重量、数量符合原检验时的状态,并保留其包装、封识、标志。

(3)复验申请应提供的单据

①申请复验时,报检人应填写《复验申请表》。

②原报检所提供的证单和资料。

③原检验检疫机构出具的检验证书或证单。

(4)复验申请的受理。检验检疫机构或国家质检总局自收到复验申请之日起15日内,对复验申请进行审查并做出如下处理:

①复验申请符合有关规定的,予以受理,并向报检人出具《复验申请受理通知书》。

②复验申请内容不全或随附证单资料不全的,向报检人出具《复验申请材料补正告知书》,限期补正。逾期不补正,视为撤销申请。

③复验申请不符合有关规定的,不予受理,并出具《复验申请不予受理通知书》,书面通知申请人并告知理由。

(5)复验申请的费用

①申请复验的报检人应当按照规定缴纳复验费用。

②受理复验的检验检疫机构或者国家质检总局的复验结论认定属原检验的检验检疫机构责任的,复验费用由原检验检疫机构负担。

任务实施

1. 实训目的

掌握出境货物报检程序及报检单的填写。

2. 实训内容

本实训要求按照背景资料,填写和代理报检委托书出境货物报检单。

3. 实训准备

把学生分成5~6人一组,分析背景资料,分组填写代理报检委托书(见表1-19)和出境货物报检单(见表1-20)。

背景资料

Credit number: SK/26074/76

Date of issue: DEC. 27,2010

Applicant: ABC TRADING CO. ,LTD. ,DUBAI (UAE)

P. O. BOX No. 6093,DUBAI (UAE), FAX NO. 334672

Beneficiary: GUANGDONG TEXTILES IMP. AND EXP. GRANDIDA TRADING CO. , LTD. 7/F GUANGDONG TEXTILES MANSION, NO. 168 XIAOBEI ROAD, GUANGZHOU, CHINA

Account: USD99,960.00

Covering: 4,000 DOZEN EMBROIDERED TABEL CLOTH NO. 12110—A403 CIFC3 DUBAI USD25.5 PER DOZEN PACKING:10DOZEN/CTN ALL OTHER AS PER S/C NO. 1023476

Shipping marks: MAHARAJA/264332/DUBAI/NO. 1 –400

发票号码　TR – DX – 8064　发票日期　JAN. 2,2010　产地证号　GZC1/120FF4/3679

许可证号码　34KD267　装运港　广州港　货物存放地点　太平仓库

船名　MAEK335V. 002　商品编码　6204. 1300　集装箱号码　CBHU 0683017/20’

报检日期　JAN. 15,2008　提单日期　JAN. 22,2008　报检单位登记号　4401W12981

生产厂家:广东中山服装厂,2010年1月15日由报检员王强向出入境检验检疫局报检,1月21日出入境检验检疫局签发通关单。

4. 实训步骤

(1)把全班学生平均分为几个小组,以小组为单位进行相关单证填写。

(2)分析背景材料。

(3)填写相关单证。

(4)根据表现进行成绩评估。

代理报检委托书

表 1-19

编号：

____________出入境检验检疫局：

本委托人（备案号/组织机构代码________________）保证遵守国家有关检验检疫法律、法规的规定，保证所提供的委托报检事项真实、单货相符。否则，愿承担相关法律责任。具体委托情况如下：

本委托人将于__________年________月间进口/出口如下货物：

品名		HS 编码	
数（重）量		包装情况	
信用证/合同号		许可文件号	
进口货物收货单位及地址		进口货物提/运单号	
其他特殊要求			

特委托____________________（代理报检注册登记号____________），代表本委托人办理上述货物的下列出入境检验检疫事宜：

1. 办理报检手续；
2. 代缴纳检验检疫费；
3. 联系和配合检验检疫机构实施检验检疫；
4. 领取检验检疫证单；
5. 其他与报检有关的相关事宜：______________________。

联 系 人：____________

联系电话：____________

本委托书有效期至____________年________月________日

委托人（加盖公章）

年　　月　　日

受托人确认声明

本企业完全接受本委托书，保证履行以下职责：

1. 对委托人提供的货物情况和单证的真实性、完整性进行核实；
2. 根据检验检疫有关法律法规规定，办理上述货物的检验检疫事宜；
3. 及时将办结检验检疫手续的有关委托内容的单证、文件移交委托人或其指定的人员；
4. 如实告知委托人检验检疫部门对货物的后续检验检疫及监管要求。

如在委托事项中发生违法或违规行为，愿承担相关法律和行政责任。

联 系 人：____________

联系电话：____________

受托人（加盖公章）

年　　月　　日

5. 实训评价

训练评价的方式有教师评价、小组内部成员评价和第三方评分组成员评价 3 种，建议教师评价占 60% 权重，小组内部成员评价占 20% 的权重，第三方评分组成员评价占 20% 的权重。将三者综合起来的得分为该生在该项目的评价分，见表 1-21。

出境货物报检单 表 1-20

中华人民共和国出入境检验检疫
出境货物报检单

报检单位（加盖公章）：			＊编号	
报检单位登记号：	联系人：	电话：	报检日期： 年 月 日	

收货人	（中文）	
	（外文）	
发货人	（中文）	
	（外文）	

货物名称（中/外文）	H. S. 编码	原产国（地区）	数/重量	货物总值	包装种类及数量

运输工具名称号码：	合同号：

贸易方式		贸易国别（地区）		提单/运单号	
到货日期		起运国家（地区）		许可证/审批号	
卸毕日期		起运口岸		入境口岸	
索赔有效期至		经停口岸		目的地	
集装箱规格、数量及号码					

合同、信用证订立的检验检疫条款或特殊要求	标记及号码	随附单据（划"✓"或补填）	
		□合同 □信用证 □发票 □换证凭单 □装箱单	□厂检单 □包装性能结果单 □许可/审批文件 □

需要证单名称（画"✓"或补填）				＊检验检疫费	
□品质证书 □重量证书 □数量证书 □兽医卫生证书 □健康证书 □卫生证书	__正__副 __正__副 __正__副 __正__副 __正__副 __正__副	□动物卫生证书 □植物检疫证书 □熏蒸/消毒证书 □出境货物换证凭单 □出境货物通关单	__正__副 __正__副 __正__副 __正__副 __正__副	总金额（人民币元）	
				计费人	
				收费人	

报检人郑重声明：	领取证单	
1. 本人被授权报检。 2. 上列填写内容正确属实，货物无伪造或冒用他人的厂名、标志、认证标志，并承担货物质量责任。	日期	
签名：	签名	

注：有"＊"号栏由出入境检验检疫机关填写 ◆国家出入境检验检疫局制

训练评价表　　表 1-21

考评人		被考评人	
考评地点			
考评内容	出境货物报检单证的填写		
考评标准	具体内容	分值(分)	实际得分
	工作态度	15	
	沟通水平和团队合作	15	
	代理报检委托书的填写	25	
	出境货物报检单的填写	45	
合　计		100	

注:考评满分 100 分,60 以下为不及格,60 ~ 69 分为及格,70 ~ 79 分为中,80 ~ 89 分为良,90 分以上为优。

延伸阅读

优惠原产地证书为出口商品赢"返利"

2014 年 11 月,中国机械进出口上海浦东公司负责人专程来到上海检验检疫局航交所办事处,对产地证签证窗口人员表示感谢,并兴奋不已地介绍,该公司的一批出口货物已在国外顺利清关,国外客户也与他们签订了长期合作协议。

这究竟是怎么一回事呢? 事情要从一个月前说起,当时由于该公司业务人员工作失误,未及时申领中国—东盟原产地证书,其一批出口至印度尼西亚发票金额达 68204 美元的钻井用机械设备配件在运抵后无法清关。国外客户坚决要求中方企业补办证书,否则不予接受此批货物,更可能影响到后续合作,造成的损失不可估量。了解情况后,航交所办原产地签证人员仔细审核了该批货物的随附单据,核实这批货物的原料全部来自于国内,符合中国—东盟原产地标准等情况后,为其补发了原产地证书。不久后,这批货物顺利清关,使国外客户享受约 3500 美元的关税减免,也为出口企业签订了长期合作协议,由此便出现了开头的一幕。

原产地证书是产品的"经济护照",在国际贸易中被称为"有价证券",凭借各类优惠性原产地证书可使产品在进口国享受关减免税的优惠待遇,降低企业的出口成本,其效果相当于时下流行的"返利"。

三季度以来,上海检验检疫局航交所办共为进出口企业签发各类区域优惠原产地证书 1278 份,签证金额 4080 万美元,帮助企业享受关税减免 204 万美元。

9 月 12 日,办事处作为原产地签证无纸化申报工作的试点单位,签发了上海口岸第一份通过无纸化模式申报的原产地证书。原产地证无纸申报业务开展能有效简化企业办证手续,加快签证速度,让企业享受更为便利的原产地签证服务,该业务试点开展至今已签发原产地证书 226 份,达到了简化办证手续,加快签证速度,提高工作效率的效果。优惠原产地证业务的开展和推广将让更多企业享受"返利"优惠,进一步降低出口成本,提升我国出口产品的竞争力。

任务六　出口报关

案例导入

辽宁港捷国际货运代理有限公司在2013年10月14日向出入境检验检疫局申报出境货物检验检疫，并于10月15日取得由检验检疫局出具《出境货物通关单》后，填制出口货物报关单向海关申报。

海关对发货人报关的单证审核，并查验货物后，于2013年10月16日对该票货物予以放行。铅封号为Y36440。

思考：

1. 出口报关的重要性是什么？
2. 出口报关程序有哪些？

任务分析

1. 任务准备

（1）一家报关行的材料，主要包括公司简介、经营范围、公司组织结构等。

（2）多媒体教室（含可供学生上网查资料的电脑、多媒体教学设备、课件和动画等教学资料）。

（3）报关软件。

2. 任务目标

（1）了解报关范围；

（2）掌握报关的形式及报关企业的分类；

（3）掌握报关应具备的单证及出口报关的程序；

（4）能办理出口货物报关业务；

（5）会填制出境货物报关单；

（6）能处理报关过程中遇到的问题。

基础知识

一、报关基础知识

1. 报关概念

报关的概念从广义上讲，是指进出口货物收发货人、进出境运输工具负责人、进出境物品的所有人或其代理人作为报关的主体，对货物、运输工具、物品在进出境时申报，交验规定的单据和证件，申请海关办理放行手续及相关海关手续的全过程。在实际工作中，我们经常把货物进出境向海关申报，也称为“报关”，这是狭义上的报关概念。《中华人民共和国海关法》第八条规定：“进出境运输工具、货物、物品，必须通过设立海关的地点进境或者出境”。因此，报关是运输工具、货物、物品进出境的基本规则，也是进出境运输工具负责人、进出口货物收发货人、进出境物品所有人必须履行的一项基本义务。

在报关业务中，我们还经常使用“通关”（Customs Clearance）这一概念。通关与报关既有联系又有区别。两者都是对运输工具、货物和物品进出境而言，但报关是从海关管理相对人的角度,仅指向海关办理进出境及相关手续,而通关不仅包括海关管理相对人向海关办理进出境有关手续,还包括海关对进出境运输工具、货物、物品依法进行监督管理,核准其进出境的管理全过程。例如:来料加工贸易方式下的料件进口,在报关人向海关申报货物进口并予以放行入境后,完成了进口货物的报关,但尚未完成进口货物的通关,入境后的料件货物仍在海关的监督管理范围之中。只有在加工贸易合同履行完毕,产品复运出境后,按照海关规定的期限和程序,向主管海关申请核销要求结案,核销了来料加工登记手册后,海关经审查,予以办理解除监管的结关手续,这时候才完成了进口货物的通关。

由此可见,报关和通关在报关程序上不同,分别是:

(1)报关程序(Customs Declaration Procedure)如下:申报→查验→征税→放行。

(2)通关程序(Customs Clearance Procedure)如下:申报→查验→征税→放行→结关。

2. 报关范围及海关监管

1)报关范围

按照《中华人民共和国海关法》的有关规定,所有进出境运输工具、货物、物品都须办理报关手续。报关的具体范围如下:

(1)进出境运输工具。主要包括用以载运人员、货物、物品进出境,国际间运营的各种境内或境外船舶、车辆、航空器和驮畜等。

(2)进出境货物。主要包括一般进口货物、一般出口货物、保税货物、特定减免税进出口货物、过境、转运和通运货物及其他进出境货物。

另外,一些特殊货物,如通过电缆、管道输送进出境的水、电等,还有无形的货物,如附着在货品载体上的软件等也属报关的范围。

(3)进出境物品。主要包括进出境的行李物品、邮递物品和其他物品。行李物品是指以进出境人员携带、托运等方式进出境的物品;邮递物品是指以邮递方式进出境的物品;其他物品主要包括享有外交特权和豁免的外国机构或者人员的公务用品或自用物品以及通过国际速递企业进出境的快件等。

2)海关监管

根据《中华人民共和国海关法》第二十三条的规定:"进口货物自进境起到办结海关手续为止,出口货物自向海关申报起到出境止,过境、转运和通运货物自进境起到出境止,应当接受海关监管"。据此,凡未办结海关手续的进出境货物,均属于海关监管对象。对海关监管货物的有关当事人来说,须遵守以下监管规定:

(1)未经海关许可,不得开拆、提取、交付、发运、调换、改装、抵押、质押、置留、转让、更换标记、移作他用或者进行其他处置。对海关加施的封志,任何人不得擅自开启或损毁。

(2)未经海关许可,不得在海关监管区外存放海关监管货物。若因特殊情况,只能在海关监管区外存放海关监管货物时,也必须经海关特准同意后才能施行,并主动接受海关监管。

(3)对违反上述海关监管规定,或者在保管海关监管货物负有保管义务的人,应当承担相应的纳税义务和法律责任。

(4)对于需要后续监管的货物,包括保税货物、特定减免税货物及暂准进出境货物,自首次进出境起即成为海关监管对象,有关当事人必须自觉遵守海关的监管规定。

3. 报关企业管理

《中华人民共和国海关法》还将报关单位划分两大类型,即进出口货物收发货人和报关企业。其中,报关企业又根据业务不同而分为专业报关企业和代理报关企业。

1)进出口货物收发货人(Shipper&Consignee as Declarant)

进出口货物收发货人是指有进出口经营权并对外签订合同、依法准予进出口货物的单位。

这些企业都具有独立的法人地位,依《中华人民共和国贸易法》已在商务主管部门办理办案登记手续,有进出口经营权;依《中华人民共和国海关法》已在主管海关办理了注册登记手续并取得了报关资格。在进出口货物报关业务中,这些企业可以直接向海关办理本企业报关手续的"报关人"(Declarant),这时他们既是进出口业务经营者,是货主,又是自我办理报关企业的报关人。

2)专业报关企业(Customs Broker)

经海关总署批准,专门从事接受进出口收发货人的委托,向海关办理进出口货物报关纳税等海关事务,具有境内法人地位并独立核算的经济实体,称为专业报关企业。这类企业一般在名称中冠以"…报关行"或"…报关公司"等字样,一般在海关各口岸,如海运港口、机场空港附近地区注册并办公。

专业报关行接受进出口货物收发货人的委托代理报关,但仅以进出口收发货人的名义而不是报关行本身名义向海关办理进出口货物报关纳税等海关事务,尽管在"海关工作报关单"上显示专业报关行公章。报关行向海关提交报关文件时必须持有进出口收发货人的《报关代理委托书》。

3)代理报关企业(As Agent for the Consignee)

代理报关企业是接受承揽、承运范围内的进出口货物收发货人的委托,以进出口货物收发货人的名义或自己的名义,向海关办理承揽运输货物报关纳税等海关事务的国际货物运输公司、国际船舶代理企业,称为代理报关企业。在实际工作中,国际货物承运人、国际货运代理、承运人代理和经营国际快件、国际邮政企业等都属于代理报关企业。

以上3种报关企业虽在办理海关报关注册登记手续后,都可以取得报关资格,但从事报关的方式却有差异。其中,进出口货物收发货人,主要业务是对外贸易,但同时也可以自我办理报关本企业的货物进出口手续,因此,报关性质是一种自理报关性质,其报关方式称为自理报关。专业报关行和代理报关企业都不参加进出口货物的贸易性质,只有当进出口收发货人正式委托时,才在受托范围内代理向海关办理申报,因此,是代理报关性质,其报关方式称为代理报关。也就是说,只有在海关办理注册登记手续的自理报关单位(具有对外贸易经营权和报关权)和报关企业(具有报关权,从事代理报关业务)才能报关。

4. 报关员

1)报关员资格与注册

为适应我国对外贸易的飞速发展,提高海关通关效率,《中华人民共和国海关法》第十一条规定:"进出口货物收发货人、报关企业办理海关手续,必须依法经海关注册登记。报关人员必须依法取得报关从业资格。未依法经海关注册登记的企业和未依法取得报关从业资格的人员,不得从事报关业务,报关员属于资格许可制度。负责报关的人员须经海关报关员资格全国统一考试合格,取得《报关员资格证书》后,受雇于一个有报关权的企业(单位),并向梅关注册,经海关批准后方能成为报关员,代表所属企业(单位)向海关办理报关业务。

2)报关员的执业范围

报关员的具体业务范围如下:

(1)按照规定如实申报进出口货物的商品编码、商品名称、规格型号、实际成交价格、原产地及相应优惠贸易协定代码等报关单有关项目,并办理填制报关单、提交报关单证等与申报有关的事宜。

(2)申请办理缴纳税费和退税、补税事宜。

(3)申请办理加工贸易合同备案(变更)、深加工结转、外发加工、内销、放弃核准、余料结转、核销及保税监管等事宜。

(4)申请办理进出口货物减税、免税等事宜。

(5)协助海关办理进出口货物的查验、结关等事宜。

(6)应当由报关员办理的其他报关事宜。

二、报关实务

1. 报关形式

根据《中华人民共和国海关法》第二十五条规定:"办理进出口货物的海关申报手续,应当采用纸质报关单和电子数据报关单的形式。"因此,办理进出境货物的申报手续,可以采用"纸质报关单"和"电子数据报关单"两种形式,且两种均具有同等的法律效力。

纸质报关单形式,是指国际货物的收发货人或其代理人或代理的报关企业,按照海关《进出口货物报关单填制规范》的要求,填制纸质报关单,并向海关当面递交"报关单"及其随附单证的一种申报方式。

电子数据报关单形式,是指国际货物的收发货人或其代理人或代理的报关企业,按照海关《进出口货物报关单填制规范》的要求,预先通过计算机管理系统向海关发送"报关单"的电子数据,然后再向海关同时递交纸质"报关单"及其随附单证的一种申报方式。

目前,采用"电子数据报关单"形式的申报方式主要有以下 4 种:

1)终端申报方式

进出口货物收、发货人或其代理人在海关规定的报关地点委托经海关登记注册的预录入企业使用连接海关计算机系统的电脑终端录入报关单电子数据,预录入后,可以直接将报关单电子数据发送至海关的计算机系统中。海关审单人员可以在其计算机上直接查看相关报关单信息。

2)委托 EDI 方式

进出口货物收、发货人或其代理人在海关规定的报关地点委托经海关登记注册的预录入企业使用 EDI 方式录入报关单电子数据。预录入后,也可直接将报关单电子数据发送至海关的计算机系统中。

3)自行 EDI 方式

进出口货物收、发货人或其代理人在本企业办公地点使用 EDI 方式自行录入报关单电子数据。

目前,我国海关使用的 H2000 电子数据通关系统是在集中式数据库的基础上建立的全国统一海关信息作业平台,不仅提高了海关管理的整体效能,而且也大大简化了进出口企业的报关手续,为企业节省通关时间,提高工作效率。

4)网上申报方式

进出口货物收、发货人或其代理人在本企业办公地点连接因特网,通过"中国电子口岸"自行录入报关单电子数据。所谓"中国电子口岸"系统,简称"电子口岸",是与进出口贸易管理有关的国家 12 部委利用现代计算机信息技术,将各部委分别管理的进出口业务信息电子底账数据集中存放在公共数据中心,为政府管理机关提供跨部门、跨行业联网核查,为企业提供网上办理各种进出口业务的国家信息系统。

电子口岸系统和海关 H2000 通关系统连接起来,构成了覆盖全国的进出口贸易服务和管理的信息网络系统。进出口企业在其办公室就可以上网向海关及其他有关部委办理与进出口贸易有关的各种手续,与进出口贸易有关的海关及国家各有关部委也能在网上对进出口进行有效管理。

进出口货物收、发货人或其代理人在委托录入或自行录入报关单数据的计算机上接收到海关发送的"不接受申报"报文后,应根据报文提示修改报关单内容后重新申报。一旦接收到海关发送的"接受申报"报文,即表示电子申报成功。

进出口货物的收、发货人或其代理人向海关申报,一般情况下先以电子数据报关单形式申报,后提交纸制报关单。在某些边远地区,海关没有配备电子通关系统的,进出口收、发货人或其代理人可单独以纸制报关单形式向海关申报。在实行无纸通关的海关,进出口收、发货人或其代理人可单独以电子数据报关单形式向海关申报。

2. 报关申报单证

准备申报单证是报关员开始进行货物申报工作的第一步,是整个报关工作能否顺利进行的关键一步。申报单证可分为基本单证、特殊单证、预备单证、报关单 4 大类。

1)基本单证

基本单证是指进出口货物的货运单据和商业单据,包括提单及提货单(进口)或装货单(出口)、商业发票、装箱单等。

2)特殊单证

特殊单证是指进出口许可证件、国家外经贸主管部门的批准文件、海关核发、签发或批准的加工贸易《登记手册》、特定减免税《征免税证明》和暂准进出口一货物《担保申请》等。

3)预备单证

预备单证主要指在办理进出口货物申报手续时,海关有可能查阅或收取的证件,包括贸易合同、原产地证明书、进出口企业的有关证明文件等。

4)报关单

报关单是由报关员按照海关规定格式填制的申报单。

进出口货物收、发货人或其代理人应向报关员提供基本单证、特殊单证、预备单证,报关员审核这些单证后据此填制报关单。报关单是主要单证,而基本单证、特殊单证、预备单证(需要时提交)是随附单证。

准备申报单证的基本原则是:基本单证、特殊单证、预备单证必须齐全、有效、合法;报关单填制必须真实、准确、完整。

3. 报关业务流程

从海关对进出境货物进行监管的全过程来看,报关程序可分为 3 个阶段:前期报关、进出境报关、后续报关,见图 1-14。

图 1-14　报关一般程序

(1)前期报关。前期报关是指根据海关对保税加工货物、特定减免税货物、暂准进出口货物等的监管要求，进出口货物收、发货人或其代理人在货物进出境以前，向海关办理合同、许可等的备案手续的过程。

在前期报关阶段中，进出口货物收、发货人或其代理人需分别完成下述工作（见图1-15）。

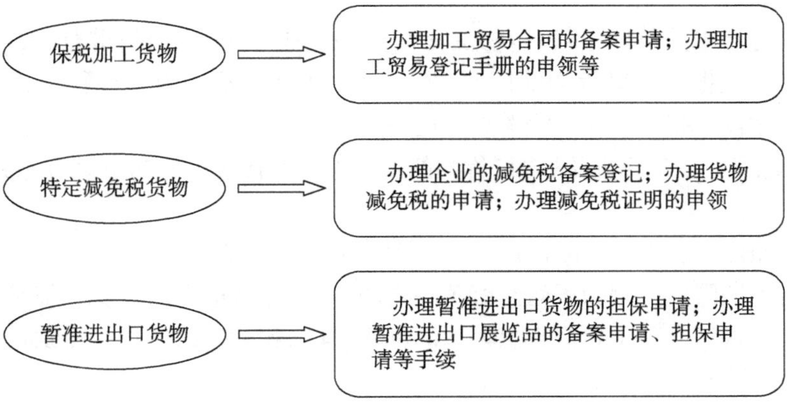

图 1-15　前期报关工作

（2）进出境报关。进出境报关是指根据海关对进出境货物的监管制度，进出口货物收、发货人或其代理人在进口货物进境时、出口货物出境时，向海关办理进出口申报、配合查验、缴纳税费、提取或装运货物手续的过程。

（3）后续报关。后续报关是指根据海关对保税加工货物、特定减免税货物、暂准进出口货物等的监管要求，进出口货物收、发货人或其代理人在货物进出境储存、加工、装配、使用后，在规定的期限内，按照规定的要求，向海关办理上述进出口货物核销、销案、申请解除监管手续的过程。

在后续报关阶段中，进出口货物收、发货人或其代理人需分别完成下述工作（见图1-16）。

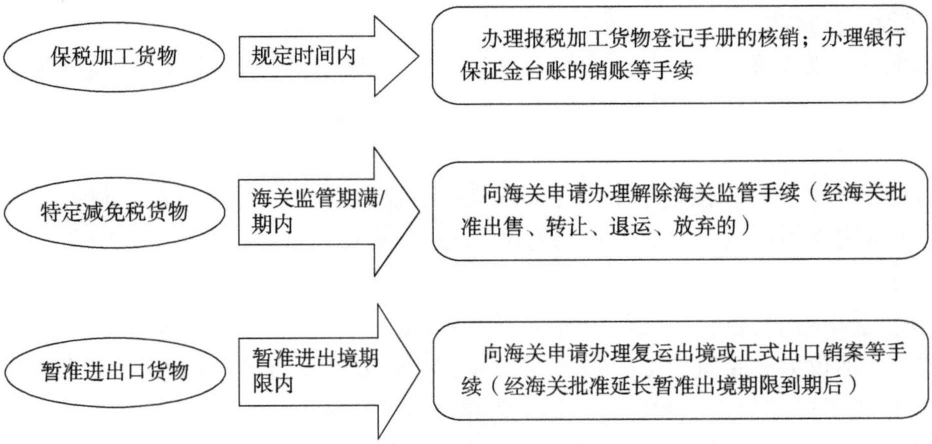

图 1-16　后续报关工作

凡是属于保税加工货物、特定减免税货物和暂准进出口货物类的货物，报关都应完成以上 3 个阶段的报关程序，才是完成结关。除以上 3 种情况，大多数货物属于只需进出境环节的通关。因此，进出境通关是报关程序中的主要部分。

4. 出境报关程序

出口货物发货人或其代理人应当按海关规定的程序办理出口申报、配合查验、缴纳税费、装运货物等手续，货物才能出境。与之相对应，海关对出境货物经过审单、查验、征税、放行 4 个海关作业环节即是完成通关工作(见图 1-17)。

图 1-17　出境报关程序

1)出口申报

出口申报是指报关单位(出口货物发货人或其代理人)在规定的期限内按照海关规定的形式和要求向海关报告出口货物的情况,提请海关按其申报的内容放行出口货物的行为。申报的具体手续需由报关员代表报关单位向海关办理。

(1)申报地点。一般情况下,出口货物的发货人或其代理人应当在设有海关的货物启运地申报。

(2)申报期限。出口货物的申报期限为货物运抵海关监管区后、装货的 24h 之前。规定出口货物的报关期限主要是为了留给海关一定的时间,办理正常的查验和征税等手续,维护口岸的正常货运秩序。除了急需紧急发运的鲜活、维修和赶船期货物等特殊情况,在装货的 24h 之内申报的货物一般暂缓受理。

(3)申报方式。按照《中华人民共和国海关法》第十九条规定:在实行计算机报关的口岸,专业报关、代理报关单位和自理报关单位应负责将报关单上的申报数据录入计算机,并将数据传送到海关报关自动系统,海关方予以接受申报。目前,我国大多数口岸均已实行计算机报关,因此,申报都必须先到海关批准的预录入单位将报关单预录入,海关计算机系统自动审核报关单内容,如果系统不接受,说明报关单上有不符合海关规定的内容,需要重新修改后录入,一直到海关计算机系统接受。只有系统接受,才能到申报大厅递交纸质报关单申报。

(4)申报前看货取样。为了做到如实申报,出口货物发货人或其代理人必须认真检查货物,确认货物与申报单证相一致。为了确认货物,出口货物的发货人可在出口货物承运人海关监管区前确认货物。

(5)提交报关单及随附单证。出口货物发货人或其代理人完成电子申报后,在计算机上打印纸制报关单,随附必需的申报单证,提交给指定的海关,由海关审核,确定是否进行查验。

(6)修改申报内容或撤销申报。海关接受申报以后,原则上报关单及随附单证的内容不得修改,申报也不得撤销。但如有正当理由,经海关同意,可以修改申报内容或者撤销申报后重新申报。

海关接受申报后,将对报关单位所提交的单证进行审核,即审单。审单是海关监管的第一个环节,它不仅为海关监管工作中的查验和放行环节打下基础,也为海关的征税、统计和查私工作提供了可靠的单证和资料。海关审单的主要任务有:

①确认报关企业及报关员的报关资格和有关证件的合法性。

②报关时限是否符合海关规定,确定是否需征收滞报金。

③货物的出口是否合法,是否符合国家有关对外贸易法律、法规的规定。

④报关单的填制是否完整、准确,单证是否相符、齐全、有效。

⑤对通过计算机登记备案的加工贸易合同,要对有关加工贸易合同的每次进出口数据进行核对并在《加工贸易手册》上登记。

⑥根据《进出口关税条例》和国家其他有关的税收政策确定出口货物的征免性质。

2)配合查验

配合查验是指申报出口的货物经海关决定查验时,出口货物的发货人,或者办理进出口申报,具体手续的报关员应到达查验现场,配合海关查验货物,并负责按照海关的要求搬移、开拆或重封被查验货物的工作环节。海关查验主要是海关根据海关法确定进出境货物的性质、价格、数量、原产地、货物状况等是否与报关单上已申报的内容相符,海关通过查验,核实有无伪报、瞒报、申报不实等走私、违规行为,同时也为海关的征税、统计、后续管理提供可靠的资料。

(1)查验的时间与地点。查验的时间与地点由海关决定。当海关决定查验时,即将查验的决定以书面通知的形式通知出口货物发货人或其代理人,约定查验的时间。查验时间一般约定在海关正常工作时间内。查验地点一般在海关监管区内进行。对出口大宗散货、危险品、鲜活商品运输的货物,经货物收、发货人或其代理人申请,海关也可同意在装卸作业的现场进行查验。在特殊情况下,经货物发货人申请,海关可派人到海关监管区外的地方查验货物。

(2)查验方式。海关查验的方式主要有:

①彻底查验。即对货物逐件开箱、开包查验。对货物的品名、规格、数量、重量、原产地、货物状况等逐一与申报的数据进行详细核对。

②抽查。即按一定的比例,对货物有选择地开箱、开包查验。

③外形查验。即对货物的包装、唛头等进行核查、核验。海关认为必要时,可依法对已经完成查验的货物进行复验。海关复验时,出口货物发货人或其代理人仍应到场。

④径行开验。径行开验是海关在出口货物发货人或其代理人不在场的情况下,自行开拆货物进行查验。海关行使"径行查验"权力时,应当通知货物存放场所的管理人员或其他见证人到场,并由其在海关的查验记录上签字。

(3)查验通知。出口货物发货人或其代理人接到海关的查验通知后,应向海关的查验部门办理确定查验的具体地点和具体时间的手续。

(4)配合查验。海关查验货物时,出口货物发货人或其代理人应当到场,配合海关查验,并负责搬移货物,开拆和重封货物的包装。陪同查验的报关员应了解和熟悉所申报货物的情况,并回答海关的询问,提供海关查验货物时所需要的单证或其他资料。

(5)确认查验结果。查验完毕后,海关实施查验的关员应填写《海关进出境货物查验记录单》一式两份,配合查验的报关员应注意阅读查验记录是否如实反映查验情况,并签字确认。至此,配合查验结束。

海关在查验中如果需要提取货样作进一步检验化验或鉴定的,应向出口货物发货人或其代理人出具《取样清单》,并履行相应手续。

(6)货物损坏赔偿。在查验过程中,或者证实海关在进行查验过程中,因为海关关员的责任造成被查验货物损坏的,出口货物发货人或其代理人可以要求海关赔偿。海关赔偿的范围仅限于在实施查验过程中,由于海关关员的责任造成被查验货物损坏的直接经济损失。直接经济损失的金额根据被损坏货物及其部件的受损程度确定或者根据修理费确定。

出口货物发货人或其代理人在海关查验时对货物是否受损未提出异议,事后发现货物损坏的,海关不负赔偿责任。

3)缴纳税费

缴纳税费是指出口货物发货人或其代理人接到海关发出的税费缴纳通知书后,以支票、本票、汇票、现金的形式，向海关指定的银行办理税费款项的缴纳手续，由银行将税费款项缴入海关专门账户的工作环节。在实际业务中，缴纳税费的方式主要有以下两种：

(1)凭缴款书和收费票据缴纳税费。出口货物发货人或其代理人将报关单及随附单证提交给货物出境地指定海关，海关对报关单进行审核，对需要查验的货物先由海关进行查验，然后核对计算机计算的税费，开具关税和代征税缴款书。对需征收监管手续费或滞报金的，开具收费专用票据。出口货物发货人或其代理人在规定时间内，持缴款书或收费票据向指定银行办理税费交付手续。如果逾期，每日按税额的千分之五缴纳滞纳金。

(2)网上缴费和付费。在试行中国电子口岸网上缴税和付费的海关，出口货物发货人或其代理人可以通过电子口岸接收海关发出的税款缴款书和收费票据，在网上向签有协议的银行进行电子支付税费。一旦收到银行缴款成功的信息，即可报请海关办理货物放行手续。

出口货物缴纳出口关税以 FOB 价格为完税价格基准。

4)装运货物

(1)装运货物。装运货物是指出口货物的发货人或其代理人，在办理了出口申报、配合查验、缴纳税费等手续，海关决定放行后，持凭海关加盖“放行章”的出口装货凭证(在无纸通关方式下，也可持凭海关通过计算机发送的放行通知书)，到货物出境地的港区海关监管区(仓库)办理将货物装运上运输工具的手续。出口装货凭证一般有运单、装货单、场站收据等。

(2)申请签发证明。出口货物发货人或其代理人，办完提货或装货的手续后，如果需要海关签发有关的货物出口证明的，均可向海关提出申请。常见的证明如下：

①出口收汇证明。对需要在银行或国家外汇管理部门办理出口收汇核销的出口货物，报关员应当向海关申请签发《出口货物报关单(收汇证明联)》。海关经审核，对符合条件的，即在《出口货物报关单》上签名，加盖“海关验讫章”，作为出口收汇证明联签发给报关员。同时，通过海关电子通关系统向银行和国家外汇管理部门发送证明联电子数据。

②出口收汇核销单。对需要办理出口收汇核销的出口货物，报关员还应当在申报时，向海关提交由国家外汇管理部门核发的《出口收汇核销单》。海关放行货物后，由海关关员在《出口收汇核销单》上签字，加盖海关单证章。出口货物发货人凭《出口货物报关单(收汇证明联)》和《出口收汇核销单》办理出口收汇核销手续。

③出口退税证明。对需要在国家税务机构办理出口退税的出口货物，报关员应当向海关申请签发《出口货物报关单(出口退税证明联)》。海关经审核，对符合条件的，即在《出口货物报关单》上签名，加盖“海关验讫章”，作为出口退税证明联签发给报关员。同时，通过海关电子通关系统向国家税务机构发送证明联电子数据。

任务实施

1. 实训目的

掌握出口货物报关单的填写。

2. 实训内容

本实训要求按照背景资料，填写出口货物报关单。通过本项目的实训让学生熟练掌握出口货物报关单的填写。

3. 实训准备

把学生分成 5 ~6 人一组，分析背景资料，分组填写出口货物报关单(见表 1-22)。

背景资料

江西省南昌纺织品进出口公司签订合同编号为,10ABD301A 出口一批货物通过海运至德国,采用即期信用证付款。商品信息如下:羽绒被,规格型号:528 - 039 - 10 UPN/KLOCKA DOWN QUILT 50 × 200cm,数量为 470 套,装在 38 个纸箱,毛重:709kg,净重:537kg。价格条件:CIF 不来梅,单价:250 港元,总价:117,500 港元。

运费:1670 港元,保费:985 港元。运输标志:IKEA GERMANY/01200135 - 23/CTN NO.1 - 38/MADE IN CHINA。货物于 2010 年 8 月 15 日在广州港装上白云山 V.9304 船舶,取得编号为 10A21 - 006 的提单。录入员刘江将报关材料交给报关员李明报关,李明于 2010 年 8 月 10 日向海关申报。

出口货物报关单 表 1-22

中华人民共和国海关出口货物报关单 预录入编号: 海关编号:				
出口口岸	备案号	出口日期	申报日期	
经营单位	运输方式	运输工具名称	提运单号	
发货单位	贸易方式	征免性质	结汇方式	
许可证号	抵运国	指运港	境内货源地	
批准文号	成交方式	运费	保费	杂费
合同协议号	件数	包装种类	毛重(kg)	净重(kg)
集装箱号	随附单据	生产厂家		
标记唛码及备注				
项号 商品编号 商品名称、规格型号 数量及单位 最终目的国(地区)单价 总价 币制 征免				
税费征收情况				
录入员 录入单位	兹声明以上申报无讹并承担法律责任	海关审单批注放行日期(签章) 审单 审价		
报关员 单位地址 邮编	申报单位(签章) 电话 填制日期	征税 统计 查验 放行		

4. 实训步骤

(1)把全班学生平均分为几个小组,以小组为单位进行出口报关单的填写。

(2)分析背景材料。

(3)填写出口报关单。

(4)根据表现进行成绩评估。

5. 实训评价

训练评价的方式有教师评价、小组内部成员评价和第三方评分组成员评价 3 种，建议教师评价占 60% 权重，小组内部成员评价占 20% 的权重，第三方评分组成员评价占 20% 的权重。将三者综合起来的得分为该生在该项目的评价分，见表 1-23。

训 练 评 价 表　　表 1-23

考评人		被考评人	
考评地点			
考评内容	出口报关单填写		
考评标准	具体内容	分值(分)	实际得分
	工作态度	15	
	沟通水平和团队合作	15	
	出口报关单的填写	70	
合计		100	

注：考评满分 100 分，60 以下为不及格，60 ~ 69 分为及格，70 ~ 79 分为中，80 ~ 89 分为良，90 分以上为优。

延伸阅读

一位葡萄酒商谈进出口货物报关行的重要性

本人是做葡萄酒进出口生意的，做我们这一行的人都清楚，时间就是信誉。跟客户签订单子之后，一定要在规定的时间内将货物准时送达，要不然这违约金可不是小数目。另外人家客户看你信誉不好，第二次再做葡萄酒交易的时候，就不会考虑你们公司了。

但是有时候我们很难保障在海关方面的通关是否顺畅，因为中间会出现很多小插曲，例如进口业务时候的压箱办单时间、途中运输时间、仓库调配等等很多方面。

记得自己刚入这一行的时候，对于货运代理公司的选择没有什么经验，那时候公司刚好要进口一批红酒，于是我随便找了一个货运公司。没想到，竟然在商检海关这一关卡耽误了不少时间，说是红酒商检验货出现问题。这一耽误时间，国内的商家就开始不乐意了，一来二去公司这批货亏了不少。从那以后，我开始意识到选择报关行的重要性。其实我们红酒进出口这一行口碑不错的报关行就那么几个，我现在就一直用的是 × × × 国际货运代理有限公司，因为从我开始用他们公司进口葡萄酒后，就没给我出过一次乱子，我还是挺放心的。

这个报关行通关十分及时，真是给我节省了不少的时间。咱们中国的海关对于食品行业的查验一直很严格，不得不说这个货运代理公司还真有一套，总是能顺顺利利地通过，实在是高！像是某国际货运代理有限公司，他们仓库、车队、报关行一条龙服务，的确是方便了很多，只要把货物交给他们，那真是高枕无忧了，妥妥的送到地点。平时车队在行驶的时候，有 GPS 定位系统，并且驾驶员手机 24h 开机，所以我的货物无论到哪都能联系到，很安全。

货物顺利过关后，一般都是先存放在某国际货运代理有限公司的仓库里，他们有指定的葡萄酒仓库，所以挺正规，防止杂七杂八的混乱。这还是 × × 市检验检疫局的指定的食品化妆品商检库之一呢，检验的时候很便捷。

不得不说的一点就是，像是有的人比较担心的商检这一方面，其实我一点都不担心，因为我的葡萄酒货物总是能够走上 VIP，在第一时间验货，最短的时间内出来证书放行。所以这么多年来，我对某国际货运代理有限公司还是挺放心的，没给我出过什么乱子，也给我不少帮助。

我个人认为,对于做进出口生意的人来说,在海关上走得稳稳地,绝对大有裨益。这时候,就是真正考验报关行实力的时候了。

任务七　提单的缮制与签发

案例导入

货运代理公司与2010年02月22日向海关申报,海关工作人员按照进出境货物通关程序实行审单、查验、缴纳税款等步骤后,于2010年02月23日放行货物;集装箱场站接到放行通知后,待船舶按预定的到港时间2010年02月25日到港后安排装船;装船后,船公司签发海运提单,辽宁港捷国际货运代理有限公司取得提单后将其交给大连伟达贸易有限公司。

思考:

1. 提单的作用是什么?
2. 提单的种类有哪些?

任务分析

1. 任务准备

(1)一家船公司的材料,主要包括企业简介、企业的发展、主要经营领域(含业务介绍)、该公司的提单等运输单据样本。

(2)多媒体教室(含可供学生上网查资料的电脑、多媒体教学设备、课件和动画等教学资料)。

2. 任务目标

(1)掌握提单的作用;

(2)掌握不同类型的提单;

(3)能缮制提单;

(4)能处理与提单有关的问题。

基础知识

一、提单基本知识

1. 提单的定义

1)提单的定义

海运提单(ocean bill of lading),简称提单(B/L),《中华人民共和国海商法》第七十一条规定:"提单是指用以证明海上货物运输合同和货物已经由承运人接收或者装船,以及承运人保证据以交付货物的单证。提单中载明的向记名人交付货物,或者按照指示人的指示交付货物,或者向提单持有人交付货物的条款,构成承运人据以交付货物的保证。"

2)提单的性质

(1)提单是承运人接收货物或货物装船的收据。一般说来,货物装船后才由承运人或其代理人签发提单,表明货物已由承运人接收或者装船。但是在实际业务中,货物装船后,根据负有监督装货责任的船上大副签发大副收据;而海上集装箱运输是由港站签发的场站收据正本,作为承运人接管货物或货物装船的收据。提单是根据大副收据或场站收据而来,记载了大副收据或场站收据的内容,所以提单也具有了承运人接收货物或货物装船的收据的作用。虽然大副收据或场站收据是承运人收到货物的原始收据,但它们仅作为船务单证或称为运输单证。而托运人最终所要取得的不是船务单证,而是能够用于结汇、收货人凭以提取货物和商业流通的提单。因此,提单既属船务(或运输)单证,又属商务(业)单证。

提单作为货物收据,不仅证明收到货物的名称、种类、数量、标志、外表状况,而且证明收到货物的时间。由于国际贸易中习惯地将货物装船象征卖方将货物交付给买方,于是签发已装船提单的时间就意味着卖方的交货时间。实际操作中,托运人取得已装船提单,即可到银行结汇而获得货款。因此,用提单来证明货物的装船时间是非常必要的。

(2)提单是海上货物运输合同成立的证明。班轮货物运输合同的成立,首先是由托运人持托运单或订舱委托书(单)到船公司或其代理人(船代)处订舱,可称谓"要约"。如果承运人可以满足托运人的要求,接受订舱,确定船名、航次、提单号,并在装货单上签章,可谓"承诺",即认为海上货物运输合同成立。承、托双方就是根据此约定来安排货物运输的,如果发生争议,当然也应以这种约定作为解决争议的依据。

而提单是在货物装船后取得的,或者说提单是在合同履行过程中取得的。但是托运单或订舱委托书(单)没有规定承、托双方之间的权利、义务,而提单背面的条款却规定了,而且法律上承认是解决班轮货物运输争议的依据。但按严格的法律概念,提单并不完全具备经济合同应具备的基本条件,它不是双方意思表示一致的产物,而约束承、托双方的提单条款是承运人单方面拟定的,甚至提单签发,托运人根本没有看,就去银行结汇。实践中,更有甚者,从事国际贸易业务多年,而不了解提单究竟有哪些条款,作了哪些规定。所以,承运人签发提单,只是海上货物运输合同已经订立的证明,如果承、托双方除提单外并无其他协议或合同,那么提单就是订有提单上条款的合同的证明。

如果托运人与承运人订有运输合同,承、托双方的权利、义务应以合同为依据;但收货人或提单持有人与承运人之间的权利、义务却按提单条款办理,此时提单就是收货人与承运人之间的运输合同。我国《海商法》第七十八条规定:"承运人与收货人、提单持有人之间的权利、义务关系,依据提单规定确定。"

(3)提单是承运人保证凭以交付货物和可以转让的物权凭证。根据提单的定义,承运人要按提单的规定凭提单交货,谁持有提单,谁就可以提货。提单持有人,不论是谁,只要他能递交提单,承运人保证凭以交付货物,他不会过问其提单来自何方,甚至不会追究如何合法持有提单。所以,提单的持有人就是物权的所有人,充分体现出提单是一张物权凭证,除法律有规定外,提单可以转让和抵押。

为了加速商品流转和便利资金筹措的需要,国际贸易中出现了"单证买卖"。单证持有人只要将代表一定财产或资产的单证转让给他人,就意味着该财产或资产所有权的转移,让与人便可及时获得价款,以加速资金周转。提单既然是物权凭证,为适应上述的需要,除不可转让的提单外,经背书就可以买卖转让,这在国际贸易中起了很重要的作用。

提单的转让是受到一定的条件限制:①提单的转让必须承运人在目的港交付货物前才有效,如果承运人凭一份提单正本交付了货物,其余的几份也就失去了效力,提单则不能再行转让;②提单持有人必须在货物运抵目的港的一定时间内,与承运人洽办提货手续;③由于货物过期不提,即视为无主,承运人可对不能交付的货物行使处分权,从而限制了提单作为物权凭证的效力。

提单除上述的性质与作用外,在业务联系、费用结算、对外索赔等方面都有着重要作用。

3)提单的流通性

提单作为物权凭证,只要具备一定的条件就可以转让,转让的方式有两种:空白背书和记名背书。但提单的流通性小于汇票。其主要表现为提单的受让人不像汇票的正当持票人那样享有优于前手背书人的权利。具体来说,如果一个人用欺诈手段取得一份可转让的提单,并把它背书转让给一个善意的、支付了价金的受让人,则该受让人不能因此而取得货物的所有权,不能以此对抗真正的所有人。相反,如果在汇票流通过程中发生上述情况,则汇票的善意受让人的权利仍将受到保障,他仍有权享受汇票上的一切权利。

4)有关提单的国际公约

由于提单的利害关系人常分属于不同国籍,提单的签发地或起运港和目的港又分处于不同的国家,而提单又是由各船公司根据本国有关法规自行制定的,其格式、内容和词句并不完全相同,一旦发生争议或涉及诉讼,就会产生提单的法律效力和适用法规的问题,因此,统一各国有关提单的法规,一直是各国追求的目标。当前已经生效,在统一各国有关提单的法规方面起着重要作用或有关国际货物运输的国际公约有以下 3 个规则。

(1)《海牙规则》(Hague Rules)。《海牙规则》的全称是《统一提单若干法律规定的国际公约》(international Convention for the Unification of Certain Rules of Law Relating to Bill of Lading)。1924 年 8 月 25 日由 26 个国家在比利时布鲁塞尔签订,1931 年 6 月 2 日生效。公约草案是 1921 年在海牙通过,因此定名为《海牙规则》。包括欧美许多国家在内的 50 多个国家都先后加入了这个公约。1936 年,美国政府以这一公约作为国内立法的基础制定了《1936 年美国海上货物运输法》。《海牙规则》使得海上货物运输中有关提单的法律得以统一,在促进海运事业发展、推动国际贸易发展方而发挥了积极作用,是最重要的和目前仍被普遍使用的国际公约,我国于 1981 年承认该公约。《海牙规则》的特点是较多地维护了承运人的利益,在风险分担上很不均衡,因而引起了作为主要货主国的第三世界国家的不满,纷纷要求修改《海牙规则》,建立航运新秩序。

(2)《维斯比规则》(Visby Rules)。也称为《海牙—维斯比规则》(Hague - Visby Rules),它的全称是《关于修订统一提单若干法律规定的国际公约的议定书》(Protocol to Amend the International Convention for the Unification of Certain Rules of Law Relating to Bill of Lading),或简称为《1968 年布鲁塞尔议定书》(the 1968 Brussels Protocol),1968 年 2 月 23 日在比利时布鲁塞尔通过,于 1977 年 6 月生效。目前已有英国、法国、丹麦、挪威、新加坡、瑞典等 20 多个国家和地区参加了这一公约。

(3)《汉堡规则》(Hamburg Rules)。《汉堡规则》是《1978 年联合国海上货物运输公约》(United Nations Convention of the Carriage of Goods by Sea,1978)的简称,1976 年由联合国贸易法律委员会草拟,1978 年经联合国在汉堡主持召开有 71 个国家参加的全权代表会议上审议通过。《汉堡规则》,全面修改了《海牙规则》,其内容在较大程度上加重了承运人的责任,保护了货方的利益,代表了第三世界发展中国家意愿,这个公约已于 1992 年生效。但因签字国为埃及、尼日利亚等非主要航运货运国,因此目前《汉堡规则》对国际海运业影响不是很大。

2. 提单的种类

1)按签发提单时货物是否已装船划分

(1)已装船提单(On Board B/L;Shipped B/L),是指货物装船后,由承运人签发给托运人的提单。它必须载明船名和装船日期。由于这种提单对收货人按时收货有保障,故买方订买卖合同时,一般都规定卖方必须提供已装船提单,银行也只接受表明货已装船的提单。

(2)收货待运提单(Received for Shipment B/L),简称待运提单,是在托运人已将货物交给承运人,承运人已接管等待装船的货物后,向托运人签发的提单。有时船公司因船期问题,指定仓库预收货物,根据仓库收据签发待运提单,准备交由日后到港船只装运。特别是随着集装箱运输的发展,因集装箱船航运公司大都在内陆收货站收货,而收货站是不能签发已装船提单的。通常此种待运提单上记载"received for shipment in apparent good order and condition"等文句,表示签发提单时,承运人仅将货物收管(take in charge)准备于不久后装船,而实际当时还未装船。由于这些货物尚未装船,所以提单上并未载明装运船舶的船名和装运日期。有时提单上虽有船名,也多属拟装船名。该船能否如期到达将货运出,船公司并不负责。因此,进口商一般不喜欢这种提单,如果进口商付款后取得的提单对货物能否及时装船并没有确切的保证,万一货物不能顺利装船,进口商将无货可提,所以信用证项下银行一般不愿意接受这种提单。

2)按对货物外表状况是否有不良的批注划分

(1)清洁提单(Clean B/L)。这是指货物装船时,货物的外表状况良好,对提单上所印就的"外表状况明显良好"没有作相反的批注(Superimposed Clause)或附加条文的提单。信用证要求的提单均为清洁提单。银行审单时应注意审核是否为清洁提单。根据《跟单信用证统一惯例》(UCP600)的定义,只要"未载有明确宣称货物或包装有缺陷的条款或批注的运输单据"就是清洁单据,因此提单上有无"清洁"字样并无意义,不能因为没有此字样就构成单据不符点。

(2)不清洁提单(Foul B/L),这是指承运人在提单上加注了有关货物及包装状况不良或存在缺陷等批注的提单。例如,批注了"2 包破裂","10 箱货物短装","2 箱水渍"等,即表示这些情况在装运时即已发生,不应由承运人负责。有了这些批注,则构成不清洁提单。

3)按提单中收货人栏的填写方式划分

(1)记名提单(Straight B/L)。这是指在"收货人"栏内写上具体收货人名称的提单。由于这种提单只能由提单上指定的收货人提取货物,不能转让给第三者,因此,记名提单不能流通。

(2)不记名提单(Open B/L)。指提单的"收货人"栏内不写具体的收货人名称,而仅写"To bearer"(交持单人)的提单。不记名提单是可转让的提单,转让手续简便,无须作任何背书,仅凭交付即可。但这种提单风险较大,一旦遗失或被盗窃,提单持有人即可凭手中的单据向船公司提取货物。

(3)指示提单(Order B/L)。指提单的"收货人"栏内填上"to order"(凭指示),或"to order of"(凭××指示)字样的提单。这种抬头的提单可以转让,但需要作"背书"手续。

背书(endorsement)是指单据的权益人在单据的背面签字盖章,表示将本单据的权益转让给第三者。进行签字的转让人称为背书人(endorser),受让的人称为被背书人(endorsee)。

指示提单背书有空白背书和记名背书两种。

①空白背书是由背书人(即提单转让人)在提单背面签上背书人单位名称及负责人签章,但不注明被背书人的名称,也不须取得原提单签发人的认可。

②记名背书是指除和空白背书需由背书人签章外,还要注明被背书人的名称。如被背

书再进行转让,必须再加背书。

另外,指示提单一经背书即可转让,意味着背书人确认该提单的所有权转让。

4)按提单内容繁简程度划分

(1)全式提单(Long Form B/L)。这是指详细列有承运人和托运人之间的权利、义务等条款的提单。由于条款繁多,所以又称繁式提单。在国际贸易中,目前使用的提单都是全式提单。

(2)简式提单(Short Form B/L)。这是指提单上印明"简式"字样,仅有正面提单内容,而背面是空白的提单。这种提单在一定程度上影响了它的流通性,所以有些信用证明确规定不接受简式提单。但只要没有这种明确规定,银行可以接受简式提单。在这种情况下,提单上一般均加列"本提单货物的收受、保管、运输和运费等事项,均按本公司全式提单的正面、背面的铅字手写、印章和打字等书面的条款和例外条款办理,该全式提单存本公司、分支机构或代理人处,可供托运人随时查阅"等字样。简式提单在美国很流行。

5)按不同运输方式划分

(1)直达提单(Direct B/L)。这是指由承运人签发的,货物从起运港装船后,中途不经过换船直接运达卸货港的提单。直达提单中关于运输记载的基本内容里,仅记载有起运港(Port of Loading)和卸货港(Port of Discharge),不能带有中途转船的批语。

(2)转船提单(Transshipment B/L)。这是指货物在起运港装船后,船舶不直接驶往货物的目的港,需要在其他中途港口换船转运往目的港的情况下承运人所签发的提单。为节省转船附加费,减少货运风险,收货人一般不同意转船,但没有哪个港口能通往全世界的所有港口,所以国际贸易中转船运输方式是常见的。

(3)联运提单(Through B/L)。是指经过海运和其他运输方式的联合运输时,由第一程承运人(船公司)或其代理人在货物起运地签发的包括全程运输并能在目的港货物最终目的地凭以提货的提单。由于联运提单包括全程运输,故第一程承运人或其代理人应将货物转交给下一程承运人,有关货物中途转换运输工具和交接工作,均不需托运人办理。

6)按船舶营运方式划分

(1)班轮提单(Liner B/L),指班轮公司承运货物后签发给托运人的提单。

(2)租船提单(Charter Payer B/L),是承运人根据租船合同签发的提单。这种提单受租船合同条款的约束。

7)其他种类提单

(1)舱面提单(On Deck B/L)。是指货物装在船舶甲板上运输所签发的提单,故又称甲板提单,在这种提单中应注明"在舱面"字样。

(2)过期提单(Stale B/L)。过期提单有两种含义:一是指出口商在装船后延滞过久才交到银行议付的提单。按国际商会500号出版物《跟单信用证统一惯例》1993年修订本第四十二条规定:"如信用证无特殊规定,银行将拒受在运输单据签发日期后超过21d才提交的单据。在任何情况下,交单不得晚于信用证到期日"。二是指提单晚于货物到达目的港,在海洋运输中难免会出现这种情况,因此,买卖合同中一般都规定"过期提单可以接受"的条款。

(3)倒签提单(Anti-date B/L)。这是指承运人或其代理人应托运人的要求,在货物装船完毕后,以早于该票货物实际装船完毕的日期作为提单签发日期的提单。当货物的实际装船时间迟于信用证规定的装运期时,托运人为了使提单日期与信用证之规定相符,常常请求承运人按信用证规定日期签单。承运人倒签提单的做法，掩盖了事实真相，是隐瞒迟期交货的侵权行为，要承担风险。特别是当市场上货价下跌或其他原因，收货人可以“伪造提单”为由拒收货物，并向法院起诉，因此承运人不能签发这种提单。

（4）预借提单（Advanced B/L）。这是指在信用证有效期即将届满，而货物尚未装船或尚未装船完毕的情况下，托运人要求承运人提前签发的已装船清洁提单。即托运人为了能及时结汇而从承运人那里借用的已装船清洁提单。承运人签发这种提单，不仅掩盖了事实真相，而且面临着比签发倒签提单更大的风险。一方面，因为货物尚未装船而签发清洁提单，有可能增加承运人的货损赔偿责任；另一方面，还因签发提单后，可能因种种原因而改变原定的装运船舶，或发生货物灭失、损坏，或退关，这样就会使收货人掌握预借提单的事实，以此为由拒绝收货，并向承运人提出赔偿要求，甚至向法院起诉。但与倒签提单一样，实务中为了经济利益，承运人得到托运人的保函后也可能签发这种提单。银行不接受倒签提单和预借提单。如果开证行发现提单倒签和预借，并有证据证实，可以伪造单据为由拒付。

3. 海运单

1）定义

海运单是指证明海上货物运输合同和承运人接收货物或者已将货物装船的不可转让的单证。

2）性质

（1）海运单是托运人和承运人之间的货物运输合同的证明。

（2）海运单是承运人收到由其照管的货物的收据证明。

3）使用

海运单作为契约证明，应根据承托双方一致同意的条件来签发。但是如经托运人请求，也可以签发两份和两份以上正本。运输契约的海运单通常只签发一份正本。

海运单的流转程序如下：

（1）船公司签发海运单给托运人；

（2）船公司在船舶到达卸货港前约一星期向海运单上标明的具体收货人发出到货通知；

（3）收货人签署完这个到货通知，并退还给船代；

（4）船代据以签发提货单给收货人；

（5）船舶抵港后，收货人凭提货单提货。

二、提单的缮制与签发

1. 提单的内容及缮制方法

海运提单是出口业务中极为重要的单据之一，海运提单缮制正确与否直接关系到出口商能否顺利结汇，进口商能否顺利提取货物。

1）提单的内容

海运提单的格式不统一，每家船公司都有自己的格式，但其具体内容和项目基本一致。通常海运提单包括正面和背面条款。

（1）提单正面条款。通常，提单正面都记载了有关货物和货物运输的事项。这些事项有的是有关提单的国内立法或国际公约规定的，作为运输合同必须记载的事项。有的则属于为了满足运输业务需要而由承运人自行决定，或经承运人与托运人协商，认定应该在提单正面记载的事项。

①托运人提供并填写部分,包括托运人、收货人、被通知人、货名及件数、标志及件数、重量和体积等。

②承运人印就与填写部分,常见的印就内容有:外表状况良好条款、内容不知悉条款、承认接受条款及签署条款。

(2)提单背面条款。提单的背面印有各种条款,一般分为两类:

①属于强制性条款,其内容不能违背有关国家的海商法规、国际公约或港口惯例的规定,违反或不符合这些规定的条款是无效的;

②任意性条款,即上述法规、公约和惯例没有明确规定,允许承运人自行拟订的条款。所有这些条款都是表明承运人与托运人以及其他关系人之间承运货物的权利、义务、责任与免责的条款,是解决他们之间争议的依据。

我们在实际业务中所用到的海运提单,其背面内容通常是提前印制的固定条款,无须发货人与承运人讨论或更改。

2)提单的缮制

出口商缮制提单和银行审核提单的基本要求是"单证相符"。下面介绍海运提单的缮制及审核中的注意事项。

(1)托运人(Shipper)。托运人也称发货人(Consignor),是指委托运输的当事人,如信用证无特殊规定,应以受益人为托运人。如果受益人是中间商,货物是从产地直接装运的,这时也可以实际卖方为发货人。因为按 UCP600 规定,如信用证无特殊规定,银行将接受以第三人为发货人的提单。不过此时必须考虑各方面是否可行的问题,同时确保与信用证、托运单(场站收据)等单证记载相一致。

(2)收货人(Consignee)。这是提单的抬头,是银行审核的重点项目。应与托运单中"收货人"的填写完全一致,并符合信用证的规定。根据信用证的规定,收货人可以是记名式、不记名式和指示式。指示式是指收货人栏填写"凭指示(to order)"或"凭某某人指定(to order of…)"字样。其中,前者称为不记名指示,也称"空白抬头";后者称为记名指示。

例如,来证要求 Full set of B/L Consigned to ABC Co.,则提单收货人一栏中填 Consigned to ABC Co.。又如,来证要求 B/L issued to order of Applicant,查 Applicant 为 Big A Co.,则提单收货人一栏中填 to order of Big A Co.。再如,来证要求 Full. set of B/L made out to our order,查开证行名称为 Small B Bank 则提单收货人一栏中填 to order of Small B Bank,或填 to Small B Bank's order。收货人栏的填写必须与信用证要求完全一致,任何粗心大意和贪图省事的填法都可能是单证不符点。

不符点的例子为:B/L issued to the order of ABC Co. Ltd. Whereas L/C required"to ABC Co. Ltd."(提单开成凭 ABC 公司指定人指示,而信用证要求"凭 ABC 公司指示"。)。抬头为特定的公司与这一公司的指定人是完全不同的,前者只有这一特定的公司可以提货,提单不能转让,后者提单经此公司背书便可以转让。

(3)被通知人(Notify Party)。几乎所有的提单上都有通知人名称这一项,当记名提单上的收货方和通知方为同一人时,通知方一栏填上"THA SAME AS CONSIGNEE";但在指示提单上,因没有写明具体收货人名称,所以船公司在卸货港的代理人无法与收货人联系,及时办理报关、提货手续。托运人往往在通知人栏目中写明通知人的名称、地址或公司名称。通知人一般有预定的收货人或收货人的代理人。

(4)前段运输(Pre - carriage by)。如果货物需转运,此栏填写第一程船的船名;如果货物不需转运,此栏空白不填。

(5)船名/航次(Vessel/voy. No)。如果货物需转运,填写第二程的船名和航次;如果货物不需转运,填写第一程的船名和航次。

(6)装运港(Port of Lading)。

①应严格按信用证规定填写,装运港之前或之后有行政区的,如 Xingang/Tianjin,应照加。

②一些国外开来的信用证笼统规定装运港名称,仅规定为"中国港口"(Chinese ports, Shipment from China to…),这种规定对受益人来说比较灵活,如果需要由附近其他港口装运时,可以由受益人自行选择。制单时应根据实际情况填写具体港口名称。若信用证规定"Your port",受益人只能在本市港口装运,若本市没有港口,则事先必须让开证人改证。

③如信用证同时列明几个装运港(地),提单只填写实际装运的那一个港口名称。

④托收方式中的提单,本栏可按合同的买方名称填入。

(7)卸货港(Port of Discharge)。此栏填列货物最后卸下的港口名称,要与信用证的要求保持一致。如属选择卸货港提单,假设选择港为日本的神户/横滨,则此栏目填写"Option Kobe/Yokohama",若信用证笼统规定卸货港名称,如"欧洲主要港口"(European Main Port),则按实际情况填写具体的港口名称。

在国际多式联运中,收货地、交货地栏可以均填入具体名称,也可仅在其中一项中填入具体名称,另一栏保持空白。但不得均为空白,否则该提单则成为港—港提单,而非多式联运提单。

(8)最终目的地(Final Destination)。此栏写最终目的地的名称。

(9)正本提单的份数(No. of Original B/L)。按航运惯例,正本提单通常是一式 2 份或 3 份。每份具有同等效力,收货人凭其中任何一份提取货物后,其他几份自动失去效力。但副本提单的份数可视托运人的需要而定。不过,副本提单不能作为物权凭证或进行背书转证,只供有关作业的参考。除非信用证另有规定,签发的正本提单必须全套(Full Set)提交。

此栏应按信用证规定的份数出具,正本提单一般为 3 份。若信用证无特别规定,仅要求出具全套正本提单。也可出具一份。

例如,Full set of B/L,是指全套提单,按习惯作两份正本提单解释;Full set (3/3) plus 2 N/N copies of original forwarded through bills of lading,本证要求提交全部制作的 3 份正本,这里的(3/3)中,分子的数字指交银行的份数,分母的数字指应制作的份数,N/N (Non – Negotiation)意为不可议付,即副本;Full set less one copy on board marine bills of lading,指应向议付行提交已装船海运提单,是全套正本(至少一份正本);2/3 original clean on board ocean bills of lading,指制作 3 份正本提单,其中两份向议付行提交。

(10)标志和号码(Mark & No.)。标志和号码俗称唛头。提单上的唛头应与发票等其他单据以及实际货物保持一致,否则会给提货和结算带来困难。

①如果信用证上有具体规定,缮制唛头应以信用证规定的唛头为准。如果信用证上没有具体规定,则以合同为准。如果合同上也没有规定,可按买卖双方私下商订的方案或受益人自定。

②唛头内的每个字母、数字、图形、排列位置等应与信用证规定完全一致,保持原形状,不得随便错位、增减等。

③散装货物没有唛头,可以表示"No Mark"或"N/M"。裸装货物能常以不同的颜色区

别，如钢材、钢条等刷上红色标志，提单上可以“Red Stripe”表示。

(11)件数和包装种类(Number and Kind of Packages)。本栏填写包装数量和包装单位，如“100CARTONS”、“300CASES”等。提单下面应加大写数量，大小写数量应一致。如果散装货物无件数时，如原油、煤炭等，可表示为“In Bulk”(散装)。如果是裸装货物，应加件数，如一台机器或一辆汽车，填“1 UNIT”；100 头猪则应填“100 HEADS”等，并加大写数量。如果是集装箱运输，由托运人装箱的整箱货可只写集装箱数量，如“2 CONTAINER”等。只要海关已对集装箱封箱，承运人对箱内的内容和数量不负责任，提单内加注“SHIPPER´S LOAD&COUNT”(托运人装箱并计数)。如果注明集装箱内小件数量时，数量前应加“SAID TO CONTAIN…”。如是托盘装运，此栏应填托盘数量，同时用括号加注货物的包装件数，如“SPALLETS(95 CARTONS)”。如果是两种或多种包装，如“8 CARTONS”、“15 BALES”和“14 CASES”等，件数栏内要逐项列明，同时下面应标明全计数量，如上述包装数量可合计为“37 PACKAGES”。另外，包装种类一定要与信用证一致。

(12)商品名称(Description of Goods)。商品名称应按信用证规定的品名以及其他单据如发票品名来填写，应注意避免不必要的描述，更不能画蛇添足地增加内容。如果品名繁多、复杂，则银行接受品名描述用统称表示，但不得与信用证中货物的描述有抵触。如果信用证规定以法语或其他语种表示品名时，也应按其语种表示。

(13)毛重(kg)(Gross Weight(kgs)。毛重指包括包装材料在内的重量，应与发票或装箱单相符。除信用证另有规定者外，一般以千克为单位，并取整数。如裸装货物没有毛重只有净重，应先加 Net Weight 或 N. W.，再注具体的净重数量。

(14)尺码(Measurement)。尺码指货物的体积，应按实际数据填列，通常以立方米为计量单位，小数点以下保留 3 位。

(15)运费条款(Freight Clause)。运费条款应按信用证规定注明。如信用证未明确，可根据价格术语是否包含运费决定如何批注，主要有以下几种情况：

①如果是 CIF、CFR 等价格术语，运费在提单签发之前支付者，提单应注 Freight paid(运费已付)或 Freight prepaid(运费预付)。

②如果是 FOB 等价格术语，运费在目的港支付者，提单应注明 Freight collect、Freight to collect、Freight to be collected(运费到付或运费待收)，或注 Freight payable at destination(运费目的港支付)。

(16)提单签发的地点和日期(Place and Date of Issue)。提单签发的地点原则上应是装货地点，一般是在装货港或货物集中地签发。国际多式联运提单的签发地一般为收货人所在地或国际多式联运经营人办公地点。提单签发的日期应当是提单上所列货物实际装船完毕的日期，并且与大副签署的收货单签发的日期相一致。

在国际贸易的实践中，提单签发的日期非常重要。一般情况下，提单签发的日期不得晚于信用证规定的装运期，否则直接影响出口商能否安全收汇。

(17)提单的签署。提单必须经过签署才能生效，有权签署提单的除了船长，还可以是承运人，或由他们授权的代理人。

①签署方式。根据 UCP600 的规定，单据的签署可以用手签、摹印、打透花字、印戳、符号或任何其他机械或电子的证实方法。

②签署人的资格。根据 UCP600 的规定，国际多式联运单据由承运人或其代理人，或国际多式联运经营人或其代理人，或船长或其代理人签发。

③签署要求：

a. 由承运人（COSCO）本人签发提单显示：COSCO as carrier

b. 由承运人代理（ABC）签发提单显示：ABC as agent for COSCO as carrier

c. 由载货船长签发提单显示：captain ××× as master

d. 由载货船长代理（XYZ）签发提单显示：XYZ as agent for ×××as the master of COSCO as carrier

2. 提单的签发

船公司或其代理通常在发货人或其代理结清运费（运费预付情况）及其他费用（诸如拖箱费、装箱费、港口费、改签费等）后，向其签发提单。提单签发主要有以下几种形式：

1）正常签发

货运代理凭由场站签署的场站收据，与船公司或其代理结清运费及其他费用后，向其换取提单。实际业务中，船公司或其代理在正式签发提单之前，一般都要将提单传真给货运代理公司或是发货人确认后，再正式签发提单。如果需要通过邮寄将提单寄送给货运代理公司或是发货人，应在“名址单”上标明诸如：“提单号”、“发票号”、“核销单号”、“许可证号”、“配额号”等单据要素以备日后查证。

2）电放

电放就是发货人（出口商）在向船公司办理海运手续时，申请电放并且出具电放保函，这样船公司就不出具正本提单，只给复印件。出口人把提单复印件传真给目的港的收货人，收货人只凭借传真复印就可以提取货物，而不需要正本提单。

所谓“电放”即“电报放货”，是指船公司或其代理凭发货人出具的正本“保函”，以电报方式通知其在目的港的分支机构或其代理，凭船公司放货电报直接向收货人放货。虽然现在已没有电报通讯方式，而电报放货一词一直沿用。

3）银行担保提货

目前的国际贸易中，有些出口商为了急于销售商品在货物发运后要求进口商的开证行签发远期信用证，出口商凭此寄送提单。在这种交易中，往往是货物到港而收货人没有提货单，只好凭银行担保提货。此时，如果因货物质量、价款纠纷导致进口商拖延签发信用证，出口商就可以凭手里的提单向承运人要货，造成承运人的极大困难。切记，尽量不让进口商凭银行担保提货。随着海上运输速度的提高，提单往往比货物迟抵目的港，特别是一些近洋货运，很多货物抵达到港时收货人仍未收到提单，所以凭银行担保提货的现象时有发生，应引起足够重视。

提单发放后，国际货代企业的操作工作可以说基本结束了。这时候，操作人员还有两个任务尚待完成，那就是应在一个月内督促航次费用的清算并及时返还货主的“核销退税单”。只有这些任务都完成后，货代合同履行的基本任务才算结束。

任务实施

1. 实训目的

掌握海运提单的缮制

2. 实训内容

本实训要求按照背景资料，填写海运提单。

3. 实训准备

把学生分成5～6人一组，分析背景资料，分组填写海运提单，见表1-24。

背景资料 1

根据信用证的内容填制提单

开证行：纽约化学银行　纽约华尔街 55 号 1702 室

致：中国银行杭州分行　杭州市延安路 320 号

开证日期：2001 年 4 月 14 日

请通知受益人，我行根据信用证开立了以他们为受益人的不可撤销的信用证。

信用证号码：DRG－LDLC01

有效期：2001 年 6 月 10 日　在中国议付有效

申请人：美国纺织品有限公司　纽约教堂路 1180 号

受益人：浙江纺织品公司　　杭州经济技术开发区 14 号

总金额：884112.00 美元

…… 内容如下

商品件号	数量	总尺码
床单 bed sheets	200ctns	254.72CBM

价格条件：CIF 纽约

运输标志：LD－DRG LC－01/UNITED TEXTITES/NEWYORK/NO. 1－UP

自中国宁波运往美国纽约，装"长江号"V3.15 号，允许分批装运，允许转船

装运日期不得晚于 2001 年 5 月 31 日

单证要求：

①发票一式三份，注明商品的美元价值，合同号及信用证号；

②装箱单一式二份，载明每箱的毛重，净重，总体积；

③原产地证书一式三份；

④保险单一式二份，按发票金额的 110% 开立的，据中国人民保险公司 1981 年 1 月 1 日海洋运输货物保险条款投保一切险及战争险。

⑤全套清洁，已装船，空白抬头，空白背书的提单。

单据须于装船后 15d 议付，且必须在信用证有效期内。

背景资料 2

根据下列信用证的内容填制海运提单。

Irrevocable documentary credit

Number：LC123－258866

Date：August 24，2003

Date and place of expiry ：October 30，2003，Qingdao，China

Advising bank：Bank of China

Beneficiary：China XYZ import and export corp.

Applicant: UVW corporation.
Total amount: USD9000(SAY US DOLLARS NINE THOUSAND ONLY)
Shipment from: Qingdao China　　To: Osaka Japan
At the latest: October 15, 2003
Description of goods: 100% Cotton Towel as per S/C No. CH200
Total quantity: 8000 pieces　packing: 800 Cartons
Total gross weight: 20,000 KGS
Total measurement: 30CBM
Price term: CIF Osaka
Ocean Vessel: "Golden Star" Voy. No.: 018E
Container No.: GSTU3156712/20'
Marks & Nos : ITOCHU OSAKA NO. 1 – 800
Laden on board the vessel : October 14,2003
B/L date: October 14,2003
B/L signed by BBB shipping agency
Carrier: AAA Shipping Co.

提　单　　　　表 1-24

<table>
<tr><td colspan="3">SHIPPER</td><td colspan="3" rowspan="6">B/L NO.

COSCO
中国远洋运输(集团)公司
CHINA OCEAN SHIPPING(GROUP)CO.

ORIGINAL

COMBINED TRANPORT BILL OF LADING</td></tr>
<tr><td colspan="3">CONSIGNEE</td></tr>
<tr><td colspan="3">NOTIFY PARTY</td></tr>
<tr><td>PALCE OF RECEIPT</td><td colspan="2">OCEAN VESSEL</td></tr>
<tr><td>VOYAGE NO.</td><td colspan="2">PORT OF LOADING</td></tr>
<tr><td>PORT OF DISCHARGE</td><td colspan="2">PLACE OF DELIVERY</td></tr>
<tr><td colspan="6">MARKS　NOS. &KINDS OF PKGS　DESCRIPTION OF GOODS　G. W. (kgs) MEAS(m^3)</td></tr>
<tr><td colspan="6"></td></tr>
<tr><td colspan="6">TOTAL NUMBER OF CONTAINERS OR PACKAGES(IN WORDS)</td></tr>
<tr><td>FREIGHT &CHARGES</td><td>REVENUE TONS</td><td>RATE</td><td>PER</td><td>PREPAID</td><td>COLLECT</td></tr>
<tr><td>PREPAID AT</td><td colspan="2">PAYABLE AT</td><td colspan="3">PLACE AND DATE OF ISSUE</td></tr>
<tr><td>TOTAL REPAID</td><td colspan="3">NUMBER OF ORIGINAL B(S)L</td><td colspan="2"></td></tr>
<tr><td colspan="3">LOADING ON BOARD THE VESSEL DATE</td><td colspan="3">BY</td></tr>
</table>

4. 实训步骤

(1)把全班学生平均分为几个小组,以小组为单位进行海运提单的缮制。

(2)分析背景材料。

(3)填写海运提单。

(4)根据表现进行成绩评估。

5. 实训评价

训练评价的方式有教师评价、小组内部成员评价和第三方评分组成员评价 3 种,建议教师评价占 60% 权重,小组内部成员评价占 20% 的权重,第三方评分组成员评价占 20% 的权重。将三者综合起来的得分为该生在该项目的评价分,见表 1-25。

训 练 评 价 表 表 1-25

考评人		被考评人	
考评地点			
考评内容	提单的缮制		
考评标准	具体内容	分值(分)	实际得分
	工作态度	15	
	沟通水平和团队合作	15	
	海运提单的填写	70	
合计		100	

注:考评满分 100 分,60 以下为不及格,60 ~ 69 分为及格,70 ~ 79 分为中,80 ~ 89 分为良,90 分以上为优。

延伸阅读

有关提单三大国际公约的制定背景

提单作为航运界普遍采用的运输单证,其发展经过了漫长的历史。由于提单不仅对船运双方,而且对于贸易有关的银行、保险等各方的利益都有着直接的影响,所以提单的法律属性,法律对提单的约束程度一向为货运各方所关注。

早在中世纪提单最初出现的时候,并没有专门针对提单的法律,只是根据普通法的基本精神由承运人对所运送的货物负绝对责任,仅仅由于天灾、战争、货物内在的属性或托运人过失所造成的损失承运人可以请求免责。此时,虽然货主的利益较有保障,但由于承运人责任负担过重,加上当时技术条件的限制,海上航行风险较大,所以对航运业的发展,甚至对国际贸易的发展都极为不利。

后来,“契约自由”精神大力推崇。承运人随即借助自身优越的谈判地位,纷纷在提单上加入各种免责条款。19 世纪末,这种情形愈演愈烈,一时间似乎承运人除了收取运费外不需对所运货物承担任何责任。由于所运货物的安全得不到保障,引起贸易商以及承担融资任务的银行,负责保险的保险人等各方极为不满,提单的信用得不到保障,也在一定程度上限制了国际贸易的进一步扩大。这种矛盾在航运界强国英国和贸易大国美国之间最为突出。

1893 年,为维护贸易商的利益,改善航运界的混乱局面,美国颁布《哈特法》。该法首次创造性地提出船舶所有人应克尽职责使船舶适航。即使由于承运人代理人或雇佣人员(船长,船员等)在船舶航行或船舶管理方面的过失造成货物灭失或损坏,承运人将承担责任。

随后，澳大利亚、新西兰、加拿大等国纷纷效仿，根据《哈特法》的基本精神制定出本国的海上货物运输法规。但是，由于海上货物运输牵扯到多个国家、多种行业，要想彻底规范承运人行为，解决不合理免责的现象，仅靠某几个国家的努力是远远不够的。况且，作为航运大国的英国出于保护船东的利益的考虑一直没有制定相应的法律，也使得上述的变革带有很大的局限性。

第一次世界大战之后，经贸发展的问题再一次摆在各国政府的面前，由于各国提单法律制度的不同一度对国际航运界，乃至对贸易界产生了消极的影响，为促进航运业的发展，在国际法协会海事法律委员会的推动下，欧美各主要海运国1924年8月在布鲁塞尔签订了《海牙规则》。稍后，英国等许多国家纷纷通过立法的形式直接将《海牙规则》纳入国内法或者根据《海牙规则》的基本精神另行制定相应的国内法。到目前为止，《海牙规则》已经成为世界上最为广泛使用的国际公约。

虽然《海牙规则》是国际海上货物运输中最重要的国际公约，但是由于当时船东的势力比较强大，《海牙规则》不可避免有偏袒承运人的倾向，因此从一开始就到货运方的指责。二战结束后，随着原来殖民地、半殖民地国家的独立，第三世界经济的发展，通货膨胀，以及海运技术的现代化，修改《海牙规则》的呼声也越来越高，终于1968年2月签署了《维斯比规则》。

《维斯比规则》只是对《海牙规则》某些条款做了一些修订和补充，部分解决了《海牙规则》过分陈旧给航运界带来的问题，对其实质性问题并没有改变，所以那些代表货方利益的国家，尤其是发展中国家对此并不满意。

经过多年的努力，1978年通过了《汉堡规则》，对《维斯比规则》进行了全面实质的修改，扩大了承运人责任范围，对货方和承运人的权益做了较公平合理的调整。该规则已于1992年11月生效，但由于世界上主要的航运国家都没有加入，目前在世界上的影响还不是很大。又因为《汉堡规则》大大加重了承运人责任，所以也并没有航运公司在提单中主动选用《汉堡规则》。尽管如此，相信随着时间的推移，《汉堡规则》仍将对国际贸易，国际货运以及相关的金融，保险等行业产生深刻的影响。

模块二　国际海上进口货运代理

学习导语

随着经济的飞速发展和世界经济贸易的频繁交流，海上运输在各国进出口贸易中是一种必不可少的运输选择方式，相对应的，国际货运代理在整个运输过程中起着至关重要的作用，但也承担着代理的责任和义务。本模块介绍了集装箱进口货运代理实务、国际海运进口单证及进口索赔3大部分。

故事分享

天津大铭食品有限公司从韩国多美食品有限公司进口金枪鱼罐头400纸箱。2013年8月20日，货物在釜山装船。2013年8月21日，天津大铭食品有限公司收到韩国多美食品有限公司发来的装船通知电，得知货物已于2013年8月20日装船。为顺利接货，该公司决定委托天津大兴国际货运代理有限公司代理办理进口手续，并签发委托书。

天津大兴国际货运代理有限公司收到天津大铭食品有限公司的委托书以及相关单证后，即着手办理进口货物接货、换单、报检报关等手续，最后，提取货物交给天津大铭食品有限公司。

引例思考：

1. 国际货运代理进口业务一般有哪些环节？
2. 怎样办好进口货运代理业务？

学习目标

通过本模块的学习，期望达到下列目标：

1. 专业能力

(1)熟悉整箱货进口货运代理业务；
(2)掌握整箱货进口货运业务流程；
(3)掌握进口货运代理环节单证；
(4)熟悉进口保险索赔程序；
(5)能办理进口货运代理业务；
(6)会填写进口货运代理单证；
(7)能处理进口货运代理过程中出现的各类问题；
(8)能处理货物的索赔事件。

2. 社会能力

(1)具有沟通及与人合作的能力；
(2)具有爱岗敬业的精神、诚实守信的品质、团队协作的意识、吃苦耐劳的作风。

3. 方法能力

(1)具有利用各种信息媒体，获取新知识、新技术的能力；

(2)通过任务实训,掌握分析问题、解决实际问题的能力。

模块图解

- 国际海上进口货运代理
  - 任务一 集装箱进口货运代理实务
  - 任务二 国际海运进口货运代理单证
  - 任务三 进口保险索赔

任务一　集装箱进口货运代理实务

案例导入

某货代公司接受货主委托,安排一批茶叶海运出口。货代公司在提取了船公司提供的集装箱并装箱后,将整箱货交给船公司。同时,货主自行办理了货物运输保险。收货人在目的港拆箱提货时发现集装箱内异味浓重,经查明 该集装箱前一航次所载货物为精萘,致使茶叶受精萘污染。收货人向承运人和货代公司提出索赔,最终,承运人和货代公司按责任比例对收货人进行了赔偿。

思考:

货运代理在代理过程中应注意的事项?

任务分析

1. 任务准备

(1)一家集装箱码头公司的材料,主要包括:公司概况、企业构架、智能闸口网上申报系统网页、网上结算系统网页等;

(2)多媒体教室(含可供学生上网查资料的电脑、多媒体教学设备、课件和动画等教学资料)。

2. 任务目标

(1)熟悉整箱货进口货运代理业务;

(2)掌握整箱货进口货运代理流程;

(3)掌握货运代理人在进口货运中的业务。

(4)能及时处理订舱过程中出现的各种问题并及时和委托人沟通;

(5)能办理货物的进口货运代理业务;

(6)能及时处理进口货运代理业务过程中出现的问题。

基础知识

一、整箱货进口货运代理业务

海运进口的货运代理业务是我国货代业务中涉及面最广、线最长、量最大的、货种最复杂的货代业务。完整的海运进口业务，从国外接货开始，包括安排装船、安排运输、代办保险，直至货物运到我国港口后的卸货，捷运报关报检，转运等业务。其业务程序如下：

1. 货运代理人接受委托

货运代理人与货主双方建立的委托关系可以是长期的，也可以是就某一批货物而签订的。在代理了长期代理关系的情况下，委托人往往会把代理人写在合同的一些条款中，这样，国外发货人在履行合约有关运输部分时会直接与代理人联系，有助于提高工作效率和避免联系脱节的现象发生。进口货运代理委托书见表 2-1。

进 口 委 托 书 表 2-1

<table>
<tr><td colspan="5">委托单位名称</td><td colspan="12">天津市五金矿产进出口公司</td></tr>
<tr><td colspan="4">受理单位</td><td colspan="5">天津科苑国际货运代理公司</td><td colspan="2">合同号</td><td colspan="6">12N3HC0153HR</td></tr>
<tr><td colspan="4">船名航次</td><td colspan="5">HUANG HE / 018E</td><td colspan="2">提单号</td><td colspan="6">WOEH018EKS310</td></tr>
<tr><td colspan="3">装运港</td><td colspan="2">釜山</td><td colspan="2">卸港码头</td><td colspan="3"></td><td colspan="2">靠泊时间</td><td colspan="5">2012 年 05 月 16 日</td></tr>
<tr><td colspan="3">商品编码(HS)</td><td colspan="3">中英文货名</td><td colspan="3">件数</td><td colspan="2">毛重(KGS)</td><td colspan="3">净重(KGS)</td><td colspan="3">尺码(M^3)</td></tr>
<tr><td colspan="3">73269010</td><td colspan="3">制造轿车门中柱用
激光焊接钢板
TAILOR WELDED
BLANKSTEEL</td><td colspan="3">128 BUNDLES</td><td colspan="2">250,624.00</td><td colspan="3">246,784.00</td><td colspan="3">164.864</td></tr>
<tr><td>进口委托事项</td><td>换单</td><td>检验检疫</td><td>报关</td><td>代办保险</td><td>货运站拆箱</td><td>集箱门到门</td><td>散货运输</td><td>随附单证</td><td>商业发票</td><td>重量单/装箱单</td><td>进口许可证</td><td>原产地证明书</td><td>正(副)本提单</td><td>合同</td><td>危险品申报</td><td>征免税表</td></tr>
<tr><td></td><td>√</td><td>√</td><td>√</td><td></td><td></td><td>√</td><td></td><td></td><td>2</td><td>2</td><td></td><td>2</td><td>3</td><td>1</td><td></td><td></td></tr>
<tr><td colspan="9">单证特殊要求说明：</td><td colspan="8">运输特殊要求说明；</td></tr>
<tr><td colspan="17">进口委托书及声明事项：
1. 本进口业务委托书均由委托人填写。
2. 委托书一式两份，委托人和受托人各执一份。
3. 费用结算按协议或费用确认书。
委托单位：天津市五金矿产进出口公司　　受托单位：天津科苑国际货运代理公司
签名(盖章)　　签名(盖章)
联系人：　地址：　　联系人：　地址：
电话：　传真：　　电话：　传真：</td></tr>
</table>

2. 卸货地订舱

如果货物以 FOB 价格条件成交，货代接受收货人委托后，就负有订舱或租船的责任，并有将船名、装船期通知发货人的义务。特别是在采用特殊集装箱运输时，更应尽早预订舱位。

3. 接运工作

接运工作要做到及时、迅速。主要工作包括：

(1)加强内部管理，做好接货准备，及时告知收货人，汇集单证，及时与港方联系。

(2)谨慎接卸。

4. 报检报关

根据国家有关法律法规的规定，进口货物必须办理验放手续后，收货人才能提取货物。因此，必须及时办理有关报检、报关等手续。

5. 监管转运

进口货物入境后，一般在港口报关放行后再内运，但经收货人要求，经海关核准也可运往另一设关地点办理海关手续，称为转关运输货物，属于海关监管货物。

知识链接

办理转关运输的进境地申报人必须持有海关颁发的《转关登记手册》，承运转关运输货物的承运单位必须是经海关核准的运输企业，持有《转关运输准载证》，申报必须及时，并由海关签发回执，交进境地海关。

6. 提取货物

货运代理人向货主交货有以下两种情况：

(1)象征性交货，即以单证交接，货物到港经海关验收，并在提货单上加盖海关放行章，将该提货单交给货主，即为交货完毕。

(2)实际性交货，即除完成报关放行外，货运代理人负责向港口装卸区办理提货，并负责将货物运至货主指定地点，交给货主，集装箱运输中的整箱货通常还需要负责将货物运至货主指定地点，交给货主，集装箱运输中的整箱货通常还需要负责空箱的还箱工作。

以上两种交货，都应做好交货工作的记录。

在作为装货地从事集拼业务的货运代理企业在卸货地的代理人从事分拨业务的情况下，货运代理人应主要及时提取整箱货拆箱，并办理有关手续，同时向收货人发出提货通知(deliver notice)，正确无误地根据 House B/L 签发分拨提货单。

二、整箱货进口货运业务流程

1. 整箱货进口货运业务流程

整箱货进口货运业务流程在我国各个港口是有所不同的，但基本流程见图 2-1。

(1)收货人与货代建立货运代理关系；

(2)在买方安排运输的贸易合同下，货代办理 Home Booking 业务，落实货单齐备即可；

(3)货代缮制货物清单后，向船公司办理订舱手续；

(4)货代通知买卖合同中的卖方(实际发货人集装港代理人)；

(5)船公司安排载货船舶地装货港；

(6)实际发货人将货物交给船公司，货物装船后发货人取得有关运输单证；

(7)货主之间办理交易手续及单证转移；

(8)货代掌握船舶动态，收集、保管好有关单证；

(9)货代及时办理进口货物的单证及有关手续(主要掌握换取提货单)；

(10)船抵卸货港卸货，货物入库、进场；

(11)在办理了货物进口报关等手续后，凭提货单到现场提货，特殊情况下船边提货；

(12)货代安排将货物交收货人，并办理空箱回运堆场等事宜。

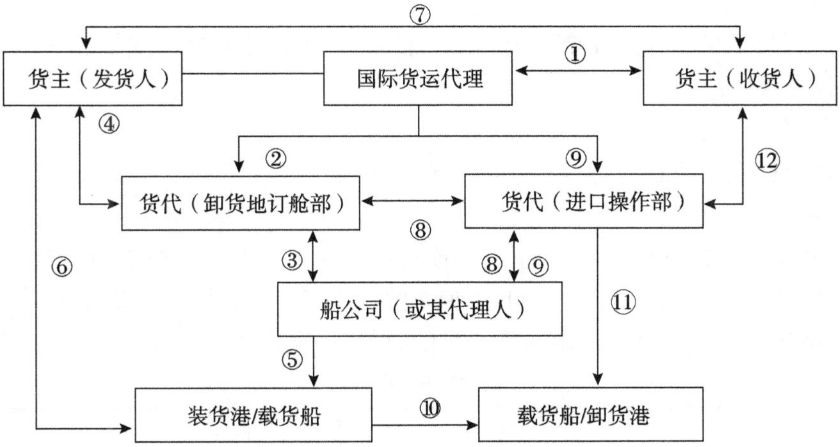

图 2-1　整箱货进口货运业务流程图

注：在卖方安排运输的情况下，前②~⑥项不需要。

2. 货运代理人在进口货运中的业务

货运代理人在集装箱进口货运中有以下 5 项具体业务：

(1)取得有关装船单据。货运代理人应与收货人密切联系，保证收货人向银行付款取得货运单据之后，能够及时将有关货运单据交给货运代理，以便货运代理办理接货前期手续，如：换取提货单、准备报验、报关单证等。货运代理人在接到单据后，应仔细审核提单记载的事项和提单背书的连续性，以保证收货人对提单持有的合法性。

(2)换取提货单。货运代理人在接到收货人交付的提单后，应及时到船公司或其代理处将提单交还给船公司或其代理人，据以取得提货单。

(3)报验、报关。货运代理人在船舶到港后，应在检验检疫机构和海关规定的时限内向检验检疫机构和海关申报，并取得相关的放行手续。在规定时间内取得检验检疫机构签发的相关检验检疫证书，供进口商验收货物或对外提出索赔。

(4)提取货物。在集装箱货物从船上卸下后，货运代理人凭盖有海关放行章的提货单，到集装箱码头堆场或集装箱货运站提取货物，结算相关费用，将货物交付给收货人。通常，整箱货应去码头堆场提货，拼箱货则应去货运站提货，应注意的是，如果整箱货连同集装箱一起提取，还应办理集装箱设备收据。

如果货物以 FOB 价格条件成交，货运代理人还负责协助收货人办理租船订舱事宜，并将有关船名、装船期等通知发货人。如果货物以 FOB 或 CFR 价格条件成交，货运代理人还应提示收货人及时办理货物投保事宜。

(5)索赔。如果在提取货物时，发现存在货物丢失、损坏的情况，应协助收货人向责任方提出损害赔偿，并准备相关索赔单证。

任务实施

1. 实训目的

掌握集装箱整箱货进口货运代理业务。

2. 实训内容

本实训要求学生模拟集装箱整箱货进口货运代理业务。通过本项实训让学生熟练掌握相关流程。

3. 实训步骤

(1)把全班学生平均分为几个小组,以小组为单位进行业务模拟演示;

(2)模拟业务的准备;

(3)业务演示;

(4)教师根据现场演示进行点评并进行成绩评估。

4. 实训评价

训练评价的方式有教师评价、小组内部成员评价和第三方评分组成员评价 3 种,建议教师评价占 60% 权重,小组内部成员评价占 20% 的权重,第三方评分组成员评价占 20% 的权重。将三者综合起来的得分为该生在该项目的评价分,见表 2-2。

训 练 评 价 表 表 2-2

考评人		被考评人	
考评地点			
考评内容	集装箱整箱货进口货运代理业务模拟		
考评标准	具体内容	分值(分)	实际得分
	工作态度	15	
	沟通水平和团队合作	15	
	单证的填写情况	70	
合计		100	

注:考评满分 100 分,60 以下为不及格,60 ~ 69 分为及格,70 ~ 79 分为中,80 ~ 89 分为良,90 分以上为优。

延伸阅读

中国外运长航集团有限公司

中国外运长航集团有限公司简称中国外运长航,由中国对外贸易运输(集团)总公司与中国长江航运(集团)总公司于 2009 年 3 月重组成立,总部设在北京。中国外运长航是国务院国资委直属管理的大型国际化现代企业集团,是以物流为核心主业、航运为重要支柱业务、船舶重工为相关配套业务的中国最大的综合物流服务供应商。

中国外运长航的物流业务包括:海、陆、空货运代理、船务代理、供应链物流、快递、汽车运输等;在物流领域,中国外运长航是中国最大的国际货运代理公司、最大的航空货运和国际快件代理公司、第二大船务代理公司。中国外运长航的航运业务包括:干散货运输、石油运输、集装箱运输、滚装船运输、燃油贸易等;在航运领域,是中国三大船公司之一、中国内河最大的骨干航运企业集团、中国唯一能实现远洋、沿海、长江、运河全程物流服务的航运企业。船舶工业形成以船舶建造和修理、港口机械、电机产品为核心的工业体系,在国内外享有知名声誉,年造船能力超过 400 万载重吨。

2013 年,中国外运长航集团的营业收入为 967.49 亿元,截至 2013 年年底,资产总额为 1074.11 亿元,企业员工总数 6 万余人。中国外运长航集团自有车辆 5700 余辆,仓库堆场占地面积 1200 余万 m^2,铁路专用线 47 条、55km,自有码头 90 余个、泊位 300 余个、岸线 75km,拥有和控制各类船舶运力达 1300 余万载重吨。中国外运长航控股 3 家 A 股上市公司(外运发展、长航油运、长航凤凰)，两家香港上市公司(中国外运、中外运航运)，下属境内外企业730余家，网络范围覆盖了全国30个省、自治区、直辖市，以及韩国、日本、加拿大、美国、德国、中国香港、中国台湾等50余个国家和地区，与400多家知名的境外运输与物流服务商建立了业务代理和战略合作伙伴关系。

中国外运长航是中国物流标准委员会审定的，中国唯一的集团整体5A级(中国最高级)综合服务型物流企业。

任务二　国际海运进口货运代理单证

案例导入

我国WK外贸公司向香港出口罐头一批共500箱，按照CIF HONGKONG向保险公司投保一切险。但是因为海运提单上只写明进口商的名称，没有详细注明其地址，货物抵达香港后，船公司无法通知进口商来货场提货，又未与WK公司的货运代理联系，自行决定将该批货物运回起运港天津新港。在运回途中因为轮船渗水，有229箱罐头受到海水浸泡。货物运回新港后，WK公司没有将货物卸下，只是在海运提单上补写进口商详细地址后，又运回香港。进口商提货后发现罐头已经生锈，所以只提取了未生锈的271箱罐头，其余的罐头又运回新港。WK外贸公司发现货物有锈蚀后，凭保险单向保险公司提起索赔，要求赔偿229箱货物的锈损。保险公司经过调查发现，生锈发生在第二航次，而不是第一航次。投保人未对第二航次投保，不属于承保范围，于是保险公司拒绝赔偿。

思考:

正确填制单证在进出口业务中的重要性?

任务分析

1. 任务准备

(1)一家船公司的材料，主要包括:企业简介、企业的发展、主要经营领域(含业务介绍)等;

(2)多媒体教室(含可供学生上网查资料的电脑、多媒体教学设备、课件和动画等教学资料)。

2. 任务目标

(1)熟悉海运进口涉及的货代单证的类别;

(2)能正确缮制海运进口货代单证;

(3)能在海运进口货运代理各个环节用相应单证交接;

基础知识

货运代理接到进口商的委托后，即应着手接受单据，并审核业务所需的所有单证，是否相互吻合一致，单证是否齐全等。

一般进口货运代理业务中应该准备的单证有:

(1)商业发票;

(2)装箱单;

(3)海运提单;

(4)原产地证书;
(5)出口国的检验检疫证书;
(6)保险证书(对于 CIF 成交的情况);
(7)对于许可或配额管理的商品,进口方须提交进口许可证或配额;
(8)如果是加工贸易,需要提供加工手册;
(9)检验检疫证书(指信用证中要求提供出口国检验检疫机构的检验检疫证书);
(10)海关要求的其他单证。

任务实施

1. 实训目的

掌握海运进口货运代理单证的缮制。

2. 实训内容

本实训要求按照背景资料,填写国际海运进口相关单证。通过本项实训让学生熟练掌握各种进口单证的缮制。

3. 实训步骤

(1)把全班学生平均分为几个小组,以小组为单位进行进口相关单证填写;
(2)分析背景材料;
(3)填写相关单证,见表 2-3 ~ 表 2-10;
(4)根据表现进行成绩评估。

背景资料

合力进出口贸易公司(地址:广州市中山路 235 号,电话:020 - 33239875)与株式会社东芝(日本)(地址:日本东京港区芝浦一丁目 5 番,电话:0081 - 3 - 88732587)签订了一份进口合同(合同号:TK09235),购买索尼(SONY)液晶电视机 200 台。具体内容如下:

单价:600 美元 FOB 大阪　　总价:120000 美元
包装:每台装一纸箱
装运时间:2013 年 8 月 20 日之前,禁止分批装运和转运。
装运港:名古屋　　目的港:广州港
开证行:中国银行广东分行
支付:不可撤销即期跟单信用证
保险:按发票金额加一成投保一切险和战争险
单据条款:商业发票一式五份
　　装箱单一式四份
　　已装船清洁提单正本一式两份,做空白背书
　　品质检验证书一份
　　保险单正本一份,做空白背书
提单号:COSU30672256

运输工具名称:GOLDEN STAR V.653
到岸时间:2013 年 8 月 23 日
卸毕时间:2013 年 8 月 23 日
商品用途:自营内销
企业性质:合资
运费:USD900.00　　保险费:USD1020.00

进 口 委 托 书　　表 2-3

委托单位名称					
受理单位				合同号	
船名航次				提单号	
装运港		卸港码头		靠泊时间	

商品编码(HS)	中英文货名	件数	毛重(KGS)	净重(KGS)	尺码(M^3)

进口委托事项	换单	检验检疫	报关	代办保险	货运站拆箱	集箱门到门	散货运输	随附单证	商业发票	重量单/装箱单	进口许可证	原产地证明书	正(副)本提单	合同	危险品申报	征免税表

单证特殊要求说明:　　运输特殊要求说明;

进口委托书及声明事项:
1. 本进口业务委托书均由委托人填写。
2. 委托书一式两份,委托人和受托人各执一份。
3. 费用结算按协议或费用确认书。

委托单位:　　受托单位:
签名(盖章)　　签名(盖章)
联系人:　　地址:　　联系人:　　地址:
电话:　　传真:　　电话:　　传真:

COMMERCIAL INVOICE 表 2-4

TO:			INVOICE NO.:	
			INVOICE DATE:	
			S/C NO.:	
			S/C DATE:	
FROM:			TO:	
Letter of Credit No.:			Issued By:	
Marks & Numbers	Description of goods	No. & kind of pkgs	Unit price	Amount

PACKING LIST 表 2-5

MARKS &NO. S: TO:				INVOICE NO.:		
				INVOICE DATE:		
				S/C NO.:		
				S/C DATE:		
FROM:				TO:		
Letter of Credit No.:				Date of Shipment:		
Number and kind of package	Description of goods	Qty	Ctns	G. W	N. W	Meas.

提　　单 表 2-6

CONSIGNEE		B/L NO. COSCO 中国远洋运输(集团)公司 CHINA OCEAN SHIPPING(GROUP)CO. ORIGINAL COMBINED TRANSPORT BILL OF LADING
NOTIFY PARTY		
PALCE OF RECEIPT	OCEAN VESSEL	
VOYAGE NO.	PORT OF LOADING	
PORT OF DISCHARGE	PLACE OF DELIVERY	

MARKS NOS. &KINDS OF PKGS DESCRIPTION OF GOODS G. W. (kgs) MEAS(m^3)
TOTAL NUMBER OF CONTAINERS OR PACKAGES(IN WORDS)

FREIGHT &CHARGES	REVENUE TONS	RATE	PER	PREPAID	COLLECT
PREPAID AT	PAYABLE AT		PLACE AND DATE OF ISSUE		
TOTAL REPAID	NUMBER OF ORIGINAL B(S)L				
LOADING ON BOARD THE VESSEL DATE			BY		

提　货　单　　　　表 2-7

致：________________港区、场、站

收货人：____________________

下列货物已办妥手续，运费结清，准予交付收货人。

<table>
<tr><td colspan="3">船名</td><td colspan="3">航次</td><td colspan="3">起运港</td><td colspan="3">目的地</td></tr>
<tr><td colspan="4">提单号</td><td colspan="4">交付条款</td><td colspan="4">到付海运费</td></tr>
<tr><td colspan="3">卸货地点</td><td colspan="3">到达日期</td><td colspan="3">进库场日期</td><td colspan="3">第一程运输</td></tr>
<tr><td colspan="2">标记与集装箱号</td><td colspan="2">货名</td><td colspan="2">集装箱数</td><td colspan="2">件数</td><td colspan="2">重量(KGS)</td><td colspan="2">体积(M³)</td></tr>
<tr><td colspan="2"></td><td colspan="2"></td><td colspan="2"></td><td colspan="2"></td><td colspan="2"></td><td colspan="2"></td></tr>
<tr><td colspan="2"></td><td colspan="2"></td><td colspan="2"></td><td colspan="2"></td><td colspan="2"></td><td colspan="2"></td></tr>
<tr><td colspan="2"></td><td colspan="2"></td><td colspan="2"></td><td colspan="2"></td><td colspan="2"></td><td colspan="2"></td></tr>
<tr><td colspan="2"></td><td colspan="2"></td><td colspan="2"></td><td colspan="2"></td><td colspan="2"></td><td colspan="2"></td></tr>
<tr><td colspan="12">请核对放货：
公司负责人签字
年　月　日
凡属法定检验、检疫的进口商品，必须向有关监督机构申报。</td></tr>
<tr><td colspan="3">收货人章
1</td><td colspan="3">海关章
2</td><td colspan="3">3</td><td colspan="3">4</td></tr>
<tr><td colspan="3">5</td><td colspan="3">6</td><td colspan="3">7</td><td colspan="3">8</td></tr>
</table>

一般原产地证书　　　　表 2-8

<table>
<tr><td colspan="5">1. Exporter</td><td colspan="5" rowspan="3">Certificate No.

CERTIFICATE OF ORIGIN
OF
THE PEOPLE'S REPUBLIC OF CHINA</td></tr>
<tr><td colspan="5">2. Consignee</td></tr>
<tr><td colspan="5">3. Means of transport and route</td></tr>
<tr><td colspan="5">4. Country / region of destination</td><td colspan="5">5. For certifying authority use only</td></tr>
<tr><td colspan="2">6. Marks and numbers</td><td colspan="2">7. Number and kind of packages; description of goods</td><td colspan="2">8. H. S. Code</td><td colspan="2">9. Quantity</td><td colspan="2">10. Number and date of invoices</td></tr>
<tr><td colspan="5">11. Declaration by the exporter
The undersigned hereby declares that the above details and statements are correct, that all the goods were produced in China and that they comply with the Rules of Origin of the People's Republic of China.</td><td colspan="5">12. Certification
It is hereby certified that the declaration by the exporter is correct.</td></tr>
<tr><td colspan="5">Place and date, signature and stamp of authorized signatory</td><td colspan="5">Place and date, signature and stamp of authorized signatory</td></tr>
</table>

报　检　单　　　　　　　　　　　　　　　　　　　　表 2-9

中华人民共和国出入境检验检疫

入境货物报检单

报检单位（加盖公章）：　　　　　　　　　　　　　　　　＊编　　号__________

报检单位登记号：　　　　联系人：　　　　电话：　　　　报检日期：　　年　　月

发货人	（中文）	
	（外文）	
收货人	（中文）	
	（外文）	

货物名称（中/外文）	H. S. 编码	原产国（地区）	数/重量	货物总值	包装种类及数量

运输工具名称号码			合同号		
贸易方式		贸易国别（地区）		提单/运单号	
到货日期		起运国家（地区）		许可证/审批号	＊＊＊
卸毕日期		起运口岸		入境口岸	
索赔有效期至		经停口岸	＊＊＊	目的地	
集装箱规格、数量及号码					
合同订立的特殊条款及其他要求			货物存放地点		
			用途	＊＊＊	

随附单据（划“✓”或补填）		标记及号码	＊外商投资财产（划“✓”）	□是　□否
□合同 □发票 □提/运单 □兽医卫生证书 □植物检疫证书 □动物检疫证书 □卫生证书 □原产地证 □许可/审批	□到货通知 □装箱单 □质保书 □理货清单 □磅码单 □验收报告 □ □ □		＊检验检疫费	
			总金额（人民币元）	
			计费人	
			收费人	

报检人郑重声明： 1. 本人被授权报检。 2. 上列填写内容正确属实。 签名：	领取证单	
	日期	
	签名	

注：有“＊”号栏由出入境检验检疫机关填写　　　　◆国家出入境检验检疫局制

出口货物报关单 表 2-10

<table>
<tr><td colspan="8">中华人民共和国海关出口货物报关单
预录入编号： 海关编号：</td></tr>
<tr><td>进口口岸</td><td colspan="2">备案号</td><td colspan="3">进口日期</td><td colspan="2">申报日期</td></tr>
<tr><td>经营单位</td><td colspan="2">运输方式</td><td colspan="3">运输工具名称</td><td colspan="2">提运单号</td></tr>
<tr><td>收货单位</td><td colspan="2">贸易方式</td><td colspan="3">征免性质</td><td colspan="2">征税比例</td></tr>
<tr><td>许可证号</td><td colspan="2">起运国(地区)</td><td colspan="3">装货港</td><td colspan="2">境内目的地</td></tr>
<tr><td>批准文号</td><td colspan="2">成交方式</td><td colspan="2">运费</td><td colspan="2">保费</td><td>杂费</td></tr>
<tr><td>合同协议号</td><td>件数</td><td colspan="2">包装种类</td><td colspan="2">毛重(公斤)</td><td colspan="2">净重(公斤)</td></tr>
<tr><td colspan="2">集装箱号</td><td colspan="3">随附单据</td><td colspan="3">生产厂家</td></tr>
<tr><td colspan="8">标记唛码及备注</td></tr>
<tr><td colspan="8">项号 商品编号 商品名称、规格型号 数量及单位 原产国(地区)单价 总价 币制 征免</td></tr>
<tr><td colspan="8"></td></tr>
<tr><td colspan="8"></td></tr>
<tr><td colspan="8"></td></tr>
<tr><td colspan="8"></td></tr>
<tr><td colspan="8">税费征收情况</td></tr>
<tr><td colspan="2">录入员 录入单位</td><td colspan="3" rowspan="2">兹声明以上申报无讹并承担法律责任

申报单位(签章)

电话 填制日期</td><td colspan="3">海关审单批注放行日期(签章)
审单 审价</td></tr>
<tr><td colspan="2">报关员
单位地址
邮编</td><td colspan="3">征税 统计
查验 放行</td></tr>
</table>

4. 实训评价

训练评价的方式有教师评价、小组内部成员评价和第三方评分组成员评价 3 种，建议教师评价占 60% 权重，小组内部成员评价占 20% 的权重，第三方评分组成员评价占 20% 的权重。将三者综合起来的得分为该生在该项目的评价分，见表 2-11。

训 练 评 价 表 表 2-11

<table>
<tr><td>考评人</td><td></td><td>被考评人</td><td></td></tr>
<tr><td>考评地点</td><td colspan="3"></td></tr>
<tr><td>考评内容</td><td colspan="3">海上进口货运代理相关单证缮制</td></tr>
<tr><td rowspan="4">考评标准</td><td>具体内容</td><td>分值(分)</td><td>实际得分</td></tr>
<tr><td>工作态度</td><td>15</td><td></td></tr>
<tr><td>沟通水平和团队合作</td><td>15</td><td></td></tr>
<tr><td>单证填写</td><td>70</td><td></td></tr>
<tr><td colspan="2">合计</td><td>100</td><td></td></tr>
</table>

注：考评满分 100 分，60 以下为不及格，60 ~ 69 分为及格，70 ~ 79 分为中，80 ~ 89 分为良，90 分以上为优。

延伸阅读

未来10年内货代行业将发生10大变化

资料来源:中国物流产业网　　发布时间:2014年11月

也许你初入货代,对行业充满好奇;也许你从业货代大半辈子,名利双丰收。但你是否曾静下心来思考过货代行业的未来,尤其是在世界变化越来越快的今天,能否看清未来10年货代将发生的变化,考验着企业决策者的智慧。

1. 吃价差时代结束

在外贸形势利好、航运资源稀缺的工业时代,货代靠吃差价可谓赚得盆满钵满。但近几年形势已经发生变化,经济增速放缓,劳动力、土地价格持续攀升,劳动密集型产业正在向周边国家转移,使进出口贸易面临下行压力。而航运业的产能过剩更是不争的事实,爆炸性增长的船舶数量使运价一降再降,船企在浮亏中煎熬。当运价本身就难以被销售出去的时候,货代吃差价的盈利模式已经没有出路,只能卖出成本价,通过提供增值服务实现盈利是必然趋势。这也是互联网时代的特殊经济原理,羊毛出在猪身上,表面上货代是在销售运价,但实质上收费的是增值服务。

2. 企业结构和业务链条网络化

货代传统的企业结构和业务链条通常是层级式的,信息单线程地逐层传递。随着社交网络的发展,个体间的关系不断强化,企业结构和业务链条也逐渐裂变为网状式。网状结构代表个体间不是上下级或上下游关系,而是平行关系,这意味着每一个个体都是重要的,却又不那么重要。在这个网络中,任何个体发出的信息都能瞬间同步到所有个体,每个个体的反馈也瞬间同步到整个网络。这时整个货代行业是完全互联网化的,全民营销、人人皆媒体、企业管理扁平化、企业间互动成为常态,营销和服务同时存在。

3. 外贸电商倒逼货代物流平台化

在规模化、智能化生产以前的工业时代,制造业的每一件成品都要靠双手完成,低效率和高成本使企业随时面临危险。如今自动化控制、智能机器人遍布各行各业,唯独货代操作和单证还是停留在20年前的水平,用大量劳动力解决问题。随着人们生活对电商依赖程度的加深,电商对物流的要求越来越高,特别是年轻一代从小就习惯于网络购物,未来10年更是“00”后的天下,不适应他们的游戏规则都会被推翻。所有形势都迫切要求信息可以实时、准确地在货代生态圈中流动,这要求货代必须建立联结上下游的平台,车队、同行、工厂、港区都通过平台实现信息同步。

4. 金融介入淡化传统账期优势

随着互联网与货代的深度融合,货代的业务操作、货物流通、单证流转等等都高度可视化、可控化,传统依赖固定资产抵押的金融信贷开始向与互联网紧密联系的货代输血,货代的每一票业务都被盘活转化为现金流。而这时所谓的账期不再成为货代揽货的一张王牌,货主要求账期是因为收不到上游的货款,当金融机构介入供应链打通资金流时,账期就没有存在的必要。

5. 信息透明化加速客户流动

随着市场经济逐渐成熟,货代行业原来的粗放式经营模式开始走向集约化,客户对价格和服务的差别越来越敏感。货代的优势资源来源于船公司,使货代的优势处于不稳定状态。再加上市场信息的高速透明化,使客户的选择性越来越多,客户进一步加快流动。谁靠近流量入口，谁把握了客户流动规律，谁就掌握主动权，获得生存机会。

6. 货代电商异军突起

零售电商用了近10年时间将市场份额做到8%，网购用户达到3亿人。这是在PC和互联网普及度较低的环境下的增长速度，而现在货代电商化各方面条件已经成熟。如今，带宽和计算机软硬件设备不但广泛普及而且采购成本低廉，PC+智能手机更是年轻人工作生活的标配，年轻人不管做什么都喜欢酷炫的玩法，10年内货代电商占有10%的市场份额轻而易举。货代必须转变原有的生意模式，接入互联网，与多渠道多终端融合才能适应未来趋势。

7. 电商平台四分天下

未来将出现四类货代生态平台：

(1)由控制着外贸端的企业发起的生态平台，他们拥有丰富的外贸订单资源，控制着物流的源头，典型例子为阿里eshipping、香港利丰。

(2)由老牌大型货代企业发起的平台，他们拥有仓库、车队、报关行、船代、货代及网络资源，典型例子为外运电商、外代电商、中远无界。

(3)由港务局牵头发起的平台，他们拥有码头、内河、船代、货代资源，典型例子为上海港务局电商平台。

(4)由中小型货代联合发起的平台，他们拥有极细分航线船公司价格、舱位、服务资源，典型例子为万联订舱平台。

8. 业务数据创造价值

以往由于信息化投入成本高，货代企业大多停留在传统的作业模式，没有建立系统的业务信息平台，使业务信息散落各处，货代企业主只能凭印象做决策。但是未来，平台化运营后，包括与上下游客户的业务往来和公司内部流程都将标准化到平台，这时每一个环节出现疑点都可以追溯到问题根源，通过综合各个侧面数据可以准确判断客户动态、公司内部存在的问题等等。只要你善于挖掘，数据中隐藏的秘密会让你大开眼界。

9. 人员素质明显提升

目前货代普遍存在的一个问题是操作岗位人员稀缺，原因是操作业务量大、工作压力大，经常加班加点还容易出差错，老员工难留住而新员工不愿涉足。但不出5年，这种状况就会彻底改变，随着各类电商平台、O2O平台的上线，各种智能终端、社交媒体的普及，货代操作所承担的工作都将交给机器完成，自动识别、自动提醒、自动核对、一键收发都不在话下，货代操作不再紧绷神经。此外，不出10年40%的年轻人都将拥有大学文凭，而电商化所带来的差评压力也迫使货代从业人员综合素质的提升，货代操作将转身为高素质客服。

10. 企业兼并替代联盟

为抵御大型竞争对手，中小型货代开始抱团取暖，出现各类联盟和协会。但是这种抱团方式只是形式上团结，在重大利益面前很容易分裂。真正的抱团必须在利益目标上保持一致，如交换股权、合资组建联盟公司等，用同一块招牌和同一个平台面向客户。这时一大批货代公司抬头将消失，还有一批被淘汰。

货代是一个复杂的行业，但在趋势面前，尤其在具有强大生命力的新事物面前，一切都有可能闪电般被颠覆。如何应对未来可能面临的危险？如何利用有利条件成为未来的弄潮儿？值得每个货代人深思。

任务三　进口保险索赔

案例导入

某出口商指示其货运代理为其价值25000美元的半成品服装在发货前投保。货运代理安排了投保,但保单上注明货物应由几条船装运且每条船的货价不得超过5000美元。其中一批超过5000美元的货物装运于某船上。此情况出口商也知晓。运输途中货物出现灭失。保险人对于超过5000美元的部分拒绝赔付,因为实际装船与保单上的规定不符。货运代理为此承担出口商的损失。

思考:

货运代理有责任保证货物的发运与保单上的规定相一致。尽管出口商明知这一事实情况也不能减轻他作为代理人应尽合理谨慎义务的责任。所以货运代理要对出口商所受的损失负赔偿责任。

任务分析

1. 任务准备

(1)一家保险公司的材料,主要包括:公司简介、产品目录、保单及理赔查询网页等;

(2)多媒体教室(含可供学生上网查资料的电脑、多媒体教学设备、课件和动画等教学资料)。

2. 任务目标

(1)熟悉索赔应做好哪些工作;

(2)掌握索赔应备妥的单证;

(3)能正确处理索赔事件;

基础知识

进出口货物在保险责任有效期内发生属于保险责任范围内的损失时,被保险人(投保人或保险单受让人)可按照保险单的有关规定向保险公司提出索赔。在国际贸易中,如由卖方办理投保,卖方在交货后即将保险单背书转让给买方或其收货代理人,当货物抵达目的港(地),发现残损时,买方或其收货代理人作为保险单的合法受让人,应就地向保险人或其代理人要求赔偿。中国保险公司为便利我国出口货物运抵国外目的地后及时检验损失,就地给予赔偿,已在100多个国家建立了检验或理赔代理机构。至于我国进口货物的检验索赔,则由有关的专业进口公司或其委托的收货代理人在港口或其他收货地点,向当地人民保险公司要求赔偿。被保险人或其代理人向保险人索赔时,应做好下列几项工作。

1. 损失通知

当被保险人得知或发现货物已遭受保险责任范围内的损失,应及时通知保险公司,并尽可能保留现场。由保险人会同有关方面进检验,勘察损失程度,调查损失原因,确定损失性质和责任,采取必要的施救措施,并签发联合检验报告。

2. 向有关责任方提出索赔

当被保险货物运抵目的地,被保险人或其代理人提货时发现货物有明显的受损痕迹、整件短少或散装货物已经残损,应即向理货部门索取残损或短理证明。如货损涉及第三者的责任，则首先应向有关责任方提出索赔或声明索赔权。在保留向第三者索赔权的条件下，可向保险公司索赔。被保险人在获得保险补偿的同时，须将受损货物的有关权益转让给保险公司，以便保险公司取代被保险人的地位或以被保险人名义向第三者责任方进行追偿。保险人的这种权利，叫作代位追偿权（The Right of Subrogation）。

3. 采取合理的施救措施

保险货物受损后，被保险人和保险人都有责任采取可能的、合理的施救措施，以防止损失扩大。因抢救、阻止、减少货物损失而支付的合理费用，保险公司负责补偿。被保险人能够施救而不履行施救义务，保险人对于扩大的损失甚至全部损失有权拒赔。

4. 备妥索赔单证

在规定时效内提出索赔。保险索赔时，通常应提供的证据有：保险单或保险凭证正本；运输单据；商业票和重量单、装箱单；检验报单；残损、短量证明；向承运人等第三者责任方请求赔偿的函电或其证明文件；必要时还需提供海事报告；索赔清单，主要列明索赔的金额及其计算依据，以及有关费用项目和用途等。根据国际保险业的惯例，保险索赔或诉讼的时效为自货物在最后卸货地卸离运输工具时起算，最多不超过2年。

任务实施

1. 实训目的

掌握进口保险索赔程序及应准备的单证。

2. 实训内容

本实训要求学生模拟进口保险索赔业务。通过本项实训让学生熟练掌握进口保险索赔程序。

3. 实训步骤

（1）把全班学生平均分为几个小组，以小组为单位进行业务模拟演示；

（2）模拟业务的准备；

（3）业务演示；

（4）教师根据现场演示进行点评并进行成绩评估。

4. 实训评价

训练评价的方式有教师评价、小组内部成员评价和第三方评分组成员评价3种，建议教师评价占60%权重，小组内部成员评价占20%的权重，第三方评分组成员评价占20%的权重。将三者综合起来的得分为该生在该项目的评价分见表2-12。

训 练 评 价 表

表2-12

考评人		被考评人	
考评地点			
考评内容	进口保险索赔业务模拟		
考评标准	具体内容	分值（分）	实际得分
	工作态度	15	
	沟通水平和团队合作	15	
	单证的填写情况	70	
合计		100	

注：考评满分100分，60以下为不及格，60～69分为及格，70～79分为中，80～89分为良，90分以上为优。

延伸阅读

中国人民保险公司

中国人民保险公司(简称中国人保)于1949年10月20日经中华人民共和国政务院批准在北京西郊民巷108号挂牌成立。

作为国内历史最悠久的保险公司,中国人保历经数次重大变革。1996年7月,中国人民保险公司改组为中国人民保险(集团)公司,下设中保财产保险有限公司、中保人寿保险有限公司、中保再保险公司3家专业子公司;1998年10月,根据国务院对中国保险业整体改革方案,中国人保集团下属3家子公司自成体系,原中保财产保险有限公司更名承继中国人民保险公司名称;2003年7月,经国务院同意、中国保监会批准,中国人保重组改制更名为中国人保控股公司。2007年6月,为秉承中国人保的历史和品牌,公司复名为中国人民保险集团公司。2009年9月,中国人保成功改制为中国人民保险集团股份有限公司。

截至2013年旗下拥有人保财险、人保资产、人保健康、人保寿险、人保投资、华闻控股、人保资本、人保香港、中盛国际、中人经纪、中元经纪和人保物业等十余家专业子公司,中国人保还持有中诚信托32.35%的股权。经营范围涵盖财产保险、人寿保险、健康保险、资产管理、保险经纪、信托、基金等领域,形成了保险金融产业集群,在海内外具有深远影响力。《财富》世界500强2013年排名第256位。

作为国内历史最为悠久的保险公司,中国人保与共和国同生共长,先后为三峡工程、岭澳核电站、中国航天、青藏铁路、国家大剧院等国家重大工程提供优质风险保障,为国家经济建设做出了积极贡献;作为中国保险业在国际上的杰出品牌形象代表,中国人保是2008年北京奥运会唯一的国内保险合作伙伴、2010年上海世博会全球唯一保险合作伙伴和2010年广州亚运会保险合作伙伴。2012年12月7日,中国人民保险集团股份有限公司在香港联合交易所完成了H股上市,成为国内第一家整体上市的大型国有保险金融集团。

模块三　国际航空出口货运代理

学习导语

航空货物运输，是现代物流中的重要组成部分，提供安全、快捷、方便和优质的服务，航空运输有其他运输无法比拟的优越性，拥有高效率和能提供综合性的物流服务，航空货物运输在降低商品生产和经营成本、提高产品质量、保护生态环境、加速商品周转等方面发挥着重要作用。本模块主要讲述航空货运方式、航空货物运输出口业务流程、国际航空货运单证等内容。

故事分享

联合快递公司(FedEx)利用信息技术获取竞争优势

联合(联邦)快递公司(FedEx)由菲德瑞克·W·史密斯创办。目前，该公司的主席、总裁和首席执行官仍然是他。他在耶鲁大学求学时，就萌生了创办一家快递公司的念头，于是1973年，14架载着186个包裹的喷汽式飞机奔赴目的地，正式宣告了FedEx的诞生。如今。它已成为全球最大的快递公司，每天要向世界200多个国家投递几乎300万件的包裹。

1. 服务

联合快递公司是第一个推出中午到次日上午10:30限时专递服务，第一个承诺不满意退款。公司变得越来越兴旺，后来放宽了对包裹重量的限制，从70Lb到120Lb，再到150Lb，最后干脆取消这一限制，包裹无论大小、轻重，都可以成为他们服务的对象。在其提供的服务类型中，有一项专递服务，是指保证次日上午8时前送达客户手中。

2. 货运追踪

FedEx信使前来接送包裹时，会用一个叫Super Tracker(超级追踪)的扫描仪扫描条形码标签。客户可以用包含在FedEx Ship软件中的FedExPOWERSHIP 2自动货运系统生成这种条形码，用以标定投递目的地、服务投递类别以及投递时限。这些信息用于精确识别各个包裹，以及从始发地到目的地的即定路线。投递信息还可立即由客户查询。

3. FedEx 网站

1994年1月，FexEx启动了自己的网站(WWW. fedex. com)。1996年，公司引进了FedEx InterNetShip服务，这是网上第一套投入实际运营的自动货运交易系统。客户们完全能在该网站完成全部托运过程，其中包括准备所有的在线文件；用任何一部激光打印机印下包裹的条形码标签；安排中途接货的信使；以及自动上载账单资料等。在其网站提供的服务中，最富创意的是FedEx Ship Alert(FedEx托运提醒)服务。当用FedEx InterNetShip准备包裹时，托运人可以向收件人或其他人发送电子邮件，提醒他们有包裹即将送到。

4. 跨国托运

随着用户对快速、可靠的跨国托运提出越来越高的要求，FedEx也做出了积极的响应。FedEx系统中一个重要的环节就是ExpressClear Electronic Customs Clearance(电子化快速关税兑付)。也就是说,它采用了一套自动化的提前报关系统,精简了跨国托运的手续。托运物品还在途中,ExpressClear 系统就已经通过先进的计算机技术为其迅速办理好了入关手续。从而赢得了宝贵的时间,尽可能的避免了延误,确保托运物品如期到达。ExpressClear 采用了两大高科技系统:一个是电子数据交换(EDI),利用计算机通信使 FedEx 公司能向世界各地的经济人及政府机构在线通报托运情况;另一个是成像技术,当需要附加文档时,原始文件扫描进 FedEx 的计算机通信系统以传递出去。由于能及时访问与托运有关的信息(从始发地到目的地),用户从中得到了极大的好处。对那些 FedEx 提供服务的所有国家,由 FedEx 自行开发的一个数据库都能为其提供服务,此外,任何目的地都能立刻查询到需要托运费是多少。

引例思考:

1. 说明 FedEx 系统如何对寄送的包裹进行追踪?

2. 为什么 FedEx 能赢得客户?

3. 假如你是中国邮政特快专递公司(EMS)的高层领导,或者是中外运敦豪公司的经理或月之缘快运公司的老板,你将采取何种应对策略?

学习目标

通过本模块的学习,期望达到下列目标。

1. 专业能力

(1)熟悉航空货物运输的方式及分类;

(2)掌握航空运输时差及时区的含义;

(3)掌握国际航空货运代理出口操作流程;

(4)掌握航空公司货物运输操作流程;

(5)熟悉航空货物的装机流程;

(6)掌握航空货物不正常运输及索赔。

2. 社会能力

(1)培养学生的可持续发展的能力;

(2)培养学生具有航空货物运输运营管理的能力;

(3)培养学生具备中层和业务部门负责人具有的基本素质;

(4)注重遵章守纪、积极思考、耐心、细致、勇于实践、竞争意识、责任意识等职业素质的养成。

3. 方法能力

(1)通过查阅资料、文献等,培养个人自学能力和获取信息的能力;

(2)通过情境化的任务单元活动,掌握分析问题解决实际问题的能力。

模块图解

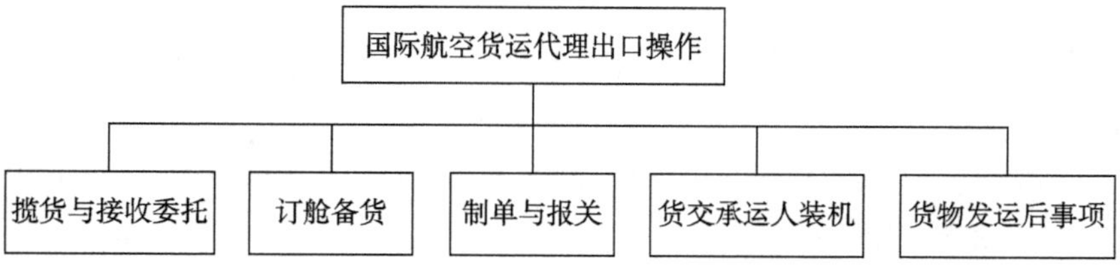

任务一 揽货与接收委托

案例导入

2014 年 9 月 3 日清晨 6 时 11 分，一架注册号为 B2856 的国货航 B757 - 200SF 货机由南京禄口国际机场起飞前往北京，这标志着国货航正式开通北京—南京—北京货邮包机运输航线，国货航与邮航的战略合作得到进一步深化。B757 包机项目签约至今，4 架 B757 货机已全部投产，整体运营顺畅，并以南京为枢纽，相继开通至成都、长春、广州、北京 4 大城市的货邮包机往返航线，也为今后双方深入合作打下良好基础。

思考题：

航空货运是一个新兴货物运输方式，它以其独特的优势迅速的占领市场，赢得客户青睐，它有着怎么样的特点？

任务分析

1. 任务准备

(1)一家货物出口企业的材料，主要包括：企业的主要经营的业务(含业务介绍)、模拟几个客户的资料、公司宣传资料、模拟托运单据、该出口企业的网址等；

(2)多媒体教室(含可供学生上网查资料的电脑、多媒体教学设备、课件和动画等教学资料)及模拟会客室(含服务台、椅子、茶壶、茶杯等/模拟员工和客户的名片、名片夹、各种文具)；

(3)相关航空货物运输出口单据。

2. 任务目标

(1)了解国际航空货运的相关含义；

(2)掌握国际航空货物运输的经营方式；

(3)掌握航空运输业务的区域划分；

(4)掌握航空器的构成及集装器的代码组成含义；

(5)能正确熟记常见的航空货运代码所代表的含义；

(6)熟悉国际航空货运组织机构；

(7)熟悉航空货物运输的托运限制。

基础知识

1. 市场销售

市场销售在整个出口运输代理业务流程中处于核心地位，是航空货运代理的一项至关重要的工作，销售业绩的好坏直接影响着货代公司的生存与发展。作为航空公司的运输销售代理人，空代有义务也有责任帮助航空公司销售飞机舱位，只有把飞机舱位销售出去了，让飞机配载足货物，才能真正说明其工作的成效，对于航空公司而言，空代的工作才有真正实质的意义。

航空货运代理公司为争取更多的出口货源，常常主动与各进出口公司、企业联系，主动承揽货物。对于长期出口或出口货量大的单位，航空货运代理公司一般都争取能与之签订长期的代理协议。航空货运代理协议书样本如下：

航空货运代理协议书

合同号：(SH　　/　　)

甲方：

地址：　　　邮编：

电话：　　　传真：

乙方：

地址：

电话：　　　　　　　　　　传真：

甲方系专业国际货运代理公司，乙方系货主或货主的代理人，为有利于双方之间进行长久、稳定和便捷的业务关系，特制定本协议书，并共同遵守如下条款。

一、委托

1. 乙方委托甲方办理国际及地区航线的航空货物国际运输业务。乙方在出货前送交(或传真)国际货物空运委托书，应在委托书上加盖公章或业务人员签名。没有乙方盖章或签名的，甲方有权拒收。但没有乙方盖章或签名，仅有乙方打印或书写的委托书(或类似文书)，在没有相反证据的前提下，从客户服务的宗旨，可视为乙方委托成立，甲方可酌情接受。乙方如变更业务人员或传真号码的，应及时以正式的书面形式告知甲方。否则，以原业务人员或以传真号码出具的委托书视为一方的行为。

二、职责

2. 乙方在提供货源的同时，提供有关进出口报关所需的全套正确单据，同时说明货物交货情况，对航班之要求。货物运达甲方指定仓库之前必须将货物的品名、件数、体积、重量、目的港和货到仓库的时间以及成交运价标明在委托书上通知甲方，以便及时安排甲方订舱、收货。因乙方提供单证不全或错误所形成的后果由乙方承担。

3. 乙方按甲方要求将货物运达指定仓库，甲方收到货物后，负责验收、签收、复磅物的体积重量按仓库交接时所示，作为计费重量，甲方于货走前告之乙方，待乙方确认后方可发货。

4. 甲方收到乙方的货物及其报关单据后，负责承担乙方交送货物的空运业务，及时安排订舱，制单，报关，报验，等出运事宜。按乙方提供的委托书，甲方根据乙方的要求正确地制作运单。货物出运后及时将正本提单和运费发票寄送乙方并随时追踪航班信息做好售后服务。因乙方提供的信息错误造成的任何损失均由乙方承担。

5. 在办理国际货运业务中，双方必须遵守我国及过境国(地区)，到达国(地区)政府的法令等有关规定。

6. 退税单和外汇核销单等在甲方收到全部运费后移交给乙方或乙方指定的第三方。

7. 如乙方未指定出口货物目的地货运代理人，则由甲方酌情代乙方指定。

8. 在甲方订妥舱位后，乙方突然在飞机起飞前取消的，乙方应承担由于撤销委托行为而引起的甲方的损失。乙方在支付相关费用(包括但不限于甲方的仓储和人员操作费用以及航空公司的舱位费)后可取回货物。

9. 运价以双方确定的价格结算。一般情况，双方成交运价标明在委托书上予以确认。未标明运价的，则以空运单上注明的运价为准(分单运价与主单运价不一致时，以分单为准。)

三、结算

10. 运费结算：除了双方具体个案另有约定外，货出运后30天内付款。延期付款的，比照银行贷款利率标准支付滞纳金。

四、索赔

11. 由于承运人的责任或有关操作过程中的某些不可抗力因素导致货失、货损或航班调整等情况，甲方作为货运代理人应积极协助乙方处理有关善后事宜。若由于甲方操作失误造成乙方损失，则由甲方负责按有关运输法规做出赔偿。但任何索赔行为或主张均应在支付全部运费后方可进行。

12. 因货物运输而引起的任何索赔，乙方应根据《中华人民共和国民用航空法》的规定，在法定的时效内向甲方提交书面报告，由甲方代表乙方向航空承运人提出索赔。否则，甲方不承担任何法律责任。

13. 甲方作为货运代理人，依法系缔约承运人，与实际承运人同样享有赔偿责任限制。甲方的赔偿将根据《中华人民共和国民用航空法》的规定处理。

14. 甲，乙双方之间的任何索赔，应作为个案以书面形式解决。

15. 对货物损失的索赔，索赔方应提供相关的法定证据，如目的港权威验货机构出具的查验证据等，否则另一方有权拒绝接受索赔。

16. 各种情形的索赔期限以航空货运单（主单或分单）的背面条款为准，没有或不适用背面条款的，则以国际货运代理协会（即“IATA”）的相关规则办理。

五、仲裁

17. 本协议适用中华人民共和国的法律和中华人民共和国政府参加的国际公约，条约，惯例等。

18. 协议双方在执行协议时发生争议，应协商解决；协商不成，除双方达成仲裁协议提交仲裁外，提交甲方法人所在地法院管辖。

六、生效

本协议自双方签字之日生效，有效期一年。期满后如双方均未提出异议，则自动延长一年；未尽事宜，由双方协商解决。本协议一式两份，双方保留一份。

甲　　　方：	乙　　　方：
签字（盖章）：	签字（盖章）：
日　　　期：	日　　　期：

在具体操作时，需及时向出口单位介绍本公司的业务范围、服务项目、各项收费标准，特别是向出口单位介绍优惠运价，介绍本公司的服务优势等。

小知识

空运询价八要素

货代向货主进行询价，必须了解以下8个方面的情况：

（1）品名（是否危险品）；

（2）重量（涉及收费）、体积（尺寸大小及是否泡货）；

（3）包装（是否木箱，有无托盘）；

(4)目的机场(是否基本点);
(5)要求时间(直非或转飞);
(6)要求航班(各航班服务及价格差异);
(7)提单类别(主单及分单);
(8)所需运输服务(报关方式,代办单证,是否清关派送等)。

而另一方面,从货主的角度来看,委托空代办理航空运输要比自己亲自办理来得更为便利,更有效率。因而,发货人一般也更愿意委托航空货运代理办理货物托运。

因此,作为货运代理人员,有必要掌握航空运输的一些基本知识,能够为客户提供必要的服务。

1)国际航空货物运输的经营方式

航空货物运输按照经营业务方式的不同可分班机运输、包机运输、集中托运和航空快递4种类型,具体如下:

(1)班机运输。班机运输(Scheduled Airline)指具有固定开航时间、航线和停靠航站的飞机。通常为客货混合型飞机,货舱容量较小,运价较贵,但由于航期固定,有利于客户安排鲜活商品或急需商品的运送。

由于班机运输有固定的航线、挂靠港、固定的航期,并在一定时间内有相对固定的收费标准,对进出口商来讲可以在贸易合同签署之前预期货物的起运和到达时间,核算运费成本,合同的履行也较有保障,因此,成为多数贸易商的首选航空货运形式。特别是货运业竞争加剧,航空公司为体现航空货运的快速、准确的特点,不断加强航班的准班率(航班按时到达的比率),强调快捷的地面服务,在吸引传统的鲜活、易腐货物、贵重货物、急需货物的基础上,又提出为企业特别是跨国企业提供后勤服务的观点,正努力成为跨国公司分拨产品、半成品的得力助手。班机运输的特点如下:

①班机由于固定航线、固定停靠港和定期开飞航,因此国际货物流通多使用班机运输方式,能安全迅速地到达世界上各通航天地点。

②便利收、发货人可确切掌握货物起运和到达的时间,这对市场上急需的商品、鲜活易腐货物以及贵重商品的运送是非常有利的。

③班机运输一般是客货混载,因此,舱位有限,不能使大批量的货物及时运出,往往需要分期分批运输。这是班机运输不足之处。

但另一方面,不同季节同一航线客运量的变化也会直接影响货物装载的数量,使得班机运输在货物运输方面存在很大的局限性。

(2)包机运输。包机运输(Chartered Carrier transport)是指航空公司按照约定的条件和费率,将整架飞机租给一个或若干个包机人(包机人指发货人或航空货运代理公司),从一个或几个航空站装运货物至指定目的地。包机运输适合于大宗货物运输,费率低于班机,但运送时间则比班机要长些。包机运输方式可分为整架包机和部分包机两种形式。

①整架包机:

a. 即包租整架飞机,指航空公司按照与租机人事先约定的条件及费用,将整架飞机租给包机人,从一个或几个航空港装运货物至目的地。

b. 包机人一般要在货物装运前一个月与航空公司联系,以便航空公司安排运载和向起降机场及有关政府部门申请、办理过境或入境的有关手续。

c. 包机的费用：一次一议，随国际市场供求情况变化。原则上包机运费，是按每一飞行公里固定费率核收费用，并按每一飞行公里费用的80%收取空放费。因此，大批量货物使用包机时，均要争取来回程都有货载，这样费用比较低。只使用单程，运费比较高。

d. 整架包机的优点：

ⓐ解决班机仓位不足的矛盾；

ⓑ货物全部由包机运出，节省时间和多次发货的手续；

ⓒ弥补没有直达航班的不足，且不用中转；

ⓓ减少货损、货差或丢失的现象；

ⓔ在空运旺季缓解航班紧张状况；

ⓕ解决海鲜、活体动物的运输问题。

②部分包机。由几家航空货运公司或发货人联合包租一架飞机或者由航空公司把一架飞机的舱位分别卖给几家航空货运公司装载货物，就是部分包机。运用于托运不足一架整飞机舱舫，但货量又较重的货物运输。与班机运输的比较，部分包机有以下特点：

a. 时间比班机长，尽管部分包机有固定时间表，往往因其他原因不能按时起飞。

b. 各国政府为了保护本国航空公司利益常对从事包机业务的外国航空公司实行各种限制。如包机的活动范围比较狭窄，降落地点受到限制。需降落非指定地点外的其他地点时，一定要向当地政府有关部门申请，同意后才能降落（如申请入境、通过领空和降落地点）。

（3）航空快递。航空快递是指航空快递企业利用航空运输，收取收件人的快件并按照向发件人承诺的时间将其送交指定地点或者收件人，掌握运送过程的全部情况并能将即时信息提供给有关人员查询的门对门速递服务。其特点如下：

①运送速度快。缩短了货物在途时间，特别是对于那些易腐烂、变质的鲜活商品，时效性、季节性强的报刊、节令性商品、抢险、急救品的运输。

②安全准确。航空快递运输的安全性比较高，运输管理制度也比较完善，货物的破损率较低。

③节约包装保险等费用。航空运输采用包装管理方式，货物在途时间短，周转速度快，包装简单，包装成本少。

（4）航空集中托运。由于航空运价随着货物计费重量的增加而逐级递减，随着货物重量的增加，代理人或集运商就可以从航空公司获取更加优惠的运价，因此集中发运大批量货物的运营模式成为众多代理人追求的目标，因为他能从航空公司获取比其他竞争对手低的运价，较低的价格意味着代理人占据了一个很强的竞争优势，实际上从航空货运代理人本身的发展规律来看，规模越大越容易生存和发展，因此，集中托运也是航空货物运输中开展最为普通的一种运输方式。

①航空集中托运的服务过程。集中托运商将多个托运人的货物集中起来作为一票货物交付给承运人，用较低的运价运输货物。货物到达目的站，由分拨代理商统一办理海关手续后，再分别将货物交付给不同的收货人。

集中托运人除了可以提供货运销售代理人提供的服务内容外，还可承担其他多项服务：

a. 出口货物时的服务：

ⓐ负责集中托运货物的组装；

ⓑ将“待运状态”的散装货物交付给承运人；

ⓒ将货物装入集装器后，交付给承运人；

ⓓ货物的信息追踪。

b. 进口货物时的服务：

ⓐ办理清关手续并交付货物；

ⓑ准备再出口的文件；

ⓒ办理国内中转货的转关监管手续。

②航空集中托运的文件：

a. 分运单(HAWB)和主运单(MAWB)：

ⓐ分运单是代理人在进行集中托运货物时，首先从各个托运人收取货物，在收取货物时，需要给托运人一个凭证，这个凭证就是分运单，其英文为“HOUSE AIR WAYBILL”简称“HAWB”。

在分运单中，托运人栏和收货人栏都是真正的托运人和收货人。

航空分运单有正本三联，副本十二联。正本第一联交发货人，第二联代理人留存，第三联随货同行交收货人。副本则分别作为报关、财务、结算及中转站代理办理中转，目的站代理分拨等之用。

ⓑ主运单是代理人在收取货物之后，进行集中托运，需要把来自不同托运人的货物集中到一起，交给航空公司，代理人和航空公司之间就需要一个凭证，这个凭证就是主运单，其英文为“Master Air Waybill”简称“MAWB”。在主运单中，托运人栏和收货人栏都是代理人。

一票集中托运货物的所有分运单都要装在结实的信封内附在主货运单后，并在货运单“Nature and Quantity”栏内注明：“Consolidation as per attached manifest”，意为“集中托运货物的相关信息附在随带的舱单中”，(manifest)为集中托运货物舱单，见图 3-1。

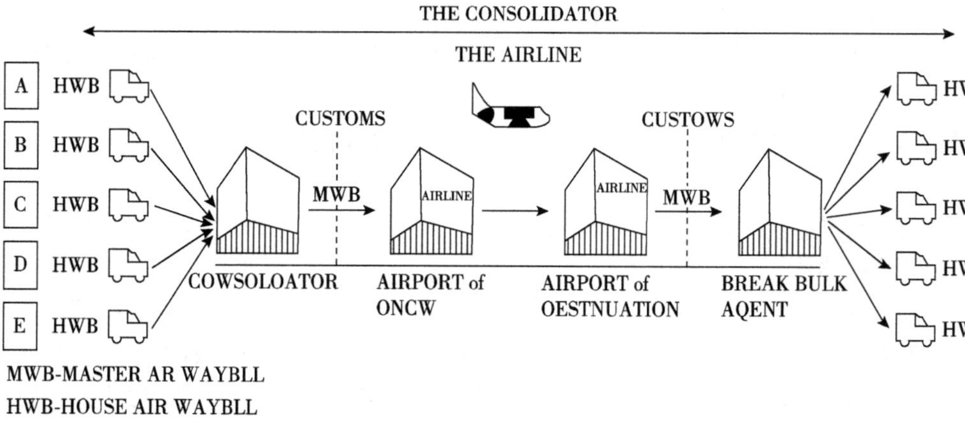

图 3-1　航空集中托运过程

b. 集中托运货物舱单。由于在主运单中，没有列出具体的货物品名，货物的品名是通过品名栏中注明的“集中托运货物的相关信息附在随带的舱单中”，因此需要查询集中托运货物舱单，才能了解在主运单中有哪些分运单和货物，见图 3-2。

c. 识别标签。对于集中托运货物，要在每一件货物上贴上识别标签，在识别标签上要特别注明主单号和分单号，见图 3-3。

③航空集中托运的货物。并不是所有的货物都可以采取集中托运的方式，因为在集中托运时，代理人把来自不同托运人的货物并在一个主单上运输，对于航空公司来说，对待主单上所有的货物的方式一定是一样的，不可能在一张主单上的两种货物，采取两种不同的操作方法。下列货物不得以集中托运形式运输：贵重物品、活体动物、尸体、骨灰、外交信袋、危

险物品不得以集中托运形式运输。

④直接运输(Direct Cargo)与集中托运货物的区别。在货物运输中,不能保证货物都用集中托运的方式,除对货物本身要求外,还由于航空运输时间要求比较高,在比较短的时间内,保证多个托运人的货物到同一个目的地,这在实际操作当中,往往不能得到保证,因此,许多时候还是采取直接运输的方式。直接运输与集中托运货物的区别如下:

CONSOLIDATION MANIFEST

MWB: 131-1234 5675

MWB: 131-1234 5675	: JAPAN AIRLINES		FLIGHT: JL678/		
POINT OF LOADING	: FRANKFURT				
POINT OF UNLOADING	: TOKYO		DATE: 20 JAN		

HWB HR ACCORDING	DEST	NUMBER OF PACKAGES	NATURE OF GOODS	GROSS WEIGHT	TOTAL CC	
77846117	TYO	7	CLOTH	160.5KG	DEM	1460.74
77846118	TYO	4	AIRCRAFT PARTS	10.0KG	DEM	122.95
77847005	FUK	4	MUSICAL INTRU	235.0KG	DEM	1 838.60
77847123	TYO	1	SPARE PART POR CUTTING MACH	8.8KG	DEM	173.40
77847124	TYO	30	PLASTIC SHEBTS	360.0KG	DEM	5 953.30
77847125	TYO	1	ADVE MAT	45.0KG	PREPAID	
77847126	TYO	4	HELICO PARTS	11.7KG	DEM	252.40
77847127	OSA	6	SHOES	139.0KG	DEM	1 173.69
77847128	TYO	49	PARTS POR SHOES	692.0KG	DEM	5 746.66
		106		1662.0KG	DEM	16 721.74

图 3-2 航空集中托运舱单

AIR WAYBILL NO. 131-12345675		← MASTER AIR WAYBILL NUMBER (MWB)
DESTINATION TYO		
TOTAL NO.OF PIECES 106	WEIGHT THIS PIECES 11.7K	
TOTAL WEIGHT THIS CONSIGNMENT 1662K		
TRANSFER STATION (S)		
OTHER HANDLING INFORMATION		
HWB NO. 77847126		← HOUSE AIR WAYBILL NUMBER (MWB)
JAPAN AIRLINES		

图 3-3 货物的识别标签

a. 直接运输：

ⓐ货物由承运人的委托人——代理人交付给承运人；

ⓑ货运单由代理人填开，并列明真正的托运人和收货人。

b. 集中托运货物：

ⓐ集中托运货物由托运人的委托人——集中托运商交付给承运人；

ⓑ货运单由集中托运人填开；

ⓒ货物的收、发货人分别为集中托运人和分拨代理人。

2）航空运输地理和时差计算

（1）航空区域划分的目的和IATA区域。航空运输自诞生之日，就决定了这种交通运输方式的国际性，航空货物从一个城市运往世界上另外一个城市，如果不知道这个城市在世界的什么地方，不清楚世界的航空运输地理概况，则很难想象能把业务做好。因此对于航空国际货运代理，了解航空运输地里的情况，非常有必要。

①目的。出于保证国际航空运输的运营安全以及国际民航组织（ICAO）规定各国航空运输企业在技术规范、航行程序、操作规则上的一致性原则。国际航空运输协会（IATA）将世界划分为3个航空运输业务区，称为“国际航协交通会议区”（IATA traffic conference areas），以方便各国及地区航空运输企业之间的运输业务划分与合作。主要国际航空组织标志见图3-4。

②IATA区域。国际航空运输协会（IATA）将全球划分为3个航空运输业务区，分为Area TC1、Area TC2、Area TC3三个大区，简称TC1、TC2、TC3，其下又可以进行次一级的分区，称为次区（Sub - area）。

a）国际民航组织（ICAO）

b）国际航空运输协会（IATA）

图3-4　主要国际航空组织标志

（2）IATA区域分区范围：

①Area TC1。

a. 范围。北起格陵兰岛，南至南极洲。包括北美洲和南美洲的所有大陆部分及其相邻的岛屿：格陵兰岛、百慕大群岛、西印度群岛和加勒比海群岛、夏威夷群岛（包括中途岛和巴尔米拉岛）。

b. 次区。IATA又把一区细分为：

ⓐ北美洲：包括阿拉斯加、加拿大、美国大陆、夏威夷、墨西哥、圣皮埃尔和密克隆。

ⓑ中美洲：包括伯利兹、哥斯达黎加、萨尔瓦多、危地马拉、洪都拉斯、尼加拉瓜。

ⓒ南美次区：包括阿根廷、玻利维亚、巴西、智利、哥伦比亚、厄瓜多尔、法属圭亚那、圭亚

那、巴拿马、巴拉圭、秘鲁、苏里南、乌拉圭、委内瑞拉。

ⓓ加勒比次区:包括巴哈马、百慕大、加勒比群岛、圭亚那、法属圭亚那、苏里南。

另外,当使用一区和二/三区间经大西洋航线的运价时,一区还可以划分为以下三个次区。

第一次区:北大西洋次区。包括加拿大、格陵兰、墨西哥、圣皮埃尔和密克隆、美国(包含阿拉斯加、夏威夷、波多黎各、美属维尔京群岛)

第二次区:中大西洋次区。包括安圭拉、安提瓜和巴布达、阿鲁巴、巴哈马、巴巴多斯、贝利兹、百慕大、玻利维亚、开曼群岛、哥伦比亚、哥斯达黎加、古巴、多米尼克、多米尼加共和国、厄瓜多尔、萨尔瓦多、法属圭亚那、格林纳达、瓜德罗普、危地马拉、圭亚那、海地、洪都拉斯、牙买加、马提尼克、蒙特赛拉特、荷属安的列斯、尼加拉瓜、巴拿马、秘鲁、圣基茨和尼维斯、圣卢西亚、圣文森特和格林纳丁斯、苏里南、特立尼达和多巴哥、特克斯和凯科斯群岛、委内瑞拉、英属维尔京群岛。

第三次区:南大西洋次区。包括阿根廷、巴西、智利、巴拉圭、乌拉圭(Argentina, Brazil, Chile, Paraguay, and Uruguay 简称 ABCPU)

②Area TC2。

a. 范围。包括:欧洲,非洲及其邻近岛屿,包含阿松森岛及乌拉尔山以西部分(包括伊朗)的亚洲部分。

注意:IATA 定义的欧洲次区除了包括地理上的欧洲外,还应加上突尼斯,阿尔及利亚,摩洛哥,加纳利群岛,马德拉群岛及塞浦路斯和土耳其的亚洲部分。

b. 次区。IATA 又把二区细分为:

ⓐ欧洲次区:包括阿尔巴尼亚、阿尔及利亚、安道尔、亚美尼亚、奥地利、阿塞拜疆、白俄罗斯、比利时、波斯尼亚和黑塞哥维那、保加利亚、克罗地亚、塞浦路斯、捷克共和国、丹麦、爱沙尼亚、法罗群岛、芬兰、法国、格鲁吉亚、德国、直布罗陀、希腊、匈牙利、冰岛、爱尔兰、意大利、拉脱维亚、列支敦士登、立陶宛、卢森堡、马其顿、马耳他、摩纳哥、摩尔多瓦、摩洛哥、荷兰、挪威、波兰、葡萄牙(包括亚速尔群岛和马德拉群岛)、罗马尼亚、俄罗斯(乌拉尔山以西部分)、圣马力诺、斯洛伐克、斯洛文尼亚、西班牙(包括巴利阿里群岛和加那利群岛)、瑞士、瑞典、突尼斯、土耳其、乌克兰、英国、南斯拉夫 。

另外:IATA 的欧洲次区还可划分为以下几个小区:

第一,斯堪的那维亚。包括丹麦(格陵兰除外)、挪威、瑞典(运价计算时,上述 3 国应被视为是同一国)。

第二,欧共体航空区域。European Commom Aviation Area 缩写为 ECAA,包括奥地利、比利时、丹麦、芬兰、法国、德国、希腊、冰岛、爱尔兰、意大利、列支敦士登、卢森堡、荷兰、挪威、葡萄牙、西班牙、瑞典、英国。

ⓑ非洲次区。该次区由下列小区组成:

中非:包括马拉维、赞比亚、津巴布韦

东非:包括布隆迪、吉布提、厄立特里亚、埃塞俄比亚、肯尼亚、卢旺达、索马里、坦桑尼亚、乌干达

南非:包括博茨瓦纳、莱索托、莫桑比克、纳米比亚、南非、斯威士兰

西非:包括安哥拉、贝宁、布基纳法索、喀麦隆、佛得角、中非共和国、乍得、刚果(布)、刚果(金)、科特迪瓦、赤道几内亚、加蓬、冈比亚、加纳、几内亚、几内亚比绍、利比里亚、马里、毛

里塔尼亚、尼日尔、尼日利亚、圣多美和普林西比、塞内加尔、塞拉利昂、多哥。

印度洋岛屿:包括科摩罗、马达加斯加、毛里求斯、马约特、留尼旺、塞舌尔、利比亚(利比亚属于非洲次区,但不属于上述任何小区)。

注意:地理上的非洲比 IATA 区域定义的要广,还包括阿尔及利亚、加拿利群岛、埃及、马德拉群岛、摩洛哥、突尼斯、苏丹;但上述国家在 IATA 区域的划分中分属于欧洲和中东次区 。

ⓒ中东次区。包括巴林、埃及、伊朗、伊拉克、以色列、约旦、科威特、黎巴嫩、卡塔尔、沙特阿拉伯、苏丹、阿曼、叙利亚、阿联酋、也门 。

③Area TC3。

a. 范围。包括:亚洲及其邻近岛屿(不包括二区内的)东印度群岛,澳大利亚,新西兰以及太平洋中的群岛(不包括一区内的)。

b. 次区。IATA 又把三区细分为:

ⓐ南亚次大陆(South Asian Subcontinent—SASC)。包括阿富汗、孟加拉、不丹、印度、马尔代夫、尼泊尔、巴基斯坦、斯里兰卡。

ⓑ东南亚次区(South East Asia Sub - area—SEA)。包括文莱、柬埔寨、中国(不包括中国香港、中国澳门、中国台湾)、圣诞岛、澳属科科斯群岛、关岛、香港特别行政区、印度尼西亚、哈萨克斯坦、吉尔吉斯斯坦、老挝、澳门特别行政区、马来西亚、马绍尔群岛、密克罗尼西亚、蒙古、缅甸、北马里亚纳群岛、帕劳、菲律宾、俄罗斯(乌拉尔山以东)、新加坡、中国台湾、塔吉克斯坦、泰国、土库曼斯坦、乌兹别克斯坦、越南 。

ⓒ西南太平洋次区(South West Pacific Sub - area—SWP)。包括美属萨摩亚、澳大利亚、库克群岛、斐济、法属波利尼西亚、基里巴斯、瑙鲁、新喀里多尼亚、新西兰、纽埃、巴布亚新几内亚、萨摩亚、所罗门群岛、汤加、图瓦卢、瓦努阿图、瓦利斯和富图纳群岛以及中间的所有岛屿。

注意:日本/朝鲜为单独的一个次区,包括日本、朝鲜民主主义人民共和国、大韩民国 。

(3)国际时区:

①理论时区和区时。时区是地球上的区域使用同一个时间定义。为了照顾到各地区的使用方便,又使其他地方的人容易将本地的时间换算到别的地方时间上去。有关国际会议决定将地球表面按经线从南到北,划分成 24 个时区,并且规定相邻区域的时间相差 1h。当人们跨过一个区域,就将自己的时钟校正 1h(向西减 1h,向东加 1h),跨过几个区域就加或减几小时。

②法定时区和法定时。法定时区是各国根据本国具体情况自行规定的适用于本国的标准时区。法定时区的界限,一般不是依据经线,而是依据实际的政治疆界和社会经济发展状况来确定的。

根据法定时区确定的标准时,成为法定时。法定时是目前世界各国实际使用的标准时。

③格林尼治时间和夏令时:

a. 格林尼治时间。中央时区的中央经线为 0°经线,此地的地方时被称为中央时区的标准时间。由于 0°经线从英国伦敦的格林尼治通过,人们通称为格林尼治时间(GMT, Greenwich Mean Time)。

各个时区的地方时都可以以格林尼治时间作为标准,加以比较,换算,计算两地的时差。见图 3-5。

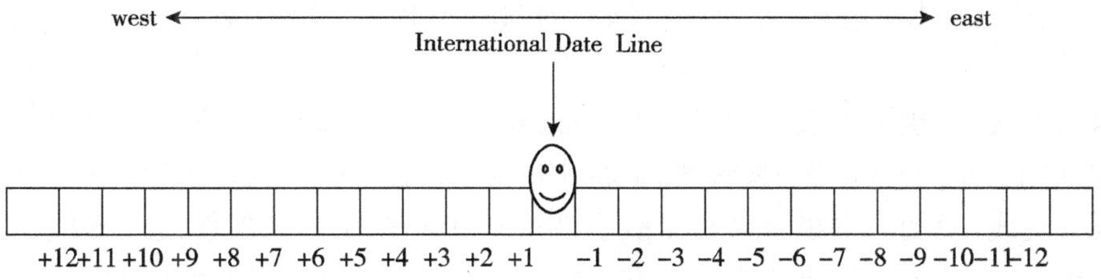

图 3-5 国际时差图

每一个空格表示 1h,如果要求计算两点间的时差,只要数一下有几个空格即可。

b. 夏令时。在夏季白昼较为漫长,为了节省电力并对白天加以充分利用,一些国家颁布法律把夏季的当地时间拨前一个小时或者多少分钟。这个变化了的时间叫作"夏令时"(DST,Daylight Saving Time)。使用时有有效期的限制。

④飞行小时的计算:

a. 飞行小时。指自始发地机场至目的地机场之间的运输时间,包括中转时间。

b. 计算方法和步骤。航班时刻表上的出发和到达时间都是以当地时间(Local Time)公布的,所以在计算航班飞行小时时,要通过时差的换算,有具体的计算方法和步骤。(但实际飞行常受风向等因素的影响,所以实际到达时间和班期公布的到达时间有时会有差异。)

例 1　Flight :AF039

Departure　From:　Paris, France(PAR),on 12th December at 1230 hours

Arrival in:Montreal, Canada(YUL),on 12th December 1355 hours (East Time　zone)

Elapsed transportation time:

第一步:查出始发地与目的地的标准时区

第二步:将始发地与目的地的时间换算成同一时间

(法一)将两地的时间均换算成 GMT 时间

IN PAR　　1230 − 1 = 1130

IN YUL　　1335 − 5 = 1835

(法二)将一地的时间换算成另一地的时间

IN PAR,THE TIME IS 1230,WHAT TIME IS IT IN YUL?

1230 − (5 + 1) = 0630

第三步:用到达时间减去起飞时间

(法一)1835 − 1130 = 0705

(法二)1335 − 0630 = 0705

所以运行时间为 7 小时 05 分钟。

Hours	minutes
07　Hours	05　　minutes

3)航线基本知识及航空货运代码介绍

(1)航线知识:

①航线的定义和分类。飞机飞行的路线称为航空交通线,简称航线。航线不仅确定了飞机飞行的具体方向、起降经停地点,而且还根据空中交通管制部门的要求确定了飞行的宽度和高度,以维护空中交通秩序,确保飞行安全。

a. 国内航线。国内航线是指在一个国家内部不同地点间的航线，可分为干线、支线和地方航线。

ⓐ国内干线：连接国内航空运输中心的航线。这些航线的起止点都是重要的交通中心城：这些航线上的航班数量最大、密度高、客流量大、如北京—上海航线、北京—深圳航线等。

ⓑ国内支线：指把各中小城市和干线上的交通中心联系起来的航线。支线上的客流密度远小于干线；支线上的起止点中有一方是较小的机场，因而支线上使用的飞机大都是150座以下的中小型飞机。

ⓒ地方航线：把中小城市连接起来的航线。客流量最小，它和支线的界限不是很明确，过去一般把省内航线称为地方航线，现在国外把支线和地方航线同称为区域性航线。

b. 地区航线。地区航线指在一国之内，各地区有特殊地位地区间的航线，如内地与港、澳、台地区的航线。

c. 国际航线。国际航线指飞行的路线连接两个国家或两个以上国家的航线。在国际航线上进行的运输是国际运输，如果一个航班的始发站、经停站、终点站有一点在外国领土上，都叫作国际运输。

②中国航空部分航线分布：

a. 国内航线。目前，我国国内航线发展较快，形成了一个复杂的航线网络，其分布特征为：

ⓐ航线主要分布于哈尔滨—北京—西安—成都—昆明一线以东的地区。其中以北京、上海、广州为中心的地带最为密集。航线的密度由东向西逐渐减小。

ⓑ航线多以大中城市为中心并向外延辐射，形成多个放射状系统相互连接，从而形成全国的航空网络。

ⓒ国内主要航线多呈南北向分布，在此基础上又有部分航线从沿海向内陆延伸呈东西向分布。

b. 地区航线。目前我国地区间航线发展迅速。以香港为中心向国内几十个城市辐射的地区航线，发展速度较快，旅客和货物吞吐量年年攀升，扩大了香港与内地的交往，为香港地区的稳定、繁荣、发展起到积极作用。自大陆与台湾两岸航空运输定期化后，最近中国民航局确定了大陆9家客运航空公司及2家全货运航空公司的航线及班次分配。在客运方面，两岸航空公司可在大陆27个城市与台湾经营定期航班和包机业务。

c. 国际航线。中国的国际航线以北京、上海、广州三大国际门户为主，以大连、青岛、厦门、深圳等沿海城市为辅，同时又以一些边沿城市向北、西、南国家辐射，主要国际航线有：亚洲航线、欧洲航线、美洲航线及澳洲航线。中国的主要国际航线见图3-6。

(2)国家/城市/机场/航空公司名称及代号。

①目的。为了航空运输业务操作的简捷方便，国际航空运输协会将属于其成员国的所有国家、城市和机场统一授予相应的两字和三字代码，供各单位在运输中使用。

②国家/城市/机场/航空公司名称及代号：

a. 国家和城市的名称及代码。IATA将其成员国国家名称用两个英文字母表示，城市名称用3个英文字母表示（即所谓的两字代码和三字代码），见表3-1。详细内容请见TACT RULES 1.2(IATA AREAS AND CITY/AIRPORT CODES)。

b. 城市的三字代码。城市的三字代码在航空运输中，占据着重要的位置，运输本身是在空间上点与点的位移，因此，每运一票货物都涉及城市的三字代码，见表3-2。

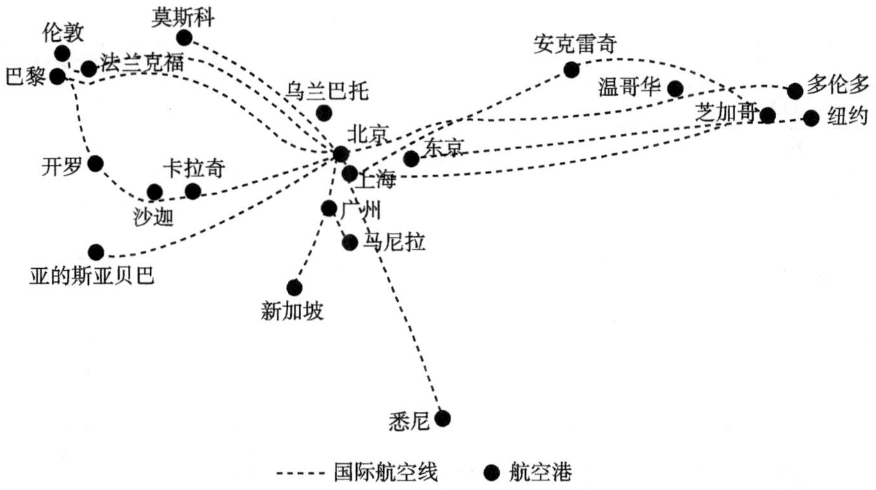

图 3-6　中国主要的国际航线示意图

常 见 国 家 代 码　　表 3-1

英文全称	中文全称	两字代码
China	中国	CN
United States of America	美国	US
United Kingdom	英国	GB
Germany	德国	DE
France	法国	FR
Japan	日本	JP
Korea	韩国	KR
Singapore	新加坡	SG
Canada	加拿大	CA
Australia	澳大利亚	AU

常见城市三字代码　　表 3-2

英文全称	中文全称	三字代码
BEIJING	北京	BJS
GUANGZHOU	广州	CAN
SHANGHAI	上海	SHA
CHONGQING	重庆	CKG
TIANJIN	天津	TSN
HANGZHOU	杭州	HGH
KUNMING	昆明	KMG
QINGDAO	青岛	TAO
XIAMNE	厦门	XMN

续上表

英 文 全 称	中 文 全 称	三 字 代 码
DALIAN	大连	DLC
LONDON	伦敦	LON
NAGOAY	名古屋	NGO
SEOUL	首尔	SEL
PARIS	巴黎	PAR
CHICAGO	芝加哥	CHI
NEW YORK	纽约	NYC
TOKYO	东京	TYO
OSACA	大阪	OSA

c. 机场名称及代码。IATA 使用的机场代码是由 3 个英文字母组成的三字代码，见表 3-3。详细内容请见 TACT RULES 1.2(IATA AREAS AND CITY/AIRPORT CODES)。

常 见 机 场 代 码 表 3-3

机场的英文全称	中文全称	三字代码	所在国家
Beijing Capital International Airport	首都国际机场	PEK	中国
Paris Charles de GAULLE Airport	戴高乐机场	CDG	法国
Narita International Airport	成田机场	NRT	日本
London Heathrow Airport	西斯罗机场	LHR	英国

d. 航空公司及相关代码，见表 3-4。

常见航空公司代码 表 3-4

航空公司英文全称	中 文 全 称	两字代码	所 在 国 家
Air China Limited	中国国际航空股份有限公司	CA	中国
China Southern Airlines	中国南方航空股份有限公司	CZ	中国
China Eastern Airlines	中国东方航空集团公司	MU	中国
American Airlines	美国航空公司	AA	美国
Air Canada	加拿大航空公司	AC	加拿大
Chian Airlines	中华航空公司	CI	中国台湾
Cathay Pacific Airway	国泰航空公司	CX	中国香港
Korean Air	大韩航空公司	KE	韩国
Dragon Air	港龙航空公司	KA	中国香港
All Nippon Airways CO;ltd	全日航空公司	NH	日本
Japan Airlines	日本航空公司	JL	日本
Lufthansa German Airlines	德国汉莎航空公司	LH	德国
Northwest Airlines	美国西北航空公司	NW	美国
Asiana Airlines	韩亚航空公司	QZ	韩国
Singapore Airlines	新加坡航空公司	SQ	新加坡
Air France	法国航空公司	AF	法国
Brish Airlines	英国航空公司	BA	英国
KLM Royal Dutch Airlines	荷兰皇家航空公司	KL	荷兰

IATA 使用的航空公司代码有 3 种：两字代码（由两个英文字母或一个英文字母与一个阿拉伯数字组成的两字代码）、三字代码（由三个英文字母组成）及三字数字代码（由 3 个阿拉伯数字组成）。详细内容请见 TACT RULES 1.4（CODEING AND DECODEING OF AIRLINES）。

几个航空公司的标志见图 3-7。

中国国航　大韩航空　荷兰航空

美国联航　澳门航空

图 3-7　主要航空公司标志

e. 常见的航空货运操作代码。在航空货物运输中，经常可以看到一些常见的特殊操作代码，这些代码主要供操作人员在运输的各个环节中，注意运输货物的性质，采取相应的操作策略，常见的航空货运操作代码，见表 3-5。

常见的航空货运操作代码　表 3-5

操作代码	英文全称	中文全称
AOG	AIRCAAFT ON GROUND	急需修理的飞机零件
AVI	LIVE ANIMALS	动物
BIG	OUTSIZED	超大货物
CAO	CARGO AIRCRAFT ONLY	限装货物
DIP	DIPLOMATIC BAG	外交信袋
EAT	FOODSTUFFS	食品
FIL	OSUNDEVELOPED/UNEXPPSED FILM	未冲洗/曝光的胶卷
FRO	FROZEN GOODS	冷冻货物
HUM	HUMAN REMAIS IN COFFIN	尸体
ICE	DRY ICE SHIPMENT	干冰冷藏货物
LHO	LIVING HUMAN ORGANS/BLOOD	人体器官
NWP	NEMSPAPERS, MAGAZINES	报纸、杂志
OBX	OBNOXIOUS CARGO	有强烈异味的货物
OHG	OVERHANG ITEM	栓挂货物
PEF	FLOWERS	鲜花
PEM	MEAT	肉
PER	PERISHABLE CARGO	鲜活易腐货物
PES	FISH/SEAFOOD	鱼/海鲜
VAL	VALUABLE	贵重物品

f. 常见的危险品代码。危险品运输是航空货物运输中操作最复杂、难度最大的一类货物，尤其在仓储、运输的环节应尤为注意，而在货物的外包装上经常看到操作代码，因此了解这些代码的含义，具有非常重要的意义，见表3-6。

常见的危险品代码 表3-6

危险品代码	英文全称	中文全称
RCL	Cryogenic Liquid	低温液体
RCM	Corrosive Material	腐蚀性物品
RCX	Explosive 1.3c	爆炸物1.3C
RFL	Flammable Liquid	易燃液体
ROP	Organic Peroxide	有机过氧化物
RPG	Toxic Gas	有毒气体
RRW	Radioactive materials	一级放射物品，一级包装

g. 常见的缩写。在航空运输中，经常碰到一些缩写，这些缩写表现形式也是代码形式，但各有不同，具体见表3-7。

常见操作缩写 表3-7

缩写代码	英文全称	中文全称
AWB	AIR WAYBILL	航空货运单
CASS	CARGO ACCOUNT SETTLEMENT SYSTEM	货运账目清算系统
CC	CHARGES COLLECT	运费到付
CCA	CARGO CHARGES CORRECTION ADVICE	货物运费更改通知
LAR	LIVE ANIMALS REGULATION	活动物规则
NVD	NO VALUE DECLARED	无声明价值
PP	CHARGES PREPAID	运费预付
SLI	SHIPPER'S LETTER OF INSTRUCTION	空运托运书
ULD	UNIT LOAD DEVICE	集装器
HWB	HOUSE AIR WAYBILL	航空分运单
MWB	MASTER AIR WAYBILL	航空主运单

4）航空货运组织

（1）航空货运代理。我国民航事业是在新中国成立后重新创办起来的，1958年我国参加了1929年10月12日在华沙签订的《统一国籍航空运输某些规则的公约》，从而同20几个国家建立了航空运输关系，随着我国对外贸易和民航业务的发展，航空货物代理业应运而生，采用航空货物货运形式进出口货物，需要办理一定的手续，如出口货物在始发地交航空公司承运前的订舱、储货、制单、报关、交运等；进口货物在目的地机场的航空公司或机场接货、监管储存、制单、报关、送货及转运等。航空公司一般不负责上述业务，由此，收、发货人必须通过航空货运代理公司办理航空货运业务或自行向航空公司办理航空业务。

航空货运代理公司作为货主和航空公司之间的桥梁和纽带，一般具有两种职能：

一种为货主提供服务的职能，代替货主向航空公司办理托运货物或提取货物。另一种为航空公司的代理职能，经航空公司授权代替航空公司接受货物，出具航空公司主单和自己的分单，或从事机场地面操作业务。

①销售代理 SALES AGENT：

a. 航协代理（IATA cargo agent）。具备一定的资格，经 IATA 注册，由 IATA 航空公司任命从事货运代理业务的代理人。

b. 集运商（consolidator）& 分运商（break bulk agent）。从事将多个托运人的货物集中起来作为一票货物交付给承运人，并使用较低运价的代理人。

c. 一级代理和二级代理的区别：

ⓐ一级代理：经过外经贸委、中国民航总局批准从事货运代理业务的代理人。

ⓑ二级代理：未经过外经贸委、中国民航总局批准从事货运代理业务的代理人。

ⓒ区别：

一级代理有领单权。可以向航空公司领取货运单。

一级代理有订舱权。可以向航空公司订舱交货。

一级代理可以向海关申请监管仓库。

②地面代理（Airport handling agent）。一架外国航空公司的航班飞到上海，这家航空公司在上海驻有办事处，但这办事处主要负责航班的安全正点，正常运转。该外航要委托上海机场的地面代理装卸货物、分解处理货物和集装箱板；要为飞机加油、配餐、清洁飞机、为旅客办理乘机手续、托运行李、飞机维修检查等工作，都需要同机场的地面代理签订协议。

20 世纪 80 年代 ~90 年代中期，上海的航空公司地面代理业务基本上都有东航操作。随着浦东机场的建成出现了机场地面代理，机场的地面货站浦东货站的成立使中性货站成了机场货运的发展趋势，使地面代理领域有了竞争和发展机制。

（2）国际航空组织及航空法。

①国际组织：

a. 国际民用航空组织（International Civil Aviation Organization）ICAO。第二次世界大战后，为解决战后民用航空发展中的国际性问题，1944 年 11 月 1 日至 12 月 7 日在美国芝加哥召开了有 52 个国家参加的国际民航会议，签订了《国际民用航空公约》（简称《芝加哥公约》），并按国际民用航空临时协定设立了“临时国际民航组织”。1947 年 4 月 4 日公约生效，“国际民航组织”正式成立。同年 5 月成为“联合国”的一个专门机构。2004 年，已有 175 个缔约国。总部设在加拿大的蒙特利尔。

其宗旨和目的：

ⓐ保证全世界国际民用航空安全地、有秩序地发展；

ⓑ鼓励为和平用途的航空器的设计和操作艺术；

ⓒ鼓励国际民用航空应用的航路、机场和航行设施；

ⓓ满足世界人民对安全、正常、有效和经济的航空运输的需要；防止因不合理的竞争而造成经济上的浪费；

ⓔ保证缔约国的权利充分受到尊重，每一缔约国均有经营国际空运企业的公平的机会；

ⓕ避免缔约各国之间的差别待遇；

ⓖ促进国际航行的飞行安全。

其组织结构为大会是国际民航组织的最高权力机构，每 3 年至少召开一次。理事会是向大会负责的常设机构，由 33 个理事国组成，由每届大会选举产生。理事会的主席由理事会选举产生，任期3年。理事会每年召开3次会议，下设航空技术、航空运输、法律、联营导航设备、财务和防止非法干扰国际民航等6个委员会。

国际民航组织的日常办事机构，设有航空技术局、航空运输局、法律局、技术援助局、行政服务局和对外关系办公室，这些机构统一在秘书长领导下工作。

此外，还有7个地区办事处；西非和中非区（达喀尔）、欧洲区（巴黎）、亚洲太平洋区（曼谷）、中东区（开罗）、东非和南非区（内罗毕）、北美、中美和加勒比区（墨西哥城）、南美区（利马）。主要活动是：通过制定《国际民用航空公约》的18个技术业务附件和多种技术文件以及召开各种技术会议，逐步统一国际民航的技术业务标准和管理国际航路的工作制度。通过双边通航协定的登记，运力运价等方针政策的研讨，机场联检手续的简化，统计的汇编等方法以促进国际航空运输的发展；通过派遣专家、顾问，建立训练中心，举办训练班及其他形式，以执行联合国开发计划署向缔约国提供的技术援助；管理公海上的联营导航设备；研究国际航空法，组织拟订和修改涉及国际民航活动的各种公约。根据统约国的建议和议事规则，通过大会、理事会、地区会议以及特别会议讨论和决定涉及国际航空安全和发展的各种重要问题。

我国与ICAO关系。1944年12月9日，当时的中国政府在《芝加哥公约》上签字，并于1946年2月20日批准该公约。1971年11月19日国际民航组织第74届理事会通过决议，承认中华人民共和国政府为中国唯一合法的政府，驱逐了国民党集团的代表。1974年2月我国决定承认《国际民用航空公约》，并自该日起参加该组织的活动。中国从1974年起连续当选为理事国，并在蒙特利尔设有常驻该组织理事会的中国代表处。又于2004年正式成为一类理事国

b. 国际航空运输协会（International Air Transport Association ）IATA。1. IATA的成立。协会成立于1945年12月，总部设在加拿大的蒙特利尔。

ⓐ宗旨和目的：其宗旨是"为了世界人民的利益，促进安全、正常而经济的航空运输"，"对于直接或间接从事国际航空运输工作的各空运企业提供合作的途径"，"与国际民航组织以及其他国际组织通力合作"。

ⓑ组织结构：凡国际民航组织成员国的任一经营定期航班的空运企业，经其政府许可都可成为该协会的会员。经营国际航班的航空运输企业为正式会员，只经营国内航班的航空运输企业为准会员。

总部设在加拿大的蒙特利尔。在蒙特利尔和瑞士的日内瓦设有总办事处。在纽约、巴黎、新加坡、曼谷、内罗毕、北京设有分支机构或办事处。在瑞士的日内瓦还设有清算所，统一结算各会员之间以及会员与非会员之间的联运业务账目。协会的最高权力机构为全体会议，另有4个常务委员会分管法律、业务、财务和技术。主要活动：

ⓐ协商制定国际航空客货运价；

ⓑ统一国际航空运输规章制度；

ⓒ通过清算所，统一结算各会员间以及会员与非会员间联运业务账目；

ⓓ开展业务代理；

ⓔ进行技术合作；

ⓕ协助各会员公司改善机场布局和程序、标准，以提高机场运营效率等。

我国航空公司加入情况。目前，中国大陆共有13家航空公司成为国际航协会员公司，各航空公司加入时间见表3-8。

国际航协会员公司 表 3-8

时间	公司名称
1993 年	中国国际航空公司、中国东方航空公司和中国南方航空公司
1996 年	中国北方航空公司、中国西北航空公司和中国西南航空公司
1998 年	厦门航空公司、中国新疆航空公司、中国云南航空公司和上海航空公司
2000 年	海南航空公司
2001 年	山东航空公司
2002 年	深圳航空公司

c. 国际货运代理协会联合会(International Federation of Freight Forwarders Associations) FIATA。1926 年 5 月 31 日在奥地利维也纳成立,总部设在瑞士苏黎世

ⓐ宗旨和目的:创立的目的是为了解决由于日益发展的国际货运代理业务所产生的问题,保障和提高国际货运代理在全球的利益,提高货运代理服务的质量。

ⓑ组织结构:协会的一般会员由国家货运代理协会或有关行业组织或在这个国家中独立注册登记的且为唯一的国际货运代理公司组成,另有为数众多的国际货运代理公司或其他私营企业作为其联系会员。FIATA 的成员主要来自世界各国的国际货运代理协会,包括 40000 个国家货运代理公司,800 万 ~ 1000 万雇员的代表。现在 86 个国家和地区内有 96 个一般会员,2150 个联系会员,遍布 141 个国家和地区。它是公认的国际货运代理的代表,是世界范围内运输领域中最大的非政府和非营利性组织。

FIATA 的成员不仅局限于国际货运代理行业,而且包括报关行、船舶代理、仓储、包装、卡车集中托运等运输企业。菲亚塔下设多个委员会,如海运、铁路运输、公路运输、航空运输、海关、职业培训等,其中航空运输委员会是唯一的永久性机构。

d. 国际电讯协会 (SITA)

ⓐSITA 的成立:SITA 成立于 1949 年,在全球拥有 4300 名雇员,1997 年总产值超过 10 亿美元。目前在全世界拥有 650 多家航空公司会员,其网络覆盖全球 180 个国家。

ⓑ发展目标:SITA 的发展目标是带动全球航空业使用信息技术的能力,并提高全球航空公司的竞争能力。SITA 不仅为航空公司提供网络通信服务,还可为其提供共享系统,如机场调度系统行李查询系统、货运系统、国际票价系统等。

ⓒSITA 货运系统:系统开通后,与外地营业部、驻外办事处联网,货运工作人员可及时地将航班信息、运单信息、入库信息、装载信息、货物到达信息及中转信息等数据输进网络,系统在航班关闭后自动给本站拍发仓库报、运单报等货运电报。本站只要打开网络,就能全程追踪货物的情况,从而为货主查询联程货物和进口货物提供极大方便。

ⓓSITA 的优势很明显,但是也存在某些劣势:

Ⅰ. 系统本身是个大系统,货运系统仅仅是其中的一部分,因此功能设计上有点缺陷。如:作为一个货运交易系统,在收益管理方面,功能比较弱。

Ⅱ. 系统的界面不太友好,不是 windows 界面,操作起来太复杂。

Ⅲ. 数据无法和其他系统共享,因而限制了信息的交互。

Ⅳ. 系统稳定性比较差,一旦出现问题容易给整个企业带来很大损失。

②国际航空公约及业务权:

a. 芝加哥公约(Chicago Convention)。全称《国际民航航空公约》,于 1944 年 12 月 7 日在美国芝加哥签订,1947 年 4 月 4 日起生效,是当前国际上最被广泛接受的国际公约之一。

我国是芝加哥公约的缔约国。于 1974 年 2 月 15 日通知国际民航组织，承认《芝加哥公约》，并参加该组织的活动。

ⓐ性质。《芝加哥公约》是国际航空领域得一个宪章性的文件，它对国际民航领域的基本问题做了规定。

ⓑ内容。除序言外，分为空中航行、国际民用航空组织、国际航空运输和最后条款四部分，以及有关国际标准和建议措施的十八个附件。公约规定，公约仅适用于民用航空器，不适用于供军事、海关、警察部门使用的国家航空器；确认领空主权原则，取消《巴黎公约》中给予缔约国无害通过的自由，以更有利于保卫本国领空；航空器必须有其登记国的国籍，航空器在何国登记就有何国的国籍；航空器只能取得一国的国籍；各国由于军事需要和公共安全的理由，可以设置空中禁区等。

b. 业务权。

第一航权：领空飞越权。在不着陆的情况下，本国航机可以在协议国领空上飞过，前往其他国家目的地。

例：北京—旧金山，中途飞越日本领空，那就要和日本签订领空飞越权，获取第一航权，否则只能绕道飞行，增加燃料消耗和飞行时间。

第二航权：技术经停权。本国航机可以因技术需要（如添加燃料、飞机故障或气象原因备降）在协议国降落、经停，但不得作任何业务性工作如上下客、货、邮。

例如：北京—纽约，如果由于某飞机机型的原因，不能直接飞抵，中间需要在日本降落并加油，但不允许在该机场上下旅客和货物。此时就要和日本签订技术经停权。

第三航权：目的地下客权。本国航机可以在协议国境内卸下乘客、邮件或货物。

例如：北京—东京，如获得第三航权，中国民航飞机承运的旅客、货物可在东京进港，但只能空机返回。

第四航权：目的地上客权。本国航机可以在协议国境内载运乘客，邮件或货物返回。

例如：北京—东京，如获得第四航权，中国民航飞机能载运旅客、邮件或货物搭乘原机返回北京。

第五航权：中间点权或延远权。可以先在第三国的地点作为中转站上下客货，第五航权是要和两个或两个以上的国家进行谈判。

例如：新加坡—厦门—芝加哥，新加坡航空获得第五航权，可以在新加坡—芝加哥航线上在厦门经停，上下客货。

第六航权：桥梁权。本国航机可以用两条航线的名义，接载甲国和乙国乘客及货物往返，但途中必须经过本国。

例如：伦敦—首尔—东京，大韩航空将源自英国的旅客运经首尔后再运到东京。

第七航权：完全第三国运输权。本国航机可以在境外接载乘客和货物，而不用返回本国。即本国航机在甲、乙两国间接载乘客和运载货物。

例如：伦敦—巴黎，由德国汉莎航空公司承运

第八航权。本国航机可以在协议国作境内两个不同的地方接载乘客、货物往返，但航机以本国为终点站。

第九航权：国内运输权

本国航机可以到协议国作国内航线运营，见图 3-8。

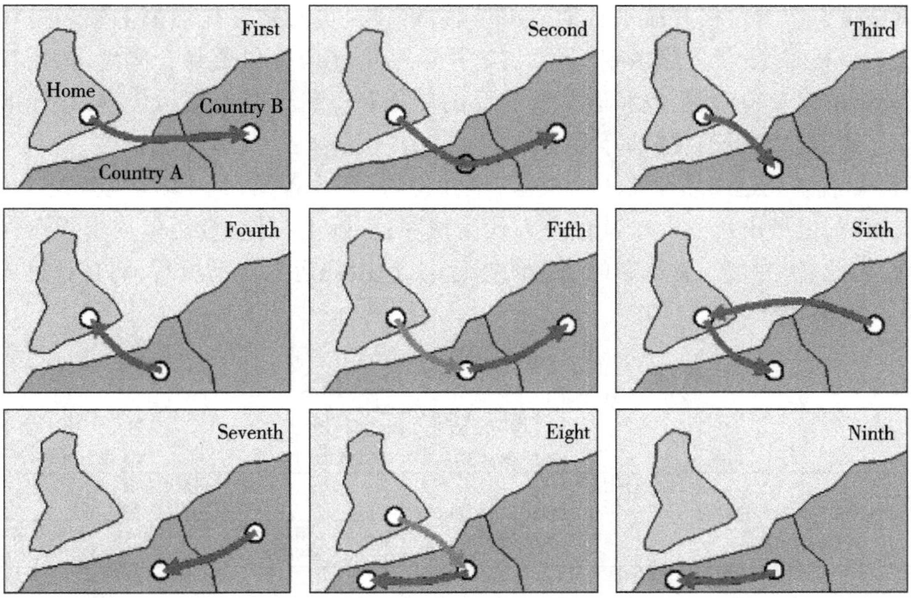

图 3-8　航权的划分

2. 接收托运

1）托运受理

不论航空货运代理公司主动承揽，还是出口货物发货人上门委托，只要双方就航空货运代理事宜达成意向后（确定运输价格以及服务条件），航空货运代理就可以向发货人提供一份自己所代理的航空公司的空白“国际货物托运书”，让发货人填写，并加盖公章，作为货主委托代理公司承办航空货物出口运输的依据。

在接受托运人委托后，航空货运代理公司通常会指定专人对托运书进行审核。审核重点应看价格和航班日期。

审核后，审核人员必须在托运书上签名并注明日期以示确认。

委托时，发货人除应填制“国际货物托运书”，还应提供贸易合同副本、出口货物明细发票、装箱单以及检验、检疫和通关所需要的单证和资料给航空货运代理。

知识拓展

对于一次批量较大，要采用包机运输的，需提前办理包机手续。

一般情况下，至少需在发运 1 个月与航空公司洽谈，并签订协议（以便航空公司安排运力，办理包机过境、入境、着陆等有关手续）。如货主找空运代理办理包机，则应在货物发运前 40 天提出申请，并应填写“包机委托书”。

（1）国际货物托运书概述。《国际货物托运书》（Shippers Letter of Instruction）SLI 是重要的法律文件。根据《华沙公约》的相关规定，托运书必须由托运人自己填写，并在上面签字或盖章，作为货主委托航空货运代理承办航空货运出口货物的依据。航空货运代理将根据托运书的要求办理出口货运手续，并据以结算费用。

航空货运代理公司在接受托运人委托后，在单证操作前，通常会指定专人对托运书进行审核。审核重点应看价格和航班日期。审核后，审核人员必须在托运书上签名并注明日期以示确认。委托时，发货人除填制"国际货物托运书"，还应提供贸易合同副本、出口货物明细发票、装箱单以及检验、检疫和通关所需要的单证和资料给航空货运代理，以便航空货运代理办理订舱、提货、报关、制单等手续。

(2)国际航空托运书填写要求。根据"华沙公约"第5条第(1)和(5)款规定，货运单应由托运人填写，也可由承运人或其代理人代为填写；实际上，目前货运单均由承运人或其代理人填制，为此，作为填开货运单的依据的托运书，应由托运人自己填写，而且托运人必须在上面签字。见表3-9。

国际货物托运书　　表3-9

国际货物托运书　SHIPPER'S LETTER OF INSTRUCTION　　货运单号码 NO. OF AIR WAYBILL

始发站 AIRPORT OF DEPARTURE	到达站 AIRPORT OF DESTINATION	供承运人用 FOR CARRIER USE ONLY	
SHANGHAI	HONGKONG	航班/日期 FIGHT/DATE	航班/日期 FIGHT/DATE

线路及到达站 ROUTING AND DESTINATION

至 TO:	第一承运人 FIRST CARRIER	至 TO:	至 TO:	至 TO:	至 TO:	至 TO:	至 TO:

已预留吨位 BOOKED

收货人账号 CONSIGNEE'S ACCOUNT NUMBER	收货人姓名及地址 CONSIGNEE'S NAME AND ADDRESS
ROSE FRANCE IMPORT AND EXPORT CO., 24 SANT MART RUE PARIS	

另请通知 ROSE FRANCE IMPORT AND EXPORT CO.,
AISO NOTIFY 24 SANT MART RUE PARIS

唛头：

托运人账号 SHIPPER'S ACCOUNT NUMBER	托运人姓名及地址 SHIPPER'S NAME AND ADDRESS
SINOTEX UNITED IMPORT&EXPORT LTD 3208 32FL,JINMAO BUILDONG PUDONG NEW DISTRICT SHANGHAI	

托运人声明的价值 SHIPPER'S DECLARED VALUE		保险金额 AMOUNT OF INSURANCE	所附文件 DOCUMENT ACCOMPANY TO AIR WAYBILL
供运输用 FOR CARRIAGE	供海关用 FOR CUSTOMS		

件数 NO.OF	实际毛重（公斤）ACTUAL	运价类别 RATE	收费重量 CHAGEABLE WEIGHT	费率 RATE/CHARGR	货物品名及数量（包括体积或尺寸）NATURE AND QUANTITY OF GOODS
30CTNS	840.00KGS				LEATHER SLIPPERS

在货物不能交收货人时，托运人指示处理方法
SHIPPER'S INSTRUCTION IN CASE OF INABLITY TO DELIVER SHIPMENT AS CONSIGNED
处理情况（包括包装方式，货物标志及号码等）
HANDLING;INFORMATION（INCL.METHOD OF PACKING,INDENTIFY MARK AND NUMBERS ETC.）

托运人证实以上所填全部属实并愿意遵守承运人的一切载运章程
THE SHIPPER CERTIFIES THAT THE PARTICULAR ON THE FACE HEREOF ARE CORRECT AND AGREE TO THE CONDITIONS OF CARRIAGE OF THE CARRIER

托运人签字 SHIPPER'S SIGNATURE　　日期 DATE　　经手人 AGENT

托运书(Shippers Letter of Instruction)是托运人用于委托承运人或其代理人填开航空货运单的一种表单，表单上列有填制货运单所需各项内容，并应印有授权于承运人或其代理人代其在货运单上签字的文字说明。

托运书包括下列内容栏：

①托运人(SHIPPER)。填托运人的全称、街名、城市名称、国名，以及便于联系的电话号、电传号或传真号。

②收货人(CONSIGNEE)。填收货人的全称、街名、城市名称、国名，(特别是在不同国家

内有相同城市名称时,必须要填上国名)以及电话号、电传号或传真号,本栏内不得填写“order”或“to order of the shipper”(按托运人的指示)等字样,因为航空货运单不能转让。

③始发站机场(AIRPORT OF DEPARTURE)。填始发站机场的全称。

④目的地机场(AlRPORT OF DESTINATION)。填目的地机场(不知道机场名称时,可填城市名称),如果某一城市名称用于一个以上国家时,应加上国名。例如:LONDON UK,伦敦,英国;LONDON KY US 伦敦,肯达基州,美国;LONDON TO CA 伦敦,安大略省。

⑤要求的路线/申请定仓(REQUESTEDROUTING/REQUSETING BOOKING)。本栏用于航空公司安排运输路线时使用,但如果托运人有特别要求时,也可填入本栏。

⑥供运输用的声明价值(DECLAREDVALUE FOR CARRIAGE)。填供运输用的声明价值金额,该价值即为承运人负赔偿责任的限额。承运人按有关规定向托运人收取声明价值费,但如果所交运的货物毛重每千克不超过 20 美元(或其等值货币),无须填写声明价值金额。

可在本栏内填入“NVD”(NO Value Declared 未声明价值),如本栏空着未填写时,承运人或其代理人可视为货物未声明价值。

⑦供海关用的声明价值(DECLAREDVALUE FOR CUSTOMS)。国际货物通常要受到目的站海关的检查,海关根据此栏所填数额征税。

⑧保险金额(INSURANCE AMOUNT REQUESTED)。中国民航各空运企业暂未开展国际航空运输代保险业务,本栏可空着不填。

⑨处理事项(HANDLING INFORMATION)。填附加的处理要求,例如:另请通知(ALSO NOTIFY)。除填收货人之外,如托运人还希望在货物到达的同时通知他人,请另填写通知人的全名和地址。

⑩货运单所附文件(DOCUMENT TO ACCOMPANY AIRR WAYBILL)。填随附在货运单上往目的地的文件,应填上所附文件的名称,例如:托运人的动物证明(SHIPPER SCERTIFICATION FOR LIVE ANIMALS)。

⑪件数和包装方式(MUMBER ANDKIND OF PACKAGES)。填该批货物的总件数,并注明其包装方法,例如:包裹(Package)、纸板盒(Carton)、盒(Case)、板条箱(Crate)、袋(Bag)、卷(Roll)等,如货物没有包装时,就注明为散装(Loose)。

⑫实际毛重 (ACIUAL GROSS WEIGHT)。本栏内的重量应由承运人或其代理人在称重后填入。如托运人已经填上重量,承运人或其代理人必须进行复核。

⑬运价类别(RATE CLASS)。本栏可空着不填,由承运人或其代理人填写。

⑭计费重量(千克)(CHARGEABLEWEIGHT)(kg)。本栏内的计费重量应由承运人或其代理人在量过货物的尺寸(以 cm 为单位)由承运人或其代理人算出计费重量后填人,如托运人已经填上时,承运人或其代理人必须进行复核。

⑮费率(RAIE/CHARGE)。本栏可空着不填。

⑯货物的品名及数量(包括体积及尺寸)[NATURE AND QUANTITY OFGOODS(INCL。DIMENSIONS OR VOLUME)托运书 货运单号码 货运单号码 NO。OF AIR WAYBILL SHIPPER'S LETTER OF INSTRUCTION

填货物的品名和数量(包括尺寸或体积)。货物中的每一项均须分开填写,并尽量填写详细,如:“9 筒 35mm 的曝光动画胶片”新闻短片(美国制)等,本栏所属填写内容应与出口报关发票和进口许可证上所列明的相符。危险品应填写适用的准确名称及标贴的级别。

⑰托运人签字(SIGNATURE OF SHIPPER)。托运人必须在本栏内签字。

⑱日期(DATE)。填托运人或其代理人交货的日期。

(3)货物托运一般规则:

①托运人托运货物应填写国际货物托运书,并提供与运输有关的资料和文件。

②托运人应对所填托运书中各项内容和所提供的资料和文件的真实性和准确性负责。

③托运人所托运的货物必须符合有关始发、中转和目的地国家的法律、法令、和规定以及承运人的一切规章。

④托运人在托运货物前,必须自行办妥始发地海关、卫生检疫等各项手续。

⑤托运人托运鲜活物品、贵重物品、活体动物、危险物品、有时间限制要求及大批量货物时,应事先向承运人订妥航班、日期、吨位,并按约定的时间在机场办理托运手续。

(4)托运文件

①托运书 Shipper's Letter of Instruction。

②其他文件:

a. 危险货物申报单(Shipper's Declaration for Dangerous Goods)。

b. 活体动物托运证明(Shipper's Certification for Live Animals)。

c. 卖方出具的商业发票(A copy of the Vendors Commercial Invoice)。

③待运条件:

a. 托运人可在承运人的营业时间内,直接到承运人的货运部门托运货物,除法律、行政法律另有规定外,承运人没有对托运人货物应当向承运人提供的,为在货物交付收货人以前,为办理海关,行政法规规定的有关手续必需的资料文件进行检查的义务,因此,托运人应自行备齐所有货物运输应具备的文件。

b. 托运人也可通过 IATA 货运代理人来接受货物,但所接受的货物下列项目必须符合条件:货运单、文件、货物标记、包装、标签与标贴。

2)托运的相关要求

(1)托运货物的规定:

①托运人托运货物应填写国际货物托运书,并提供与运输有关的资料和文件。

②托运人应对所填托运书中各项内容和所提供的资料和文件的真实性和准确性负责。

③托运人所托运的货物必须符合有关始发、中转和目的地国家的法律、法令、和规定以及承运人的一切规章。

④托运人在托运货物前,必须自行办妥始发地海关、卫生检疫等各项手续。

⑤托运人托运鲜活物品、贵重物品、活体动物、危险物品、有时间限制要求及大批量货物时,应事先向承运人订妥航班、日期、吨位,并按约定的时间在机场办理托运手续。

(2)托运人的职责(Responsibility of shipper):

①托运人交运的货物必须符合有关始发、中转和到达国家的法令、规定和承运人的一切运输规定。

②托运人应自行办托海关、检疫和政府其他部门规定的有关货物进境、出境、中转等一切手续。

③托运人有责任提供与运输有关的文件和信息,并对所提供的文件和信息的正确性和

完备性负责。

3)托运文件

(1)托运书(Shipper's Letter of Instruction)。

(2)其他文件:

①危险货物申报单(Shipper's Declaration for Dangerous Goods)。

②活体动物托运证明(Shipper's Certification for Live Animals)。

③卖方出具的商业发票(A copy of the Vendors Commercial Invoice)。

4)待运条件

(1)托运人可在承运人的营业时间内,直接到承运人的货运部门托运货物,除法律、行政法律另有规定外,承运人没有对托运人货物应当向承运人提供的,为在货物交付收货人以前,为办理海关,行政法规规定的有关手续必需的资料文件进行检查的义务,因此,托运人应自行备齐所有货物运输应具备的文件。

(2)托运人也可通过 IATA 货运代理人来接受货物。

5)托运限制

(1)品名限制(RESTRICTION DUE TO NAT URE OF GOODS)。

①下列品名的货物在国际航空货运中受到限制:

a. 活体动物(Animals, live);

b. 武器、军火,战争物资(Arms, Ammunition, War material);

c. 危险物品(Dangerous goods);

d. 尸体、骨灰[Human remains(cremated, embalmed, or not embalmed)];

e. 机械装置,裸装(Machinery, uncrated);

f. 机器铸件或钢材,裸装(Machinery castings or steelwork, uncrated);

g. 鲜活易腐品(Perishables);

h. 个人物品 - 无人押运行李(Personal effects - unaccompanied baggage);

i. 钢材,裸装(Steelwork, uncrated);

j. 贵重物品(Valuable cargo);

k. 车辆(Vehicles);

l. 湿货(Wet cargo)。

参考 TACT RULES 中 7.3.2 国家信息部分中 2.3 项。

②隐含危险品(Hidden Dangerous GOODS)。

有些货物的品名用一般描述的方式属于非危险性质,但由于货物成分和结构较复杂可能隐含化学危险品,在收运前必须明确其成分,确认无危险后方可运输。

参考《危险品运输规则》中隐含危险品品名录。

(2)重量、体积的限制(RESTRICTIONS DUE TO WEIGHT AND DIMEMSIONS)。

①重量 Weight。对于货物重量的限制,主要取决于机舱地板承受力。不同的机型有不同的地板承受力限制,称为最大允许地板承受力。货物重量每平方米作用于机舱地板的压力就是机舱地板的实际承受力。当机舱地板的实际承受力超过最大允许地板承受力时,货物就会对机舱地板造成破坏,如一些体积小重量大的货物,应采取相应的措施,否则不予承运。

$$\text{机舱地板承受力}(\mathrm{kg/m^2}) = \frac{\text{货物重量}}{\text{货物实际接触机舱地板的面积}}$$

当机舱地板实际承受力超过最大允许地板承受力，应在货物底部与机舱地板之间加一块垫板。

$$垫板面积(m^2)=\frac{货物重量+垫板重量}{最大允许地板承受力}$$

②体积。货物的最长、最宽、最高的限制取决于所用机型机舱门的大小以及机舱容积。当货物体积超过机舱门允许的尺寸时，就不能放在该种机型上运输，而必须经过承运人的事先安排，选择较大的机型或分批发运。

在接受超大货物时应根据不同的机型，判断是否能装入机舱内后方可收运，尤其是散装型飞机，承运人或其代理人可参考各种散装型机型的装载表。参考 TACT RULES 中承运人信息部分中 8.2Loading charts 项。货物体积过小也不便于运输，应要求托运人加大包装，一般情况下，货物的体积小于 20×15×5cm 时，应加大包装。另由于货物体积小不占舱位，可及时运输，因此承运人对小件物品专辟处理操作区域，收费也另有规定。

③价值的限制（RESTRICTION DUE TO VALUE）。出于对航空公司自己的利益，各个航空公司都对所运输货物的金额有最高限制。

中国民航的规定是：一架飞机所装货物的总价值不得超过 100（200）万美元，每一张货运单的声明价值不得超过 10 万美元，贵重物品包机，一架飞机的货物金额不得超过 5000 万美元。

④禁运（EMBARGOES）。每个国家对进口货物都有禁运规定（参考 TACT RULES 中 7.3.2国家信息部分），承运人可以在一段时间内拒绝运输任何的某个航线、某个航段、某个区域之内、某个中转站或某个品名及等级的货物。

承运人一旦做出禁运决定，可向各个代理人、协议承运人及有关部门发出禁运令。禁运令自发出次日 GMT 时间 0001 开始生效，之前仍可运输。

6）标签与标贴（LABELLING AND MARKING）

（1）标记（Marks）：

①货物标签（IDENTIFICATION FORM）。货物标签是承运人印制的专为表明货物起讫地点、货运单号码、件数、重量的标记。标签有粘贴型和拴挂型两种，经验告诉我们，粘贴型标签在运输过程中不容易脱落，一般情况下应优先使用，只有在一些像袋、筐等不易粘贴的包装上，才考虑用拴挂型标签。

②使用要求：

a. 在使用前应清除所有与运输无关的标记与标签；

b. 体积较大的货物需对贴两张标签；

c. 袋装、捆装、不规则包装出使用拴挂型标签外，还应在包装上写明货运单号码和目的地。

（2）标贴（STANDARD LABELS AND TAGS FOR SPECIAL）。标贴是根据货物性质在货物外包装上表明货物特性和储运注意事项的各类标记。此类标贴由 IATA 统一格式。

标贴有说明货物特性及包装储运注意事项的标贴和危险货物标贴两种。

7）事先安排（ADVANCE ARRANGEMENTS）

承运人对下列货物在没有定妥舱位或事先安排下的情况下不与收运：在中转时需要特别照看和处理的货物、声明价值超过 10 万美元的货物、不规则形状及超大超重货物、活体动物、鲜活易腐品、危险货物、尸体/骨灰。

8）货物收运

（1）承运人工作人员收运货物注意事项：

①在货物不危及飞机安全的情况下收运货物；

②在确保航空公司受益的情况下收运货物；

③收运货物的所有条件应符合国家规定、包括 IATA 的有关决议、决定。

（2）承运人工作人员收运货物时检查内容：

①托运人填写的托运书上的所有内容；

②货物的重量是否真实；

③货物的件数；

④货物的体积、重量是否在机型的限制要求内；

⑤货物内有没有夹带托运人没有申报过的有害物品以及是否隐含危险品；

⑥货物的包装以及发货的标记。

任务实训

1. 实训目标

（1）具备一定的航空货物运输代理销售的知识；

（2）能正确签订航空货物运输代理协议书；

（3）根据客户的实际要求，正确选择航空货物运输形式；

（4）能正确的缮制国际航空货物运输委托书；

（5）会进行航空货物运输运费的计算。

2. 实训任务

通过在阿里巴巴平台上获知，有一家种植鲜花的企业有 30 个方的货物需要空运到美国西雅图，你作为一家航空公司的空运代理，公司业务主管要求你要求完成：

（1）与对方公司接洽并完成航空货物运输代理协议书的签订；

（2）根据航空货物的实际特征，选择合适的集装器及完成航空货物的组装任务；

（3）能根据货物的实际情况，正确填制航空货物运输委托书；

（4）能正确合理的计算航空货物运费。

3. 实训道具

（1）《国际航空货运代理理论与实务》教材；

（2）航空货物运输代理协议书，航空货物运输委托书，集装器，航空货运公司的运价表。

4. 实训方案指导及模拟演练

（1）进行岗位分工并设定角色。航空货运代理公司 3 人，托运人公司 3 人；

（2）进行航空货物运输销售的谈判及航空货物运输协议书的签订；

（3）办理相关托运手续，并正确填写国际航空货物运输委托书；

（4）根据航空公司的运价表，合理计算航空货物运输的运价。

5. 实训评价

训练评价的方式有教师评价、小组内部成员评价和第三方评分组成员评价 3 种，建议教师评价占 60% 权重，小组内部成员评价占 20% 的权重，第三方评分组成员评价占 20% 的权重。将五者综合起来的得分为该生在该项目的评价分，见表 3-10。

训练评价表 表3-10

考核人		被考核人	
考核地点			
考核内容	揽货与接收		
考核标准	具体内容	分值(分)	实际得分
	工作态度	15	
	沟通水平和团队合作	15	
	能正确填制航空货运单	15	
	能正确缮制航空货物运输委托书	25	
	模拟揽货与接收流程	30	
合计		100	

注:考核满分100分,60以下为不及格,60～69分为及格,70～79分为中,80～89分为良,90分以上为优。

延伸阅读

夏 令 时

夏时制,夏时令(Daylight Saving Time:DST),又称“日光节约时制”和“夏令时间”,是一种为节约能源而人为规定地方时间的制度,在这一制度实行期间所采用的统一时间称为“夏令时间”。一般在天亮早的夏季人为将时间提前1h,可以使人早起早睡,减少照明量,以充分利用光照资源,从而节约照明用电。各个采纳夏时制的国家具体规定不同。目前全世界有近110个国家每年要实行夏令时。不过也有一些地区的做法有所改变,比如从2014年10月26日起,俄罗斯将取消自2011年开始使用的夏令时,转变为“冬季时间”,未来也不再使用冬夏时制转换。

任务二 订舱备货

案例导入

公司小吴接到业务主管的电话,称公司最近接到一个客户的业务,主要是一些鲜花,总共有30个方的量,目的地为美国西雅图,主管要求小吴向航空公司完成订舱接货任务。可是小吴是刚到公司的,很多方面的知识都不熟悉,例如鲜花是属于特种货物,怎么进行订舱,如何进行保管,在交货托运的时候要注意一些什么问题等,于是不得已,小吴只好向公司的老员工进行请教。

思考题:

1. 按照常规,托运鲜花时要注意一些什么问题?

2. 案例中的30个方是多大?

任务分析

1. 任务准备

(1)出口航空货物的相关信息,包括托运人、收货人、体积和重量等;

(2)多媒体教室(含可供学生上网查资料的电脑、多媒体教学设备、课件和动画等教学资料);

(3)网络资源,包括电子地图系统等。

2. 任务目标

(1)了解航空货运代理公司的预订舱的原因;

(2)掌握国际航空货物运输代理的订舱流程及注意事项;

(3)掌握航空公司的配舱原则;

(4)能识别不同的飞机类型;

(5)掌握集装器的代码组成及所代表的含义;

(6)熟悉掌握国际航空货物运输过程中的单证组成;

(7)熟悉航空货运代理的收货的基本要求。

基础知识

一、航空货运代理的订舱和配舱

1. 预订舱

航空货运代理汇总所接受的委托和客户的预报并输入电脑,依据各个客户报来的预报数据,计算出各航线的件数、重量、体积,按照客户的要求和货物重量、高度情况,根据各航空公司不同机型对不同板箱的重量和高度要求,制定预配舱方案,并对每票货配上运单号。

代理人根据所制定的预配舱方案,按航班、日期打印出总运单号、件数、重量、体积,向航空公司预订舱,因为此时货物可能还没有进入仓库,预报和实际的件数、重量、体积等都会有差别,这些留待配舱时再做调整。

2. 订舱

订舱就是将所接收空运货物向航空公司正式提出运输申请并订妥仓位。货物订舱需要根据发货人的要求和货物标志的特点而定。一般来说,大宗货物、紧急物资、鲜活易腐货物、危险品、贵重物品等,必须预定舱位。托运人托运货物或航空货运代理人接到货物,并选择了适当的运输路线后,接下来就是要与有关的航空货运公司预约所选择的航班。

一般托运人可以电话、传真的形式与航空货运公司进行舱位预订;而航空货运代理人与航空货运公司之间是通过与航空公司联网的计算机进行预订。

(1)航空公司对订舱所要求的必要信息。与航空公司进行货运订舱必须有非常严格的订舱手续,为了完成货运订舱,航空公司需要下述信息:

①航空货运单号码。每一件被托运货物的货运单上都有一个编号用于核对货物。在这批货物被运输到目的地的过程中,这个编号是辨认货物的最重要的依据。

②货物包装箱号码。要核对货物在装卸、转运及运输过程中是否完整无缺,必须知道包装箱的号码。

③货物的重量。由于任何一架飞机其承载能力都是有限的,所以必须知道每件货物的准确重量。对于集重货物更是如此。因为除了要满足飞机的承载能力外,还要预先检查装、卸设备的能力。

④货物的类别。了解所要运送的货物类别对于货物的运送与存放都是非常重要的。例如,有毒的货物一定不能与食品装在一处;活的动物需要良好的通风条件;而通常比一般货

物需要更大空间的易碎物品，一定要非常小心的装卸并牢固的定位在飞机上等。

⑤货物的体积(尺寸)和密度。因飞机的承载能力和容量是有限的，因此货物的尺寸对于货物的精确计划是一个基本要素。货物尺寸的单位是厘米或英寸。

订舱人必须向航空公司提供准确的货物尺寸，因为大多数情况下货物尺寸的不准确都会给航空公司带来容积问题。如果根据预约时提供的货物尺寸保留了舱位而货物的实际尺寸比预约的尺寸要小，那么就会空出舱位而使飞机的能力不能得到充分利用；反之如果货物的尺寸比预约时要大，结果是由于缺少舱位而使预约的货物不能全部装完。这种错误往往在装货时才被发现，而此时已没有足够的时间来选择将哪一批货物可以整批卸下，可能造成几批货不能完整装运。从下面的例子中，我们可以看到一个错误的尺寸是如何影响装运的总容积的。

【例】预约尺寸：80cm×80cm×40cm/件，共20件；

总容积：5.12m^3(约180ft^3)；

实际尺寸：80cm×80cm×60cm/件，共20件；

总容积：7.68m^3(约270ft^3)。

可见仅有一个尺寸增加了50%就意味着：整个货物的容积增加了50%。

对于某些物品，航空公司编制了密度组码作为收运货物时的参考数值。这些组码表示了重量与体积比。

⑥始发站与到达站。由于下述原因，托运人必须提供货运的起飞机场和到达机场的名称：

a. 确定货运路线；

b. 在起飞前或到达后为货物安排合适的储存场所；

c. 在运输期间发生事故情况下保持通信联络；

d. 允许发货人在任何中转点或目的地机场作特殊安排。

⑦航线要求。对于发货人来说，货物运输所申请的航班是最重要的。假如涉及联运，一定要知道联运飞机的确切航班号以核对中转时间对货物的中转装卸是否足够。

⑧备注。发货人必须附上联系地址。通常是公司名称和电话号码及联系人。

上述8点必须遵守，否则，航空公司不能接纳该预约。

(2)可选择的信息。除了上述必需的8点外，预约系统还允许选择其他信息。可选择的其他信息是：

①特殊服务要求(SSR)。SSR告诉货物承运人有关货物在装卸、储运、运输、联运和转机中的特殊要求。

特殊要求如下：

a. 必须保持在5℃以上；

b. 在转机时保持冷藏；

c. 小心轻放；

d. 不准倒置；

e. 转机时必须饲喂。

②其他的服务信息(OSI)。OSI信息是通知代理人或收货人关于货物的运输情况。航空公司将负责传达这些内容。

代理人希望将货物的详细情况在到达目的站之前通知他的联系人或收货人以便事先安

排在目的站清点，交付货物等等，在 OSI 下面可以加上如下信息：

a. Please inform CNEE immediately of arrival；

b. NITY WANG LING，SHA，Tel：51671234；

c. Info NITY WANG LING SHA；

以上这些作为选择项的信息也很重要，因为托运人选择航空运输货物，支付比地面运输高得多的航空运费。目的是享受航空运输的快速、可靠的服务。为了给顾客提供完美而准确的服务，航空公司及其代理人应该对所预订舱位的货物获得尽可能多的信息。

只有在航空公司的货物预约部门了解了以上的详细情况后，才能安排尽快发运货物。

(3)其他注意事项：

①合同条件。虽然托运人或者代理人可以做货运预约，但是还要遵守货运单背面的合同条件：即承运人在承担货物运输的过程中，可以更换承运人或飞机，有权改变货运单上所填写的预订航线。

a. 与旅客预订座位不同，货物预约的航班，承运人可以根据需要改变承运此批货物的航班及机型。实际上，尽管承运人将尽力采用托运书中预订的航班、航线运输货物，但是承运人没有用指定航班，在指定航班上或指定中转点承运货物的责任。航空公司在运输中尽量采用托运人预定的航班，然而在诸多因素干扰的情况下，以下现象很可能会造成承运人无法按计划承运货物。

ⓐ气候条件。雾、雪、暴风雨天气等很可能会影响飞机起降或者要求飞机增加燃油而导致落载。

ⓑ技术原因。例如机械故障引起的更换飞机，将大容量机型换成较小容量的机型，致使此航班飞机不能承运所预约货物。

ⓒ货物禁运。由于战争，恐怖活动等，货物无法按原订计划完成运输任务。

ⓓ灾害情况。例如：由于地震等引起的自然灾害可能导致承运人无法将承运的货物运抵目的地或必须利用已预约的舱位承运救灾物资等。

b. 下列货物将比商业性（付运费）货物具有优先发运等级，即在装载商业性货物之前，需事先将下面的非商业性货物装上。

ⓐ邮件，这是政府规定的责任。

ⓑ停场待修飞机备件，由于飞机停场待修不能投入营运，既无营业利润又影响此承运人的整个系统运行。

在以上货物占用预约货物的舱位时，承运人可以将余下的所有货物移交其他承运人承运，或者为这批落下的货物预定下一个航班。对这种情况下造成的延误，承运人没有责任。

承运人为那些被落下的货物订妥新的航班之后，应通知代理人，以便代理人再通知托运人和收货人关于拉货的原因及解决办法。

②取消预约。当已经订妥吨位的货物不能按时交付承运人时，不管它是什么原因造成的，都必须取消预约。这一点对于大批量的货物和需要承运人做事先准备工作的特殊货物尤其重要。在许多情况下，“误机”货物将导致航班“欠载”。另外，承运人都希望在起飞之前尽早取消预约的舱位，以便将此舱位提供给其他托运人使用，否则该托运人的货物还要占用下一航班的舱位。

严格掌握此操作规程，可使承运人更经济地经营货物运输。

③对代理人预约吨位的处理方法。货运代理人将目的地相同货物统一交运。他们从各个托运人手里收集货物,然后将所有货物列在同一张主货运单之下。到达目的站之后,附有全体货物清单和分货运单的主货运单将被交到货运代表手里,而此货运代表负责拆开整批货物并且把货物分别交给最终收货人。

一般情况下,代理组织的货物可利用某个固定航班承运,出发日期及运价也公布于众。一个航空公司可以承接若干个代理人的长期货物预约。我们称这种形式叫作"配给舱位"。

当航空公司接收货运代理人的配给货物时,他们知道货物的实际重量与航班允许载量相差不大,而货物的体积与航班所能提供的容积相差甚远。

如果一个航班上安排预定了几个代理人的配给舱位的货物,必须考虑给货物的体积与实际货舱容积之差,这一点不可忽视。为了充分利用代理人们不能使用的空间,航空公司必须尽早地知道货物的实际重量和尺寸。最大限度地使用航班所能提供的容积可以创造利润,而错误的预约数据将导致非经济的航班经营。许多航空公司在与代理人之间或协调员协商之后,与飞机起飞前24h收回未被代理人利用的舱位。

在航空公司和货运代理人之间还有另一种协议形式。代理人可以在某个航空公司的每一个指定航班上预定2000~3000kg,也可以更多地预定吨位,用以装载散货、集装箱或集装板。在这种协议下预定的吨位的运费全部由货运代理人支付,而不管吨位是否充分利用。由此可见,货运代理人必须管理集装箱或集装板的利用率,而承运人现在就不必再冒这个风险了。我们也称这种情况为"包舱或包集装板(箱)"运输。

④需要事先安排的货物。在做好事先安排之前不能接收以下几种货物:

a. 在中转站或经停站需要特殊护理的货物;

b. 贵重货物(毛重每千克2000元人民币以上的货物);

c. 含有下列情况的货物:

ⓐ货物具有非规则的形状,尺寸和重量;

ⓑ动物;

ⓒ鲜活易腐;

ⓓ危险品;

ⓔ尸体骨灰;

ⓕ有特殊气味或令人讨厌的货物。

订舱的具体做法和基本步骤是:接到发货人的发货预报后,向航空公司吨位部门领取并填写订舱单(cargo Booking Advance,CBA)见图3-9。同时提供相应的信息。订舱后,航空公司签订舱位确认书,同时给予装货集装器领取凭证,以表示舱位订妥。

二、航空公司的配舱过程

围绕航空公司的订舱单(Cargo Booking Advice,CBA),航空公司或其地面代理与货运代理人之间完成国际航空货物的交接,包括航空公司或其地面代理预审订舱单、整理单据及进行货物的过磅、入库。

1. 填开 CBA

国际货物订舱单由国际吨控室开具,作为配载人员进行配载工作的依据,配载人员一般应严格按照CBA要求配货。

CBA（cargo booking advice）

是指航空公司根据航班订舱情况制作的通知单，是地面操作部门对ULD发放，货物出仓等环节操作的依据。

PT.2008-04-27 17：21：09			V0.4	
MU551 2008-04-28		343	PVG-LUR	1330
MAIL:2C				
305613	781	50821623	11/2377/10.06	4ls （U.G.T）
305614	781	50821601	14/2378/10	…
303482			225/500/3	IC
304549			186/1650/G	1L1C（出板）
303005			40/800/5	
781 35228712		4/80	IC	X1YMU
		1/233		

图 3-9　CBA 样本

小知识

根据 CBA，了解旅客人数、货邮订舱情况、有无特殊货物、对经停的国际航班，需了解前后站的旅客人数 、舱位利用等情况 。

＊估算本航班最大可利用货 邮 业 载 和舱 位。

货邮业载 ＝商务业载 －行李重量货邮舱位＝总货舱位－行李舱位

业 载 Payload

基重 basic weight

预划平衡，根据订舱情况 ，旅客人数及前、后舱分布，对飞机做到心中有数 ，如有问题 ，可在预配货物时 ，及时调整。

＊了解相关 航线上载运货物情况 ，结 合 CBA 及时发现有无超订情况 ，如有疑问及时向吨控部门了解。

2. 航空公司舱位销售原则

航空公司根据实际情况安排航班和舱位。一般来说，航空公司舱位销售的原则如下：

（1）保证有固定舱位配额的货物；

（2）保证邮件、快件舱位；

（3）优先预定运价较高的货物舱位；

（4）保留预定的零散货物；

（5）未订舱的货物交运时间的先后顺序安排舱位。

预定的舱位有时会由于货物原因、单证原因、海关原因使得最终舱位不够或者空仓，此类情况需要综合考虑何有预见性等经验，尽量较少此类事情发生，并且在事情发生后做及时的必要调整和采取补救措施。

三、航空运输飞机及集装器的介绍

货运代理公司在订舱时，可依据发货人的要求选择最佳的航空器来进行运输，同时为发货人争取最低、最合理的运价，为此，就要求货运代理公司掌握每个航空公司、每架飞机、每条航班的信息。

1. 航空运输飞机

(1)按机身的宽窄，飞机可以分为宽体飞机和窄体飞机

①窄体飞机(narrow - body aircraft)。窄体飞机的机身宽约 3m，旅客座位之间有一个走廊，这类飞机往往只在其下货舱装运散货，见图 3-10。

常见的窄体飞机：

a. 空客系列：A318，A319，A320，A321；

b. 波音系列：B707，B717，B727，B737，B757；

c. Antonov：AN - 72/74。

②宽体飞机(wide - body aircraft)。宽体飞机的机身较宽，客舱内有两条走廊，三排座椅，机身宽一般在 4.72m 以上，这类飞机可以装运集装箱货物和散货，见图 3-11。

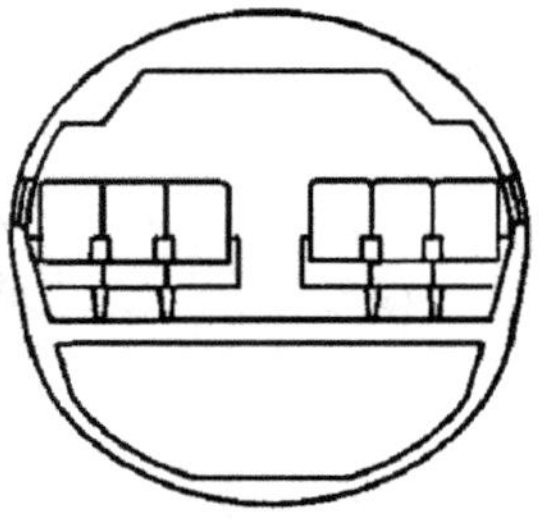

图 3-10 窄体飞机舱位

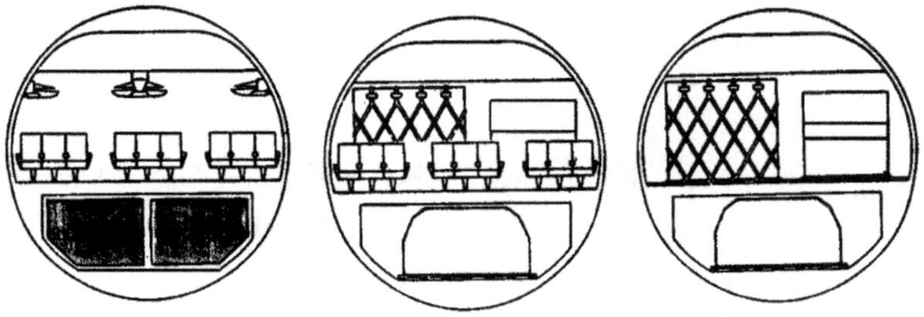

图 3-11 宽体飞机舱位

常见的宽体飞机有：

a. 空客系列：A300 - B，A310，A330，A340；

b. 波音系列：B747，B767，B777，B787；

c. Antonov：AN124。

(2)飞机舱位结构。一般飞机主要分为两种舱位：主舱、下舱，但波音 747 分为三种舱位：上舱、主舱、下舱，见图 3-12。

(3)按飞机使用用途来分，民用飞机可划分为 3 种：

①全货机：主舱及下舱全部载货。

②全客机：只在下舱载货。

③客货混用机：在主舱前部设有旅客座椅，后部可装载货物，下舱内也可以装载货物。

2. 飞机的装载限制

(1)重量限制。飞机制造商规定了每一货舱可装载货物的最大重量限额。

(2)容积限制。由于货舱内可利用的空间有限，因此，这也成为运输货物的限制条件之一。

(3)舱门限制。由于货物只能通过舱门装入货舱内，货物的尺寸必然会受到舱门的限制。

(4)地板承受力。飞机货舱内每一平方米的地板可承受一定的重量，如果超过它的承受

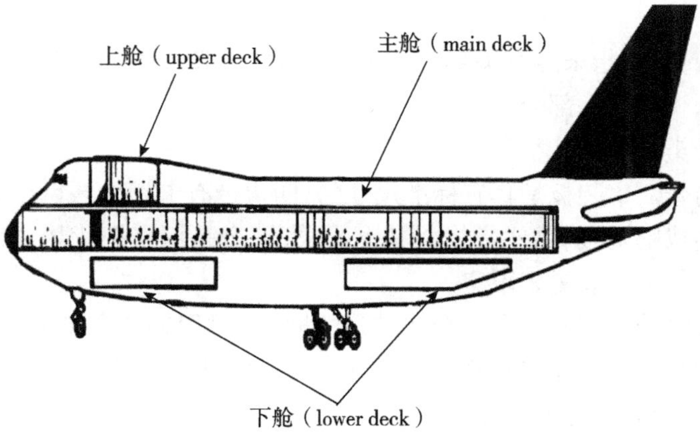

图 3-12　波音飞机的舱位

能力，地板和飞机结构很有可能遭到破坏。

在实际操作中，可以按照公式：

$$\text{地板承受力} = \frac{\text{货物的重量}}{\text{地板接触面积}}$$

计算出地板承受货物实际的压强，如超过飞机的地板承受力最大限额（图 3-13），应使用 2～5cm 厚的垫板，加大底面面积，可按照公式

$$\text{垫板面积} = \frac{\text{货物的重量}}{\text{地板承受力限额}}$$

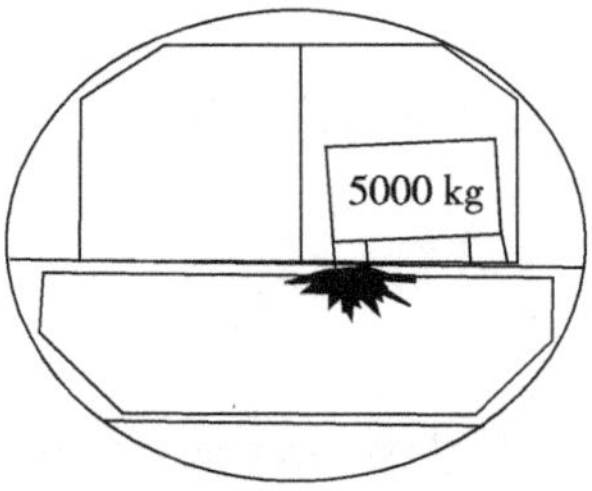

波音飞机各舱位的地板承受力最大限额如下：

下货舱散舱：　　732kg/m²

下货舱集货舱：　976kg/m²

主货舱集货舱：　1952kg/m²

　　　　　　　　488kg/m²（T）区

空中客车飞机各舱位的地板承受力最大限额如下：

下货舱散舱：　　732kg/m²

下货舱集货舱：　1050kg/m²

图 3-13　飞机地板承受力装载限额图

3. 航空集装器

（1）航空集装运输的特点

航空集装运输是将一定数量的单位货物装入集装货物的箱内或装在带有网套的板上作为运输单位进行运输。

航空集装运输具有如下特点：

①减少货物装运的时间，提高工作效率。

②以集装运输替代散件装机，可以减少地面等待时间。

③减少货物周转次数、提高完好率。

④减少差错事故，提高运输质量。

⑤节省货物的包装材料和费用。

⑥有利于组织联合运输和门到门服务。

（2）集装设备的种类：

①集装器按注册与非注册划分。注册的飞机集装器：是国家政府有关部门授权集装器生产厂家生产的，适用于飞机安全载运的，在其使用过程中不会对飞机的内部结构造成损害

的集装器。

非注册的集装器:是指未经有关部门授权生产的,未取得适航证书的集装器,非注册的集装器不能看作为飞机的一部分。

②集装器按种类划分:

a. 集装板和网套。集装板是具有标准尺寸的,四边带有卡锁轨或网带卡锁眼,带有中间夹层的硬铝合金制成的平板,以便货物在其上码放;网套是用来把货物固定在集装板上,网套的固定是靠专门的卡锁装置来限定。

b. 集装棚。非结构的集装棚是一个非结构的棚罩(可用轻金属制成),罩在货物和网套之间。结构集装棚是指带有固定在底板上的外壳的集装设备,它形成了一个完整的箱,不需要网套固定,分为拱形和长方形两种。

c. 集装箱,类似于结构集装棚,它又可分为

ⓐ空陆联运集装箱,分为20ft或40ft,高和宽为8ft,只能装于全货机或客机的主货舱,主要用于陆空,海空联运。

ⓑ主货舱集装箱,只能用于全货机或客机的主货舱,高度是163cm以上

ⓒ下货舱集装箱,只能装于宽体飞机的下货舱。此外还有一些特殊用途的集装箱,例如:保温箱,分为密闭保温主箱和动力控制保温箱两种;还有运载活体动物和特种货物的专用集装箱,如马厩(HORSESTALL)、牛栏(CATTLE STALL)、汽车运输设备。

(3)集装器代号的组成:

①首位字母是集装器的种类:

②集装器的第二位字母表示集装器的底板尺寸:

③第三位表示集装器的外形以及与飞机的适配性:如4,5,6,7数字为序号;8,9字母为所有人、注册人。

(4)集装货物的基本原则:

①检查所有待装货物,设计货物组装方案。

②一般情况下,大货、重装货在集装板上;体积较小、重量较轻的货物装在集装箱内。组装时,体积或重量较大的货物放在下面,并尽量向集装器中央集中码放;小件和轻货放在中间;危险物品或形状特异可能危害飞机安全的货物,应将其固定,可用填充物将集装器塞满或使用绳、带捆绑。合理码放货物,做到大不压小、重不压轻、木箱或铁箱不压纸箱。同一卸机站的货物应装在同一集装器上,一票货物应尽可能集中装在一个集装器上,避免分散装在集装器,见图3-14、图3-15。

图3-14　货物的组装原则(1)

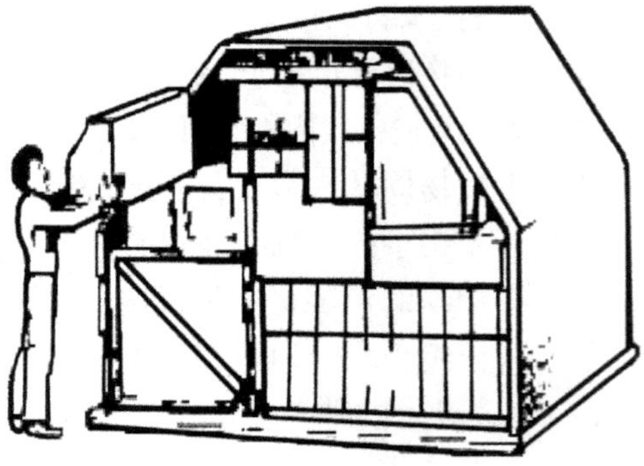

图3-15　货物的组装原则(2)

③在集装箱内的货物应码放紧凑，间隙越小越好。

④如果集装箱内没有装满货物，即所装货物的体积不超过集装箱容积的2/3，且单件货物重量超过150kg时，就要对货物进行捆绑固定。

⑤特别重的货物放在下层，底部为金属的货物和底部面积较小重量较大的货物必须使用垫板，见图3-16、图3-17。

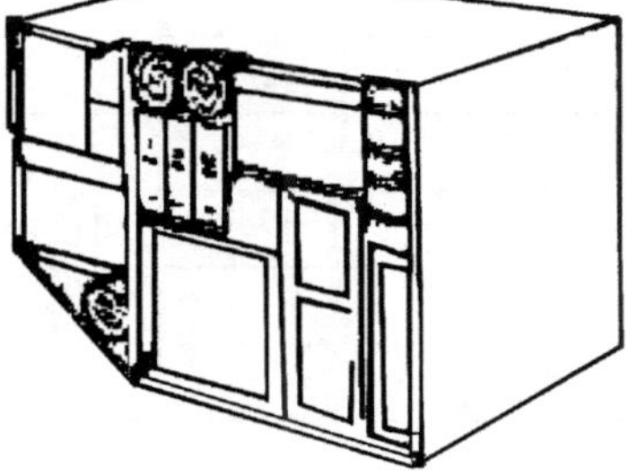

图3-16　货物的组装原则(3)

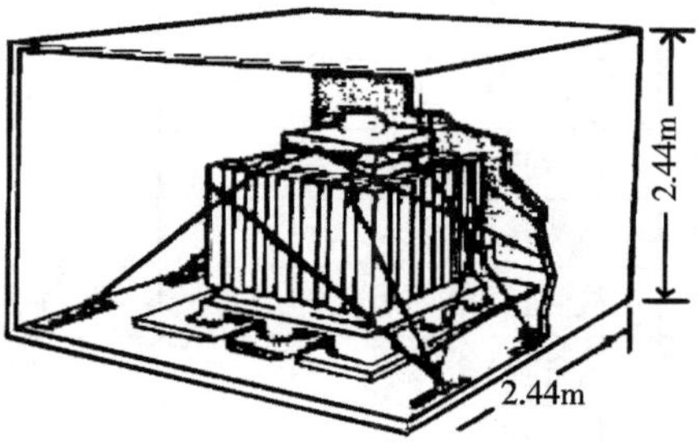

图3-17　货物的组装原则(4)

⑥装在集装板上的货物要码放整齐，上下层货物之间要相互交错，骑缝码放，避免货物与货物坍塌、滑落，见图3-18。

(5)集装器的限制。

①最大承重限制的具体资料如下：

a. P1 板　224 × 318cm　88 × 125in　6804kg

b. P2 板　224 × 274cm　88 × 108in　4536kg

c. P6 板　244 × 318cm　96 × 125in　6804kg

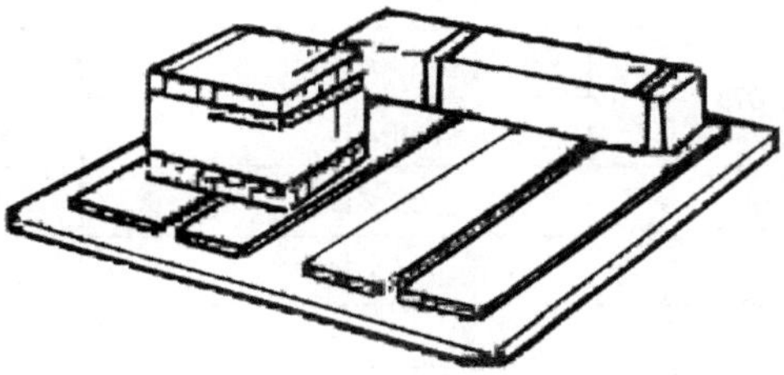

图3-18　货物的组装原则(5)

d. P7 板　244 ×606cm　96 ×238.5in　11340kg

②体积/尺寸限制。P1板可装高度164cm/244cm/299cm，P6板可装高度164cm/244cm/299cm，P7板可装高度244cm。

③货物品名的限制。货代了解一些常见的集装器的数据，对于装板箱非常有帮助具体资料见表3-11。

常见集装器数据　　表3-11

名　称	地板尺寸(cm)	高度(cm)	最大毛重(kgs)	使用机型
AKE	153 × 156	163	1588	通用
P1P	224 × 318	163	6804	宽体飞机 货机
P6P	224 × 318	163	6804	宽体飞机 货机
P6P	119 × 153	163	1250	B767专用

了解不同飞机能够装载多少板、箱，对于国际货运代理时间有着实实在在的意义，许多代理人需要进行装板装箱，飞机的装载数据见表3-12。

飞机的装载数据见表3-12。

飞机的装载数据 表 3-12

机型	舱门尺寸(cm)高×宽	最大装载量(散舱容积 m^3)	动物舱位
B747－400 COMBI	主货舱 305×340	7 块 P6P 集装板或 5 块 P6P 板加 1 块 20ft 板	可以
	前下货舱 168×264	5 块 P1P/P6P 集装板	
	后下货舱 168×264	16 个 AVE 箱或 4 块 P6P 板或 4 块 P1P 版加 4 块 AVE 箱	
	散装舱 119×112	12.3m^3(4408kg)	
B767－300	前货舱 175×340	4 块 P1P/P6P 集装板	可以(无气味)
	后货舱 175×187	14 个 DPE 箱或 7 块 PLA 板	
	散装舱 119×97	12.0m^3(2925kg)	
B777－200	前货舱 170×270	6 块 P1P 板/P6P 集装板或 18 个 AVE 箱	可以(无气味)
	后货舱 170×180	14 个 AVE 箱	可以(限板)
	散装舱 114×91	17m^3(4082kg)	可以
A340－300	前货舱 169×270	6 块 P1P 板/P6P 集装板或 18 个 AVE 箱	可以
	后货舱 169×270	4 块 P1P 板/P6P 集装板或 14 个 AVE 箱	不可以
	散装舱 95×95	19.6m^3(3468kg)	可以
B737－300	前货舱 88×121	10.4m^3(2269kg)	可以
	后货舱 88×117	19.6m^3(3462kg)	
B737－800	前货舱 89×122	19.6m^3(3558kg)	可以
	后货舱 84×112	25.4m^3(4850kg)	

四、单证的审核

空代从发货人处取得单据后，首先要对托运人填写的托运书进行审核，查看单证是否齐全，内容填写是否完整规范。

1. 单证的内容

审核的单证主要包括以下内容：

(1)托运书(详见上一流程)。

(2)发票、装箱单。发票上一定要加盖公司公章(业务科室、部门章无效)，标名价格术语和货价(包括无价样品的发票)。

(3)报关单。注明经营单位注册号、贸易性质、收汇方式，并要求在申报单位处加盖公章。

(4)外汇核销单。在出口单位备注栏内，一定要加盖公司章。

(5)许可证。合同号、出口口岸、贸易国别、有效期，一定要符合要求，与其他单据相符。

(6)商检证。商检证、商检放行单、盖有商检放行章的报关单均可，商检证上应有海关放行联字样。

(7)进料/来料加工核销本。注意本上的合同号是否与发票相符。

(8)索赔/返修协议。要求提供正本，要求合同双方盖章，对方没章时，可以签字。

(9)到付保函。凡到付运费的货物，发货人都应提供。部分单证见图 3-19 ~ 图 3-22。

2. ATA 单证册

ATA 单证手册见图 3-23。

999 | | | 999—

Shipper's Name and Address	Shipper's Account Number	
		Copies 1, 2 and 3 of this Air Waybill are originals and have the same validity.
Consignee's Name and Address	Consignee's Account Number	It is agreed that the goods described herein are accepted for carriage in apparent good order And condition (except as noted) and SUBJECT TO THE CONDITIONS OF CONTRACTON THE REVERSE HEREOF. ALL GOODS MAY BE CARRIED BY AND OTHER MEANS INCLUDING ROAD OR ANY OTHER CARRIER UNLESS SPECIFIC CONTRARY INSTRUCTIONS ARE GIVEN HEREON BY THE SHIPPER. THE SHIPPER'S ATTENTION IS DRAWN TO THE NOTICE CONCERNING CARRIER'S LIMITATION OF LIABILITY.
Issuing Carrier's Agent Name and City		Accounting Information
Agent's IATA Code	Account No.	
Airport of Departure (Addr. of First Carrier) and Requested Routing		

To	By First Carrier Routing and Destination	to	by	to	by	Currency	CHGS Code	WT/VAL PPD	WT/VAL COLL	Other PPD	Other COLL	Declared Value for Carriage	Declared Value for Customs

Airport of Destination	Flight/Date For carrier Use Only Flight/Date	Amount of Insurance	INSURANCE - If Carrier offers insurance, and such insurance is requested in accordance with the conditions thereof, indicate amount to be insured in figures in box marked "Amount of Insurance."

Handing Information

(For USA only) These commodities licensed by U.S. for ultimate destination ....Diversion contrary to U.S. law is prohibited

No of Pieces RCP	Gross Weight	Kg lb	Rate Class Commodity Item No.	Chargeable Weight	RateCharge	Total	Nature and Quantity of Goods (incl. Dimensions or Volume)

Tax	Valuation Charge
Total other Charges Due Agent	Shipper certifies that the particulars on the face hereof are correct and that **insofar as any part of the condition for carriage by air according to the applicable Dangerous Goods Regulations.**
	Executed on (date) at(place) Signature of Issuing Carrier or its Agent

For Carrier's Use only at Destination	Charges at Destination	Total Collect Charges

图 3-19 国际航空货运单

五、接受单证及备货

1. 接收单证

接受托运人或其代理人送交的已经审核确认的托运书及报关单证和收货凭证。将电脑中的收货记录与收货凭证核对。制作操作交接单，填上所收到的各种报关单证份数，给每份交接单配一份总运单或分运单。将制作好的交接单、配好的总运单或分运单、报关单证移交制单。如此时货未到或未全到，可以按照托运书上的数据填入交接单并注明，货物到齐后再

JIANGSU HOTIY CORPOARATION
HOTIY BUILDING.50 ZHONGSHAN..NANJING.GHINA

COMMERCIAL INVOICE

TO：JYSK CHANALEF SILK A/S BRIGHT
BULIDING14,SKOVSGERD DK–9990
BROVET.DENMARK

NO：A2400A/98
DATE：041021
S/C NO.：03HL21401
L/C NO.：202–612–1068

FROM SHANGHAI TO COPENHANGEN BY SEA

MARKS&NO.S	DESCRIPTION	QUANTITLES	UNIT PRICE	AMOUNT
			CIF COPENHAGEN	
JYSK	X' MASDECORATIONS			
COPENHAGEN	2–A15261	250BOXES	USD4.15/BOX	USD1,037.50
A24001/98	2–A15261–1	40BOXES	USD6.45/BOX	USD258.00
1–7	2–A15261–2	23BOXES	USD6.45/BOX	USD148.35
TOTAL:		313BOXES		USD1,443.85

SAY US DOLLARS ONE THOUSAND FOUR HUNDERED AND FORTY THREE POINT EIGHT FIVE ONLY

图 3-20 商业发票

SOLD BY ORDER AND FOR ACCOUNT AND RISK OF MESSRS.

DALIAN SUN –KO BEARING CO.,LTD

INVOICE NO.
DLC/02-022

DATE OF ISSUE
03/13/2002

B/L NO.
131-27532713

SHIPPED FROM OSAKA TO DALIAN

PER
AIRFREIGHT

SAILING ON OR ABOUT
03/14/2002

STORE NO.	PALLET/ CASE NO	NO.OF PLT/CASE	DESCRIPTION	TOTAL Q'TY / PER PLT OR CASE Q'TY	N/W	G/W
		1P			210KGS	230KGS
D2012108	BP5017	4	W693ZSU7D	U 800000		
D2012108	BP5017	3	W693ZSU7D	U 402000		
D2012109	BP5017	5	W693ZSU7D	U 598000		
				SUBTOTAL（N/W)：160KGS		
D2012109	BP5017	3	1/16G5	U 4500000		
D2012109	BP5017	1	1/16G5	U 900000		
D2012109	BP5017	1	1/16G5	U 1200000		
D2012109	BP5017	1	1/16G5	U 300000		
D2012109	BP5017	1	1/16G5	U700000		
D2012109	BP5017	1	1/16G5	U 500000		
				SUBTOTAL（N/W)：50KGS		
TOTAL	20 CARTONS IN 1 PALLET			9,900,000PCS		

注：装箱单件数与舱单件数同

图 3-21 航空装箱单

出口到付付款保证函

本公司,即以下签署之发件人特此确认:如果收件人自发件之日起 240 日仍不履行付款义务,我将承担此运单项下所发生的费用(按全额预付款价格,无折扣).

所有货物按照 xxx 国际航空快件有限公司承运的标准条款进行操作,若有需要,DHL 可以提供承运条款的复印件.

LETTER OF LIABILITY FOR TRANSPORT COLLECT(O/B)

We, the shipper, hereby confirm that we will accept all liabilities for charges incurred (As per Prepaid Price.no discount) under the mentioned Airwavbill, should the consignee still default in payment within 240 days after shipping date.

All shipments are made in accordance with the Standard Conditions of Carriage of DHL International Ltd., a copy of which can be had on request.

发件公司盖章 Shipper's Co.Stamp Number	发件公司 DHL 账号 Shipper's DHL Account
发件公司经办人签字 Authority's Signature	日期 Date
发件人联络电话 Shipper's Telephone Number	空运单号 Airwavbill Number
公司代表签字 DHL-Sinotrans Representative	日期 Date

图 3-22　出口货物到付保函

图 3-23　ATA 单证册

进行修改。

2. 货主备货

主要是指托运人将货物交给航空货运代理公司，把货物从托运人自己手中转移到货代自己的仓库的过程。对于交货的方式，主要有两种，一种是发货人自送货：货运代理应传真货物进仓图给发货人，注明联系人、电话、送货地址、时间等。以便货物及时准确入仓；另一种是货运代理接货物：发货人需向货运代理提供具体接货地址、联系人、电话、时间等相关信息，以确保货物及时入仓。

接货时，双方应办理货物的交接、验收，并进行过磅称重和丈量，并根据发票、装箱单或送货单清点货物，并核对货物的数量、品名、合同号等是否与货运单上所列一致；检查货物的外包装是否符合运输的要求。货物收运时应符合航空货物运输对包装的基本要求。

(1)货物收运时对包装的基本要求如下：

①托运人提供的货物包装要求坚固、完好、轻便，应能保证在正常的操作情况下，货物可完好的运达目的地。同时，也不损坏企业货物和设备。

a. 包装不破裂；

b. 内装物不漏失；

c. 填塞要牢，内装物相互不摩擦、碰撞；

d. 没有异味散发；

e. 不因企业、气温变化而引起货物变质；

f. 不伤害飞机上人员和操作人员；

g. 不污损飞机、设备和机上其他装载物；

h. 便于装卸。

②为了不使密封舱飞机的空调系统堵塞，不得用带有碎屑、草末等材料做包装，如草袋、草绳、粗麻包等。包装的内衬物，如谷糠、锯末、纸屑等不得外漏。

③包装内部不能有凸出的菱角，也不能有钉、刺等。外包装需要清洁、干燥、没有异味和油腻。

④托运人应在每件货物的包装上详细写明收货人、另请通知人和托运人的姓名和地址。如包装表面不能书写时，可写在纸板、木牌或布条上，再拴挂在货物上，填写字迹必须清楚、明晰。

⑤包装窗口的材料要良好，不得用腐朽、虫蛀、锈蚀的材料。无论木箱或其他容器，为了安全，必要时可用塑料、铁圈加固。

⑥如果包装件有轻微破损，填写货运单应在“Handling Information”标注出详细情况。

(2)通用的包装材料有木箱、结实的纸箱、皮箱、金属和塑料桶箱。对包装材料的具体要求如下：

①液体类货物：

a. 不论瓶装、灌装或桶装，容器内至少有5% ~10%的空隙，封盖严密，容器不得渗漏；

b. 用陶瓷、薄利容器盛装的液体，每一容器的容量不得超过500ml，并需要外加木箱包装，箱内装有内衬物和吸湿材料，内衬物要填牢实，以防内容器碰撞破碎。

c. 用陶瓷、玻璃容器盛装的液体，外包装上应加贴“易碎物品”。

②易碎物品：

a. 每件重量不超过25kg；

b. 用木箱包装；

c. 用内衬物填塞牢实；

d. 包装上应贴“易碎物品”贴标。

③裸装货物。不怕碰压的货物如轮胎等，可以不用包装。但不易点数或容易碰坏飞机的仍需妥善包装。

3. 出仓

配舱方案制定后就可着手编制出仓单。出仓单的主要内容有出仓单日期、承运航班的日期、装载板箱形式及数量、货物进仓顺序编号、总运单号、件数、重量、体积、目的地3字代码和备注。出仓单的作用如下：

(1) 出仓单交给出口仓库，用于出库计划，出库时点数并向装板箱交接。

(2) 交给装板箱环节，是向出口仓库提货的依据。

(3) 出仓单交给货物的交接环节用作从装板箱环节收货凭证和制作《国际货物交接清单》的依据，该清单用于向航空公司交接货物。出仓单还可用于外拼箱。

(4) 出仓单交给报关环节，当报关有问题时，可有针对性地反馈，以采取相应措施。

4. 签单

货运单在盖好海关放行章后还需到航空公司签单。主要是审核运价使用是否正确，以及货物的性质是否适合空运，如危险品等是否已办了相应的证明和手续。航空公司的地面代理规定，只有签单确认后才允许将单、货交给航空公司。

任务实施

1. 实训目的

(1) 掌握航空货运代理订舱的过程及要求；

(2) 掌握不同航空飞机的舱位结构；

(3) 能根据不同货物要求采用不用集装器装载；

(4) 熟悉货物交接时的注意事项。

2. 实训内容

根据任务一中的30方的鲜花，完成委托运输后，航空货运代理公司向航空公司订舱，并根据实际要求准备好航空货物，审核完单证，进行货物的交接，同时要求完成：

(1) 填写国际航空货物订舱单；

(2) 审核航空货物运输相关单证；

(3) 完成航空货物的交接。

3. 实训道具

(1)《国际航空货运代理理论与实务》教材；

(2) 国际航空货物订舱单等。

4. 实训评价

训练评价的方式有教师评价、小组内部成员评价和第三方评分组成员评价3种，建议教师评价占60%权重，小组内部成员评价占20%的权重，第三方评分组成员评价占20%的权重。将五者综合起来的得分为该生在该项目的评价分，见表3-13。

训 练 评 价 表　　表3-13

考核人		被考核人	
考核地点			
考核内容	订舱备货		
考核标准	具体内容	分值(分)	实际得分
	工作态度	15	
	沟通水平和团队合作	15	
	国际航空货物订舱单的缮制	15	
	飞机舱位的选定	25	
	订舱备货流程的操作	30	
合计		100	

注:考核满分100分,60以下为不及格,60～69分为及格,70～79分为中,80～89分为良,90分以上为优。

延伸阅读

货 物 仓 储

货物仓储工作大致有出入库货物交接、登记装配、储存、清仓等。必须按严格的货物仓储方案进行航空货物的存放与保管,以备高效地进入组装及配载流程。

仓储管理工作是货运工作的一个重要环节,主要的要求如下:

(1)根据货物的性质、流向、流量科学合理的划分货物、邮件的存放区域。出库货物与入库货物要分开存放,同一货运单的货物集中堆放。

(2)外包装松散、损坏、标签、标贴脱落应及时修补。

(3)仓库内要卫生整洁,货物的码放要整齐、有序、合理,做到重不压轻、大不压小,木箱不压纸箱,标签、标志朝外,留出车辆通道。

(4)除特大特重货物在仓库存放有困难外,所有的货物都入库保管。特种货物要放在特定库房内。例如:贵重物品要存放入贵重物品仓库内。

(5)货物出仓后,要随时整理库存货物,码放整齐。工作人员要做到经常清点货物,统计当日入库货物件数和出仓货物件数,做到账、货相符。一周最少清点仓库一次。发现货物不正常情况要及时查明,妥善处理并通知有关部门。

(6)无关人员禁止进入仓库。入库人员必须持证或经批准。

(7)要保持仓库清洁、干燥、卫生。禁止在仓库内吸烟。

(8)进库车辆、驾驶员要持照,行驶按路线,车速要控制。

(9)库内防盗、放火、防水、防鼠、防冻设备齐全。在仓库内外明显的位置,应明示应急电话号码:匪警110、火警119、急救120等。

(10)随时与配载部门联系,做好航班不正常时的货物回库工作。

任务三　制单与报关

案例导入

小吴通过面试进入一家从事国际物流货运代理的新丰物流公司，在第一天上班的时候就遇到一件客户要求索赔的事，事情原委是这样的，南昌一个货主将一批价值10000美元，计10箱的丝织品通过小吴所在公司办理空运出口至美国纽约。由于小吴所在公司是深圳航空的代理人，在货物交付后，由该国际物流货运代理公司出具了航空货运单一份。该货运单注明：第一承运人为深圳航空公司，第二承运人是泛美航空公司，货物共10箱，重250kg，货物未声明价值。新丰物流公司将货物由南昌运抵北京，10月15日准备按约将货物转交泛美航空公司时，发现货物灭失。为此，深圳航空公司于当日即通过新丰物流公司向货主通知了货物已灭失。现在，货主准备向新丰物流公司提出书面索赔要求，要求新丰物流公司全额赔偿。经理要小吴第二天和他一起去客户那里做一些解释，可是小吴对一些知识还不是很理解，例如航空货物运输代理出口货物需要填制什么单证，什么时候出具航空货运单，航空货运单具有什么制约性质等，如是，为了更好地准备明天的谈判，小吴去查找了一些资料。

思考题：

通过本任务学习，你能帮小吴分析第二天怎么和客户交涉这起索赔的事？

任务分析

1. 任务准备

(1)航空货运代理企业运输的货物相关信息；

(2)多媒体教室(含可供学生上网查资料电脑、多媒体教学设备、课件和动画等教学资料)；

(3)相关单证。

2. 任务目标

(1)掌握航空货物运输过程中制单的要求；

(2)掌握航空货物单的格式条款；

(3)了解航空货运单的类别及分发对象；

(4)掌握出口货物的报关流程；

(5)掌握航空货物的报检流程；

基础知识

航空运单(Airway bill)是由承运人或其代理人签发的重要的货物运输单据，是承托双方的运输合同，其内容对双方均具有约束力。航空运单不可转让，持有航空运单也并不能说明可以对货物要求所有权。在货物所有权这一点，航空运单(Airway bill)与国际铁路运单相似，与海运提单有很大不同。

一、制单

制单就是缮制航空货运单，包括总运单和分运单。

缮制航空货运单是空运出口业务中最重要的环节。运单填写正确与否，直接关系到货物能否及时、准确地运达目的地。因此，必须详细、准确地填写各项内容。

填写航空货运单的主要依据是发货人提供的国际货物托运书。托运书上的各项内容都应体现在航空货运单上，如发货人和收货人的全称、详细地址、电话、传真、联系人、电子信箱；出口货物的名称、件数、重量、体积、包装方式；承运人和代理人的名称；城市名称；始发港和目的港等。

除了托运书的内容之外，运单上还要注明航班号和日期、运单号、运价类别、运费等内容。

航班和日期，填写已订妥的航班和日期。

运单号，一般由11位数字组成，前3位和后8位之间间隔一定的距离，前3位数字为航空公司的代号，如中国国际航空公司的代号是999，日本航空公司的代 号是131，法国航空公司的代号是057，德国汉莎航空公司的代号是020，意大利航空公司的代号是055。后8位数字的前7位是顺序号，第8位数字为检 查号（一般为前7位数字除以7后的余数。因此第8位数应为0～6中的任一位，而不可能是7～9中的任一位）。由这11位数字组成的运单号也就是每票货物的编码。

货物的实际重量，以航空公司或机场货运站与货运代理公司进行交接过磅时所取得的重量为准。重量单位可以用千克（kg）或磅（L）来表示。

运价类别，一般用"M"、"N"、"Q"、"C"、"R"、"S"等代号来表示。M代表起码运费；N代表45kg以下普通货物的运价；Q代表45kg以上普通货物运价；C代表特种商品运价；R代表折扣运价，即低于45kg以下普通货物运价的等级运价；S代表加价运价，即高于45kg以上普通货物运价的等级运价。

运费和代理费，一般填写在运单左下侧的运费栏目内，预付运费填在"prepaid"一栏内，到付运费填在"collect"一栏内。代理费，即应付代理的费用，填在"agent charge"一栏内。运费和代理费的前面都冠以货币种类。

如果是直接发给国外收货人的单票托运货物，缮制航空公司的运单即可；如果是以国外代理为总运单收货人的集中托运货物，必须在缮制航空公司总运单的同时，缮制由航空货运代理公司出具的以实际海外客户为收货人的分运单，以便国外代理对总运单下的各票货物进行分拨。

二、航空货运单的概述

1. 航空货运单介绍

1）航空货运单的定义

航空货运单（AIR WAYBILL）是由托运人或者以托运人的名义填制，是航空承运人签发给托运人用以证明双方之间存在运输合同和货物已装上飞机的凭证，是航空货运中最重要的单据。

2）航空货运单的构成

目前，经营国际货物运输的航空公司及其航空货运代理公司使用的都是统一的一式十二份的空运单，其中，三份正本（Original）、六份副本（Copy）和三份额外副本（Extra Copy）。正本的背面印有运输条款。各份的用途及流转见表3-14。

3）货运单的限制

一张货运单只能用于一个托运人在同一时间、同一地点托运的由承运人承运的，运往同一目的站同一收货人的一件或多件货物。

空运单的构成及其用途 表 3-14

顺序	名　称	颜色	用　途
1	正本 3 Original 3	蓝	交托运人。货运单填开完毕后此联交给托运人作为托运货物及交付运费的收据,作为承运人收到货物的证明,以及作为承托双方运输合同成立的证明
2	正本 1 Original 1	绿	交承运人财务部门。除了作为承运人财务部门之运费账单和发票外,还作为承托双方运输合同成立的证明
3	副本 9 Copy 9	白	交代理人,供代理人留存
4	正本 2 Original 2	粉红	随货物交收货人,随货物运至最终目的地,在交付货物时,由最后承运人将此联交收货人留存
5	副本 4 Copy 4	黄	提取货物收据,收货人提货后应签字并交承运人留存,以证明已交妥货物
6	副本 5 Copy 5	白	交目的港机场
7	副本 6 Copy 6	白	交第三承运人
8	副本 7 Copy 7	白	交第二承运人
9	副本 8 Copy 8	白	交第一承运人
10	额外副本 Extra Copy 10	白	供承运人使用
11	额外副本 Extra Copy 11	白	供承运人使用
12	额外副本 Extra Copy 12	白	供承运人使用

货运单可以是代表航空公司身份,由该航空公司印制的货运单。还可以是非任何一个航空公司印制的,代表中立的货运单。

“不可转让”的意义。货运单的右上端印有“不可转让”(Not Negotiable) 字样,其意义是指航空货运单仅作为货物航空运输的凭证,所有权属于出票航空公司,与可以转让的海运提单恰恰相反。因此,任何 IATA 成员都不允许印制可以转让的航空货运单,货运单上的“不可转让”字样不可被删去或篡改。

4)货运单号码

货运单号码是货运单不可缺少的重要组成部分,每本货运单都有一个号码,它直接确定航空货运单的所有人——出票航空公司,它是托运人、发货人或其代理人向承运人询问货物运输情况的重要依据,也是承运人在各个环节组织运输,如订舱、配载、查询货物时必不可少的依据。

5)航空货运单的分类

(1)按有无承运人的名称分类。按有无承运人的名称分类,航空货运单包括两种。

①航空公司货运单(Airline Air Waybill)。印有出票航空公司(issue carrier)名称及标志(航徽、代码等)的航空货运单。这类空运单代表出票航空公司的身份。

②中性货运单(Neutral Air Waybill)。没有预先在运单上打印任何承运人名称及标志的货运单。这类空运单不代表任何一个航空公司,是中立货运单。

(2)按照不同作用分类。

①航空主运单(Master Air Waybill ,MAWB)。又称“总运单”,凡由航空运输公司签发的航空运单就称为主运单。航空主运单是航空运输公司据以办理货物运输和交付的依据,是

航空公司和托运人订立的运输合同，每一批航空运输的货物都有自己相对应的航空主运单。

②航空分运单(House Air Waybill ,HAWB)。航空货运代理公司在办理集中托运业务时签发给各个发货人的运单。

英文为“House Airway Bill”，缩写为“HAWB”是集中托运人在办理集中托运业务时，航空货运代理在办理业务是签发给各批发货人的运单。

6)航空货运单的性质和作用

航空运单(Airway bill)与海运提单有很大不同，却与国际铁路运单相似。它是由承运人或其代理人签发的重要的货物运输单据，是承托双方的运输合同，其内容对双方均具有约束力。航空运单不可转让，持有航空运单也并不能说明可以对货物要求所有权。作为主要货物运输文件的货运单具有以下的作用：

(1)航空货运单是发货人与航空承运人之间签订的运输合同。航空运单一经签发，就成为签署承运合同的书面证据。海运提单不同，航空运单不仅证明航空运输合同的存在，而且航空运单本身就是发货人与航空运输承运人之间缔结的货物运输合同，该合同必须由发货人(或代理)与承运人(或代理)签署后方能生效。当代理人既是发货人代理又是承运人代理时，就要在运单上签署两次。

(2)航空货运单是承运人签发的已接收货物的证明。航空运单也是货物收据，在发货人将货物发运后，承运人或其代理人就会将运单的第一份正本(即发货人联 original for the shipper)交给发货人，作为承运人接收货物的证明，除非另外注明，它是承运人收到货物并在良好条件下装运的证明。

(3)航运货运单是承运人据以核收运费的账单。航空运单可作为运费账单和发票。承运人自己留存第二份正本(Original for the issuing carrier)，作为运费收取凭据。

航空运单分别记载着属于收货人负担的费用，属于应支付给承运人的费用和应支付给代理人的费用，并详细列明费用的种类、金额，因此可作为运费账单和发票。承运人往往也将其中的承运人联作为记账凭证。

(4)航空货运单是报关单证之一。第三份正本(original for the consignee)随机交收货人，收货人据此核收货物。收货人持第三份正本核收货物，同时用第三份正本作为向海关报关的凭证，是海关验收的主要凭证。

(5)航空货运单可作为保险证书。如果承运人承办保险或发货人要求承运人代办保险，则航空运单也可用来作为保险证书。

(6)航空货运单是承运人内部处理业务的依据。承运人根据运单办理发货、转运、交付、处理事故等，承运人会据此对货物的运输做出相应安排。航空运单一般三份正本、六份副本、三份额外副本。航空运单随货同行，证明了货物的身份。

(7)填开货运单的责任。在航空货运业务的操作中，各航空公司承运的货物大量是通过其代理人收运的，某些特种货物由航空公司直接收运。因为填写航空货运单必须具有一定的专业知识，同时为了方便操作和对客户提供服务，托运人以托运书或委托书的形式授权航空公司或其代理人代替填写航空货运单。在这种情况下，托运人正确、完整地填写托运书或委托书十分重要。

根据《华沙公约》、《海牙议定书》和承运人运输条件的规定，货运单应由托运人填制，承运人或其代理人根据托运人的请求填写航空货运单，在没有相反证据情况下，应当视为代托运人填写，因此，托运人应当对货运单的真实性负责。

根据《华沙公约》第6条第(1)款和第(5)款规定，航空货运单应当由托运人填写，承运人根据托运人的要求填写航空货运单的，在没有相反证据的情况下，应当视为是代替委托人填写的。这表明托运人应对货运单所填各项内容的正确性、完备性负责。由于货运单所填内容不准确、不完全，致使承运人或其他人遭受损失，托运人负有责任。

(8)货运单使用的一般规定。根据IATA的规定，航空货运单填制时要注意如下问题：

①货运单不可转让(not negotiable)。空运单仅作为货物航空运输的凭证，货运单的上端印有"不可转让(not negotiable)"的字样，其含义是指航空货运单仅作为货物航空运输的凭证，其所有权属于出票航空公司，不得通过背书等方式转让，这是与海运提单的本质区别。

②货运单的有效期。货运单的有效期为货运单填制完毕，托运人或其代理人和承运人签字后开始生效；货物运到目的地，收货人提取货物并在货运单交付联上签收认可后，货运单可作为运输的凭证，其有效期即告终止。

③同一张货运单上填开货物的限制。每批货物或集合运输的货物均填制一份货运单，一张货运单只能用于一个托运人在同一时间、同一地点托运的由承运人承运的，运往同一目的站同一收货人的一件或多件货物。

④货运单内容要准确，不得随意修改。发货人或其代理人对货运单所填写的内容的准确性负责；货运单的填写应按照托运人在托运书上所填内容逐项填写，字迹清楚，内容准确，切勿修改；货运单已填内容在运输过程中若需要修改，则在修改项目的近处注明修改货运单的空运企业名称、日期、地点。修改货运单不能只修改一页，要将所有剩余的各页均同时修改。

⑤货运单号码组成。货运单号码是货运单的组成部分，由两组数字组成，第一组为前三位数字，是航空公司的代号，第二组为后半部分的八位数字，七位数字是货运单的顺序号，第八位数字为检验号。

2. 航空货运单的契约条款

货运单正本背面的有关契约涉及航空货物运输的许多法律问题，如：索赔、保险、改变承运人等。

1)关于承运人责任限额的通知

如运输的目的地点或经停地点不在出发地点所在国家内，《华沙公约》即可适用于该项运输，该公约规定在任何情况下限制承运人对货物遗失、损坏或延误所负的责任为每千克250法国金法郎，除非托运人事先声明一个较高的价值，并按需求缴付附加费用。凡是符合中国民航运输规则的运输，承运人的责任也受上述同样限制。每千克货物250法国金法郎的责任限额，约为每千克20美元，是以每盎司黄金价值42.22美元为基础的。

2)契约的条款

(1)本契约中承运人是指承运或准备承运货运单上所载货物，或是为运输本票货物提供其他服务的单位。《华沙公约》是指1929年10月12日在华沙签署的《统一某些有关国际航空运输规则的公约》，或是指1955年9月28日在海牙签署的修订本。法国金法郎是指1法郎含有纯度为900/1000的651/2毫克黄金的法郎。

(2)本契约所指运输应遵守《华沙公约》所制订的有关责任规定，除非此种运输不是公约中所指的"国际运输"。

为了不与上述公约解释相矛盾，各承运人提供的运输和其他服务应遵守下列规定：

①适用的法律(包括履行公约的国家法律)、政府规章、命令和要求；

②本契约的规定；

③承运人适用的运价、规则、运输条件、规章和班期时刻表为本契约的组成部分。

并可在承运人的任一办事处和它仍经营的定期航班的机场内查到。美国或加拿大的某一地点与境外任一地点之间的运输，其适用运价应为这些国家之间的有效运价。

(3)第一承运人的名称在本页正面上可用简称，其全称及简称见该承运人的运价手册、运输条件、规章和班期时刻表。第一承运人的地址是填写在本页正面上的出发地点机场，约定的经停地点(必要时承运人可改变)是除始发地点和目的地点外，在本页正面上所填列的地点或在承运人的班期时刻表内所列航路的经停地点。由几个承运人连续的运输，应视为一个单一运输。

(4)除非承运人的运价或运输条件中另有规定，在华沙公约不适用于该项运输时，承运人对货物损失、损坏或延误所负的责任以不超过每千克20.00美元或其等值货币为限，除非托运人对贵重货物声明一个较高的价值并缴付了附加费。

(5)如货运单正面作为“供运输用声明价值”一栏中所填金额超过上述“声明”和本契约条款中所规定仍适用责任限额，并且托运人按照承运人的运价，运输条件或规章缴付了所规定的附加费，就是构成一个特别声明价值，在此情况下承运人的责任限额将为其所声明的价值。赔偿数额将依据实际损失的证明予以赔偿。

(6)如遇货物部分遗失、损坏或延误，在确定承运人的责任限额时，计算赔偿的重量只能是该件或其有关件若干的重量。❶

(7)对承运人责任的任何免除或限制，应适用于并有利于承运人的代理人、受雇人和代表，以及承运人为运输而使用其飞机的所有人及其代理人、受雇人和代表。本条的规定是承运人在此作为代理人，代理上述所有人员。

(8)承运人为完成本契约的运输可做合理的安排。承运可改变承运人或飞机并无须事先通知改变运输方式，但应适当照顾托运人的利益。承运人有权选择路线或变更货运单本页正面上所填列的路线。本款不适用于至/自美国的运输。

(9)依据本契约条件规定，货物在承运人或其代理人照管期内，由承运人负责。

(10)除未经托运人的书面同意，承运人将款项记入收货人的贷方者外，托运人保证按照承运人的运费规定、运输条件和有关规章，适用的法律（包括履行公约的国家法律)、政府规章、命令和要求交付应付的一切规定；如果托运货物全部未能交付，即使运费未曾交付，对该批货物的索赔要求也应接受。

(11)货物到达通知应立即发给收货人或本页正面所列的另请通知人，货物到达目的地点时，如事先收到托运人的其他指示，可按其指示交付货物，否则按收货人的指示办理。

(12)交付货物时，在下列情况下收货人有权向承运人提出异议，但必须用书面形式。

①货物的明显损坏，应在发现损坏时立即提出，最迟在收到货物后14d内提出；

②货物的其他损坏，自收到货物之日起14d内提出；

③货物延误，自其自由支配货物之日起21d内提出；

④货物没有交付，自填开货运单之日起120d内提出。

如对上述所述异议，应以书面形式提出，交给货运单所属空运企业或给第一承运人，或

---

❶ 除非另有规定，美国联邦航空法中所指“国际运输”修订为：如一批货物或其部分遗失、损坏或延误，确定承运人的责任限额的重量应为决定这批货物运费所用的重量(或部分货物遗失、损坏或延误按所占重量比例决定)。

给最后承运人，或给在运输中发生货物遗失、损坏或延误的承运人。

诉讼应在货物到达目的地之日起，或从飞机应该到达之日当日起，或从运输停止之日起两年内提出，否则即丧失承运人诉讼的权利。

(13)托运人应遵守一切有效法律和运输货物始发、到达、经停或飞越任何国家的政府规章，包括有关货物包装、运输或货物的交付，以及为了遵守上述法律和规章必须提供的各种必要资料和货运单的随附文件。对于托运人不遵守本条规定所造成的损失或费用，承运人对托运人不负责任。

(14)承运人的代理人、受雇人或代表均无权改变、修改或废止本契约的任一条款。

3. 航空货运单的缮制

目前，各航空公司所使用的航空运单大多借鉴IATA所推荐的标准格式，彼此差别不大。按照规定，空运单应由托运人填写，由于空运单内容填写的不正确造成的损失应由托运人承担。然而由于空运单填写的复杂性，一般的做法是在托运人填好国际货物托运书，由承运人或其代理人按照托运人在托运书上所填内容逐项填写，以避免由于托运人的不熟悉或缺乏了解造成的填写错误。空运单不得对托运书的内容有所改动，空运单的正确性仍由托运人负责。

1)填制货运单的基本要求

(1)货运单要求用英文打字机或计算机，用英文大写字母打印，各栏内容必须准确、清楚、齐全，不得随意涂改。

(2)货运单已填内容在运输过程中需要修改时，必须在修改项目的近处盖章，注明修改货运单的空运企业名称、地址和日期。修改货运单时，应将所有剩余的各联一同修改。

(3)货运单的各栏目中，有些栏目印有阴影。其中，有标题的阴影栏目仅供承运人填写。使用有标题的阴影栏目一般不需填写，除非承运人特殊需要。

2)航空货运单据缮制的内容

航空货运单与海运提单类似也有正面、背面条款之分，不同的航空公司也会有自己独特的航空货运单格式。所不同的是，航运公司的海运提单可能千差万别，但各航空公司所使用的航空货运单则大多借鉴IATA所推荐的标准格式，差别并不大。所以这里只介绍这种标准格式，也称中性运单。航空托运书示例见图3-24。

3)各栏目的填制及说明

(1)Shipper's Name and Address(托运人名称及地址)。填写发货人姓名、地址、所在国家及联络方法。

(2)Shipper's Account Number(托运人账号)。此栏不需填写，除非承运人需要。

(3)Consignee's Name and Address(收货人名称及地址)。应填写收货人姓名、地址、所在国家及联络方法。与海运提单不同，因为空运单不可转让，所以“凭指示”之类的字样不得出现。

(4)Consignee's Account Number(收货人账号)。只在必要时填写，货运单号码应清晰地印在货运单的左右上角以及右下角。

(5)Issuing Carrier's Agent Name and City(签发空运单的承运人的代理人名称与城市)。此处一般印有出票航空公司的标志、名称和地址。

(6)Agent's IATA Code(代理人的IATA代号)。在货运单左上角的航空公司票证代号后打印始发站机场IATA三字代码(如不知道机场代码，可打印机场所在城市的IATA三字代

国际货物托运书（SHIPPERS LETTER OF INSTRUCTION）

<table>
<tr><td colspan="3">托运人姓名及地址
SHIPPER'S NAME AND ADDRESS

CHINA LIGHT HOUSEWARE CO.,LTD,BEIJING P.R.CHINA
TEL:86（010）64596666 FAX:86（010）64598888</td><td colspan="1">托运人账号
SHIPPER'S ACCOUNT NUMBER</td><td colspan="2">供承运人用
FOR CARRIAGE USE ONLY
班期/日期 FLIGHT/DAY　　航班/日期 FLIGHT/DAY
CA921/30 JUL,2002</td></tr>
<tr><td colspan="3">收货人姓名及地址
CONSIGNEE' S NAME AND ADDRESS

NEW YORK LIGHT HOUSEWARE IMPORTERS,NEW YORK,U.S.A
TEL:78789999</td><td colspan="1">收货人账号
CONSIGNEE' S ACCOUNT NUMBER</td><td colspan="2">已预留吨位
BOOKED

运费 CHARGES
CHARGES PREPAID</td></tr>
<tr><td colspan="4">代理人的名称和城市
ISSUING CARRIER' S AGENT NAME AND CITY

KUNDAAIR FRIGHT CO.,LTD</td><td colspan="2" rowspan="3">ALSO NOTIFY</td></tr>
<tr><td colspan="4">始发站 AIRPORT OF DEPARTURE
CAPITAL INTERNATIONAL AIRPORT</td></tr>
<tr><td colspan="4">到达站 AIRPORT OF DESTINATION
JOHN KENNEDY AIRPORT（JFK）</td></tr>
<tr><td colspan="2">托运人声明价值
SHIPPER' S DECLARED VALUE</td><td colspan="2" rowspan="2">保险金额
AMOUNT OF INSURANCE
×××</td><td colspan="2" rowspan="2">保险金额
DOCUMENT TO ACCOMPANY AIR WAYBILL
1 COMMERCIAL INVOICE</td></tr>
<tr><td>供运输用
FOR CARRIAGE
NVD</td><td>供海关用
FOR CUSTOMS
NCV</td></tr>
<tr><td colspan="6">处理情况（包括包装方式、货物标志及号码）
HANDING INFORMATION（INGL METHOD OF PACKING IDENTIFYING AND NUMBERS）

KEEP UPSIDE</td></tr>
<tr><td>件数
NO.OF PACKAGES</td><td>实际毛重
ACTUAL GROSS WEIGHT（KG.）</td><td>运价种类
RATE CLASS</td><td>收费重量
CHARGEABLE WEIGHT</td><td>费率
RATE/ CHARGE</td><td>货物品名及数量（包括体积或尺寸）
NATUER AND QUANTITY OF GOODS（INCL.DIMENSION OF VOLUME）</td></tr>
<tr><td>4</td><td>58.3</td><td></td><td>58.3</td><td>18.00</td><td>DIMS:
（80×30×25）CM×4</td></tr>
</table>

图 3-24　航空托运书

码）。

（7）Account Number（代理人的账号）。

（8）Airport of Departure（Address of First Carrier）and Requested Routing（始发站机场及要

求的路线)。

(9)Account Information(会计事项)。

(10)Flight/Date(For Carrier Use Only)。

(11)Routing and Destination to/by First Carrier/to/by/to/by(路线与目的站至/由第一承运人/至/由/至/由)。

(12)Airport of Destination(目的站)。打印最后承运人的目的地机场全称。

(13)Currency(货币)。打印运输始发国的 ISO 货币代号。除"目的站国家收费栏"内的款项外,货运单上所列明的金额均按该货币支付。

(14)Charges Code(货币代号)。

(15)WT/VAL(PPD COLL)—Weight Charge&Val Charge(Prepaid Collect)。运费与声明价值附加费(预付或到付)

(16)Other(PPD COLL)—All Other Charges at Origin—Other(Prepaid Collect)。始发站所有其他费用(预付或到付)。

(17)Declared Value for Carriage(供运输的声明价值)。向承运人声明无价值填 NVD (No Value Declared)。

(18)Declared Value for Customs(向海关声明价值)。打印货物报关时所需的商业价值金额。如果货物没有商业价值,此栏必须打印"NCV" (No Com mercial Value)字样。

(19)Account of Insurance(保险金额)。如果承运人向托运人提供代办货物保险业务时,此栏打印托运人投保的金额。

(20)Handling Information(处理事项说明)。

(21)No of Pieces/RCP(Rates and Charges Point)(件数/运价组成点)。

(22)Gross Weight(毛重)。

(23)KG/LB(千克/磅)。

(24)Rate Class(运价类别)。

(25)Commodity Item Number(指定商品品名编号)。

(26)Chargeable Weight(计费重量)。

(27)Rate/Charge(运价/运费)。

(28)Total(总计)。

(29)Nature and Quantity of Goods(Incl Dimensions or Volume)。货物品名及数量(包括尺寸和体积)

(30)Prepaid(预付)。

(31)Collect(到付)。

(32)Other Charges(其他费用)。

(33)For Carrier's Use Only at Destination(仅供承运人在目的地 使用)。

(34)Signature of Shipper or His Agent(托运人或其代理人签字)。

(35)Executed on (Date)of (Place)(填开空运单的日期、地点)。

(36)Signature of Carrier or His Agent(承运人或代理人签字)。

(37)Currency Conversion Rates(货币兑换比价)。

(38)Collect Charges in Destination(用目的地货币付费的到付费用额)。

(39)Charges at Destination(在目的地的费用)。

三、出口报检报关

报检，是指根据出口商品的种类和性质，按照进出口国家的有关规定，对其进行商品检验、卫生检验、动植物检验等。

1. 出口报检

货运代理在接单时需向客户了解货物是否要做商检，是否需要货代代办报检，如果需要，需向客户索取报检委托书，并检查委托书内容是否齐全（不全或不规范的要补充），而后填写出境报检单，向有关商检部门报检。不同的出口货物在商检方面有不同的规定和限制，应根据各类货物的"商品编码"监管条件进行相应的操作。

2. 出口报关

报关是指进出口货物收发货人、进出境运输工具负责人、进出境物品所有人或者他们的代理人向海关办理货物、物品或运输工具进出境手续及相关海关事务的过程，包括向海关申报、交验单据证件，并接受海关的监管和检查等。报关是履行海关进出境手续的必要环节之一。

客户可自行选择报关行，也可委托货运代理公司进行报关，但不论如何，都需要将发货人所准备好的所有报关资料，连同航空公司的正本运单及时交给报关行，以便于及时报关，方便货物及早通关以及运输。

出口报关的基本程序：

（1）首先将发货人提供的出口货物报关单的各项内容输入计算机，即计算机预录入。

（2）再通过电脑填制的报关单上加盖报关单位的报关专用章。

（3）然后将报关单与有关的发票、装箱单和货运单综合在一起，并根据需要随附有关的证明文件。

（4）以上报关单证齐全后，由持有报关证的报关员正式向海关申报。

（5）海关审核无误后，海关官员即在用于发运的运单正本上加盖放行章，同时在出口收汇核销单和出口报关单上加盖放行章，在发货人用于产品退税的单证上加盖验讫章，贴上防伪标志。

（6）完成出口报关手续。

任务实施

1. 实训目的

（1）根据运输货物的相关信息，正确缮制航空货运单；

（2）根据航空货物运输的要求，完成报关报检环节。

2. 实训内容

通过任务一，有一家种植鲜花的企业，有 $30m^2$ 的鲜花需要空运到美国西雅图，你作为一家航空公司的空运代理，办理完委托手续后，你还必须完成：

（1）航空货运单的缮制工作；

（2）完成报检流程，并填制《出口货物报检单》；

（3）完成报关流程，并填制《出口货物报关单》。

3. 实训道具

（1）《国际航空货运代理理论与实务》教材；

(2)航空货运单,报关单,报检单。

4. 实训方案指导及模拟演练

(1)填制航空货运单;

(2)填制报关报检单。

5. 实训评价

训练评价的方式有教师评价、小组内部成员评价和第三方评分组成员评价 3 种,建议教师评价占 60% 权重,小组内部成员评价占 20% 的权重,第三方评分组成员评价占 20% 的权重。将五者综合起来的得分为该生在该项目的评价分,见表 3-15。

训练评价表　　　　表 3-15

考核人		被考核人	
考核地点			
考核内容	制单与报关		
考核标准	具体内容	分值(分)	实际得分
	工作态度	15	
	沟通水平和团队合作	15	
	航空货运单的缮制	15	
	航空报检单的缮制	25	
	制单与报关的流程模拟	30	
合计		100	

注:考核满分 100 分,60 以下为不及格,60~69 分为及格,70~79 分为中,80~89 分为良,90 分以上为优。

延伸阅读

航空货运单可以当发票使用

1. 航空货运单是专业发票

航空货运单属于专业发票,由民航总局自行管理,不需套印发票监制章。

(1)根据《中华人民共和国发票管理办法》第四十二条,对国有金融、邮电、铁路、民用航空、公路和水上运输等单位的专业发票,以国家税务总局或者国家税务总局省、自治区、直辖市分局批准,可以由国务院有关主管部门或者省、自治区、直辖市人民政府有关主管部门自行管理。

(2)在《中华人民共和国发票管理办法实施细则》中解释,《办法》第四十二条"专业发票"是指国有金融、保险企业的存贷、汇兑、转账凭证、保险凭证;国有邮政、电信企业的邮票、邮单、话务、电报收据;国有铁路、民用航空企业和交通部门国有公路、水上运输企业的客票、货票等。上述单位的其他发票均应套印全国统一发票监制章,由税务机关统一管理。

(3)航空货运单的格式、内容等统一向民航总局和国家税务总局备案。

2. 航空货运单是综合性纸质凭证

航空货运单除了具备专业发票的性质外,还具有运输合同、货物收据、提货凭证、保险证书的性质,是综合性的纸质凭证。

民航总局 2000 年 12 月 27 日发布的《民用航空运输凭证管理规定》第三条,运输凭证是指与从事民用航空运输活动相关的凭据,包括客票及行李票、航空货运单、逾重行李票、航空邮运结算以及退票、误机、变更收费单和旅费证等用于航空运输的纸质凭证。

综上,航空货运单是合法计税凭证。

任务四 货交承运人装机

案例导入

小宋是一家跨国物流公司华东地区分公司的一位装卸员工,由于工作努力,而且善于想问题、出点子,一直被华东地区公司的相关领导看好,有意想调小宋到综合运作部去。刚巧,今年的国庆节非常忙,上海虹桥机场的货流量非常大,工人们忙不过来,公司领导决定派小宋过去帮忙。可是小宋觉得,自己以前一直是干陆运物流的,对空运货物的装卸不是很在行。于是他去找部门领导,部门领导听到他的来意后,给他解释了为什么会调他去那里帮忙的原因,而且要他做好充足的准备,小宋听后将信将疑的,摸着自己的头走进了公司空运业务部门,想学学这方面的知识。

思考题:

通过本任务的学习,你觉得小宋能胜任这方面的工作吗?

任务分析

1. 任务准备

(1)多媒体教室(含可供学生上网查资料的电脑、多媒体教学设备、课件和动画等教学资料);

(2)航空货运装机相关单据。

2. 任务目标

(1)掌握航空货物运输过程中装板、装箱的要求;

(2)掌握国际航空货物运输仓储过程中的注意事项;

(3)熟悉航空货物组装的基本原则;

(4)了解航空货物装机器前的准备工作;

(5)能正确熟记航空货物拖运车的拖运限制。

基础知识

交接发运,是指货运代理人按订妥舱位的航班时间,依据航空公司规定,向航空公司或机场货站交单交货,由航空公司安排航空运输。

交单就是将随机单据和应有承运人留存的单据交给航空公司,随机单据包括第二联航空运单正本、发票、装箱单、产地证明、品质鉴定书等。

一、航空货运代理人交货

交货即把与单据相符的货物交给航空公司。交货之前必须粘贴或拴挂货物标签,交货时根据标签清点和核对货物,填制《国际货物交接清单》(即《国际货物代理交接单》)。大宗货、集中托运货,以整板、整箱称重交接;零散小货按票称重,计件交接。航空公司审单验货后,在交接签单上验收,将货物存入出口仓库,单据交给吨位控制部门,以备配舱。在装机的要求上,一般采用集装板和集装箱。

1. 集装板

除特殊情况外,航空货运均是以"集装箱"、"集装板"形式装运。因而,货代需根据订舱计划向航空公司办理申领板、箱的相应手续,以便装货。

订妥舱位后,航空公司吨控部门将根据货量出具发放"航空集装箱、板"凭证,货运代理公司凭此向航空公司箱板管理部门领取与订舱货量相应的集装板、集装箱。提板、箱时,应领取相应的塑料薄膜和网。对所使用的板、箱要登记、销号。

2. 装板箱

航空货运代理公司将体积为 $2m^3$ 以下货物作为小货交予航空公司拼装,大于 $2m^3$ 的大宗货或集中托运拼装货,一般均由货运代理自己装板装箱。大宗货物、集中托运货物可以在货运代理公司自己的仓库、场地、货棚装板、装箱,也可在航空公司指定的场地装板、装箱。

装板、装箱时要注意以下几点:

(1)不要用错集装箱、集装板,不要用错板型、箱型。每个航空公司为了加强本航空公司的板、箱管理,都不许可本公司的板、箱为其他航空公司的航班所用。不同公司的航空集装箱、航空集装板因型号、尺寸有异,因此,如果用错会出现装不上飞机的情况。

(2)不要超装箱板尺寸。一定型号的箱、板用于一定型号的飞机,板、箱外有具体尺寸规定,一旦超装箱、板尺寸,就无法装上飞机。因此装箱、板时,要注意货物的尺寸,既不超装,又在要规定的范围内用足箱、板的可用体积。

(3)要垫衬,封盖好塑料纸,防潮、防雨淋。

(4)集装箱、板内货物尽可能配装整齐,结构稳定,并接紧网索,防止运输途中倒塌。

(5)对于大宗货物、集中托运货物,尽可能将整票货物装在一个或几个板、箱内运输。装妥整个板、箱后,剩余的货物尽可能拼装在同一箱、板上. 防止散乱、遗失。

二、货物交接

(1)货物交接是指货运代理人向航空公司交单交货,由航空公司安排航空运输。交单就是将随机单据和应由承运人留存的单据交给航空公司。随机单据包括第二联航空运单正本、发票、装箱单、产地证明、品质鉴定证书。交货即把与单据相符的货物交给航空公司。交货前必须粘贴或拴挂货物标签,清点和核对货物,填制货物交接清单。大宗货、集中托运货,以整板、整箱称重交接。零散小货按票称重,计件交接。

(2)货物过磅和入库。货运人员在货物过磅时应检查好货物板、箱的组装情况,高度、收口等是否符合规定;将货物送至电子磅处记录重量,并悬挂吊牌。对装有轻泡货物的板箱,查看运单,做好实际体积的记录。最后在电脑中输入板箱号码、航班日期等,将货物码放在货架上。

三、航空公司货物仓储

货物仓储工作大致有出入库货物交接、登记装配、储存、清仓等。必须按严格的货物仓储方案进行航空货物的存放与保管,以备高效地进入组装及配载流程。

仓储管理工作是货运工作的一个重要环节,主要的要求如下:

(1)根据货物的性质、流向、流量科学合理的划分货物、邮件的存放区域。出库货物与入库货物要分开存放. 同一货运单的货物集中堆放。

(2)外包装松散、损坏、标签、标贴脱落应及时修补。

(3)仓库内要卫生整洁,货物的码放要整齐、有序、合理,做到重不压轻、大不压小,木箱不压纸箱,标签、标志朝外,留出车辆通道。

(4)除特大特重货物在仓库存放有困难外,所有的货物都入库保管。特种货物要放在特定库房内。例如:贵重物品要存放入贵重物品仓库内。

(5)货物出仓后,要随时整理库存货物,码放整齐。工作人员要做到经常清点货物,统计当日入库货物件数和出仓货物件数,做到账、货相符。一周最少清点仓库一次。发现货物不正常情况要及时查明,妥善处理并通知有关部门。

(6)无关人员禁止进入仓库。入库人员必须持证或经批准。

(7)要保持仓库清洁、干燥、卫生。禁止在仓库内吸烟。

(8)进库车辆、驾驶员要持照,行驶按路线,车速要控制。

(9)库内防盗、放火、防水、防鼠、防冻设备齐全。在仓库内外明显的位置,应明示应急电话号码:匪警110、火警119、急救120等。

(10)随时与配载部门联系,做好航班不正常时的货物回库工作。

四、货物组装及配载

1. 货物的组装

对货物进行集装箱、板的组装,根据不同的机型、不同航空公司的要求进行合理组装。

货物组装需遵循安全装载的基本原则:

(1)开始装货之前应先查看一下所装的货物,掌握装载各类货物的特殊要求。有些货物属于易碎物品,在装箱之前必须妥善包装,加以防护。

(2)大件货物和重货放在下面,小件货物和轻货放在上面。

(3)把特别重的货物放在最下面,如果需要应加垫板。货物的底面为金属材料时,也应加垫板以防止货物在集装板上滑动。

(4)把货物装得紧凑一些,缝隙越小越好。

(5)码放货物时用一件包装交叠放在下一层的两件包装上面。

(6)如果集装箱内货物未装满2/3,要将货物固定,最好用标准的绳具固定在集装箱内的卡锁轨里。

(7)货物装板时,应码放整齐,使货物不易掉下来,应避免货物压盖住卡锁轨。

(8)组货时应始终将下述货品和货物固定好:散放在架子或垫板上的物品、没有装满飞机腹舱或集装箱的货物、在飞机腹舱中的笨重(单件超过150kg)和特种货物、盐水肠衣、没有包装的货物、鼓状物管状物和棒状物、危险货物。固定货物时,应根据货物的重量及捆绑带的强度来确定捆绑带的根数。

机型汇总可装箱板货物组装要求实例见图3-25。

2. 货物配载

货物配载是货物运输过程中一项非常重要的工作,直接关系到货物运输的正常进行和经济效益的提高。作为航空公司货运配载人员,除需了解前面所讲的航空运输的一般知识及货物收运承运的货运基础知识外,还需熟练掌握有关配载岗位的专业技能知识,在实际工作中真正体现"保证重点,照顾一般,合理运输"的原则,以提高航空公司的货物运输能力。

航班的吨位控制管理:航空公司在执行每一次航班任务时,针对货物运输所提供的运力可表示为货运的舱位或吨位。一般情况下,航班始发站为货物吨位控制站。经停站,外站需

	机型	板型	总舱位	组装要求	备　　注
客机	B-747	LD（P）LD（F）	9L2AKE	短边出板装，高40CM出45（78）CM，总高160CM	NW026,LH729
	MD-11		6L14LD3	短边出板装，高60CM出30CM，总高160CM	AY
	B-777		8LD8LD3	短边出板装，高40CM出40CM，总高160CM	NH920、 NH922，MH389，MH387、
	B-767		4LD7DQP	长边出板装，高35CM出40CM，总高160CM	NH960、940、154、 156,AC038、OS、UX、AZ797
	A-319		散舱飞机	业载1.5T，舱门：94CM~86CM，单件小于50KG	NX
	A-320		7AKH	业载1.7T，散舱同上	NX
	A-321		10AKH	业载3T，散舱同上	NX
	A-340-300		8L8LD3， BULK2.5方	短边出板装，高40CM出40CM，总高160CM，使用PMC	SK,EK303、UX、TK
	A-340-600		10L10LD3	短边出板装，高40CM出40CM，总高160CM，使用PMC	VS、LH727
	A-330-200		8L6LD3	短边出板装，高40CM出35CM，总高160CM	LT、QF130、QR
	A-300-B2		4L8LD3	短边出板装，高40CM出35CM，总高160CM	V1811
货机	B-747-400型	HD、MD、LD	23H7M9L 2LD3	B747-400F的中高板中有A1、A2、B1、B2、P、T特殊板型。P板（靠近舱门），限高280CM；有一快尾板T板，收口宽度80CM，限重2000KG；7M中有两块头板A1，A2板，A1两短边150CM处收口，收入130CM；A2两短边160CM处收口收入50CM；A1、A2板总高为240CM，限重PMC板3600KG，PAG板限重3300KG。B1板，板型为中板，但限重同A1，A2板要求。高板240CM收口，收口宽度45CM以上，总高290CM；中板240CM平高	KL,EK，BA，AF、NZ
	B-747-200型		21H8M9L 2LD3	高板240CM收口，收口宽度45CM以上，总高290CM；中板240CM平高	KZ226,NW914,VI,,QF,CA,MH, FM，LY、PO

图 3-25　机型汇总

要运输货物应通过电话、电报，传真等方法向吨位控制部门申请，同意后方可收运。吨位控制管理一般采用配额控制、自由出售、随售随报和申请等方法。

吨位控制管理的一般规定如下：

（1）始发货物实行计划收运。

（2）中转货物实行吨位分配制度。有中转业务的航站，除做好本站始发货物的计划收运外，应对前方站实行吨位分配，即给他站预留适当吨位。超过配额时，须经中转站同意后方可收运。

（3）急货、鲜活货物要保证优先运输。急货、鲜活货和有时限要求的货物应实行预订吨位，但应尽可能给予照顾，力争做到随运随收，随运随转，不得积压。属于押运的货物按押运货的规定办理。

（4）充分利用直达航班。减少中转环节，避免迂回运输。凡有直达航班的货物，一般都应安排直达航班运输。但对于数量多、货件大、班次少的货物，直达运输确有困难，需要中转时，必须经中转站同意，按吨位分配规定，尽量减少迂回运输。

（5）加强仓库管理，合理配货，保证按收运顺序发货。仓库管理要做到：货位清楚，堆码整齐，通道畅通。除急件或特大件货外，一般货物要保证按顺序出仓，避免先收后运的现象。

（6）注意下列货物必须全程订妥吨位，方能收运：

有运输时限要求的货物、危险物品、活体动物、贵重物品、鲜活易腐品、灵柩、骨灰、超大、超重货物、批量较大的货物、单票体积在 $2m^3$ 以上的货物、联程中转货物。

（7）吨位预定的程序

①托运人或代理人可直接书面向承运人吨位控制部门申请预定。也可以用电报、传真或电话提出预定申请。如果货源稳定也可以用协议办法固定吨位配额。

②托运人或代理预定吨位应提供下列内容，受理人员应详细记录在吨位控制表上。

a. 航班号、始发站、中转站、到达站、航班日期和时间。

b. 托运人或代理人的单位、地址、联系人姓名、电话、传真。

c. 预定吨位货物的件数，总体积，货物品名，包装、单件的尺寸和体积（最大的）。

3. 制作舱单及货物出仓

货邮舱单是每一架飞机所装载货物、邮件的清单，是每一航班总申报单的附件之一，也是向出境国、入境国海关申报飞机上所装载货物、邮件情况的重要文件，并是承运人之间结算运费的依据之一。货邮舱单一式六份，一份供货物出仓，一份留本货物配载站留存，一份供结算使用，一份交载重平衡部门，两份随货运单运至卸机站。卡车运输的货邮舱单同上。

货物的出仓指的是将已列入货邮舱单准备发运的货物从仓库内取出并根据具体的装载要求组装集装器的过程。配载人员在出仓前应对已填制的货邮舱单的内容进行审核，做到"三对三符合"即货运单与货邮舱单相符合，货邮舱单与出港货物相符合，货运单与货物相符合。邮件出仓必须做到邮件路单和邮运单相符合，邮运单与出仓邮件相符合，邮路单与邮件相符合。在货物的出仓操作时可注意以下几点：

（1）根据货邮舱单上列明的货运单号码、件数、重量逐件逐批出仓。并在货邮舱单上标记共同认可记号。

（2）出仓的件数、重量要认真进行核对，做到准确无误，遇有不正常情况应立即与有关部门查清，正确处理。并做货物不正常运输记录。

（3）装在每个集装板上、集装箱内、托盘上的货物重量要核对准确，并清楚地填列在所吊的挂牌上。

（4）货物出仓需要一定的时间。因此配载人员应尽快将审核无误的货邮舱单交货物出仓人员进行出仓。货物出仓开始时间一般不应晚于航班预计起飞时间前2～3h，大型宽体客机则更应提前。

（5）出仓的货邮，应按航班和到达地点及货舱号分别堆放，注意不要与未出仓的货邮混杂。

（6）包装不够完善或运输手续不齐全的货物，应分别修好包装、补齐手续才能出仓。已发生破损、短少、尚未查明原因的货物，运输手续不全面不能确定收货人的货物，以及需要加固或更换包装的货物，都不得出仓。

（7）出仓人员拿到舱单后应立即到货场，仔细按照舱单所列运单号码逐票寻找货物，并根据配载要求分别装车（平板车）、集装板或集装箱。组装工作完成后应按照航班号将货物进行归类集中，拴挂并填写好装机指示吊牌。

（8）出仓人员应在规定的时限内将货物组装情况及时反馈给该航班的配载人员，告知组装板箱的板箱号及出仓中遇到的货物的不正常情况。通常货物的组装情况在国际/国内航班集装器装载明细表中具体记录。

五、航空货物装机

1. 装机前的准备

（1）装卸人员按照《装机工作单》或《出港货物邮件交接单》以及配载平衡部门提供的《装载通知单》进行装机作业。

（2）装机前的准备与检查：

①按照《出港货物邮件交接单》上注明的集装器编号、拖斗号码及所在位置准备装

机的货物和邮件(以下简称货邮);出港货物邮件交接单样式见表3-16和表3-17。

出港货物邮件交接单(1) 表3-16

LOAD WEIGHT STATEMENT

(限窄体飞机,Narrow Bodied Aircraft)

航 班 号 Flight No.		飞 机 号 A/C No		装 机 站 Station of Loading	
起飞时 Departure Time		日 期 Date		制 单 人 Prepared by	
卸机站 Station of Unloading	邮件件数 Pieces (Mail)	货物件数 Pieces (Cargo)	重量 Weight	存放位置 Position	舱位 Compartment
备注 Remarks					

交接时间: 交方签字: 接方签字:

Time: Delivered by: Received by:

②核对装机货物和邮件的集装器编号和拖斗号码与《出港货物邮件交接单》、集装器挂牌与《装机工作单》上所列航班号是否一致;

《装机工作单》见表3-18。

③检查集装板上所装货邮的高度、探板、压边是否符合要求;网套是否挂紧,网套的锁扣是否符合规定的标准(集装板宽边至少5个,窄边至少4个);

④检查集装板上的货邮有无变形、倾斜;集装板四边有无翘起,探板货物的探出长度、高度是否符合要求等情况;

⑤检查集装箱箱体有无变形、扭曲;箱门有无变形、关闭不严等情况;

⑥摘掉蒙盖在集装板上货物上的防积水设施(集装板组装完毕,按规定使用塑料布包裹并挂网套后,为防止在待运期间下雨或下雪造成雨水或雪水在集装货物的凹陷处存积而加盖在集装板上的塑料布或防水苫布),检查集装板货物的顶部或四周凹陷处是否还有积水或积雪,如有,应立即清除干净,防止积水或积雪融化后渗漏到飞机货舱内造成安全事故;

⑦检查超大、超重货物是否按规定使用了垫板,并按规定进行了捆绑;

⑧托盘的销子、锁扣是否打牢。集装板在托盘上是否牢固;

⑨如果上述问题较小,不会影响航班正常的,要及时整理装机,做好记录并报告调度室。如果上述问题比较严重,整理后再装机有可能延误航班的,要向调度室或值班领导请示后再做处理。

2. 拖车运行限制

(1)拖车托运货邮时,一次可拖运4个集装板或拖斗,或6个集装箱。

(2)托运散装货邮时,应安排装卸人员沿途监护,防止货邮在拖运途中丢失或压坏。

出港货物邮件交接单(2)

表 3-17

LOAD WEIGHT STATEMENT

(限宽体飞机,Wide Bodied Aircraft)

航 班 号 Flight No.		飞 机 号 A/C No.		装 机 站 Station of Loading	
起飞时间 Departure Time		日 期 Date		制 单 人 Prepared by	

集装货物和邮件 Cargo and Mail (UNIT LOAD DEVICE)

序号 NO.	卸机站 Station Of Unloading	集装器编号 ULD ID Code	件数 Pieces	净重 Net Weight	毛重 Gross Weight	规格 Loading Contour	备 注 Remarks
1							
2							
3							
4							
5							
6							
7							
8							
9							
10							
11							
12							
13							
	....						

散装货物和邮件 Cargo and Mail (Bulk Load)

卸机站 Station Of Loading	邮件件数 Pieces(Mail)	货物件数 Pieces(Cargo)	重量 Weight	存放位置 Position	舱位 Compartment
备注 Remarks					

交接时间:　　交方签字:　　接方签字:

Time:　　Delivered by:　　Received by:

装机工作单　　　　表3-18

年　　月　　日

<table>
<tr><td>航班号/飞机号</td><td>起飞时间</td><td>派工时间</td><td>派工调度</td><td>班组</td></tr>
<tr><td colspan="5">停机位　　　　后舱装机人
拖车司机　　　后门关门人
押车人　　　　散舱装机人
前舱装机人　　3门关门人
1门关门人　　 清舱人
主货舱装机人
监装审核

当日班组未出勤人员名单</td></tr>
<tr><td></td><td colspan="2"></td><td colspan="2"></td></tr>
<tr><td></td><td colspan="2"></td><td colspan="2"></td></tr>
</table>

保管员签字：

3. 托运货邮车辆的行驶速度

(1)在仓库内、邮局院内的行驶速度为5km/h。

(2)货场为10km/h；

(3)客机坪与仓库之间的路段为20km/h。

4. 宽体飞机的装机操作

(1)装机人员到配载室领取《LOADING INSTRUCTION》(装机指令单),国际出港航班到国际配载室领取,国内出港航班到国内配载室领取。

(2)装机人员应首先核实《装载通知单》上所列的集装器编号与实际装载货邮的集装器编号是否一致,确认无误后,将集装器按《装载通知单》排列的先后顺序连接。

(3)按照"装前卸后"的原则,先装飞机的前下货舱,后装飞机的后下货舱和主货舱。

(4)装B747－400CMB、B747－200F/400F、MD－11等飞机的主货舱时,必须等机务人员架好尾撑杆后才能开始作业。没有尾撑竿的航站装卸B747－200F/400F时,必须遵守以下规定(具体操作程序见本节不适用于B747－400CMB及其他类型的货机部分)：

①出港飞机必须在飞机加油完毕后才可以装卸货物；

②装货时应先装飞机前下货舱及主货舱前部,卸货时先卸飞机后下货舱及主货舱后部；

③因无尾撑杆,装卸货物过程中机尾可能出现非正常下垂,应注意适时做好升降车、客梯高度及其与飞机间隔的调整,以防损坏飞机；

④装卸货物过程中应随时注意飞机重心的非正常变化；

⑤载重平衡表必须经过机组验证并确认。

(5)平台车靠近舱门停稳,驾驶员打货开舱门后,与装机人员一起清理货舱并检查货舱内的限动挡块是否齐全;传动轮能否正常运转;传动装置有无损坏或缺少。

(6)驾驶员按照规定的路线,以3km/h的速度将货邮拖近平台车。打下托盘上挡集装器的活动挡块(或销子),慢速将集装器推到平台车上。

(7)装机人员要随着平台车的机械传动和货舱传动系统的力量将集装器推(拉)到指定的位置,打下飞机货舱内固定集装器的卡子,将集装器固定住。

(8)如果因尼龙带捆绑过紧，造成集装板的板角翘起，装机传动有困难时，可先将尼龙带松开，集装板到位后，在按规定捆绑牢固。如果松开尼龙带后集装板角仍然上翘，不能入位，可以人工踩住集装板协助传动。此时，一定要与平台车驾驶员配合好，防止发生人员碾伤、挤伤等事故。

(9)发现平台车或货舱的传动系统运转困难时，装卸人员要协助将集装器推(拉)入位。

(10)需要调整货舱内集装板限动挡块(卡子)时，必须请机务维修人员在现场指导或操作。

(11)装完飞机后，要检查网套有无松动、集装板限动挡块是否按规定打牢，确认安全后，离开货舱。装 B－767 飞机应负责关好舱门。

(12)将空拖斗、拖盘以及剩余的集装板、集装箱送还到指定位置。

(13)不正常情况下的处理办法：

①因平台车或飞机货舱传动轮不转等原因传不动集装器而装卸人员又推不动，或者货舱卡子起不到固定作用时，要及时通知调度室，通过机务修理或更换平台车后再行装机；

②装机时发现飞机货舱内传动轮不转，卡子短缺或失灵等情况，属于货机的，由货机班通知机务工程部进行维修，其他机型出现上述问题，由装卸人员通知监装员，同时做好记录。以上情况装机完毕后均要填写《机群货舱设备/状态信息反馈单》，以便通知北京飞机维修工程有限公司(简称 AMECO)进行修复。

《机群货舱设备/状态信息反馈单》样式，见表 3-19。

货舱设备/状态信息反馈单　　表 3-19

<table>
<tr><td>飞机号</td><td>航班号</td><td>日期</td><td>报告人</td><td>位　置</td></tr>
<tr><td></td><td></td><td></td><td></td><td>A:主货舱　B:前下货舱　C:后下货舱</td></tr>
<tr><td colspan="5">货舱设备状态：
有无丢失和损坏的导向器、锁块、止动块　有 □　无 □　A □　B □　C □
壁板及拦货网有无损坏　有 □　无 □　A □　B □　C □
传输板及滚珠有无损坏　有 □　无 □　A □　B □　C □
驱动轮有无损坏或气压不足　有 □　无 □　A □　B □　C □</td></tr>
<tr><td colspan="5">货舱操作系统　良好 □　故障 □　A □　B □　C □</td></tr>
<tr><td colspan="5">货舱清洁状况

较好 □　一般 □　较脏 □　污染严重 □　A □　B □　C □</td></tr>
<tr><td colspan="5">备注：</td></tr>
</table>

③发现货邮组装的高度或探板探出的尺寸超出规定的范围，在飞机下来不及调整或倒板时，要立即通知调度室和配载室听取处理意见。

④因平台车没有按规定的时间到位或因《装载通知单》没有按时制作出来，应及时通知调度室。

5. 非宽体飞机和宽体飞机散货舱的装机操作

(1)以航班为单位将货邮拖到飞机下，根据《装载通知单》上指定的舱位装机。

(2)按照“装前卸后”的原则，先装前货舱，后装后货舱。

(3)使用传送带车装机时，等传送带车靠近舱门停稳后，装卸人员先将传送带车轮挡挡好，然后打开货舱门开始作业，装完货邮后关好舱门，再把轮挡放回到传送带车上。装卸人员进出飞机货舱门时，必须在传送带停止工作的状态下进行。传送带运行时，严禁工作人员进出货舱。

(4)货舱内外的装卸人员应相互配合,特别是由拖斗往传送带车上搬货的装卸人员,要根据传送带的传送速度放货,货邮之间的距离不宜太密,防止货邮拥堵在货舱门口挤坏飞机舱门或坠地摔坏。

(5)货邮码放要求整齐美观,合理利用舱位。作业过程中要求轻拿轻放,文明操作,不得倒置,不得有摔、扔、蹬、踏、挤等现象。

(6)非宽体飞机装货时(B－757、A－319、320、321 等机型除外),拖车须在距飞机货舱门5 米远处停住,摘下拖斗,用人力推到距货舱门 0.5 米处,挡好轮挡后开始装机。装完货物后,将轮挡放回拖斗,用人力将空拖斗拉至距飞机货舱门 5 米远处再挂车拉出作业区。禁止在飞机下直接倒拖斗装货或直接挂空拖斗拉回,防止刮、碰飞机。

(7)超大、超重货物装机

①非宽体飞机装载超大、超重货物时,必须安排指挥人员,做到协调一致,防止用力不均或其他原因影响到人员、货物及飞机安全。

②装机时先用人力将拖斗推到飞机货舱门口,在拖斗的车轮前后挡好轮挡,或挂在牵引车上(无轮挡时),防止拖斗在装货过程中滑动,撞坏飞机,造成事故。

③超大超重货物应放在货舱门口附近(便于卸机站卸货),并按规定的程序捆绑牢固,飞机上没有捆绑设施的,应特别注意货舱门网是否完好无损,并按规定将门网挂好,拉紧。防止货物在飞行过程中发生移动或翻滚,损坏飞机或设备,危及飞行安全;

(8)关舱门前要彻底清除舱门附近的绳索、杂物,装完货邮后挂好网套,关好舱门并检查是否严密;

(9)装机完毕后,将空拖斗、空拖盘、空集装板、集装箱和其他辅助设备拉到指定位置存放;

(10)遇有值班领导或调度室通知,装机时需特别注意的货物,装机时要加倍注意,保证安全,装完货物后要向调度室或值班领导汇报装机情况;

(11)装机过程中发现货邮包装破损、内物丢失、损坏或因装机人员责任造成货邮损坏时,应立即报告调度室和值班领导,并做详细记录。

6. 临时拉货(或邮件,下同)的处理

(1)临时拉货的主要原因:

①货邮预配过多、货物超重、板箱超重,无法装机;

②货物体积超过飞机舱门尺寸、集装板组板不合规定造成装机困难或无法装机;

③配载平衡原因或因天气、加油、行李过多等造成飞机减载;

④传送带车或平台车没到位或到位太晚;

⑤机型调配、大机型换成小机型等;

⑥临时以急件货物换下普通货物;

⑦航班取消或临时变更航线;

⑧其他原因。

(2)临时拉货的处理办法:

①外场装卸人员接到临时拉货的通知后,应按照货物的出港顺序的返顺序拉卸货物。货物卸下飞机后应尽快运回仓库,与保管员进行交接。

②临时拉下整板整箱和整个航班的货邮,按集装器编号或拖斗号码进行交接;如果一部分货邮装机,一部分货邮拉下,拉下部分货邮按拖斗号交接,需要复重的要经复重后再交接。

③ 国际航班拉下的货邮在飞机出港后30min内运回仓库与出港工作人员交接清楚，保证货运系统(SITA系统)在规定时间内完成航班结算。

④属于配载或现场直接通知的临时拉货，装卸人员应立即通过对讲机报告货运调度室。

任务实施

1. 实训目的

(1)掌握航空货运代理交货的工作流程；

(2)掌握航空公司货物配载的要求；

(3)能根据不同货物要求采用航空集装器进行组装；

(4)熟悉航空货物装机流程。

2. 实训内容

根据任务一中托运30个方的鲜花货物特征，要求完成以下工作任务：

(1)与航空公司完成货物的交接，填制航空公司的主运单；

(2)根据鲜花的特性，合理选择集装器，完成配载工作任务；

(3)根据配载的相关任务，完成货物的组装；

(4)运用拖车，完成航空货物的装机，填制相关表格。

3. 实训道具

(1)《国际航空货运代理理论知识》教材；

(2)机型汇总表、出港货物交接清单、装机工作单、状态信息反馈单。

4. 实训评价

训练评价的方式有教师评价、小组内部成员评价和第三方评分组成员评价3种，建议教师评价占60%权重，小组内部成员评价占20%的权重，第三方评分组成员评价占20%的权重。将五者综合起来的得分为该生在该项目的评价分，见表3-20。

训练评价表 表3-20

考核人		被考核人	
考核地点			
考核内容	货交承运人装机		
考核标准	具体内容	分值(分)	实际得分
	工作态度	15	
	沟通水平和团队合作	15	
	机型的选择	15	
	出港货物交接清单的缮制	25	
	装机工作单的缮制	30	
合计		100	

注：考核满分100分，60以下为不及格，60～69分为及格，70～79分为中，80～89分为良，90分以上为优。

延伸阅读

青岛机场完成大韩航空B747超重货物装机保障

日前，青岛流亭国际机场(简称“青岛机场”)顺利完成大韩航空747全货机两件超重货物的装机工作，赢得了大韩航空有限公司(Korean Air Lines Co. Ltd)和货主的高度赞誉。

此前,青岛机场根据大韩航空公司提供的信息得知,某公司有两件分别为16t和14t的超重货物急需通过当天的大韩航空747全货机运出,否则将面临巨额违约赔偿。而当时青岛机场可用最大型号平台车载重为14t,以上两件货物已超出现有可用设备的最大保障能力,如实施装机作业,将存在较大的安全风险。面对货主需求和实际存在的困难,青岛机场发扬"一切为了客户"的服务宗旨,积极与大韩航空进行了多次会商,最终形成了使用大型吊车辅助的装机解决方案。为确保装机工作万无一失,青岛机场成立了专门货运保障小组,制定了详细的保障实施方案,从人员培训、机位安排、事前演练、现场指挥等作了认真部署。

货物到达后,机场专门从国际货运收运岗位和出港仓库岗位抽调了一批经验丰富的技术能手成立了装配小组,并对装配需要的绑带、塑料纸、枕木等物资进行了提前准备。在装配过程中,工作人员结合货物体积、底部受力面积及每根绑带所承受的重量等因素,克服种种困难,反复尝试,利用3个多小时的时间对货物进行了合理的铺垫、捆绑,确保了货物的牢固性和稳定性,为货物顺利装机打下了良好基础。

此外,机场还挑选了精干的驾驶员,准备了性能良好的车辆设备,并对作业方案进行了反复研究,细化了作业流程,并进行了平台车驾驶员与吊车驾驶员的实战配合演练。从吊装点的测量,到货物放上平台车,以及平台车的起升、货物装入机舱等每个装载关键点都进行了仔细推敲和演练。经过长达3h、3次载货实战演练,确定了最终保障方案。

当日凌晨1点,经过30min的紧张工作,2件超重货物按预定方案顺利装机。此次超重货物的装载,是突破正常保障能力的一次有益实践,为今后机场的全货机保障能力建设,积累了宝贵经验。

任务五　货物发运后事项

案例导入

青岛某货主将一批价值USD10000,计10箱的丝织品通过A航空公司办理空运经北京出口至法国巴黎。货物交付后,由B航空公司的代理人A航空公司于2003年1月1日出具了航空货运单一份。该货运单注明:第一承运人为B航空公司,第二承运人是C航空公司,货物共10箱,重250kg。货物未声明价值。B航空公司将货物由青岛运抵北京,1月3日准备按约将货物转交C航空公司时,发现货物灭失。为此,B航空公司于当日即通过A航空公司向货主通知了货物已灭失。为此,货主向A航空公司提出书面索偿要求,要求A航空公司全额赔偿。

思考题:

问题:作为法院,如何处理此类案件?

任务分析

1. 任务准备

(1)航空运输货物的相关信息,包括体积、几个形状等;

(2)多媒体教室(含可供学生上网查资料的电脑、多媒体教学设备、课件和动画等教学资料)。

2. 任务目标

(1)掌握航空货运信息服务的流程；

(2)掌握航空货物运输费用的类型及计算过程；

(3)掌握航空货物不正常运输的相关内容；

(4)了解《华沙公约》相关内容。

基础知识

一、客户服务

1. 航班跟踪

单、货交接给航空公司后，航空公司会因种种原因，如航班取消、延误、溢载、故障、改机型、错运、倒垛或装板不符规定等，未能按预定时间运出，所以货运代理公司从单、货交给航空公司后就需对航班、货物进行跟踪。

需要联程中转的货物，在货物出运后，要求航空公司提供二程、三程航班中转信息。有些货物事先已预订了二程、三程，还需要再次确认中转情况。有时需直接发传真或电话与航空公司的海外办事处联系货物中转情况。及时将上述信息反馈给客户，以便遇到不正常情况及时处理。

2. 信息服务

航空货运代理公司须在多个方面为客户做好信息服务：

(1)订舱信息。应将是否订妥舱位及时告诉货主或委托人，以便及时备单、备货。

(2)审单及报关信息。应在审阅货主或委托人送来各项单证后，及时向发货人通告。如有遗漏失误及时补充或修正。在报关过程中，遇有任何报关、清关的问题，亦应及时通知货主，共商解决。

(3)仓库收货信息。应将仓库的出口货物的到达时间、货量、体积、缺件、货损情况及时通告货主，以免事后纠纷。

(4)交运称重信息。运费计算标准以航空公司称重、所量体积为准，如在交运航空公司称重过磅过程中，发现称重、体积与货主声明的重量、体积有误，且超过一定比例时，必须通告货主，求得确认。

(5)一程及二程航班信息。应及时将航班号、日期及以后跟踪了解到的二程航班信息及时通告货主。

(6)集中托运信息。对于集中托运货物，还应将发运信息预报给收货人所在地的国外代理人，以便对方及时接货、查询、进行分拨处理。

(7)单证信息。货运代理人在发运出口货物后，应将发货人留存的单据，包括盖有放行章和验讫章的出口货物报关单、出口收汇核销单，第三联航空运单正本，以及用于出口产品退税的单据，交付或寄送发货人。

航空货运代理公司从接受委托开始，直到将货物交收货人的整个过程，应始终与委托人及有关人员保持密切的信息往来，对货物进行全程跟踪，为委托人进行全程信息服务。

3. 费用结算

费用结算主要涉及向发货人、承运人和国外代理人三方面的结算：

(1)与航空公司结算费用。向航空公司支付航空运费及代理费，同时收取代理佣金。

(2)机场地面代理结算费用。向机场地面代理支付各种地面杂费。

(3)与发货人结算费用。向发货人收取以下费用:

①航空运费(在运费预付的情况下);

②地面杂费;

③各种服务费和手续费。

(4)与国外代理人结算。与国外代理人结算到付运费和利润分成。

到付运费实际上是发货方的航空货运代理人为收货人垫付的,因此收货方的航空货运代理公司在将货物移交收货人时,应收回到付运费并将有关款项退还发货方的货运代理人。同时发货方的货运代理人应将代理佣金的一部分分给其收货地的货运代理人。

由于航空货运代理公司之间存在长期的互为代理协议,因此与国外代理人结算时一般不采取一票一结的办法,而采取应收应付相互抵消,在一定期限内以清单冲账的办法。

二、航空货物运输的运费计算

货物的航空运费是指将一票货物自始发地机场运输到目的地机场所应收取的航空运输费用。一般地说,货物的航空运费主要由两个因素组成,即货物适用的运价与货物的计费重量。由于航空运输货物的种类繁多,货物运输的起讫地点所在航空区域不同,每种货物所适用的运价亦不同。换言之,运输的货物种类和运输起讫地点的IATA区域使航空货物运价乃至运费计算分门别类。同时,由于飞机业务载运能力受飞机最大起飞全重和货舱本身体积的限制,因此,货物的计费重量需要同时考虑其体积重量和实际重量两个因素。又因为航空货物运价的"递远递减"的原则,产生了一系列重量等级运价,而重量等级运价的起码重量也影响着货物运费的计算。

1. 货物运费计算中的基本知识

1)基本概念

(1)航空货物运价所使用的货币:运输始发地货币。货物的航空运价一般以运输始发地的本国货币公布,即运输始发地货币。有的国家以美元代替其本国币公布运价,此时,美元即为运输始发地货币。

(2)货物运价的有效期。销售航空货运单所使用的运价应为填制货运单之日的有效运价。即在航空货物运价有效期内适用的运价。

(3)航空运费(Weight Charge)。航空运费是指承运人将一票货物自始发地机场运至目的地机场所收取的航空运输费用。该费用根据每票货物所适用的运价和货物的计费重量计算而得。每票货物是指使用同一份航空货运单的货物。

由于货物的运价是指货物运输起讫地点间的航空运价,航空运费就是指运输始发地机场至目的地机场间的运输货物的航空费用,不包括其他费用。

(4)其他费用(Other Charges)。其他费用是指由承运人、代理人或其他部门收取的与航空货物运输有关的费用。在组织一票货物自始发地至目的地运输的全过程中,除了航空运输外,还包括地面运输、仓储、制单、国际货物的清关等环节,提供这些服务的部门所收取的费用即为其他费用。

2)计费重量(chargeable Weight)

计费重量是指用以计算货物航空运费的重量。货物的计费重量或者是货物的实际毛重,或者是货物的体积重量,或者是较高重量分界点的重量。

(1)实际毛重(Actual gross weight):包括货物包装在内的货物重量,称为货物的实际毛重。

(2)体积重量(Volume Weight):按照国际航协规则,将货物的体积按一定的比例折合成的重量,称为体积重量。换算标准为每6000cm^3 折合1kg。

(3)计费重量。一般地,采用货物的实际毛重与货物的体积重量两者比较取高者;但当货物按较高重量分界点的较低运价计算的航空运费较低时,则此较高重量分界点的货物起始重量作为货物的计费重量。

国际航协规定,国际货物的计费重量以0.5kg为最小单位,重量尾数不足0.5kg的,按0.5kg计算;0.5kg以上不足1kg的,按1kg计算。

当使用同一份运单,收运两件或两件以上可以采用同样种类运价计算运费的货物时,其计费重量规定为:计费重量为货物总的实际毛重与总的体积重量两者较高者。综上所述,较高重量分界点重量也可能成为货物的计费重量。

3)最低运费(Minimum Charge)

最低运费是指一票货物自始发地机场至目的地机场航空运费的最低限额。货物按其适用的航空运价与计费重量计算所得的航空运费,应与货物最低运费相比,取高者。

4)货物航空运价、运费的货币进整

货物航空运价及运费的货币进整,因货币的币种不同而不同。TACT将各国货币的进整单位的规则公布在TACT Rules中。(详细规则可参考TACT Rules5.7.1中"CURRENCY TABLE"。)

运费进整时,需将航空运价或运费计算到进整单位的下一位,然后按半数进位法进位,计算所得的航空运价或运费,达到进位单位一半则入,否则舍去。

采用进整单位的规定,主要用于填制航空货运单(AWB)。销售AWB时,所使用的运输始发地货币,按照进整单位的规定计算航空运价及运费。

2. 公布直达运价的使用

公布直达运价是指承运人直接在运价资料中公布的从运输始发地至运输目的地的航空运价。

运价的公布形式有N、Q45等运价结构,也有B、K运价结构(欧洲内特有的运价结构)。N运价,即Normal General Cargo Rate,指的是标准的普通货物运价;Q运价则为Quantity Rate,指的是重量等级运价。

指定商品运价与普通货物运价同时公布在TACT RATES BOOKS中。等级货物运价计算规则在TACT RULES中公布,需结合TACT RATES BOOKS一起使用。

公布直达运价的运价结构见表3-21。

3. 几种比较常见的运价形式及计算

1)普通货物运费

(1)基本知识:General cargo rate(简称GCR) the rate for carriage of cargo other than a class rate or specific commodity rate, also known as "general commodity rate"。

普通货物运价是指除了货物运价和指定商品运价以外的适合于普通货物运输的运价。该运价公布在TACT Rates Books Section中。

一般地,普通货物运价根据货物重量的不同,分为若干个重量等级分界点运价。例如

运价构成　　表3-21

Date/type	Note	Item	Min. wight	Local curr.
BEIJING			CN	BJS
Y. RENMINBI		CNY		KGS
TOKYO		JP	M	230.00
N	37.51			
45	28.13			
0008	300	18.80		
0300	500	20.61		
1093	100	18.43		
2195	500	18.80		

图表说明:第一栏,DATE/TYPE——公布运价的生效或失效日期以及集装器运价代号;本栏中若无特殊标记,说明所公布的运价适用于在本手册有效期内销售的AWB。

第二栏,NOTE——相对应运价的注释,填制货运单时,应严格按照注释所限定的内容执行。

第三栏,ITEM——指定商品运价的品名编号;

第四栏,MIN. WIGHT——使用相对应运价的最低重量限额;

第五栏,LOCAL CURR——用运输始发地货币表示的运价或最低运费。

"N"表示标准普通货物运价,指的是45kg以下的普通货物运价(如无45kg以下运价时,N表示100kg以下普通货物运价)。同时,普通货物运价还公布有"Q45"、"Q100"、"Q300"等不同重量等级分界点的运价。这里"Q45"表示45kg以上(包括45kg)普通货物的运价、依次类推。对于45kg以上的不同重量分界点的普通货物运价均用"Q"表示。

用货物的计费重量和其适用的普通货物运价计算而得的航空运费不得低于运价资料上公布的航空运费的最低收费标准(M)。

(2)运费计算。计算步骤术语解释:

①Volume weight:体积;②chargeable weight:体积重量;③applicable rate:计费重量;④weight charge:航空运费。

例1:

routing:　SHANGHAI,CHINA(BJS) to PARIS,FRANCE(PAR)

commodity:　TOY

gross weight:　5.6kgs

dimensions:　40cm×28cm×22cm

公布运价如下:

SHANGHAI Y. RENMINBI	CN CNY		SHA kgs
PARIS	FR	M	320.00
		N	50.22
		45	41.43
		300	37.90
		500	33.42
		1000	30.71

要求:①请计算其航空运费。

②请根据计算结果,填写航空货运单运费计算栏。

解:

Volume: 40cm × 28cm × 22cm = 24640cm^3

Volume weight: 24640cm^3 ÷ 6000 cm^3/kg = 4.11kgs = 4.5kgs

Gross Weight: 5.6kgs

Chargeable weight: 6.0kgs

Applicable rate: GCR N 50.22CNY/KG

Weight charge: 6.0 × 50.22 = 301.32CNY

Minimum Charge: 320.00CNY

故此票货物的航空运费应为320.00CNY。航空货运单运费计算栏填制如下:

No. of Pieces Rcp	Gross Weight	Kg Lb		Rate Class Commodity Item No.	Chargeable Weight	Rate/ Charge	Total	Nature and Quantity of Goods (Incl. Dimension or Volume)
1	5.6	Kg				320.00	320.00	TOY 40cm × 28cm × 22cm

例2:

Routing: Beijing, CHINA (BJS) to AMSTERDAM, HOLLAND (AMS)

Commodity: PARTS

Gloss weight: 38.6kgs

Dimensions: 101cm × 58cm × 32cm

公布运价如下:

BEIJING	CN		BJS
Y. RENMINBI	CNY		kgs
AMSTERDAM	NL	M	320.00
N	50.22		
45	41.53		
300	37.52		

要求:①请计算其航空运费。

②请根据计算结果,填写航空货运单运费计算栏。

解:(1)按实际重量计算。

Volume: 101cm × 58cm × 32cm = 187456cm^3

Volume weight: 187456cm^3 ÷ 6000 cm^3/kg = 31.24kgs = 31.5kgs

Gross Weight: 38.6kgs Chargeable weight: 39.0kgs

Applicable rate: GCR N 50.22CNY/kg

Weight charge: 39.0 × 50.22 = CNY1958.58

(2)采用较高重量分界点的较低运价计算。

chargeable weight: 45.0kgs

applicable rate: GCR Q 41.53CNY/kg

weight charge: 41.53 ×45.0 = CNY1868.85

(1)与(2)比较,取运费较低者。

故 Weight charge:CNY1868.85

航空货运单运费计算栏填制如下:

No. of Pieces Rcp	Gross Weight	Kg Lb		Rate Class	Chargeable Weight	Rate/ Charge	Total	Nature and Quantity of Goods (Incl. Dimension or Volume)
				Commodity Item No.				
1	38.6	Kg			45.0	41.53	1868.85	PARTS 101cm×58cm×32cm

【总结】

对普通货物运价的计算步骤:

①Volume:体积;

②Volume weight:体积重量;

③Gross Weight:毛重;

④Chargeable weight:计费重量;

⑤Applicable rate:适用运价;

⑥Weight charge:航空运费。

2)指定商品运价(Specific Commodity Rate,简称 SCR)

(1)基本概念:

①指定商品运价是一种优惠性质的运价,指定商品运价通常比普通货物运价要低。指定商品运价的运价代号用字母“C”表示。

②指定商品运价的分组和编号。指定商品货物的分组及品名编号如下:

0001~0999 可食用的动植物产品;

1000~1999 活动物及非食用的动植物产品;

2000~2999 纺织品、纤维及其制品;

3000~3999 金属及其制品,不包括机器、汽车和电器设备;

4000~4999 机器、汽车和电器设备;

5000~5999 非金属材料及其制品;

6000~6999 化工材料及其相关产品;

7000~7999 纸张,芦苇、橡胶和木材制品;

8000~8999 科学仪器、专业仪器、精密仪器、器械及配件;

9000~9999 其他。

【知识拓展】从中国始发的常用指定商品代码

从整个国际航协来看,指定商品代码非常多,但我们主要了解从北京始发的货物的指定商品代码,记住常用的指定商品代码。

0008—新鲜的水果,蔬菜;

0300—鱼,海鲜、海产品;

2199—纱、线、纤维、纺织原料。

(2)运费计算。

例1:

Routing; Beijing,CHINA(BJS) to OSAKA,JAPAN(OSA)

Commodity: FRESH APPLES

Gloss weight: EACH 65.2kgs,TOTAL 5 PIECES

Dimensions: 102cm×44cm×25cm×5

公布运价如下;

BEI JING Y. RENMINBI	CN CNY		BJS kgs
OSAKA	JP	M	230
		N	37.51
		45	28.13
	0008	300	18.80
	0300	500	20.61
	1093	100	18.43
	2195	500	18.80

要求:

①请计算其航空运费。

②请根据计算结果,填写航空货运单运费计算栏。

解:

查找TACT RATES BOOKS的品名表,品名编号"0008"所对应的货物名称为"FRUIY, VEGETABLES-FRESH",现在承运的货物是FRESH APPLES,符合指定商品代码"0008"。

此时,能否直接使用指定商品运价作为该商品的适用运价,还要考虑货主交运货物的计费重量是否达到或超过"0008"指定商品运价使用时的最低重量要求。

Volume: $102cm \times 44cm \times 25cm \times 5 = 561000cm^3$

Volume weight: $561000cm^3 \div 6000\ cm^3/kg = 93.5kgs$

Gross Weight: $65.2kgs \times 5 = 326.0kgs$

Chargeable weight: 326.0kgs

由于货主所交运的货物重量也符合"0008"指定商品运价使用时的最低重量要求。

Applicable rate: SCR 0008/Q 18.80CNY/KG

Weight charge: $326.0 \times 18.80 =$ CNY6128.80

航空货运单运费计算栏填制如下:

No. of Pieces Rcp	Gross Weight	Kg Lb		Rate Class Commodity Item No.	Chargeable Weight	Rate/ Charge	Total	Nature and Quantity of Goods (Incl. Dimension or Volume)
5	326.0	Kg		0008	326.0	18.80	6128.80	FRESH APPLES DIMS:102cm×44cm×25cm×5

例 2：

Routing； Beijing,CHINA(BJS) to NAGOYA,JAPAN(NGO)

Commodity： FRESH ORANGES

Gloss weight： EACH 47.8kgs,TOTAL 6 PIECES

Dimensions： 128cm ×42cm ×36cm ×6

公布运价如下：

BEIJING Y. RENMINBI	CN CNY		BJS kgs
NAGOYA	JP	M	230
		N	37.51
		45	28.13
	0008	300	18.80
	0300	500	20.61
	1093	100	18.43
	2195	500	18.80

要求：

①请计算其航空运费。

②请根据计算结果，填写航空货运单运费计算栏

解：

Volume： $128\text{cm} \times 42\text{cm} \times 36\text{cm} \times 6 = 1161216\text{cm}^3$

Volume weight： $1161216\text{cm}^3 \div 6000\ \text{cm}^3/\text{kg} = 193.536\text{kgs} = 194.0\text{kgs}$

Gross Weight： $47.8\text{kgs} \times 6 = 286.8\text{kgs}$

Chargeable weight： 287.0.0kgs

分析：由于计费重量没有满足指定商品代码 0008 的最低重量要求 300kg，因此只能先用普货来算。

(1)按普通运价使用规则计算：

Applicable rate： GCR Q45 28.13CNY/KG

Weight charge： $287.0\text{kgs} \times 28.13 = \text{CNY}8073.31$

(2)按指定商品运价使用规则计算：

Actual gross weight： 286.8kgs

Chargeable weight： 300.0kgs

Applicable rate： SCR 0008/Q300 18.80CNY/kg

Weight charge： $300.0\text{kgs} \times 18.80 = \text{CNY}5640.00$

对比(1)与(2)，取运费较低者。

Weight charge：CNY5640.00

航空货运单运费计算栏填制如下：

No. of Pieces Rcp	Gross Weight	Kg Lb	Rate Class		Chargeable Weight	Rate/ Charge	Total	Nature and Quantity of Goods (Incl. Dimension or Volume)
				Commodity Item No.				
6	286.8	Kg		0008	300.0	18.80	5640.00	FRESH ORANGES DIM:128cm×42cm×36cm×6

计算步骤:

①先查询运价表,如运输始发地至目的地之间有公布的指定商品运价,则考虑使用指定商品运价。

②查找 TACT RATES BOOKS 的品名表,找出与运输品名相对应的指定商品编号。然后查看在公布的运价表上,该指定商品编号是否公布有指定商品运价。

③计算计费重量。此步骤与普通货物的计算步骤相同。

④找出适用运价,然后计算航空运费。

此时需比较计费重量与指定商品的最低重量。

a. 如果货物的计费重量超过指定商品的最低重量,则优先使用指定商品运价作为商品的适用运价。

b. 如果货物的计费重量没有达到指定商品的最低重量,则需要比较计算。其步骤如下:

ⓐ按普通货物运价算出运费;

ⓑ按指定货物运价算出运费。此时,因货量不足,托运人又希望适用指定商品运价,那么货物的计费重量就要以所规定的最低运量为准,即,该批货物的运费 = 最低运量 × 所适用的指定商品运价;

ⓒ比较ⓐ和ⓑ计算出来的航空运费,取低者。

⑤比较第④步计算出的航空运费与最低运费 M,取高者。

3)等级货物运价(Class Cargo Rate,缩写为 CCR)

(1)基本概念。等级货物运价是指在规定的业务区内或业务区之间运输指定等级的货物所适用的运价。

等级货物运价是在普通货物运价的基础上增加或减少一定百分比而构成的。IATA 规定,等级货物运价主要包括以下两类:

①等级运价加价,用运价代号"S"(Surcharged class rate)表示,适用商品包括:活动物、贵重物品、尸体、骨灰等。

②等级运价减价,用运价代号"R"(Reduced class rate)表示,适用商品包括:报纸、杂志、书籍及出版物、作为货物托运的行李。

(2)计算。

①活动物运价。活动物(live animals)运价参看:TACT Rules 3.7.2,见表 3-22。

Exception:1 Within and from the south West Pacific sub - area:200% of the applicable GCR

最低运费:(不包含 ECAA 国家之间)活体动物的最低运费标准为 200% M。

说明:

a. 由表的名称中可以看出,该活体动物运价表适用于所有地区,但不包括 ECAA 国家(欧共体协会协议国家)之间。

Rates covering all areas, excluding between countries in the ECAA　　表 3-22

	LATA AREA (see Rules 1.2.2 Definitions of Area)					
ALL LIVE ANIMALS Except: Baby Poultry less than 72 hours old	Within 1	Within 2 (see also Rule 3.7.1.3)	Within 3	Between 1&2	Between 2&3	Between 3&1
	175% of Normal GCR	175% of Normal GCR	150% of Normal GCR Except: 1 below	175% of Normal GCR	150% of Normal GCR Except: 1 below	150% of Normal GCR Except: 1 below
BABY POULTRY Less than72 hours old	Normal GCR	Normal GCR	Normal GCR Except: 1 below	Normal GCR	Normal GCR Except: 1 below	Normal GCR Except: 1 below

b. IATA(国际航空运输协会,简称国际航协)将全球分成三个业务区(航协区)。表中"Within 1"、"Within 2"、"Within 3"、"Between 1&2"、"Between 2&3""Between 3&1"中的数字"1"、"2"、"3"分别代表业务1区、业务2区、业务3区。

c. ALL LIVE ANIMALS Except: Baby poultry less than 72 hours old.

所有活体动物,除了出生不到72h的小家禽。

d. 当表中出现"the Normal GCR"时,表示使用运价表中的45kgs以下普货运价。即N运价(当不存在45kgs重量点时,N运价表示100kgs以下普通货物运价。)此时,运价的使用与货物的计费重量无关。

e. 当表中出现"the Normal GCR的百分比"(如:150% of the Normal GCR)时,表示在运价表中N运价的基础上乘以这个百分比(如:150% N)。此时,运价的使用与货物的计费重量无关。

f. 动物的容器以及食物等应包含在活体动物的计费重量中。

例1:

Routing: Brussels, Belgium(BRU)

Sharjah, United Arab Emirates(SHJ)

Commodity: day old chicks(一日龄鸡)

Chargeabe weight: 70kgs

Dimensions: 100cm×60cm×20cm×10

Payment: 全部预付

date/type	note	item	min weight		local curr
	BRUSSELS EURO		BE EUR		BRU kgs
	SHARJAH		AE	M	61.97
				N	11.58
				45	8.75
				100	3.92
				500	2.88
				1000	2.45

解：

IATA2 区内运输 72h 以内家禽，运价为 N

Volume：100cm × 60cm × 20cm × 10 = 1200000cm^3

Volume weight：1200000cm^3 ÷ 6000 cm^3/kgs = 200kgs

Gross weight：70kgs

Chargeable weight：200kgs

Applicable rate：Normal GCR = 11.58EUR

Weight charge：200 × 11.58 = 2316.00EUR

Currency	CHGS code	WT/VAL		Other	
		PPD	COLL	PPD	COLL
EUR		×		×	

No. of Pieces Rcp	Gross Weight	Kg Lb	Rate Class	Rate Class: Commodity Item No.	Chargeable Weight	Rate/ Charge	Total	Nature and Quantity of Goods (Incl. Dimension or Volume)
10	70	Kg		N100	200	11.58	2316.00	DAY OLD CHICKS DIMS：100cm × 60cm × 20cm × 10 LIVE ANIMAL

填表注意事项：

①运价类别栏：填入活体动物运价代号"S"。

②货物品名及数量栏：要求有"活体 LIVE ANIMAL"字样。

③品名代号栏：填写所使用的规则"N100"表示使用 100% 的 N 运价。

④运价/运费栏：填写按照活体动物规则计算出的运价"11.58"。

⑤货币（Currency）栏：填写运价表中的当地货币代码"EUR"。

⑥付款方式栏：均在 PP 上打"×"。表示全部预付。

例 2：

Routing：Shanghai，China（SHA）—Rome，Italy（ROM）

Commodity：parrots（鹦鹉）

Gross weight：3kgs

Dimension：40cm × 30cm × 30cm × 1

Payment：全部预付

SHANGHAI		CN		SHA
Y. RENMINBI		CNY		kgs
ROMA		IT	M	125.00
N	16.43			
45	12.08			
100	11.08			
300	9.17			
500	7.96			

解：

IATA2 区与 3 区之间运输一般动物，运价为 150% N。

Volume：40cm × 30cm × 30cm × 1 = 36000cm^3

Volume weight：40 × 30 × 30/6 000 = 6kgs

Gross weight：3kgs

Chargeable weight：6kgs

Applicable rate：150% N = 150% × 16.43 = 24.645 = 24.65CNY

Weight charge：6 × 24.65 = 147.90CNY

Minimum charge：200% M = 200% × 125.00 = 250.00CNY

Currency	CHGS code	WT/VAL		Other	
		PPD	COLL	PPD	COLL
CNY		×		×	

No. of Pieces Rcp	Gross Weight	Kg Lb		Rate Class Commodity Item No.	Chargeable Weight	Rate/ Charge	Total	Nature and Quantity of Goods (Incl. Dimension or Volume)
1	3	Kg		N200	6	250.00	250.00	PARROTS DIMS：40cm × 30cm × 30cm LIVE ANIMAL

②书报、杂志运价。货物包括报纸、杂志、期刊、图书、目录、盲人读物及设备，见表 3-23。

书报、杂志运价表 表 3-23

Area：	Rate：
• With IATA Area 1；	67% of the Normal GCR
Between IATA Area 1 and 2	
• All Other Areas	50% of the Normal GCR

最低运费按公布的最低运费 M 收取。

可以使用普通货物的较高重量点的较低运价。

例：

Routing：Beijing，CHINA(BJS) to London，United Kingdom(LON)

Commodity：Books

Gross weight：980.0kgs

Dimensions：20 Piece 70cm × 50cm × 40cm each

公布运价如下：

BEIJING Y. RENMINBI	CN CNY		BJS kgs
LONDON	GB	M	320
		N	63.19
		45	45.22
		100	41.22
		500	33.42
		1000	30.71

解：

运费计算如下：

Volume：　　70cm×50cm×40cm×20 = 2800000cm^3

Volume weight：　　2800000cm^3 ÷6 000 cm^3/kgs = 466.67kgs = 467.0kgs

Gross weight：　　980.0kgs

Chargeable weight：　980.0kgs

Applicable rate：　　R 50% of the Normal GCR

50% ×63.19CNY/KG = 31.595CNY/KG = 31.60CNY/KG

Weight charge：　　980.0 ×31.60 = CNY30968.00

由于计费重量已经接近下一个较高重量点1000kg，因此用较高重量点的较低运价；

Chargeable weight：1000.0kgs

Weight charge：1000.0 ×30.71 = CNY30710.00

低于上述利用等级运价减价计算出的运价。

因此，运费为CNY30 710.00。

航空货运单运费计算栏填制如下：

No. of Pieces Rcp	Gross Weight	Kg Lb		Rate Class / Commodity Item No.	Chargeable Weight	Rate/ Charge	Total	Nature and Quantity of Goods (Incl. Dimension or Volume)
20	980.0	Kg			1000.0	30.71	30710.00	BOOKS DIMS：70cm×50cm×40cm×20

假设：

Q1000对应的运价为32.00CNY/KG

则：

用较高重量点的较低运价

Chargeable weight：1 000.0kgs

Weight charge：1 000.0 ×32.00 = CNY32000.00

高于上述利用等级运价减价计算出的运价。

故运费为CNY30968.00。

航空货运单运费计算栏填制如下：

No. of Pieces Rcp	Gross Weight	Kg Lb	Rate Class		Chargeable Weight	Rate/ Charge	Total	Nature and Quantity of Goods (Incl. Dimension or Volume)
				Commodity Item No.				
20	980.0	Kg		N50	980.0	31.60	30968.00	BOOKS DIMS：70cm×50cm×40cm×20

三、货物不正常运输赔偿

1. 货物不正航运输

1)货物不正常运输的概念

货物不正常运输主要是指在运输过程中发生的货物少收、多收、漏装、漏卸、错装、错卸、拉货、丢失、破损、错贴(挂)标签和延误等不正常情况。

2)航空货物运输过程中的不正常运输形式

航空货物不正常运输的形式主要包括：

有单无货、有货无单、多收货、少收货物、无标签货物、数据不符、破损、拉货。

3)货物丢失

(1)货物丢失：是指航站只持有货运单，而货物部分或全部下落不明满30日。

(2)货物丢失的处理方法：

①发报向始发站、经停站查询；

②填写不正常货物运输处理记录；

③发现贵重物品、武器、弹药、危险物品、外交信袋等丢失，应立即按规定程序上报领导；

④写出查询情况报告，继续查找货物。在查找的过程中，如果托运人或收货人提出索赔，可以按规定给予赔偿。赔偿前应与索赔人书面商定丢失货物找到后的处理办法；

⑤已赔偿的丢失货物找到后，应及时与索赔人联系，按双方商定的意见处理。

2. 相关方责任

依据1999年《蒙特利尔公约》，相关方责任如下：

1)承运人责任

公约第十八条规定："对于因货物毁灭、遗失或者损坏而产生的损失，只要造成损失的事件是在航空运输期间发生的，承运人就应当承担责任。"

公约第十九条规定："货物在航空运输中因延误引起的损失，承运人应当承担责任。"

2)承运人免责

货物的毁灭、遗失或者损坏是由于下列原因造成的，承运人不承担责任：

(1)货物的固有缺陷、质量或者瑕疵；

(2)承运人或者其受雇人、代理人以外的人包装货物的，货物包装不良；

(3)战争行为或者武装冲突；

(4)公共当局实施的与货物入境、出境或者过境有关的行为。

承运人证明已经采取一切可合理要求的措施或者不可能采取此种措施的，承运人不对因延误引起的损失承担责任。

3)托运人责任

对托运人或者以其名义在航空货运单上载入的关于货物的各项说明和陈述的正确性，托运人应当负责。

对因托运人或者以其名义所提供的各项说明和陈述不符合规定、不正确或者不完全，给承运人或者承运人对之负责的任何其他人造成的一切损失，托运人应当对承运人承担赔偿责任。

3. 不正常事件处理

1）误操作单证

主运单是航空公司和托运人/代理人间的运输协议，也是收货方进行清关和收货的证据。如果单据上有误操作出现，则需进行相应查询程序。

（1）运单遗失（MSAW）核查/查询。

①当已出运单的货物收到而单据遗失时，应向始发站及航线上所有航站（包括未经停航站）发送主运单遗失查询信息，查询遗失的单据，要求他们发送该主运单的复件。

②收到不正常情况查询的机场应将主运单复件传真至发出查询的航站。如果该站无法查找到遗失的单据，则须将存档中主运单的 3 份复件立即传送至装运站。

③找到单据的机场应将单据以最早的航班传送至机场发出查询方，并以电传形式将航班的信息告知查询方。

（2）多余运单（FDAW）核查/查询。

①在目的站机场应以电传形式向始发站报告主运单多收事件并将主运单保存等待指示。

②如收到多收主运单的航站不是目的站，该站应向目的站和发运站发送电传信息。

2）误操作货物

（1）货物遗失（MSCA）核查/查询。

①核查有否收到遗失货物的相关信息及该信息是否指出该货物有没有拉货或短程运输，如果没有，应在当地核查并联络所有可能收到遗失货物的机场和其他办公地。

②在发现货物遗失的机场向所有遗失货物可能被放置的机场发出查询信息并通知托运人。

③收到查询信息的机场应立即检查所有可能放有遗失货物的地方。如果装货站认为遗失货物被装运在错误的航班上，该机场应向可能收到货物的各机场发送信息。如果货物找到，应在回复中包括所有重运的信息。

④如果货物在航班到达 21d 后仍未收到，则须向始发站发送最后查询信息。

⑤“遗失货物核查记录”应由上货航员工按照仓库地面管理人员发送的不正常情况报告签发。航站应保留一份“遗失货物核查记录”，并存档 1 年。

（2）多余货物（FDCA）核查/查询。

①多余货物有以下 3 种：

a. 收到未附有标签的货物但附有舱单。

b. 收到附有标签的货物但未附有舱单。

c. 收到未附有标签的货物并未附有舱单。

②处理流程：

a. 收到未附有标签的货物但附有舱单。

当在卸货站发现未附有标签的货物或包裹，应核对主运单上的目的地与卸货站是否相符。有如下两种情况：

ⓐ当主运单上的目的地即为卸货站，应以不正常情况报告和货物查询信息形式通知装货站有多余数量。

ⓑ如果主运单上的目的地不是卸货站，即有误操作发生，应将货物以最早的上货航航班或卡车发送至正确的目的地，并以货物查询信息形式通知装货站和目的站。❶

b. 收到附有标签的货物但未附有舱单。

当在卸货站发现附有标签的货物或包裹，应核对主运单上的目的地与卸货站是否相符。有如下情况：

ⓐ当主运单上的目的地即为卸货站，应以不正常情况报告和货物查询信息形式通知装货站有多余数量。

ⓑ如果主运单上的目的地不是卸货站，即有误操作发生，应将货物以最早的上货航航班发送至正确的目的地，并以货物查询信息形式通知装货站和目的站。❷

ⓒ如果主运单（正本）未收到，应向始发站要求传真主运单的复印件以便进行清关。

c. 收到未附有标签的货物并未附有舱单。

③转运流程。当货物因上货航（包括地面操作代理人或客户）原因，发生误操作或发运到错误航线时，应将货物尽快发运到正确的目的站。

3）航班拉货

拉货有以下两种情况：一种是计划拉货。在舱单出单前，由当地的舱位管理员或订舱管理员授权将既定的货物拉货。

另一种是临时拉货。当已列在舱单上的货物在飞机起飞前从飞机上拉下。

下列处理流程仅适用于临时拉货：

（1）始发站拉货。

①发送拉货信息至以下方面：

a. 原航站的舱位销售部门，告知这些货物不会按照预定发运且需要更正订舱。销售部门也可根据此信息告知托运人货物不会在预定航班上发运。

例如：OFLD 信息

RE PRE－ALERT－OFLD

FLT NO/DATE－F4840/12FEB

OFLD FLWG CGO DUE TO PAYLOAD

PMC－01288F4/FRAPVG/K2000/QP

825－12345675FRAPVG/T2K300

825－22345675FRAPVG/P2T6K1600

BULK

825－32345675FRAPVG/T6K50

BRGDS

b. 告知中转和目的站，货物不会在该航班上发运并应预先作相应更正。如果主运单不能在始发站更改，则中转站/目的站应保留相关单据直到重发货物进港。

---

❶ 未取得上货航同意，多余货物只能在上货航航班上发运。

❷ 同上。

c. 告知当地的舱位控制人员要求重新分配舱位。

②将拉下的货物暂时在下一班航班上订舱。

③在货运系统中输入注释标示货物已被拉下及其原因。

例如:OFLD P2/T20 EX F4839/01JAN DUE PAYLOAD – EWRFF。

④修改数据。在货运系统中重订舱位或分运。货物重运至目的地必须制作舱单。

⑤发送未出舱单的信息。将拉下的货物重运至目的地的信息向相关方发送预告。

(2)在中间站拉货。在中间站拉货时,中间站应立即与相应的部门联络取得重运指示并将货物重新在公司指定的航班上订舱。

(3)单证和相关方。

①当一票货有部分拉货,应将原主运单附着在第一部分的货物上运至目的地。当后运的那部分货物发运时,应将6份主运单复印件附着在货物上。

②当全票货被拉货时,应收回主运单及其他所附单据。如果不能收回这些单据,应通知目的地或转运站保留相关运单和单据。

4)无法交付的货物

(1)发生以下情况时,货物被视为无法交付:

①收货人拒付应付款项。

②收货人拒收货物。

③无法在指定地址找到收货人。

④收货人未回复货物运抵通知。

⑤收货人地址不完整。

⑥其他影响货物运输或交付的事件。

(2)如果有货物无法交付,相关方面必须尽全力交付货物。如果在努力后仍无法交付货物,始发地的舱位销售员或管理部门负责收取或结算该货物产生的相应费用。

5)损坏的货物

损坏货物可能有以下性质:破损,扭曲和凹凸,变质,污损,受潮,裂开,破碎或类似情况。另外,由于可能或已经证实的盗窃造成的单件包装或多件包装物品的整件或部分失踪也应和明显的损坏作同等对待。

货物损坏的分类如下:

(1)隐性损坏

隐性损坏是指在货物的外包装上无法发现有损坏或不正常情况,而货物内在却被损坏或无法使用。

(2)疑似损坏。如果根据货物情况或其他事实,货物的内在可能被损坏,例如:

①在移动包装时,内部发出响声。

②潮气或液体渗透出外包装。

(3)明显损坏。通过货物的外包装就可判断货物已被损坏,例如:

①包装坠落;

②严重受压。

6)损坏货物处理程序

(1)确定损坏程度。

(2)确定损坏可能对下列项目造成的影响:

①该飞机及机上人员的安全；
②操作货物员工的安全；
③货物本身包括其他货物的安全。
(3)如有需要，将损坏货物从飞机、集装器或其他剩余货物上卸下。
(4)如果在始发站发现损坏，应要求托运人检查并重新包装货物，且主运单的“货物处理信息”栏中应显示出这一情况。
(5)如果在目的站发现货物损坏，应填写货物损坏情况报告。
(6)填写不正常事件报告，并注明损坏细节。如果货物是在转运中，则须注明应采取何种操作以保护货物的内在不受到更多的损坏和损失。
(7)相关航站应调查损坏原因并采取适当的弥补措施。

四、索赔

1. 责任

(1)上货航仅在货物的损坏或损失直接由上货航或其代理人造成时才负有责任。在一般情况下，我们的赔偿范围由货物的重量限定，除非托运人声明价值更高且支付了多余的费用。
(2)索赔必须伴有实际损坏的证据。上货航对间接或连锁引起的损坏不负责任。

2. 有索赔权的各方

(1)托运人和收货人享有同等的索赔权，但只有一方的索赔可被受理。索赔须根据运单上注明的条款进行。
(2)上货航只受理在主运单上注明的托运人和收货人的索赔。任何意图索赔的第三方须提供主运单上注明的托运人或收货人出具的权利转让证明。

3. 规则

(1)航空运输受到运单上的合同约束。
(2)华沙条约系统：
①1929 年华沙会议；
②1955 年海格规则；
③1975 年蒙特利尔规则。
(3)当地国家相关规定。

4. 时间限制

按照运单上合同的规定，有索赔权的一方必须在合同中规定的时间内通知上货航索赔，否则不予受理。

5. 索赔处理程序

(1)一旦收到索赔，应尽快将运单号、索赔金额和索赔性质通知涉及的航站以防止双重索赔 。
(2)收到索赔的航站应在 7 个工作日内发出索赔确认函并索取所需材料。
(3)收到索赔的航站应确保索赔方提供足够的单据支持索赔。如果支持索赔的证据不足，收到索赔的航站应向索赔方索取所需的单据。收到索赔的航站还应负责收集涉及航站的所有相关单据和信息。
(4)如果在运单中未提及运输货物的声明价值，国际货物运输赔偿最高金额为每千克

20 美元。国内货物运输赔偿最高金额为每千克 20 元人民币。

(5)赔款不得超过运输该货时使用运单上或货物记录中的声明价值。

(6)如果第三方应该对损坏和损失负责,应争取向责任方索赔,例如操作代理人(包括但不限于地面操作代理人、仓储公司和卡车公司)。

6. 赔偿金额确定

承运人的责任最高限额以每千克 17 特别提款权为限。除非托运人托运货物时向承运人声明价值。

7. 赔偿仲裁

关于赔偿如果协商不成,当事人可以向所在地地方法院提起诉讼。

8. 诉讼时效

自航空器到达目的地点之日、应当到达目的地点之日或者运输终止之日起 2 年期间内未提起诉讼的,丧失对损害赔偿的权利。

航空法案例

案例 1:

某保险公司诉 A 航空公司、B 航空公司货物运输赔偿纠纷案

原告:某保险公司

被告:A 航空公司、B 航空公司

法院:某法院

审理时间:1992 年

【案情】

1991 年 12 月 6 日,原告某保险公司接受某公司(托运人)对其准备空运至米兰的 20 箱丝绸服装的投保,保险金额为 73849 美元。同日,由被告 A 航空公司的代理 B 航空公司出具了航空货运单一份。该航空货运单注明:第一承运人为 A 航空公司,第二承运人为 C 航空公司,货物共 20 箱,重 750kg,该货物的"声明价值(运输)"未填写。A 航空公司于 1991 年 12 月 20 日将货物由杭州运抵北京,12 月 28 日,A 航空公司在准备按约将货物转交 C 航空公司运输时,发现货物灭失。1992 年,原告对投保人(托运人)进行了全额赔偿并取得权益转让书后,于 1992 年 5 月 28 日向 B 航空公司提出索赔请求。B 航空公司将原告索赔请求材料转交 A 航空公司。A 航空公司表示愿意以每千克 20 美元限额赔偿原告损失,原告要求被告进行全额赔偿,不接受被告的赔偿意见,遂向法院起诉。

【法院分析与判决】

法院认为,航空货运单是航空运输合同存在及合同条件的初步证据。该合同的"声明"及合同条件是合同的组成部分,并不违反 1955 年《海牙议定书》的规定,且为国际航空运输协会规则所确认,故应属有效,对承运人和托运人具有相同的约束力。托运人在将货物交付运输时向原告进行了保险,该批货物在 A 航空公司承运期间发生灭失,A 航空公司应负赔偿责任。原告在赔偿后取得代位求偿权。由于托运人在交托货物时,未对托运货物提出声明价值并交付必要的附加费,所以 A 航空公司在责任范围内承担赔偿责任是合理的。被告 B 航空公司作为签发人,应对合同下的货物运输负有责任,但鉴于被告 A 航空公司承诺赔偿,B 航空公司可不再承担责任。

法院同时认为,该案是原告拒绝被告 A 航空公司承诺按责任限额赔偿而引起,故责任在原告。

法院判决如下：

(1)航空公司赔偿原告15000美元。

(2)航空公司给付原告自1993年2月1日至判决生效日15000美元的活期存款利息。

(3)诉讼费用由原告承担。

【学理研究】

本案中,首先在托运人和保险公司之间是保险合同关系。根据《中华人民共和国保险法》的规定,因第三者对保险标的的损害而造成保险事故的,保险人自向被保险人赔偿保险金之日起,在赔偿金额范围内代位行使被保险人对第三者请求赔偿的权利。因此,在保险人对托运人理赔后,保险人取得了代位权。

一、关于连续运输中责任的划分

本案是国际航空货物运输。始发地点为中国杭州,经停地点为北京,目的地点为意大利米兰,中国和意大利都是《华沙公约》缔约国,因此,根据《华沙公约》的规定,该国际航空货物运输是《华沙公约》意义上的国际航空货物运输。

该航空货运单注明,第一承运人为A航空公司,第二承运人为C航空公司,可见,A航空公司既是缔约承运人又是实际承运人,因为航空货运单是由被告A航空公司的代理B航空公司出具的。

《华沙公约》第十八条规定,对于托运的行李或货物因毁灭、遗失或损坏而产生的损失,如果造成这种损失的事故是发生在航空运输期间,承运人应负责任。那么,该由哪一家航空公司承担责任?

A航空公司和B航空公司之间是委托代理关系。《民法通则》第六十三条第二款规定:“代理人在代理权限内,以被代理人的名义实施民事法律行为,被代理人对代理人的代理行为,承担民事责任。”因此,应由A航空公司承担赔偿责任。

《海牙议定书》第一条第二款规定:“由几个连续的航空承运人所办理的运输,如经合同当事人认为是一个单一的运输业务,则无论它是以一个合同或一系列合同的形式约定的,在本公约的意义上,应视为一个不可分割的运输,并不因其中一个合同或一系列的合同完全在同一国家的领土内履行而丧失其国际性质。”因此,即便杭州至北京段是在中国境内,它也是个国际航空货物运输合同。

《华沙公约》第三十条对连续承运人之间的相互关系和责任规定如下:“一、符合第一条第三款所规定的由几个连续承运人办理的运输,接受旅客、行李或货物的每一个承运人应该受本公约规定的约束,并在合同中由其办理的一段运输的范围内,作为运输合同的订约一方。二、对于这种性质的运输,旅客或其权利继承人只能对发生事故或延误的一段运输的承运人提出诉讼,除非有明文约定第一承运人应该对运输全程承担责任。三、至于行李或货物,旅客或托运人有向第一承运人提出诉讼的权利,有权提取行李或货物的收货人也有向最后承运人提出诉讼的权利。此外,托运人和收货人都可以对发生毁灭、遗失、损坏或延误的一段运输的承运人提出诉讼。上述承运人应该对托运人和收货人负连带责任。”

由此可以看出,A航空公司和C航空公司在其办理的一段运输的范围内,作为运输合同的订约一方。托运人和收货人既可以起诉A航空公司,也可以起诉C航空公司,A航空公司和C航空公司之间是连带责任关系。但是,由于C航空公司根本没有承运该批货物,并且货物是在A航空公司运至北京准备移交时丢失的,责任在A航空公司,所以,根据上述第三款的规定，原告无权起诉C航空公司，C航空公司不承担赔偿责任。

就连续运输中承运人之间的责任划分，加拿大安大略省高级法院1978年审理的Connaught Laboratories Ltd. 诉加拿大航空公司(Air Canada)一案作了很好的说明。

1975年2月3日，Connaught Laboratories Ltd. 将一大批脊髓灰质炎疫苗交付加拿大航空公司，让加拿大航空公司将其从安大略省(Ontario)的多伦多运到厄瓜多尔的基多(Quito, Ecuador)。脊髓灰质炎疫苗容易腐烂变质，因此，在运输期间，必须冰冻储存。Connaught Laboratories Ltd. 在运输脊髓灰质炎疫苗方面有丰富的经验，因此其采取了一系列预先设计好的措施，以确保疫苗在到达目的地时处于冰冻状态。这些措施包括，在加拿大航空公司的售票处事先确认运送该批疫苗的所有航班，以确定一个飞行计划；用干冰包装疫苗；在每一个箱子贴上了标签，清楚地表明箱内之物为易腐的疫苗，并且警告该疫苗必须处于冰冻状态。没有理由怀疑Connaught Laboratories Ltd. 在运输该批疫苗时没有遵守其通常的程序。这样的包装，即使到了预定到达时间，还可对疫苗进行大约24h的保护。

在Connaught Laboratories Ltd. 提交货物托运之前，Air Canada已经确定在其1975年2月3日飞往佛罗里达州迈阿密的910和912航班运送该批疫苗，到达迈阿密后，转乘Andes公司的101航班前往基多，101航班离开迈阿密的时间为2月4日凌晨3时。Andes公司向Air Canada确认了该航班后，Air Canada又向Connaught Laboratories Ltd. 作了确认。Air Canada出具了航空货运单，在货运单的前面，用粗体写有：

"脊髓灰质炎疫苗"。

"干冰包装，必须冷冻"。

"到站后，立即与收货人联系"。

按预定计划那样，货物于2月3日清晨到达迈阿密，在当天下午由Air Canada转交给了Andes公司。但是Andes公司的101航班并未像预计那样在2月4日凌晨3时离开迈阿密并在当日下午1时到达基多。2月5日，疫苗一直存放在迈阿密机场的仓库中，直到2月6日上午10时才到达基多，几乎晚了48h，其间没有采取任何冷藏措施。到达基多时，疫苗完全融化，已无价值可言。大概被收货人毁掉了。在这种情况下，Connaught Laboratories Ltd. 就其疫苗所受到的损失起诉Air Canada，当时双方商定的疫苗的运价为27946.72美元。而Air Canada反过来又起诉第三人，第三人是以Andes公司的名义运营的。

针对Air Canada的起诉是建立在该运输是国际航空运输这一主张之上，国际航空运输是由1929年的《华沙公约》所定义并被1955年的《海牙议定书》所修订。这些公约在加拿大已经生效，并且适用于所有获取报酬的国际航空货物运输，并对这些运输规定了一些条件，包括在航空货运单中的任何条款如果与《华沙公约》的规定不一致，是无效的。

法院判决被告赔偿原告30411.01美元。加拿大航空公司赔偿原告后，再向第三人追偿。理由如下：

(1)本案中涉及的运输，显然是国际航空运输，运输合同受《华沙公约》的约束。就涉及的连续运输这一事实而论，将适用《海牙议定书》第一条第三款。加拿大航空公司无权以其如下的运价规则限制其责任：承运人对丢失、损坏、变质、盗窃、延误、误投，或非由承运人的实际疏忽导致的未能移交，不是发生在它自己的航线或航班上，或任何行为，或其他任何运送组织的疏忽、遗漏，都不承担责任。

以上加拿大航空公司的运价规则规定的对责任的限制不符合由《华沙公约》规定的国际运输的条件，也不能被Air Canada用来作为对Connaught诉讼的抗辩。公约明确规定承运人在货物运输中应对由于延误引起的损坏负责。仅仅是在承运人证明它和它的代理人采取了所有必需的措施以避免损失或对它和它的代理人采取这样的措施是不可能的情况下,其责任才受到限制。公约中的这些条款,构成了疫苗运输的适用条件,而非加拿大航空公司的运价规则。

(2)《华沙公约》第三十条第一款和第三款规定了连续承运人的连带责任,其内容是:第一款:"如果运输由几个连续承运人办理并符合第1条第3款的规定,则接受旅客、行李或货物的每个承运人都应受本公约规则的约束,并在合同中由其办理的一段运输的范围内,作为运输合同的订约一方。"

第二款:"至于行李或货物,旅客或托运人有对第一承运人提起诉讼的权利,有权提取行李或货物的旅客或收货人有对最后承运人提起诉讼的权利。此外,他们都可以对发生毁灭、遗失、损坏或延误的一段运输的承运人提出诉讼。这些承运人应该对旅客或托运人或收货人负连带责任。"

对Andes公司来说,这是一种连带和严格责任。非常清楚,加拿大航空公司应对原告的损失负责。根据《华沙公约》第20条的规定,加拿大航空公司不能开脱其责任。根据这些理由,判决对加拿大航空公司是不利的。除了双方商定的损害赔偿金27946.72美元外,根据修正的1970年的司法条例的规定,Connaught还可要求10.25%的利息,该利息应从1977年11月25日开始,即2464.29美元,因此,总数为30411.01美元。

在两个承运人加拿大航空公司和Andes公司之间,无疑Andes公司应对损失承担责任。显然,Andes公司知道或处于一种知道的位置并且应该知道货物的性质,即干冰包装、易腐、冷冻储存。Andes公司的代理人承认收到货物时货物处于一种良好的状态,航空货运单和箱子标明了危险警告。前已提到,Andes公司确认了加拿大航空公司向其预订的2月4日101航班,涉及的每一个人有理由相信这个易腐的托运物将在101航班上运输。至于为什么Andes公司的101航班延误,只有Andes公司自己清楚它整个一周航班计划被打乱的原因。Andes公司举出一些证据力图证明它已经采取了所有必要的措施来避免损失,显然凭这不可能成功地抗辩,律师承认这一点,转而以诉讼程序理由来为其辩护。第一个理由是它没有在《华沙公约》第二十六条第二款规定的时间内收到异议通知;第二个理由是第三方诉讼程序违背了公约第二十九条第一款的有关诉讼时效的规定,即"有关责任的诉讼,应该在航空器到达目的地之日起,或应该到达之日起,或从运输停止之日起2年内提起,否则就丧失诉讼的权利"。对于第一个理由,我们注意到事实上Andes公司几乎在货物发现之后就立即知道了货物的损坏,并且是在本案中其他当事人之前。在2月6日疫苗到达基多的当天,Andes公司销售部的经理就向收货人证明"大约是下午12:30,在收货人的请求下,对货物进行了检查,证实货物处于液体状态"。

Connaught发给加拿大航空公司的一封日期为1975年2月7日的信,根据运输条件,是一个必不可少的通知,在信中,Connaught就其遭受的损失向其索赔。1975年3月10日,加拿大航空公司写信给Andes公司,并附有Connaught索赔的复印件,请求Andes公司满足Connaught的索赔要求。9月,Andes公司回信说:"我们已经着手调查你信中向我们提出的货损索赔一事。我们必须将此事转交给你们,因为在该案中我们不能向你提供进一步的帮助。"《华沙公约》第二十六条第二款和第三款规定如下:"如果有损坏情况,收货人应该在发现损坏后立即向承运人提出异议。如果是行李,最迟应该在行李收到后3d内提出;如果是货物,最迟应该在货物收到后7d内提出;如果有延误,最迟应该在行李或货物交由收货人自行处置之日起14d内提出异议。任何异议应该在规定期限内运输凭证上或者另以书面提出。”虽然在上述条款规定期限内Connaught未能向Andes公司提交正式的异议，但却向Air Canada提交了异议。该运输是国际运输，承运人承担的是连带责任，因此向每一个承运人提交异议通知，那是没有必要的，在公约中也没有规定需要这样做。在大多数情况下，在第二十六条规定的相对短的时期内向每一个承运人提交书面异议，也是不现实的。法官认为，如果几个连续承运人中的其中之一收到异议通知，那就满足了公约规定的条件。况且，公约第三十条第三款规定：“至于行李或货物，旅客或托运人有对第一承运人提起诉讼的权利，有权提取行李或货物的旅客或收货人有对最后承运人提起诉讼的权利。此外，他们都可以对发生毁灭、遗失、损坏或延误的一段运输的承运人提出诉讼。这些承运人应该对旅客或托运人或收货人负连带责任。”再进一步讲，在公约中没有条款规定，当一承运人起诉另一承运人时，必须要有异议通知作为起诉的先决条件。该条款将提交异议通知的义务加在有权移交货物的人，而不是涉及的承运人之间。

不管怎样，第二十六条第二款的表面目的，要求立即提供损失通知，以便承运人能尽快进行调查，在法官看来，1975年2月6日由Andes公司所做的证明可以被作为满足第26条规定的通知。很明显，该证明是疫苗损坏这一事实情况的通知的收据。

公约第二十九条就时效规定如下：“有关责任的诉讼，应该在航空器到达目的地之日起，或应该到达之日起，或从运输停止之日起两年内提起，否则就丧失诉讼的权利。”从货物到达目的地之日起，诉讼时效就开始计算。但是，在第三方诉讼程序中却不是这样。第二十九条在公约第三章“承运人责任”一章中。该章中所有的条款都涉及因旅客死亡、受伤或其他的身体伤害以及由于货物和行李的丢失、损坏导致的承运人承担的损害赔偿责任，没有条款规定承运人之间索赔请求。这些请求没有被《华沙公约》包括，《华沙公约》也不想包括。总之，《华沙公约》处理旅客、托运人和收货人的索赔请求和承运人的责任，而不处理承运人之间的请求。因此，这就是法官的观点，即第二十九条的规定并不适用于加拿大航空公司诉Andes公司，也就并不构成对时效的限制。

综上所述，第二十九条的规定只能是阻止旅客、托运人和收货人在两年有效期后对承运人提起诉讼，但并不能同样适用于承运人之间。因此，加拿大航空公司 有权从Andes公司获得它赔偿给Connaught的赔偿金及诉讼费用。

二、按实际损失还是按责任限额赔偿

就承运人具体的损害赔偿原则而言，《华沙公约》确定了3项基本原则。即：限制损害赔偿原则；以声明价值金额为根据损害赔偿原则；无限制损害赔偿原则。

对经法院推定，由承运人过失行为导致的损害，承运人承担限制损害赔偿责任。即每一旅客以125000法郎为限（约折合10000美元）；旅客托运行李或货物每千克以250法郎为限（约折合20美元）；旅客自理行李以5000法郎为限（约折合400美元）。所述法郎，均指含有900‰成色、65.5mg黄金的法国金法郎（1928—1936年，该法郎为法国国家货币）；所述金额，可折合任何国家的货币后取其整数。

对托运时旅客已就其行李或货物运抵目的地的利益，向承运人做出特别声明，并支付附加费用的物品损害，除非经承运人证明物品的声明的金额高于实际价值，否则，承运人应以声明的金额为根据，承担损害赔偿责任。

对经原告人举证，承运人具有故意行为，或相当于该故意行为的过失行为；或者承运人具有违反航空运输凭证规则的行为并且这些行为与损害之间存在因果关系，承运人应承担无限制损害赔偿责任。

本案中，托运人在托运时没有对托运货物声明价值，因此，不能以声明价值金额为根据进行赔偿。但是，如果要让被告按保险金额73849美元赔偿，则原告必须证明该损失是由承运人故意造成的，由于原告未能证明，因此只能按限额赔偿，即每千克20美元，共15000美元（750千克×20美元）。

三、《华沙公约》责任限额（金法郎）的计算

《华沙公约》第二十二条第一款规定："在托运行李和货物运输中，承运人对行李或货物的责任以每千克250法郎为限，除非托运人在交运时，曾特别声明行李或货物运到后的价值，并缴付必要的附加费。在这种情况下，承运人所负责任不超过声明的金额，除非承运人证明托运人声明的金额高于行李或货物运到后的实际价值。"第四款规定："上述法郎是指含有900‰成色的65.5mg黄金的法国法郎。这项金额可以折合成任何国家的货币取其整数。"

对于《华沙公约》中所规定的责任限额如何计算，往往在旅客、托运人和航空公司之间有分歧。航空公司对旅客托运行李或货物按每千克以250法郎为限（约折合20美元）来进行赔偿，经常遭到旅客或货主的异议。在此情况下，航空公司便出示旅客的客票或航空货运单上的相关规定。这一规定作为声明（notice）印制在客票或货运单上，成为旅客或货主与航空公司之间的运输条件。客票和货运单是航空运输的初步证据。

在金本位下，黄金一直是与各国货币密切相关且相对稳定的商品。当时，实施这一计算单位没有任何问题，也没有造成误解。因为《华沙公约》确定的这一金法郎价值与当时相对稳定的市场价格几乎相等。20世纪60年代末70年代初，国际货币危机日益严重，黄金价格飞涨，美元一再贬值，给《华沙公约》中的"黄金条款"带来麻烦。

第二次世界大战后，依《国际货币基金协定》形成的国际货币体制，美国承担了按每盎司黄金35美元价格自由兑换黄金的国际义务，确定了美元作为国际标准货币的地位。20世纪60年代，美国财政恶化，美元开始贬值，后经西欧六国黄金联库的支撑，勉强维持到1968年，终于抵挡不住国际上抛售美元的巨浪。从1971年开始，西方各国纷纷允许本国货币与黄金比价自由浮动，美国政府也宣布停止履行其按"官价"（每盎司黄金35美元）自由兑换的国际承诺。这样，国际上出现了黄金的"双重价格"：一种是自由市场上依供需决定的商品价格，一度高达每盎司黄金400美元以上；另一种是只通行于各国中央银行之间汇兑业务结算的"官价"。这两种价格实际相差10倍左右，那么《华沙公约》限额应按哪种价格计算呢？各国法院的选择不同，学者的主张也不一样。在实践中，旅客或货主往往要求按商品价格计算，而航空公司则力主按"官价"计算。

每盎司黄金35美元的比值原是1934年美国《币值法》规定的。1972年美国官方正式宣布美元贬值，国会同时通过了《修订币值法》，将黄金官价提高到每盎司38美元。1973年再度宣布美元贬值，《修订币值法》将黄金官价又提高到42.2222美元。货币危机导致国际货币基金组织废除美元作为国际标准货币的法定地位，而采用"特别提款权"（SDR）作计算单位，并于1978年4月1日实行。与此同时，美国国会也宣布废止了1973年《修订币值法》，取消了美元对黄金的"官价"。这样，按美国1973年《修订币值法》确定的每盎司黄金折合42.2222美元的"官价"，就成了永远不会再变动的所谓"最后官价"。

在美国环球航空公司与富兰克林铸币公司案中,美国联邦最高法院就面临这一难题。最后,法院将政府规定的金法郎价值作为《华沙公约》的金法郎换算为本国货币的办法,确定了每盎司黄金折合 42.22 美元。

在 1980 年波兰华沙空难事件,法庭裁定,按每盎司黄金折合 42.22 美元计算,否决了原告的建议。

在 1982 年汉莎航空公司与 Deere 公司一案中,法庭做出了同样的裁定,即以美国最后黄金官价——每盎司黄金 42.22 美元为此案的责任限额。

目前,国际上普遍采用 250 金法郎折合 20 美元这一数额。国际航协更是在其决议中建议各承运人将这一限额明确列入运输条件,印在客票或货运单上作为依据,这已成为国际统一惯例。

案例 2:

湖州市某公司与大连某公司宁波分公司国际航空货物运输运费纠纷再审案

申请人:浙江省湖州市某公司

被申请人:大连某公司宁波分公司

法院:中华人民共和国最高人民法院

审理时间:1997 年 4 月

【案情】

再审申请人浙江省湖州市某公司(以下简称 A 公司)因与大连某公司宁波分公司(以下简称 B 公司)国际航空货物运输运费纠纷一案,不服浙江省高级人民法院[1995]浙经终字第 321 号民事判决,向最高人民法院申请再审。最高人民法院经审查认为:原审判决认定事实证据不足,适用法律不当,依照《中华人民共和国民事诉讼法》第一百七十九条第一款第(二)项、第(三)项和第一百八十三条的规定,决定对本案提审。

最高人民法院经审理查明:1993 年年初,意大利代理商陈某与再审申请人 A 公司签订丝绸服装贸易合同。该合同确定的贸易条件为 FOB 上海。同年 4 月 23 日,陈某与意大利某公司米兰分公司(以下简称 C 公司)签订了一份《委托运输合同》,约定:由 C 公司为陈某实施从中国到意大利进口货物的运输。陈某交托所有的进口货物由 C 公司独家经营托运,不得转托其他公司代理托运。陈某把从中国出口的货物交 C 公司在中国办事处的负责人何某,后者必须在一个星期内把所收到的货物运到意大利,保证不发生交货延误。货到米兰后,陈某要立即给付 C 公司运费才可提货,否则,陈某还要支付仓库保管费。合同签订后,陈某于同年 4 月 29 日传真告知 A 公司的中介 D 公司通知 A 公司,此次出口货物包括以后的出口货物都交由 C 公司承运,运费由其在米兰提货时支付,并告知了 C 公司中国办事处负责人何某在杭州的住址,要求 A 公司速与其接洽办理出口手续。为便于订舱发运,A 公司按照何某的要求改用东方航空公司(以下简称东航)的《国际货物托运书》,将填好的托运书传真给何某。何某将托运书交给了东航的销售代理 B 公司。A 公司于同年 5 月至 9 月间先后 7 次按照何某的指示将货物送到上海虹桥机场 B 公司的仓库。该公司签收了货物,随后代填并签发了 6 票东航货运主运单,还委托某空运有限公司上海分公司签发 1 票中国国际航空公司主运单。B 公司签发的 6 票主运单上记载的托运人为 B 公司,收货人为比利时 C 的米兰公司。B 公司还签发 7 票航空货运分运单。分运单上记载的托运人为 A 公司,收货人为托运书上 A 公司指定的意大利诸客户。在此期间,B 公司按照航空公司预付运费的要求,先后向东航和某空运有限公司上海分公司支付了 7 票货的空运费(外汇人民币)449311.50 元(其中 6 笔系上海到布鲁塞尔空运费、1 笔为上海到米兰空运费)。货物发送后,B 公司未将航空分运单正本托运人联交给 A 公司,也未向 A 公司索要空运费。7 票货物于同年 5 月至 9 月间陆续运到米兰,陈某先后向 C 的米兰公司支付了全程空陆运费、清关费及杂费,提取了货物。C 的米兰公司分别开具了发票和收据,同时声明该批货物运送合同已履行完毕。1995 年 2 月 10 日,B 公司致函 A 公司称:当时 A 公司委托 C 公司,但 C 公司与 B 公司有代理协议,现 C 公司将收款权移交给 B 公司,要求 A 公司依照航空分运单支付上海到米兰 7 票货的全程空运费 101712.824 美元。A 公司以运费由外商支付,本公司无支付运费义务为由拒付,双方酿成纠纷。B 公司遂向浙江省湖州市中级人民法院起诉,要求 A 公司支付航空分运单记载的全程空运费及滞纳金共计 126123.904 美元。

【法院分析与判决】

一、湖州市中级人民法院的分析与判决

湖州市中级人民法院审理认为:双方虽未签订书面委托运输合同,但 A 公司将货物交到 B 公司仓库,并在货物托运书上签字,B 公司已将货物运至目的地,有权向 A 公司收取运费,A 公司由外商支付运费的理由无据。遂判决 A 公司向 B 公司支付运费及逾期违约金共计 126123.904 美元。A 公司不服,向浙江省高级人民法院上诉,称:本公司虽在货物托运书上签字,但和被上诉人不存在货物委托运输合同关系,运费应由意大利客户承付,且客户已向米兰公司支付运费。请求撤销原判,予以改判。B 公司未作书面答辩。

二、浙江省高级人民法院的分析与判决

浙江省高级人民法院二审认为:双方虽未签订书面委托运输合同,但 A 公司是以自己的名义出口货物,并将货物送到 B 公司仓库,并在货物托运书上签字确认,B 公司亦将货物委托航空公司运到 A 公司指定的地点交付,应认定双方间的委托运输关系成立。B 公司已履行了委托运输义务,A 公司应向其支付运费。意大利客户与 C 公司间的委托运输合同与本案无涉。上诉人的上诉理由无事实和法律依据,不予支持。原判认定事实清楚,适用法律正确,应予维持。根据《中华人民共和国民事诉讼法》第一百五十三条第一款第(一)项之规定,于 1995 年 12 月 11 日做出判决:驳回上诉,维持原判。

A 公司不服此判决,以原上诉理由向最高人民法院申请再审。

三、最高人民法院的分析与判决

最高人民法院经审查认为:原审判决认定事实证据不足,适用法律不当。根据《中华人民共和国民事诉讼法》第一百七十九条第一款第(二)、(三)项,第一百八十三条的规定,于 1996 年 11 月 17 日裁定:对本案予以提审。

裁定书送达后,B 公司除以原起诉理由予以答辩外,还辩称:根据外经贸部 1990 年颁布的《国际货物运输代理行业管理的若干规定》,C 的米兰公司不能在中国境内揽货并转委托代理,故本公司与米兰公司之间不存在委托代理关系。本公司受 A 公司委托,将货物运至了目的地,有权向 A 公司收取运费。

最高人民法院再审认为:按照意大利代理商陈某与 A 公司商定的贸易条件,订立运输合同并支付运费是买方的义务。据此,陈某与 C 米兰公司签订了《委托运输合同》,合同

内容表明C公司是本案7票货的缔约承运人、陈某是托运人。由于C公司在出口国中国不具备经营国际货运代理业务的资格,为确保本案货物能及时向航空公司订舱发运,并按照陈某的指示货物经布鲁塞尔转运到米兰,C公司必须委托中国上海和比利时布鲁塞尔的国际货运代理协助完成在当地的运输事宜。本案航空主运单上记载的托运人B公司、收货人Gondrand公司。Gondrand公司即为C公司委托的所在国的发货代理和中转代理。根据Gondrand公司的证言,该公司是按照C公司的委托办理本案货物经布鲁塞尔转运到米兰的运输,发生的费用包括关税、税务代理费、航空提货费、单证费、卡车运费都是由C公司负责向该公司支付,从不和货主直接联系,所有指令都来自C公司。该公司与C公司间的财务问题已全部结清。关于中方运费问题与该公司无关,应与意大利C公司解决。Gondrand公司接受C公司委托事宜并与C公司结算费用是各国国际航空货运代理行业相互委托办理FOB(FCA)货物运输的惯例。作为C公司发货代理的B公司向航空公司支付的空运费亦应向C公司收取。虽然本案A公司将货物送到B公司在上海虹桥机场的仓库,其名称亦被填入航空分运单托运人栏内,但不能因此认为双方构成委托运输关系。按照本案《委托运输合同》的约定,A公司应向C公司交付货物。A公司将货物送到B公司仓库是按照C公司要求将货物送到指定地点的行为,并非向B公司托运,A公司只是按照陈某的指示向C公司交货的付货人。B公司接受货物,填制航空货运单并不是接受A公司的委托,而是作为C公司的发货代理将C公司收到的货物向航空公司托运的行为。根据我国参加的《统一国际航空运输某些规则的公约》(即《华沙公约》)第十一条第一款规定:“在没有相反的证据时,航空货运单是订立合同、接受货物和承运条件的证明。”本案作为东航销售代理的B公司虽然签发了航空货运单,但本案有陈某与C的米兰公司按照《委托运输合同》履行支付空运费交付货物的事实的相反证据,从而否定了航空分运单作为合同的证明效力。该分运单只是作为证明C公司收到并发运本案货物的收据。而且B公司在1993年5月至9月间陆续发送货物后,一直未将作为运输合同凭证的航空分运单正本托运人联交给A公司,15~21个月后才向A公司主张运费。这种违反《华沙公约》有关规定和不符合国际航空货运代理行业惯例的做法亦说明B公司不认为与A公司之间存在委托运输关系。

B公司以C公司收款权转移为由向A公司主张运费的理由,也是不能成立的。本案证据证明C公司已经收到陈某支付的全程运费,运输合同履行完毕,收款权已不存在,而且货运代理之间依代理关系改变支付运费的义务人,违背贸易合同当事人商定的贸易条件,因此所谓收款权转移对A公司是无效的。

B公司答辩称,根据我国外经贸部1990年颁布的《国际货物运输代理行业管理的若干规定》,C公司不能在中国境内揽货并转委托代理,以此否定其与C公司间的委托代理关系。依据外经贸部上述文件第八条第(三)项规定,国际货运代理企业“可以接受国外货运代理人的委托办理集运、托运、拼箱、装拆箱、存仓分拨、转运,门对门运输、快件运输,以及咨询服务等”。本案是C公司在意大利揽到陈某的进口货物,委托中国的国际货运代理办理托运出口,完全符合外经贸部上述文件规定,而且也是各国国际航空货运代理行业的惯例。本案A公司指定的收货人是意大利诸家客户而非C公司和Gondrand公司。C公司与B公司、Gondrand公司之间是航空货运代理关系,与货主无关。本案7票货全程运费应由C米兰公司向陈某收取,并由C公司依委托代理关系分别向B公司和Gondrand公司偿还垫付运费和中转费用。

B公司向航空公司支付的空运费系为C公司垫付的费用，理应由C公司偿还。如果C公司不予偿还，应属商业风险，而不能以所谓“权益转让”为由主张权利，损害第三者的利益。况且B公司所主张的运费是航空分运单记载的上海经布鲁塞尔到米兰的全程空运费，其中包括了应由C公司向Gondrand公司支付的费用，以及C公司在米兰发生的费用，已明显超出其依航空主运单向航空公司支付的空运费。对此B公司未能做出合理解释。

综上，最高人民法院依照《中华人民共和国民事诉讼法》第一百七十九条第一款第（二）项、第（三）项的规定，于1997年4月9日裁定如下：一、撤销浙江省高级人民法院的第二审民事判决和湖州市中级人民法院的第一审民事判决。二、驳回B公司的起诉。一、二审案件受理费67706元，诉讼保全费5000元，由B公司负担。

【学理研究】

本案是由于国际航空货物运输而导致的运费纠纷案。在本案中，B公司将收到的A公司的货物委托航空公司运到了目的地，实施了委托代理运输的行为，理应收取应收取的包括其垫付的空运费在内的有关费用。但其应向A公司收取，还是向米兰分公司收取，这是本案当事人之间争议的焦点，也是再审判决与原一、二审判决根本不同之处。此问题的正确认定及处理，关键在于基于A公司将货物送至B公司的仓库，其名称也被填入航空分运单托运人栏内的事实，能否认定A公司与B公司之间构成委托运输关系，以及A公司与陈某之间在国际货物买卖合同中订立的FOB贸易条件、陈某与米兰分公司之间订立的《委托运输合同》确立的权利义务关系对本案当事人之间关系认定是否有关及所起的作用。

任务实施

1. 实训目的

（1）了解不正常运输的定义及类型；

（2）根据实际情况，会正确出具货物索赔函；

（3）根据相关法律和公约规定，能正确地进行索赔的谈判；

（4）熟悉处理航空货物运输过程中出现的各种不正常运输。

2. 实训内容

一票从罗马经北京中转至大连的货物，一程航班XY940/05FEB 02，二程航班XY951/08FEB 02，货运单号888－34783442，1件320kg，品名：尼龙粉，收货人：某市保税区贸易公司。赔偿原因：内物丢失16kg。

调查情况：

2月7日装卸人员在倒板时发现有绿色粉末散落，并随即告知保管员，但保管员没有理会这些，随口说就那么装，也没有填开事故纪录。

货物价值：13070马克，每千克38马克，约折合人民币2403元。

要求分析航空承运人的法律责任及赔偿原则。

3. 实训道具

（1）《国际航空货运代理理论与实务》教材；

（2）航空货物运输索赔函。

4. 实训方案指导及模拟演练

（1）进行岗位分工并设定角色。4人一组，其中两个为航空货运代理公司的业务代表，另外两个人为收货人公司的代表；

(2)准确判定此类损失是属于何种航空货物的不正常运输；

(3)参照相关条约内容，进行商务谈判；

(4)出具航空货物不正常运输索赔函；

(5)追索。

5. 实训评价

训练评价的方式有教师评价、小组内部成员评价和第三方评分组成员评价 3 种，建议教师评价占 60% 权重，小组内部成员评价占 20% 的权重，第三方评分组成员评价占 20% 的权重。将 5 者综合起来的得分为该生在该项目的评价分，见表 3-24。

训 练 评 价 表 表 3-24

考核人		被考核人	
考核地点			
考核内容	货物发运后事项		
考核标准	具体内容	分值(分)	实际得分
	工作态度	15	
	沟通水平和团队合作	15	
	运费的分类	15	
	运费的计算	25	
	保险的索赔	30	
合计		100	

注：考核满分 100 分，60 以下为不及格，60 ~ 69 分为及格，70 ~ 79 分为中，80 ~ 89 分为良，90 分以上为优。

延伸阅读

《华沙公约》和《芝加哥公约》介绍

国际民用航空组织于 1944 年通过《国际民用航空公约》，因其在美国城市芝加哥签订，故又称其为《芝加哥公约》。我国于 1974 年 2 月 15 日承认该公约，同时决定参加国际民用航空组织的活动。《芝加哥公约》是迄今为止最重要的有关国际航空的国际公约，它承认缔约国对本国的领空享有主权。国际民用航空组织的缔约国还签订了两项适用于国际定期航班的特别协议，即《国际航空过境协议》和《国际航空运输协议》。这两项协议规定，每一个缔约国应当给予其他缔约国 5 项权利：

(1)不降停而飞跃一国领土的权利。

(2)非运输义务性(比如加油、修理)降停的权利。

(3)卸下来自航空器所属国领土的旅客、货物和邮件的权利。

(4)装载前往航空器所属国领土的旅客、货物和邮件的权利。

(5)装卸前往或者来自任何其他缔约国领土的旅客、货物和邮件的权利。

1. 华沙公约的目的

在国际航空运输中，承运人和旅客、托运人间相互的责任和义务是很复杂的，特别是在发生事故后，责任赔偿和受理法院的选择等，各国法律规定不同，国际上如不加统一是很难处理的。华沙公约的目的是统一国际航空运输的某些规则,以解决各国间的“法律的冲突”,这正是华沙体系的私法性质之所属。国际航空运输在发生事故造成损失时,承运人对旅客或货主负有一定的赔偿责任,并由公约规定责任限额和责任条件,这是对航空承运人的保护,也是对公众合法利益的保护,这在1929年航空运输发展初期尤其具有重要的意义。如果没有公约的这种保护,航空公司在一次失事后就可能破产。

2. 华沙体系规定的责任限额

从华沙体系的发展过程来看,运输凭证是越来越简化了。责任限额是越来越提高了,由1929年华沙公约规定对每一旅客的责任限额为12.5万金法郎(约1万美元)到1955年海牙议定书改为25万金法郎(约合2万美元)再到1971年的危地马拉城议定书改为150万金法郎(约合12万美元)。只限于美国航线的1966年的蒙特利尔协议则规定为5.8万美元(包括法律费用为7.5万美元)。值得注意的是,半个多世纪以来,对航空货运的责任限额始终没有改变,一直保持为每千克250金法郎(约合20美元)。这一事实反映了国际航空运输的巨大发展,单位价值很低的货物也都利用航空运输,因此每千克20美元的责任限额现在还绰绰有余,没有必要提高。

3. 过失责任制和严格责任制

从责任制来看,华沙公约和海牙议定书都是采取过失责任制。而危地马拉城议定书对旅客和行李则改为严格责任制。在过失责任制(Liability based on fault)中根据不同的情况,承运人可以免除责任,可以承担公约规定的责任限额,也可能承担比公约规定的限额还大的责任。承运人为了证明自己没有过失或证明是受害人自己的过失,或者索赔人为了证明承运人是有意行为,这种举证和反举证是相当费时间的,在法院的诉讼往往一拖好几年,这对承运人和受害人来说都是不利的。在严格责任制(Absolute Liability)中,不管承运人有无过失,或过失是否有意,承运人都应根据公约规定的责任限额负责,而这一责任限额在任何情况下都是不可突破的。但如果承运人证明损失是由于受害人或索赔人的过失,或由于旅客自身的健康情况和行李本身属性、质量或缺陷所造成时,承运人的责任可以全部或部分地予以免除。对旅客和行李的延误以及对货物运输,都采用过失责任制。

模块四　国际航空进口货运代理

学习导语

某航空国际物流有限公司主要经营航空进口货物运输业务，你作为公司的业务员，将如何开展航空公司货物运输进口业务流程。

学习目标

通过本模块的学习，期望达到下列目标。

1. 专业能力

(1)掌握到货时交接单货的注意事项；

(2)熟悉航空货物到达后卸机前的准备工作流程；

(3)熟悉到港货物理单理货的内容；

(4)掌握进口货物的报关与报检流程；

(5)了解进口货物的转关条件；

(6)掌握航空进口货物的发货环节。

2. 社会能力

(1)通过分小组活动，培养学生的团队协作精神；

(2)通过规范文明操作，培养良好的职业道德和安全环保意识；

(3)通过分小组讨论、选代表上台陈述，学生及老师评述，培养学生与客户的沟通能力。

3. 方法能力

(1)通过查阅资料、文献等，培养个人自学能力和获取信息的能力；

(2)通过情境化的任务单元活动，掌握分析问题解决实际问题的能力；

(3)填写任务工作单，制订工作计划，培养工作方法能力。

模块图解

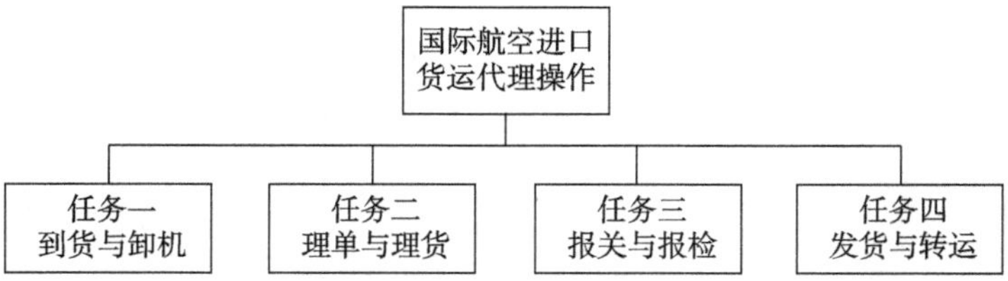

任务一　到货与卸机

案例导入

2012 年 4 月 10 日，俄罗斯某航空货运公司的 RU285 货运航班上装载了从莫斯科到达郑州新郑国际机场的12米超长货物,郑州机场货运成功保障了此超长货物的卸机任务,打破了郑州机场无卸载超长货物历史纪录。

在接到俄罗斯某航空货运公司对此次航班超长货物运输信息通报后,郑州机场高度重视,就超长货物卸机保障召开专题会议研究,制定了多个卸机保障方案,确保卸机和转运过程安全规范。由于首次保障超长货物,卸机操作与常态的集装箱、集装板不同,考虑正常机位(南北向)满足不了超长货物的卸机需求,郑州机场货运特临时向指挥中心申请了飞机改为东西向停场。在机场公司相关部门的大力配合下,该航空公司的波音747－400型飞机于凌晨4点5分平稳停靠,机场货运保障人员采取了鼻门卸载方式卸货;货物安全推出货舱后,使用两辆平台车对接组成大平台车卸机措施;安排使用10t叉车将货物从平台车上卸下并安全转移至库区。

至此,由于提前部署,措施得力,整个卸机过程做到安全、规范、高效,得到该航空货运公司的高度评价,郑州机场货运凭借丰富保障经验成功保障超长货物卸机任务,为今后超长货物装卸机保障奠定基础。

任务分析

1. 任务准备

(1)到港企业所托运货物相关信息,主要包括:收货人等;

(2)多媒体教室(含可供学生上网查资料的电脑、多媒体教学设备、课件和动画等教学资料);

(3)卸机相关单证。

2. 任务目标

(1)掌握航空进口货物代理预报注意事项;

(2)了解卸机设备检查的内容;

(3)熟悉宽体飞机的卸机操作;

(4)根据现场实际需要,熟悉转港货物分拣的流程;

(5)懂得超大、超重货物的分拣与交接流程。

基础知识

一、到货

1. 代理预报

在国外发货之前,国外代理公司会将运单、航班、件数、重量、品名、实际收货人及其地址、联系电话等内容通过传真或E－mail发给目的地代理公司,做好所有接单接货前的准备工作,这一过程被称为预报。

到货预报的目的是使代理公司做好接货前的所有准备工作。代理预报的注意事项有:

(1)注意中转航班,中转点航班的延误会使实际到达时间和预报时间出现差异;

(2)注意分批货物。从国外一次性运来的货物在国内中转时,由于国内载量的限制,往往采用分批的方式运输。

2. 接单接货

(1)接单。货代在收到取单通知后,向航空公司设在机场的进口柜台抽单,取回随机文件、总运单及空运货运代理交接单。而后便可进行理单、拆单工作了。

(2)提货。货代凭到货通知向货站办理提货事宜,交接时要做到:

①单、单核对,即交接清单与总运单核对;

②单、货核对,即交接清单与货物核对。

核对后,出现问题的处理方式见表4-1。

出现问题的处理方式 表4-1

总运单	清单	货物	处理方式
有	无	有	清单上加总运单号
有	无	无	总运单退回
无	有	有	总运单后补
无	有	无	清单上划去
有	有	无	总运单退回
无	无	有	货物退回

另外,还需注意分批货物,做好空运进口分批货物登记表。

总之,货代在与航空货站办理交接手续时,应根据运单及交接清单核对实际货物,若存在有单无货或有货无单的情况,应在交接清单上注明,以便航空公司组织查询并通知人境地海关。

发现货物短缺,破损或其他异常情况,应向民航索要商务事故记录,作为实际收货人交涉索赔事宜的依据。也可以接受收货人的委托,由航空货运代理公司代表收货人向航空公司办理索赔。

部分货损不属运输责任,因为在实际操作中,部分货损是指整批货物或整件货物中极少或极小一部分受损,是航空运输较易发生的损失,故航空公司不一定愿意开具证明,即使开具了"有条件、有理由"证明,货主也难以向航空公司索赔,但可据以向保险公司提出索赔。对货损责任难以确定的货物,可暂将货物留存机场,商请货主单位一并到场处理;或由收货人或受收货人委托,由航空货运代理公司向国家出入境检验检疫部门申请检验,根据检验结果,通知订货公司联系对外索赔。

在实际中,航空货运代理通常拥有自己的海关监管车和监管库,可在未报关的情况下先将货物从航空公司监管库转至自己的监管库。

二、卸机

1. 卸机前的准备

(1)装卸人员凭调度员签发的《卸机工作单》作业。接到《卸机工作单》后,严格按照工作单上指定的航班号、飞机号、进港时间进行卸机准备工作。卸机工作单样式见表4-2。

(2)装卸人员应在飞机到达前准备好卸机设备,拖到卸机位置。卸机设备必须完好,严禁使用带故障的设备,保证装卸作业和货邮在地面运输途中的安全。

(3)卸机设备的检查:

①拖斗、托盘的四轮必须完好,不得缠有塑料布、网套、尼龙带和其他杂物。

②托盘固定集装板的4个锁扣至少应有两个(每侧一个)以上使用性能良好。

③大托盘(集装板托盘)、小托盘(集装箱托盘)、20ft 托盘上用于固定集装板、集装箱的各类挡板必须完好。

④拖斗、托盘的后挂钩及拖把必须完好。

⑤超大、超重货物、飞机发动机、车辆等对卸机有特殊要求的货物须按要求准备卸机设备。

卸 机 工 作 单

表 4-2

年　　月　　日

航班号/飞机号	到达时间	派工时间	派工调度	班组

停机位　　　　　　2门卸机人

拖车司机　　　　　2门关门人

押车人　　　　　　3门卸机人

1门卸机人　　　　3门关门人

1门卸机人　　　　最后清仓人

卸机货邮设备号(集装板、散装拖斗车号)

监装员审核:　　　外场审核:　　　内场审核:

当日班组未出勤人员名单			邮件件数	邮件重量
			货物件数	货物重量
保管员签字:				

FORM BG191/2003(16cm×17cm)

(4)卸机过程中的检查:

①机到位停稳,发动机熄火后,装卸人员和车辆方可靠近飞机,实施卸机工作。

②装卸人员在卸非宽体飞机和宽体飞机散货舱的过程中,应注意查看每一件货邮的外包装有无破损、变形,内物有无散落、丢失、损坏、渗漏,动物有无死亡等情况;卸宽体飞机时应注意检查飞机货舱、机内设备和集装器有无损坏。

③卸飞机发动机或车辆时要仔细检查外表有无刮、碰、撞的痕迹,车辆的车门和后备厢是否锁好。

④发现不正常情况应立即找机组人员或该飞机所属航空公司办事处人员说明情况,必要时要求对方出具文字证明或签字证实,并通知调度室或进港工作人员前往现场处理,对现场情况做详细记录,必要时可进行现场拍照。货邮运回仓库后要立即找进港工作人员做货物不正常运输记录。

2. 宽体飞机的卸机操作

(1)按照"装前卸后"的原则作业,先卸后货舱(含波音747COMBI飞机主货舱),后卸前货舱。

(2)卸波音747F或波音747COMBI、MD－11等型飞机时,必须等尾撑杆架好后才能开始作业。没有尾撑杆时,必须注意先卸飞机主货舱和后下货舱(可同时进行),由后向前将集装器依次卸下,最后卸前下货舱。卸机过程中应有专人随时注意观察飞机尾部的下沉情况。

(3)平台车靠近飞机货舱门停稳后,卸机人员进入货舱,打开货舱内的集装器限动装置,然后按顺序卸下集装器。

(4)卸机时如遇有超大、超重货物,致使飞机货舱内或平台车的传动装置不能正常传动或个别轮子不转时,卸机人员要主动以人力配合。

(5)发现货舱内的传动装置不能正常使用(如:传动轮不转、短缺、固定集装板的活动挡块(卡子)打不起来等)或平台车不能正常工作(如:轮子不转、传不动货物等)而有可能影响航班正点时,要尽快通知调度室,采取补救措施。

(6)卸机完毕,要认真检查货舱内有无漏卸的货物、邮件和其他情况。

3. 地面操作要求

(1)驾驶员必须严格按照规定的速度、路线行车;按规定的数量拖挂大、小托盘。

(2)按照集装器的型号使用拖盘。在没有征得装卸队领导同意,不能保证绝对安全的情况下,禁止用大托盘卸 AKE、DPE 型集装箱;禁止用 20ft 托盘卸 P1P、P6P 型集装板或 AKE、DPE 型集装箱。

(3)从平台车往托盘上传动集装器时,装卸人员要顺应平台车传动装置的惯性速度,把集装器推(拉)至托盘上,打好销子,卡好 4 个角的锁扣,低速行车把集装器拖到安全地带。

4. 非宽体飞机和宽体飞机散货舱的卸机操作

(1)使用传送带车卸飞机时,当传送带车靠近舱门停稳后,装卸人员负责为传送带车挡好轮挡,然后打开货舱门开始作业;卸机完毕后关好飞机货舱门并把轮挡放回传送带车的固定位置。

(2)卸中、小型飞机(B－757、A－319、320、321 型飞机除外)时,驾驶员将空拖斗运至距飞机 5m 远处,用人力将拖斗推到离舱门 0.5m 处开始卸机,装满货邮的拖斗用人力推至距飞机 5m 远处挂牵引车拉回,禁止在飞机下直接倒托斗或直接挂车,确保机下作业的安全。

(3)飞机货舱内的装卸人员要和货舱外拖斗上码放货物的装卸人员互相配合,卸货时要轻拿轻放,文明作业,严禁摔、扔货物。拖斗上负责码货的装卸人员应按照货物体积大小及货物指示标志合理搭配码放,保证货邮安全。

(4)按照“装前卸后”的原则作业,先卸后货舱,后卸前货舱。

(5)卸机完毕,要仔细检查货舱内有无漏卸的货物、邮件及托斗上货物码放是否牢固,在确保安全的前提下挂牵引车运回仓库。

(6)货邮在地面运输时,必须有人押运,防止在运输途中损坏或丢失。

5. 特种货物的卸机操作

(1)卸机时一定要按照特种货物卸机规定操作,轻拿轻放,禁止倒置。

(2)特种货物要与其他货物分开码放。

(3)特种货物卸下飞机后要及时运回仓库,禁止在客机坪或仓库以外的任何地方存放,避免造成动物死亡、鲜活易腐物品变质、贵重物品丢失等情况,确需在客机坪或其他地方短时间存放时要安排专人监护。

6. 直接转机的货物

宽体飞机按集装器编号,散装货物按货运单号码、件数提前卸机,运到续程航班的飞机下,与装机人员当面交接清楚,集装货物按集装器编号交接,散装货物按件数交接。

7. 卸机完毕后货物的存放与交接

1)普通货物的交接

(1)外场装卸人员应将卸下的进港货邮按集装器编号、拖斗号码认真登记在调度员填开的《卸机工作单》上，然后和内场装卸人员签字交接。

（2）无论是在库内还是在库外停放货邮，都要以航班为单位存放在一起，排放整齐。

2）特种货物的交接

卸完特种货物后及时运到指定地点和内场装卸人员按规定的程序及货物品名、性质、件数进行核对并签字交接。

3）邮件的交接

（1）整板整箱的邮件卸下后，直接运至邮局。

（2）散装邮件，在邮件较多的情况下，要单独卸在一个拖斗上运到邮局。

（3）遇到拖斗不够用且时间紧迫的情况，如果邮件不多可将邮件与货物混装在一个拖斗上，运回货场后要与货物分开，单独装车运到邮局。

（4）进港邮件运到邮局，按航班号、到达时间与邮件装卸班的装卸人员当面签字交接。

8. 其他注意事项

（1）卸下飞机的货邮必须停放在规定的安全地带，切不可影响进、出港飞机滑行，更不能在飞机附近停放货物、邮件，防止刮碰飞机。

（2）遇有上级领导或调度室通知，卸机时需要特别注意的货物，要按通知的要求卸机，卸完货物要向调度员或值班领导汇报卸机情况。

（3）卸押运货物，需要押运员在场的情况下卸货，对押运员提出的具体卸机要求应尽量满足；确实有困难不能按要求卸货时要向押运员解释清楚，达成一致，但必须保证押运货物卸机时的绝对安全。

（4）卸过站飞机前要向配载平衡室领取卸机工作单，按卸机工作单上指明的需要卸机的货物和邮件的件数卸机。遇有特殊情况，应立即通过对讲机向调度室汇报或请示处理办法，必要时找机组了解情况。卸机时要做到准确无误，防止错卸、漏卸。

（5）为防止错卸、漏卸，装卸人员在接到调度员的《卸机工作单》后要仔细查看工作单上的内容，不清楚的要当面问清楚，卸货前应根据工作单再次核对航班号、飞机号、停机位，必要时可向机组询问，确定无误后开始卸机。

（6）雨雪天卸飞机，要备好防雨用具，停放在任何地方的货邮都要苫盖防雨用具，防止货邮被淋湿。

（7）外场装卸人员负责进港航班空集装板、集装箱的卸机工作以及客机坪上拖盘、集装板、集装箱运回集控部门的工作，卸完货邮后的空集装箱送还集控部门前要关好箱门。

（8）错卸货物、邮件、行李的处理

发现错卸的行李，进行登记后应迅速送到行李室。

9. 货物分拣

（1）进港货物拉回仓库后，装卸人员应按航班对货物进行分拣。

（2）拆板和卸箱：

①拆卸集装器或散装拖斗车前，首先应核对集装器或散装拖斗车的编号与卸机作业单是否一致。拆板或卸箱之前要弄清楚集装器内的货物情况：

②打开集装箱门或解开集装板网套。严禁为操作方便将网套或绳索割断。

③松开调节扣，解开卡锁。

④卸完货物后，将所有附属设备，如垫板、分离的绳具等全部卸下。

⑤将集装板网套或集装箱门放好，为下次使用做好准备。

⑥检查空集装器有无明显损坏或外伤，如有可能，还应检查集装器背面，发现损坏的集装器，应将损坏情况报告集控部门。

(3)卸货：

①卸货之前，先检查集装器的目的站是否正确。

②按顺序卸下货物，检查每件货物的目的站并进行分拣。

③检查货物有无不正常情况，发现问题，要及时报告。

④卸货时要从上往下，以防货物倒塌。使用机械设备卸货时，要注意集装器和货物的安全。

(4)分拣核对货物的一般要求：

①将《卸机工作单》交进港工作人员一份。

②按进港工作人员的要求或根据航班进港的顺序核对集装器编号和拖斗号码。

③分拣货物时要协助进港工作人员核对每件货物。按照进港工作人员的要求进行分拣，不同流向、不同性质的货物按规定放到指定货位。

④入库的货物要成排码放，大不压小，重不压轻，木箱(或铁箱)不压纸箱；标签朝外，箭头向上，一票货物码放在一起。

(5)转港货物的分拣：

①国际航班转国内货物。将货物装在一个或几个拖斗上，按航班拖到国内出港仓库，装卸人员、国际进港工作人员与国内出港工作人员共同核对、分拣货物。

②国内航班转国际货物。在国内进港仓库分拣完毕后，将货物送到国际出港仓库，国内进港工作人员、装卸人员、国际出港工作人员共同核对、分拣货物。

③整板、整箱转港货物。按集装器编号与出港工作人员交接完毕后，按区域或按出港工作人员指定位置存放。要求重新计重的，装卸人员协助计重，计重完毕后，将重量清单附在交接单上，拴挂集装器挂牌后拖到保管员指定的位置存放。

(6)超大、超重货物的分拣与交接：

①进港的超大货物、超重货物无设备卸下集装器时，要按进港工作人员的要求将货物放在指定区域。当时必须卸下集装器的，通知调度室或值班领导设法解决。

②货物体积较大，又属于成批货物或在机场提取的货物，经进港工作人员同意，可以不卸下集装器，直接放入指定区域，摆放整齐。

(7)卸完货物的空托盘、拖斗、集装板、集装箱(在此之前要关好箱门)要及时送到集控室；塑料布、网套、尼龙带、垫板、锁扣、锁链以及随机带来的其他物品要及时回收，交到指定单位存放。

任务实施

1. 实训目的

(1)具备一定的处理交接货物时处理问题的能力；

(2)能正确维护和检查航空进口货物卸机设备的能力；

(3)根据客户的实际要求，完成航空货物的卸机；

(4)能正确的缮制卸机相关单证。

2. 实训内容

业务主管安排给小吴一项任务，有个客户，委托公司办理一批货物的进口代理业务。小吴作为本航空公司的空运代理业务员，主管要求小吴完成以下任务：

（1）和对方公司的接洽并完成航空货物运输代理单证交接；

（2）根据航空货物的实际特征，选择合适的卸机设施设备；

（3）能根据货物的实际情况，完成货主委托办理的进口货物卸机流程。

3. 实训道具

（1）《国际航空货运代理理论与实务》教材；

（2）卸机工作单位等相关单证。

4. 实训方案指导及模拟演练

（1）进行岗位分工并设定角色。航空货运代理公司 3 人，航空公司 3 人；

（2）完成与航空公司的单货交接任务，并设置一些情景，考验学生出现异常问题时处理问题的能力；

（3）办理完卸机手续，完成货物交接。

5. 实训评价

训练评价的方式有教师评价、小组内部成员评价和第三方评分组成员评价 3 种，建议教师评价占 60% 权重，小组内部成员评价占 20% 的权重，第三方评分组成员评价占 20% 的权重。将 5 者综合起来的得分为该生在该项目的评价分，见表 4-3。

训 练 评 价 表 表 4-3

考核人		被考核人	
考核地点			
考核内容	到货与卸机		
考核标准	具体内容	分值（分）	实际得分
	工作态度	15	
	沟通水平和团队合作	15	
	到货的清点准确率	15	
	卸机单的填写准确	25	
	流程的模拟正确性	30	
合计		100	

注：考核满分 100 分，60 以下为不及格，60 ~ 69 分为及格，70 ~ 79 分为中，80 ~ 89 分为良，90 分以上为优。

延伸阅读

航空货物到达和交付的方法

货物运至到达站后，除另有约定外，承运人或其代理人应当及时向收货人发出到货通知。通知包括电话和书面两种形式。急件货物的到货通知应当在货物到达后 2h 内发出，普通货物应当在 24h 内发出. 自发出到货通知的次日起，货物免费保管 3 日。逾期提取，承运人或其代理人按规定核收保管费。

货物被检查机关扣留或因违章等待处理存放在承运人仓库内，由收货人或托运人承担保管费和其他有关费用。动物、鲜活易腐物品及其他指定日期和航班运输的货物，托运人应当负责通知收货人在到达站机场等候提取。

收货人凭到货通知单和本人居民身份证或其他有效身份证件提货；委托他人提货时，凭到货通知单和货运单指定的收货人及提货人的居民身份证或其他有效身份证件提货。如承运人或其代理人要求出具单位介绍信或其他有效证明时,收货人应予提供。承运人应当按货运单列明的货物件数清点后交付收货人。发现货物短缺、损坏时,应当会同收货人当场查验,必要时填写货物运输事故记录,并由双方签字或盖章。收货人提货时,对货物外包装状态或重量如有异议,应当场提出查验或者重新过秤核对。收货人提取货物后并在货运单上签收而未提出异议,则视为货物已经完好交付。托运人托运的货物与货运单上所列品名不符或在货物中夹带政府禁止运输或限制运输的物品和危险物品时,承运人应当按下列规定处理:

(1)在出发站停止发运,通知托运人提取,运费不退。

(2)在中转站停止运送,通知托运人,运费不退,并对品名不符的货件,按照实际运送航段另核收运费。

(3)在到达站,对品名不符的货件,另核收全程运费。

货物自发出到货通知的次日起 14 日无人提取,到达站应当通知始发站,征求托运人对货物的处理意见;满 60 日无人提取又未收到托运人的处理意见时,按无法交付货物处理。

对无法交付货物,应当做好清点、登记和保管工作。凡属国家禁止和限制运输物品、贵重物品及珍贵文史资料等货物应当无价移交国家主管部门处理;凡属一般的生产、生活资料应当作价移交有关物资部门或商业部门;凡属鲜活、易腐或保管有困难的物品可由承运人酌情处理。如作毁弃处理,所产生的费用由托运人承担。经作价处理的货款,应当及时交承运人财务部门保管。

从处理之日起 90 日内,如有托运人或收货人认领,扣除该货的保管费和处理费后的余款退给认领人;如 90 日后仍无人认领,应当将货款上交国库。对于无法交付货物的处理结果,应当通过始发站通知托运人。

任务二　理单与理货

案例导入

某航空国际货运代理公司接受国外一家航空货运代理公司的委托,办理航空货物的进口业务,并通过该国际货运代理公司分发给不同的收货人,航空公司运输的货物有服装、食品、贵重货物、单证等,收货人的省份为江西、湖北、安徽、浙江、江苏、河南等 6 省,该公司和实际承运人某航空公司完成货物和单证的交接,共有货物 3 个集装箱,食品 15 箱,贵重货物 18 件,货物凭证 15 份,共计单证 32 份,作为该公司国际操作员的小吴,如何进行理货和理单呢?

思考题:

通过本节课的学习,小吴能完成这些任务吗?

任务分析

1. 任务准备

(1)到货物流相关信息;

(2)多媒体教室(含可供学生上网查资料的电脑、多媒体教学设备、课件和动画等教学资料)。

2. 任务目标

(1)掌握航空货物理货的主要内容;

(2)了解航空货运仓储注意事项;

(3)熟悉运单分类的一般方法;

(4)根据现场实际需要,熟悉缮制到货通知的一般规定。

基础知识

一、理货与仓储

航空货运公司自航空公司接货后,即短途驳运进自己的监管仓库,组织理货及仓储。

1. 理货的主要内容

(1)逐一核对每票件数,再次检查货物破损情况,遇有异常,确属接货时未发现的问题,可向民航提出交涉。

(2)按大货、小货;重货、轻货;单票货、混载货;危险品、贵重品。冷冻、冷藏品;分别堆存、进仓。堆存时要注意货物箭头朝向,总运单、分运单标志朝向,注意重不压轻,大不压小(即要按货物体积大小,重量,单票或混载,特殊货物分别堆存)。

(3)记录每票货储存区号,并输入电脑。

2. 仓储注意事项

鉴于航空进口货物的贵重性、特殊性,其仓储要求较高,须注意以下几点:

(1)防雨淋、防受潮。货物不能置于露天,不能无垫托置于地上。

(2)防重压。纸箱、木箱均有叠高限制,纸箱受压变形,会危及箱中货物安全。

(3)防升温变质。生物制剂、化学试剂、针剂药品等部分特殊物品,有储存温度要求,要防止阳光暴晒。一般情况下:冷冻品置于 -15 ~ -20℃冷冻库(俗称低温库),冷藏品置放于 2 ~ 8℃冷藏库(冷藏、冷冻品要由专门的冷藏、冷冻库进行保管)。

(4)防危险品危及人员及其他货品安全。空运进口仓库应设立独立的危险品库。易燃、易爆品、毒品、腐蚀品、放射品均应分库安全置放。以上货品一旦出现异常,均需及时通知消防安全部门处理。放射品出现异常时,还应请卫生检疫部门重新检测包装及发射剂量外泄情况,以便保证人员及其他物品安全(危险品要存入专门危险品仓库)。

(5)为防贵重物品被盗,贵重物品应设专库,由双人制约保管,防止出现被盗事故。

二、理单与到货通知

1. 理单

1)集中托运,总运单项下拆单

将集中托运进口的每票总运单项下的分运单分理出来,审核与到货情况是否一致,并制成(交接/入仓)清单输入电脑。

将集中托运总运单项下的发运清单(舱单)输入海关电脑,以便实施按分运单分别报关、报验、提货。

2)分类理单、编号

总运单是直单、单票混载,这两种情况一般无清单;

多票混载(即集中托运)有分运清单,分运单件数之和应等于总运单上的件数。

货物的种类有指定货物、非指定货物、单票、混载、总运单到付、分运单到付、银行货、危险品、冷冻冷藏货物等,随机文件中有分运单、发票、装箱单、危险品证明等。

按照已标有仓位号的交接清单编号并输入电脑,内容有:总运单号、分运单号、发票号、合同号、航班、日期、货名、货物分类、贸易性质、实到件数、已到件数、实到重量、计费重量、仓位号、收货单位、代理人、本地货、外地货、预付、到付、币种、运费、金额等。

运单分类的方法有很多,各货运代理公司可根据需要结合使用。一般有以下分类法:

(1)分航班号理单,便于区分进口方向。

(2)分进口代理理单,便于掌握、反馈信息,做好对代理的对口服务。

(3)分货主理单,指重要的经常有大批货物的货主,将其运单分类出来,便于联系客户,制单报关和送货、转运。

(4)分口岸、内地或区域理单,便于联系内地货运代理,便于集中转运。

(5)分运费到付、预付理单,便于安全收费。

(6)分寄发运单、自取运单客户理单。

分类理单的同时,须将各票总运单、分运单编上航空货运代理公司自己设定的编号,以便内部操作及客户查询。

3)编配各类单证

货运代理人将总运单、分运单与随机单证、国外代理人先期寄达的单证(发票装箱单、合同副本、装卸、运送指示等)、国内货主或经营到货单位预先交达的各类单证等进行编配。

代理公司理单人员须将其逐单审核、编配。其后,凡单证齐全、符合报关条件的即转入制单、报关程序。否则,即与货主联系,催齐单证,使之符合报关条件。

2. 到货通知

1)发出到货通知的及时性要求

货物到目的港后,货运代理人应从航空运输的时效出发,为减少货主仓储费,避免海关滞报金,尽早、尽快、尽妥地通知货主到货情况,提请货主配齐有关单证,尽快报关。具体应做到以下几点:

(1)早:到货后,第1个工作日内就要设法通知货主。

(2)快:尽可能用传真、电话预通知客户,单证需要传递的,尽可能使用特快专递,以缩短传递时间。

(3)妥:一星期内须保证以电函、信函形式第三次通知货主,并应将货主尚未提货情况,告知发货人的代理人;两个月时,再以电函、信函形式第四次通知货主;3个月时,货物可能须交海关处理,此时再以信函形式第五次通知货主,告知货主货物将被处理,提醒货主采取补救办法。

2)到货通知的内容

到货通知应向货主提供到达货物的以下内容:运单号、分运单号、货运代理公司编号;件数、重量、体积、品名、发货公司、发货地;运单、发票上已编注的合同号、随机已有单证数量及尚缺的报关单证;运费到付数额,货运代理公司地面服务收费标准;货运代理公司及仓库的地址(地理位置图),电话、传真、联系人;提示货主:海关关于超过14天报关收取滞报金及超过3个月未报关货物上交海关处理的规定。

3)正本运单处理

电脑打制海关监管进口货物入仓清单一式五份分别提交检验检疫部门和海关,提交给海关的两份中，一份海关留存，另一份海关签字后收回存档。

运单上一般需盖多个章：监管章（总运单）、代理公司分运单确认章（分运单）、检验检疫章（动检章、卫检章、商检章）、海关放行章等。

任务实施

1. 实训目的

(1)根据航空货物的性质进行理货，掌握航空进口货物理货的内容；

(2)根据现场单证的情况，进行理单和分单，掌握分单的方法；

(3)能根据不同货物性质采用不用仓储方法；

(4)正确制作到货通知单。

2. 实训内容

根据本任务案例引入，要求完成：

(1)货物的理单与理货；

(2)合理制定到货通知单。

3. 实训道具

(1)《国际航空货运代理理论与实务》教材；

(2)到货通知单等。

4. 实训评价

训练评价的方式有教师评价、小组内部成员评价和第三方评分组成员评价 3 种，建议教师评价占 60% 权重，小组内部成员评价占 420% 的权重，第三方评分组成员评价占 20% 的权重。将 5 者综合起来的得分为该生在该项目的评价分，见表 4-4。

训练评价表 表 4-4

考核人		被考核人	
考核地点			
考核内容	理单与理货		
考核标准	具体内容	分值(分)	实际得分
	工作态度	15	
	沟通水平和团队合作	15	
	单证的缮制	15	
	货物归类的准确性	25	
	流程的模拟正确性	30	
合计		100	

注：考核满分 100 分，60 以下为不及格，60 ~ 69 分为及格，70 ~ 79 分为中，80 ~ 89 分为良，90 分以上为优。

延伸阅读

进口制单

制单、报关、运输的形式：货代公司代办制单、报关、运输；货主自行办理制单、报关、运输;货代公司代办制单、报关,货主自办运输;货主自行办理制单、报关后,委托货代公司运输;货主自办制单,委托货代公司报关和办理运输。

长期协作的货主单位,有进口批文、证明手册等放于货代处的,货物到达,发出到货通知后,即可制单、报关,通知货主运输或代办运输;部分进口货,因货主单位缺少有关批文、证明,也可将运单及随机寄来单证、提货单以快递形式寄货主单位,由其备齐有关批文、证明后再决定制单,报关事宜;无须批文和证明的,可即行制单、报关,通知货主提货或代办运输;部分货主要求异地清关时,在符合海关规定的情况上,制作《转关运输申报单》办理转关手续,报送单上需由报关人填报的项目有:进口口岸、收货单位、经营单位、合同号、批准机关及文号、外汇来源、进口日期、提单或运单号、运杂费、件数、毛重、海关统计商品编号、货品规格及货号、数量、成交价格、价格条件、货币名称、申报单位、申报日期等,转关运输申报单、内容少于报关单,也需按要求详细填列。

任务三　报关与报检

案例导入

小张在业务主管的指导下,掌握了许多基本的航空进口业务流程知识。一天,听到一位同事在抱怨客户太难伺候,空运货物到了深圳,可是他还要求进行转关,到南昌进行报关,小张听了半天,不知道报关中的转关环节应该怎么办,于是他去查找资料。

思考题:

通过本任务的学习,你能告诉小张空运进口货物的转关环节是怎么样的吗?

任务分析

1. 任务准备

(1)一家物流企业材料,主要包括:企业的主要经营的运输线路、运输的货物类别等;

(2)多媒体教室(含可供学生上网查资料的电脑、多媒体教学设备、课件和动画等教学资料);

(3)网络资源,包括:电子地图系统等。

2. 任务目标

(1)掌握进口商品的报检内容;

(2)掌握航空进口商品的报关流程;

(3)了解航空进口商品的转关流程。

基础知识

报关是履行海关进出境手续的必要环节之一。指的是进出境运输工具的负责人、货物和物品的收发货人或其代理人,在通过海关监管口岸时,依法进行申报并办理有关手续的过程。报关涉及的对象可分为进出境的运输工具和货物、物品两大类。由于性质不同,其报关程序各异。运输工具如船舶、飞机等通常应由船长、机长签署到达、离境报关单,交验载货清单、空运、海运单等单证向海关申报,作为海关对装卸货物和上下旅客实施监管的依据。而货物和物品则应由其收发货人或其代理人,按照货物的贸易性质或物品的类别,填写报关单,并随附有关的法定单证及商业和运输单证报关。如属于保税货物,应按"保税货物"方式进行申报,海关对应办事项及监管办法与其他贸易方式的货物有所区别。

报检是在货物进出时向海关办理货物报关、纳税等海关事务的人员,其中60% ~70%的商品是法定商检的,需向检验检疫局报检,取得货物进出口通关单、重量证。

一、进口商品的报检

根据进口商品的种类和性质,按照进口国家的有关规定,对其进行商品检验、卫生检验、动植物检验等。上述检验前要填制《中华人民共和国出入境检验检疫入境货物报检单》,见表4-5,并到当地的出入境检验检疫局进行报检报验。

报检报验一般发生在报关前,即“先报检报验、后报关”。报检报验时,一般需由经出入境检验检疫局认可,并持有出入境检验检疫局签发的报验员证件的报验员,凭报关单、发票、装箱单(正本或复印件),向当地的出入境检验检疫局进行报警报验。出入境检验检疫局核查无误后,或当即盖章放行,或加盖“待检章”。如是前者,则单证货物可转入报关程序,且在海关放行后,可直接从监管仓库提货;如是后者,则单证货物可先办理报关手续,海关放行后,必须由出入境检验检疫局对货物进行查验,无误后方能提货。

进口商品分法定检验商品和非法定检验商品,法定检验进口商品是列入《种类表》及其他法律、法规 规定必须经过商检机构或者国家商检局、商检机构指定的检验机构检验的进口商品。除此以外的进口商品为非法定检验商品。

这两类商品在办理报验手续上有所不同,前看到货后,收货人或其代理人必须向口岸或到达站商检机构办理进口商品登记手续,然后按商检机构规定的地点和期限向到货地商检机构办理进口商品报验。

非法定检验进口商品到货后,由收、用货部门直接办理进口通关手续。提货后,可按合同的约定自行检验,若发现问题需凭商检证书索赔的,应向所在地商检机构办理进口商品报验。

1. 法定检验进口商品登记

(1)填写《种类表》内进口商品登记申请表,按下列要求逐项填写;

①商检受理报验编号,由受理报验人员填写。

②申请登记单位:填写申请登记单位全称并盖章。

③登记日期:填写申请登记当天日期。

④商品编号:填写 H. S 编码8 上数字。

⑤数(重)量:按实际到货数(重)量填写,并加附计量单位。

⑥进口日期:按“进口货物到货 通知 单”所列进口日期填写。

⑦合同号:买卖双方签订的外贸合同的号码。

⑧合同金额:合同中所列商品总价值,并加附货物名称。

⑨贸易国别(或地区):进口商品的出口国家(或地区) 贸易方式 :指“一般贸易”、“ 三来一补 ”、“边境贸易”或“其他”填写其中方式之一。

⑩收用货单位:填写收用货单位全称。

(2)应提供的单据:一般应提供进口货物到货 通知 单、进口货物 报关单 、合同、发票 、提单/运单等。

(3)商检机构经审核、登记后,在 报关单 上加盖“已接受登记”印章。海关 凭盖有商检机构“已接受登记”印章的 报关单 验放货物。经验放的货物收用货部门应按有关 规定 及时向商检机构办理进口商品报验。

中华人民共和国出入境检验检疫入境货物报检单　　表 4-5

报检单位（加盖公章）　　＊编　号__________

报检单位登记号：　　联系人：　　电话：　　报检日期：

发货人 consignor	（中文）	
	（外文）	
收货人 consignee	（中文）	
	（外文）	

货物名称（中/外文）	H. S. 编码	产地	数/重量	货物总值	包装种类及数量
Description of goods					
应与合同，信用证上所列名称及规格填写	商品编码	生产/加工的国家或地区	应与合同，发票或报关单一致，并注明数重量单位	总值及币种.	实际运输包装的种类及数量，应注明包装材质

运输工具	运输工具的名称和号码	贸易方式		货物存放地点	
合同号		信用证号		用途	
发货日期		输往国家（地区）		许可证/审批号	有关的许可证号或审号
启运地		到达口岸		生产单位注册号	在检验检疫机构的编号
集装箱规格、数量及号码					

合同、信用证订立的检验检疫条款或特殊要求	标 记 及 号 码	随附单据（划"✓"或补填）	
填写在合同中特别订立的有关质量，卫生等条款或报检单位对本批货物检验检疫的特别要求.	.	□合同 □信用证 □发票 □换证凭单	□包装性能结果单 □许可/审批文件 □ □

需要证单名称（划"✓"或补填）				＊检验检疫费	
□品质证书	__正__副	□植物检疫证书	__正__副	总金额（人民币元）	
□重量证书	__正__副	□熏蒸/消毒证书	__正__副	计费人	
□数量证书√	__正__副	□出境货物换证凭单	__正__副	收费人	
□兽医卫生证书	__正__副	□一般原产地证书√			
□健康证书	__正__副	□			
□卫生证书	__正__副	□			
□动物卫生证书	__正__副	□			

报检人郑重声明：	领 取 证 单	
1. 本人被授权报检。 2. 上列填写内容正确属实，货物无伪造或冒用他人的厂名、标志、认证标志，并承担货物质量责任。	日期	由报检人在领取证单时填写
签名：报检人亲笔签名__________	签名	由报检人在领取证单时填写

2. 进口商品的报验

(1)填写进口商品检验申请单按下列要求填写申请单上的相应栏目，未作说明的按实际情况填写或打对号。

①报验单位登记号：商检机构受理报验的编号，由受理报验人员填写。

②报验单位盖章：填写报验单位全称，并加盖公章或报验专用章。

③报验日期：填写报验当天的日期。

④发货人：合同中的卖方。受货人：合同中的买方。

⑤品名规格：按合同、发票所列品名规格填写，如品名太多时，只填写主要品名即可。

⑥合同号：买卖双方签订的合同编号。发票号：所附国外发票编号。

⑦H. S 编码：填写《商品分类及编码协调制度》中所列该商品的 8 位编码。

⑧报验数量：填写申请检验的数量，并注明计量单位名称。

⑨报验重量：填写申请检验的重量，并注明净重/毛重及商品计重单位名称。

⑩商品总价值：按合同或国外发票列明的货值填写，并注明货币名称。

⑪运输：填写运输工具及运输方式(海运、空运、陆运等)。如该批货物是海运、经转运港运载的，应将船名、装运港、转运港、卸货港及目的港均填写清楚。

⑫进口日期：填写进口货物到货通知单所列进口日期。

⑬卸货日期：指完成卸货的日期。到厂日期：货物运至使用单位的日期。

⑭索赔有效期：按合同规定的索赔期填写。索赔有效期有计算方法：是从合同规定的起始日即进口日期或卸毕日期(不含当天)起开始计算，到规定期限的最后 1d 止。如果截止日为国家法定假日时，则应顺延。例如，索赔期为 3 个月，进口日期为 8 月 3 日，索赔有效期就到 11 月 3 日止；如果索赔有效期为 90d，索赔有效期就到 11 月 1 日止，因在此期间，有的月份为 31d，计算时应注意。

⑮质保期：即质量保证期，按合同规定日期填写。

⑯包装情况：填写运输包装种类及包装情况是否完好。如有异状，应按实际情况填写。

⑰标记及号码：按实际到货运输包装上所列标记(唛头)填写，如无标记则应填写“N/M”。

⑱申请说明：申请人如有特殊要求应在此栏中加以说明。

(2)进口报验应提供的单据及资料

报验项目不同，应提供的单据及资料也各异，具体情况介绍如下：

①品质、规格报验应提供下列单据：

a. 贸易双方签订的合同；

b. 国外发票；

c. 提单或空运单等；

d. 装箱单；

e. 进口货物到货通知单；

f. 国外品质证明；

g. 使用说明书及有关标准与技术资料

②残损鉴定报验，除提供①中的 a、b、c、d、e 外，如海运货物还应加附理货公司出具的理货残损单、海事报告、大副签证或保函；如铁路运输的货物应加附铁路部门出具的商务记录；如航空运输货物应加附空运部门出具的空运事故记录。

(3)数量、重量鉴定报验除提供①中的 a、b、c、d、e 外,还应加附重量明细单或磅码单和理货清单。进口商品经收、用货部门验收或其他部门检验的,应加附有关货物的验收记录、重量明细单或检验结果报告单。

3. 进口商品报验的时间及地点

1)报验时间的规定

(1)报验人应在合同中列明的索赔有效期前不少于 1/3 的时间,向货物所在地商检机构报验。

(2)索赔期已近,来不及完成检验出证的,报验人必须预先向国外办理延长索赔期手续。

2)报验地点的规定:

(1)外贸合同或运输契约规定进口商品检验地点的,应在规定的地点所在地商检机构报验。如,合同规定凭卸货口岸商检机构出具的品质、重量检验证书作为计算价格、结算贷款的,就应向卸货口岸商检机构报验。

(2)大宗散装商品、易腐变质商品,如粮食、原糖、化肥、化工原料、农产品等进口商品,必须向卸货口岸或到达站商检机构报验。

(3)在卸货时,发现货物的外包装残损或短件的,必须向卸货口岸或到达站商检机构报验。

(4)由内地收货、用货的,货物在国内运输途中又不会发生变质、变量而包装又完好的进口商品可向到货地商检机构报验。

(5)需结合安装调试进行检验的成套设备、机电仪产品及在口岸开件检验难以恢复包装的商品,应向到货地商检机构报验。

二、进口商品的报关

进口报关就是向海关申报办理货物进口手续的过程。

报关是进口程序中最关键的环节,任何货物都必须在向海关申报并经海关放行后才能提出海关监管仓库或场所。把报关称为一个过程,是因为其本身还包含许多环节,大致可分为初审、审单、征税、验放四个阶段。

1. 初审

从总体上对报关单证做粗略的审查。它一般只审核报关单所填报的内容与原始单证是否相符,申报价格是否严重偏离市场平均水平(海关建有商品价格档案库),商品的归类编号是否准确,报关单的预录入是否有误等。也就是说,初审只对报关单证作形式上的审核,不作实质性的审查。

如果报关单证在形式上符合海关要求,负责初审的关员就在报关单左下角的"初审"一栏内签章,以示初审通过。

2. 审单

审单是报关的中心环节,狭义的报关就是审单。海关的"报关"窗口也是履行审单的职责。审单是从形式上和内容上对报关单证进行全面的、详细的审核。审核内容包括:报关单所填报的货物名称、规格、型号、用途及金额与批准文件所批注的是否一致;确定关税的征收与减免事宜,等等。

如果报关单证不符合海关法的有关规定,海关则不接受申报。可以通关时,审单的关员则在报关单左下角的"审单"一栏内签章。

3. 征税

不管货物是否应该征税,征税作为报关的一个重要环节是必须经过的。征税关员的职责是根据报关单证所填报的货物名称、用途、规格、型号及构成材料等确定商品的归类编号和税率。如商品的归类编号或税率难以确定,海关可先查看实物或实物图片及有关资料后再行征税。若申报的价格过低或未注明价格,海关可以估价征税。征税部门除征收关税外,还负责征收增值税、消费税、行邮税及免税货物的监管手续费等。

货主在按照海关出具的税单如数缴纳税款后,征税的关员即在报关单左下角的"征税"一栏内签章,并通过电脑核销税单。

4. 验放

验放是报关程序的最后一个环节。货物放行的前提是海关报关系统终端上显示;必须提供的单证已经齐全,税款和有关费用已经结清,报关未超过报关期限,实际货物与报关单证所列完全一致。放行的标志是在运单正本上加盖放行章。

验放关员在放行货物的同时,将报关单据(报关单、运单、发票各一份)及核销完的批文和证明全部留存海关。如果报关超过了海关法规定的报关期限,必须在向海关缴纳滞报金之后才能放行。

如果验放关员对货物有疑义,可以要求开箱,查验货物。此时查货与征税查货,其目的有所不同,征税关员查看实物主要是为了确定税率,验放关员查验实物是为了确定货物的物理性质、化学性质以及货物的数量、规格、内容是否与报关单证所列完全一致,有无伪报、瞒报、走私等问题。

除经海关总署特准免检的货物以外,所有货物都在海关查验范围之内。

5. 报关期限与滞报金

报关期限与滞报金的问题虽不属于报关环节,却是进口货物报关不容忽视的一个问题,收货人及其报关代理人都必须对它有充分的了解。

报关期限是指货物运抵口岸后,收货人或其货运代理公司、报关行向海关报关的时间限制。海关法规定的进口货物报关期限为自运输工具申报进境之日起的14日内。超过这一期限报关的,由海关征收滞报金。滞报金的计征时间为自运输工具申报进境之日起的第15日到货物报关之日。滞报金每天的征收金额为货物到岸价格的0.5‰。

三、进口货物的转关

进口货物转关,是指货物入境后不在进境地海关办理进口清关手续,而运往另一设关地点办理进口清关手续。在办理进口清关手续之前,货物一直处于海关监管之下,包括运输过程。

1. 转关条件

进口货物办理转关运输必须具备下列条件:

(1)指运地设有海关机构,或虽未设海关机构,但分管海关同意办理转关运输,即收货人所在地必须设有海关机构,或邻近地区设有分管该地区的海关机构。

(2)运输工具和货物符合海关监管要求,并具有加封条件和装置。海关规定,转关货物采用汽车运输时必须使用在海关登记备案并被赋予海关编号的封闭式的货柜车,由进境地海关加封,由指运地海关启封。

(3)办理转关运输的单位必须是经海关核准、认可的具有报关资质和监管运输能力的航空货运代理公司。

一般运输企业，尤其是个体运输者，即使拥有货柜车，也不能办理转关运输。

办理转关运输还应遵守海关的其他有关规定，如：转关货物必须存放在海关同意的仓库、场所并按海关规定办理收存、交付手续；转关货物未经海关许可，不得开拆、改装、调换、提取、交付；对海关加封的运输工具和货物，应当保持海关封志完整，不得擅自开启或损坏；必须负责将进境地海关签发的关封，完整、及时地带交指运地海关，并在海关规定的期限内办理进口清关手续。

2. 转关手续

1）一般转关（预报关转关）

收货人或其委托的货运代理公司、报关行在指运地海关办理申报手续，并由指运地海关出具转关联系函（关封）。

收货人或其委托的货运代理公司、报关行凭转关联系函（关封）至进境地海关办理进口货物转关运输手续，同时向进境地海关递交预录入完毕的"进口转关运输货物申报单"一式三份（格式见附件三），并随附三份国际段运单和二份发票。

海关审单无误后，将货物的运单号在电脑内进行核销。

海关关员至查验点办理加封手续。

运单及发票各一份、进口转关运输货物申报单两份装入海关关封内，交指运地 海关。进境地海关留存一套运单、发票及进口转关运输货物申报单。放行。

备注：此处的"预报关转关"指，收货人或其委托的货运代理公司、报关行在向 进境地海关办理手续前，必须预先向指运地海关办理申报手续。

2）直通关（快速转关）

收货人或其委托的货运代理公司、报关行根据运输预报，在货物抵达进境地，收货人或其委托的货运代理公司、报关行向进境地海关递交预录入完毕的"进口转关运输货物申报单"一式三份，并随附三份国际段运单和二份发票。海关审单无误后，将货物的运单号在电脑内进行核销。海关关员至查验点办理加封手续。运单及发票各一份、进口转关运输货物申报单两份装入海关关封内，交指运地海关。进境地海关留存一套运单、发票及进口转关运输货物申报单后放行。❶

3. 进口转运货物报关期限

进口转运货物报关期限是指货物转运至指运地后，收货人或其货运代理公司、报关行向海关报关的时间限制。海关法规定的报关期限为：自运输工具申报抵达指运地址日期的14日内。超过这一期限报关的，由海关征收滞报金。滞报金的计征时间为自运输工具申报抵达指运地之日起的第15日到货物报关之日。滞报金每天的征收金额为货物到岸价格的0.5‰。3个月期限内未办理进口手续的货物，上缴当地海关处理。❷

四、进口商品报关的相关单证

在入境地海关清关的进口货物，大致要经过以下几个环节：接单接货—货物驳运进仓—

❶ 是否能开展直通关，取决于进境地海关与指运地海关之间是否存在事先的操作约定。

❷ 收货人或其委托的货运代理、报关行，必须在运输工具申报抵达进境地之日的14日内，向进境地海关申报，否则按同样标准缴纳滞报金。

单据录入和分类—发到货通知或查询单—制报关单、预录入—检验、报关—送货或转运。

报关单证是报关的依据和凭证。进口报关单证大体上可分为两大类:基本单 证和按海关法必须提供的单证。

1. 基本单证

基本单证包括进口货物报关单、航空运单和发票。这三者是任何货物进口报 关所必需的,缺一不可。有些货物只需这三种单证即可通关,如小量的资料、单一 品名且单一规格的货物和合同项下不属于国家政策限制的进口产品。

一般进口货物应向海关交验进口报关单一式多份(具体份数视贸易性质决定),运单两份(正本及副联或复印件各一份),发票正本一份。

2. 法定单证

法定单证是证明货物合法进口的各种批准文件。这类单证主要有:进口许可证、商检证、机电产品进口审批表、无线电管委会证明、海关核发的加工贸易登记手册、减免税证明、重工业产品证明、音像制品许可证等。这类单证并非所有货物进口报关都需要,是否需要和需要哪一种,基本上取决于商品的类别及贸易性质。

1)由商品类别决定的法定单证

(1)进口许可证。凡进口国家限制进口的商品,均需申领进口许可证。随着国家对外政策的逐步开放以及加入世界贸易组织,属于进口许可证管理的商品逐步减少。具体可参阅海关总署公布的海关税则归类目录,进口许可证由进口单位向对外经济贸易管理部门申领。.

(2)商检证明。凡进口属于法定商检的商品,均需向海关交验国家商检机构及有关检验部门出具的检验证书。

实施法定商检的进口商品主要包括:

①《中华人民共和国进出口商品检验法实施条例》(国务院令 2005 年第 447 号)规定的商品;

②《中华人民共和国食品卫生法》(中华人民共和国主席会 1995 年第 59 号)规定的应实施卫生检验及检疫的食品、食品 添加剂、食品容器、包装材料等;

③《中华人民共和国进出口动植物检疫法》(中华人民共和国 1991 年第 53 号)规定应实施检疫的动植物产品;

④国家卫生部有关条例规定应实施检验的药品。

该类产品进口报关前,可参阅海关总署公布的海关税则归类目录,先报请出入境检验检疫机构实施检疫,海关凭出入境检验检疫机构签发的证书验放。

属于合同商检的商品,一般由收、用货部门自行检验,发现不合格后报请当地商检机构复验。商检机构主要对商品的品质、数量、重量、包装残损等情况进行检验。这种检验属于公证鉴定的性质,检验后签发的证书主要是作为买方提出索赔的依据,而不是海关验放的凭证。因此,以一般贸易方式进口货物时,海关不要求提供合同商检,合同商检主要用于以索赔、补发、换货等无代价抵偿形式进口的货物或修理物品的进口。

(3)机电产品进口审批表。凡进口机电产品和仪器、仪表类商品,均需向海关交验机电产品进口审批表。该类商品的范围十分广泛,进口量大,尤其在空运进口货物中占有很大比例。

机电产品进口审批表一般表现为在进口订货卡片上加盖部、委级机电审查办公室或当地机电办公室审查专用章；特殊的机电仪产品，需加盖国务院机电审查办公室专用章。

（4）无线电管委会证明。凡进口无线电器材、通信设备，如对讲机、无线寻呼机、无线电话、电报发送和接收设备等，均应向海关交验无线电管理委员会的批准文件。凡中央系统的单位进口无线电设备，需出具国家无线电设备审查委员会的批准文件；地方单位和中央驻地方单位，需出具省、自治区、直辖市无线电委员会的批准文件。

2）由贸易性质决定的法定单证

（1）登记手册。《登记手册》一般适用于以来料加工、进料加工和补偿贸易等方式进口的物品。进料加工和来料加工项下进口的料、件和补偿贸易项下进口的机器设备及用于加工返销产品的料、件，海关凭《登记手册》办理免税和验放手续。每次进口报关时，海关在《登记手册》上核销进口的数量和金额。进口辅料时，可以不办理《登记手册》，海关凭签约单位盖章并经海关备案的合同副本办理免税、验放手续。

（2）减免税证明。外商独资企业、中外合资企业和中外合作企业，进口属于减免税范围内的物品，均应向海关交验“减免税证明”。每次报关时，海关凭“减免税证明”办理免税、验放手续。

以一般贸易方式进口的货物，按国家规定可以给予减免税者，如科研用品和改良品种用产品，进口报关时也应向海关交验“减免税证明”，以办理免税、验放手续。

（3）商检证书、索赔协议和税款缴纳证明。凡以无代价抵偿形式进口的货物，包括索赔、更换和补发的货物，均应在进口报关单的贸易性质一栏内填报“无代价抵偿”。报关时应随附商检证书、有国外发货人签字的索赔协议（或补发协议、换货协议）以及原进口货物的税款缴纳证明（如 当时为征税进口）。对于金额较小的无代价抵偿货物，可以不提供商检证书。

上述单证齐备的无代价抵偿货物，海关予以免税放行。

（4）保证函。凡申请担保进口的货物，包括暂时进口货物、因故不能及时提供已领取的进口许可证的货物、不能在报关时交验有关单证的货物、正在申办减免税手续而要求海关缓办纳税手续的货物、经海关同意将未放行的货物暂时存放于海关监管区之外的货物等，进口报关时均应向海关交验进口单位主管部门（司、局级以上）出具的保证函。保证函必须是按照海关要求填写的、订有明确确立权利义务的一种担保文件。担保进口，除提供保证函外，一般还需向海关缴纳相当于进口税费之和的保证金，保证金于销保时退还。

（5）赠送函和接收函。外商免费提供的物品进口报关时，应向海关交验发货人出具的赠送函和收货人出具的接收函。

（6）海关关封。海关关封（非海关转关关封）是指外国企业常驻机构进口办公用品或常驻机构代表的私人安家物品时，向海关申办的一种批准证明。进口办公用品向海关递交办公用品申请表，详细列出货物的品名、数量和金额，并随附一份进口发票；进口安家物品填写私人物品申请表，并随附发票和到货清单。海关对申请进行审核，如确系外企常驻机构公用或常驻代表自用，且数量和金额在合理范围内，即在申请表上签字、盖章，以示批准。然后将申请表装入海关关封，由收货人带交口岸海关办理报关手续。

任务实施

1. 实训目的

（1）根据航空货物的性质完成报检环节并正确填制《进口货物报检单》；

（2）根据航空货物的性质，完成报关环节并正确填制《进口货物报关单》；

2. 实训内容

根据以下资料填制报关单：

资料1：鸿特五金公司位于广州经济技术开发区，海关注册编号为440124XXXX，所申报商品位列B52084400153号登记手册备案料件第13项，法定计量单位为公斤，货物于2014年7月18日运抵口岸，当日向黄埔海关新港办（关区代码为5202）办理进口申报手续。

保险费率为0.27%。入境货物通关单编号为442100104064457。

资料2：

Hongda CO,LTD

NO. XX　FENGHUA ROAD,GUANGZHOU,CHINA

COMMERCIAL　INVOICE

CONSIGNEE:

Hongda CO,LTD

NO. XX　FENGHUA ROAD,GUANGZHOU,CHINA

INVOICE NO.: BL04060643

CONTRACT NO.: ABC－1001

SHIPPER:

ABC(HONGKONG)LTD.

ROOM X X X ,SHATINGALLERIA

MEISTREET,FOTAN,N. T,HONGKONG

DATE:07/0704

REFERENCE NO.:HB184004

SHIPMENT FROM KUNSAN,KOREA TO HUANGPU CHINA VIA HONGKONG

<table>
<tr><th>SHIPPING MARKS</th><th>DESCRIPTION</th><th>QTY</th><th>UNIT PRICE</th><th>AMOUNT</th></tr>
<tr><td>N/M</td><td>"HI－QBRAND" ART PAPER 039－44</td><td>16314KG
16ROLLS</td><td rowspan="3">0.8040</td><td>CFR HUANGPU
US $ 13116.45</td></tr>
<tr><td colspan="2" rowspan="2">TOTAL:</td><td>16314KG</td><td rowspan="2">US $ 13116.45</td></tr>
<tr><td>16ROLLS</td></tr>
</table>

资料3：

Hongda CO,LTD

NO. XX　FENGHUA ROAD,GUANGZHOU,CHINA

PACKING LIST

DATE: 07/0704

TO:HUANGPU, CHINA

SHIPMENT FROM KUNSAN,KOREA TO HUANGPU CHINA VIA HONGKONG

VESSEL AND VOAGE　　NO.:穗德航30/4Y0708

B/L NO.:SG40746

DESCRIPTION	QTY	WEIGHT	NETWEIGHT	MEASUREMENT
"HI - QBRAND" ART PAPER 039 - 44 H. S:48101300. 10	16314KG 16ROLLS	16362	16314	
		16362	16314	

3. 实训道具

(1)《国际航空货运代理理论与实务》教材；

(2)《进口货物报检单》、《进口货物报关单》等。

4. 实训评价

训练评价的方式有教师评价、小组内部成员评价和第三方评分组成员评价 3 种，建议教师评价占 60% 权重，小组内部成员评价占 20% 的权重，第三方评分组成员评价占 20% 的权重。将 5 者综合起来的得分为该生在该项目的评价分，见表 4-6。

训练评价表 表 4-6

考核人		被考核人	
考核地点			
考核内容	报关与报检		
考核标准	具体内容	分值(分)	实际得分
	工作态度	15	
	沟通水平和团队合作	15	
	报关单的填写	15	
	报检单的填写	25	
	流程的操作正确性	30	
合计		100	

注：考核满分 100 分，60 以下为不及格，60 ~ 69 分为及格，70 ~ 79 分为中，80 ~ 89 分为良，90 分以上为优。

延伸阅读

HS 编 码

HS 为海关商品编码，HS 编码为编码协调制度的简称。编码协调制度由国际海关理事会制定，英文名称为 The Harmonization Code System（HS - Code）。HS 编码共有 22 大类 98 章。国际通行的 HS 编码由 2 位码、4 位码及 6 位码组成。例如："鲜苹果"的六位码为 080810，其归类于 4 位码 0808"鲜的苹果、梨及榅桲"，而 4 位码则归类于 2 位码 08（即第 8 章）"食用水果及坚果；甜瓜或柑桔的果皮"。6 位码以上的编码及对应商品由各国自定。

自 1992 年起，中国海关采用 HS 编码体系。采用 HS 编码检索，可以准确定位所要查找的商品。

任务四 发货与转运

案例导入

货运代理公司该为此损失承担责任吗？

中国外贸进出口有限公司从国外进口可可豆 15t，共计 300 包。货物于 2014 年 6 月 16

日由中国东方航空公司运至上海虹桥机场，卸于机场海关区，堆放在露天场地，下垫木板和草席，上盖双层油布。收货人于6月18日书面委托上海某货运代理办理进口报关和铁路运输至江西省南昌市的一家制作巧克力厂。货运代理接受委托后，立即办妥进口报关手续，但先后24次向铁路部门申请车皮未果。货运代理多次电话向收货人通报情况并建议改用水运。至8月18日收货人在电话里称：请酌情处理。8月19日可可豆装上铁路车皮，于20日运抵南昌市后，收货人向当地检验检疫机构报检，结果发现严重霉变，失去了使用价值。收货人随即向货代公司提出索赔。

思考题：

货运代理应该为此承担责任吗？

任务分析

1. 任务准备

(1)到港货物相关信息；

(2)多媒体教室(含可供学生上网查资料的电脑、多媒体教学设备、课件和动画等教学资料)。

2. 任务目标

(1)掌握发货前收费的主要项目费用；

(2)了解发货的注意事项；

(3)熟悉发货转运的流程。

基础知识

一、收费与发货

办完报关、报验等进口手续后，货主须凭盖有海关放行章、检验检疫章(进口药品须有药品检验合格章)的进口提货单到所属监管仓库付费提货。

1. 收费

货运代理公司仓库在发放货物前，一般先将费用收妥。收费内容有：

(1)到付运费及垫付佣金；

(2)单证、报关费；

(3)仓储费(含冷藏、冷冻、危险品、贵重品特殊仓储费)；

(4)装卸、铲车费；

(5)航空公司到港仓储费；

(6)海关预录入、动植检、卫检报验等代收代付费用；

(7)关税及垫付佣金。

除了每次结清提货的货主外，经常性的货主可与货运代理公司签订财务付费协议，实施先提货，后付款，按月结账的付费方法。

2. 发货

仓库发货时，须检验提货单据上各类报关、报验章是否齐全，并登记提货人的单位、姓名、身份证号以确保发货安全。

保管员发货时，须再次检查货物外包装情况，遇有破损、短缺，应向货主做出交代。

发货时,应协助货主装车,尤其遇有货物超大超重,件数较多的情况,应指导货主(或提货人)合理安全装车,以提高运输效率,保障运输安全。

货物交接不当将会导致纠纷及索赔,应予以特别注意:

(1)分批到达货,收回原提货单,出具分批到达提货单,待后续货物到达后即通知货主再次提取。

(2)航空公司责任的破损、短缺,应由航空公司签发商务记录。

(3)货运代理公司责任的破损、短缺,应由代理公司签发商务记录。

(4)遇有货代公司责任的破损事项,应尽可能商同货主、商检单位立即在仓库作商品检验,确定货损程度,要避免后面运输中加剧货损。

二、送货与转运

出于多种因素(或考虑便利,或考虑节省费用,或考虑运力所限),许多货主或国外发货人要求将进口到达货由货运代理人报关、垫税、提货后运输到直接收货人手中。货运代理公司在代理客户制单、报关、垫税、提货、运输的一揽服务中,由于工作熟练,衔接紧密,服务到位,因而受到货主的欢迎。

1. 送货上门业务

送货上门业务主要指进口清关后货物,直接运送至货主单位,运输工具一般为汽车。

2. 转运业务

转运业务主要指将进口清关后货物转运至内地的货运代理公司,运输方式主要为飞机、汽车、火车、水运、邮政。

办理转运业务,需由内地货运代理公司协助收回相关费用,同时口岸货代公司也应支付一定比例的代理佣金给内地代理公司。

3. 进口货物转关及监管运输

进口货物转关,是指货物入境后不在进境地海关办理进口报关手续,而运往另一设关地点办理进口海关手续,在办理进口报关手续前,货物一直处于海关监管之下,转关运输也称监管运输,意味此运输过程置于海关监管之中。

任务实施

1. 实训目的

掌握发货及转运流程。

2. 实训内容

根据到货信息制作到货通知单。

3. 实训准备

把学生分成 5 ~ 6 人一组,分析背景资料,分组制作到货通知单。

4. 实训评价

训练评价的方式有教师评价、小组内部成员评价和第三方评分组成员评价 3 种,建议教师评价占 60% 权重,小组内部成员评价占 20% 的权重,第三方评分组成员评价占 20% 的权重。将 5 者综合起来的得分为该生在该项目的评价分,表 4-7。

训 练 评 价 表 表 4-7

考核人		被考核人	
考核地点			
考核内容	发货与转运		
考核标准	具体内容	分值(分)	实际得分
	工作态度	15	
	沟通水平和团队合作	15	
	到货通知单的缮制	15	
	转关的流程操作	25	
	发货与转关流程操作完整性	30	
合计		100	

注:考核满分 100 分,60 以下为不及格,60 ~ 69 分为及格,70 ~ 79 分为中,80 ~ 89 分为良,90 分以上为优。

延伸阅读

空运货物是如何提货的

(1)客户在办理航空货运托运或货物提取手续时,应当提供托运人、收货人和经办人的有效身份证件,联系电话以及政府规定和航空货运所必需的证明文件。当您填写“货物托运书”时,请特别注意每一票货物的“始发站”和“目的站”是唯一的,“收货人”(自然人或法人)必须是全名,并且与有效身份证件或单位公章相符。

(2)一旦货物收运后,客户不能要求将每一份“航空快递单”中列明的全部货物作部分变更运输。必要时,根据有关规定,物流公司和机场安检可能对您的货物开箱检查。

(3)物流公司会用手机短信平台通知客户的货物所搭载的航班和提货单号及机场提货联系电话。您在查询货物时,请务必提供“航空货运单”的后 8 位数号码(位于“航空货运单”的右上角、左下角和右下角)。如有疑问请立即致电所合作的物流公司查询。

(4)货到目的地机场之后,机场工作人员卸货,配货,再运到机场仓库大概需要 2 ~ 3h 不等,所以一般航班到达目的地之后,都不能立即到机场提到货,必须晚 2 ~ 3h 才能提货。

(5)所有客户去机场自提货物,必须携带收件人本人有效身份证件,而且都需付机场提货费,这一部分费用都由航空公司收取,因为空运的货都由航空公司的机场工作人员卸货,配货,再运到机场仓库的。如果您的货物超大、超重,请您提供必要的装卸设备和装卸人员。

(6)到付款客户,只能到代理仓库提货,不能到机场提货,所以提货时间会晚 1h 左右。

(7)现付款客户,可以到机场自提,可以节约提货时间和机场提货费。

模块五　国际多式联运

学习导语

国际多式联运是国际货物运输组织管理的一次飞跃，本模块通过对国际多式联运的定义与特点的阐述，明确了国际多式联运与传统运输方式相比较所具备的优越性，详细介绍了国际多式联运的业务流程及国际多式联运提单的内容、签发与转让，并对在国际多式联运中起着重要作用的大陆桥运输及北美内陆公共点（OPC）运输进行了介绍，使同学们掌握相关操作步骤与环节要点。

案例分享

大物流呼唤公铁联运

近年来，随着公路、铁路基础设施的快速发展，公路运输与铁路运输也各自发挥优势并展开日益激烈的竞争。然而，笔者认为，在大物流的发展形势下，货物运输要求速度快、损失少、费用低，公路、铁路运输应该规避各自不足，发挥最大的综合效率，从而实现最优的经济效益，因此，公路与铁路实现联运便注定成为发展趋势，而且我国地域辽阔，具有发展公铁联运的潜力。

一、公铁运输 各有优势

公路货运机动灵活、简捷方便、应急性强，能深入到其他运输工具到达不了的地方；适应点多、面广、季节性强的货物运输，是实现集装箱在一定距离内"门到门"运输的最好的运输方式。公路货运存在的问题是，比起铁路来，汽车运输的运输单位小，产生不了大批量输送的效果，成本较高，特别是长距离输送中缺点较为显著。

铁路运输准确安全，几乎不受气候影响，一年四季可以不分昼夜地进行定期的、准确的运转，运输速度比较快，运输量比较大，运输成本较低，安全可靠。铁路货物运输固然有其优势，但其特点也决定了其必然存在弊端：由于在专线上行驶，而且车站之间距离比较远，缺乏机动性，运输起点和终点常常需要汽车进行运转，增加了搬运次数。

二、公铁联运 高效统一

公铁联运就是充分发挥铁路骨干运输的优势，公路灵活多变、快速的特点，为客户提供一票式"门到门"运输服务。其优点主要有：手续简便、责任统一。在公铁联运方式下，所有运输事项均由联运承运人负责办理。而货主只需要办理一次托运、订立一份运输合同、支付一次运费、办理一次保险，并取得一份联运提单，与各运输方式相关的单证和手续上的麻烦被减少到最低限度。发货人只需与联运经营人进行交涉，由于责任统一，一旦在运输过程中发生货物灭失或损坏时，由多式联运经营人对全程运输负责，减少运输过程中的时间损失，使货物运输更快捷。

以公铁联运为代表的多式联运，一直是物流领域的热点话题，在全社会物流成本居高不下的现实境况下，它被许多人寄望为“灵丹妙药”。公铁联运作为一个单独的运输过程而被安排和协调运作，能减少在运转地的时间损失和货物灭失、损坏、被盗的风险。公铁联运经营人通过联络和协调，在运转地各种运输方式的交接可连续进行，使货物更快速地运输，从而弥补了市场距离远和资金积压的缺陷，节省了运杂费用。公铁联运还可以提高运输的组织水平，实现货物的连续运输，做到“门到门”运输。

三、公铁联运的渴求

物流的大发展已对公铁联运提出了要求。要建立现代大物流，整合铁路与社会的可利用资源，建立起全国公铁联运大运转的物流体系。要规避铁路与公路双方的劣势，充分发挥各自的优势，建成以铁路干线运输为依托的公铁联运的大物流操作平台，实现全国物流的大运转，既可以发挥铁路线路和仓库的作用，又可以提高铁路车辆的利用率。在公铁联运物流系统中，公路运输承担着货物的提取、配送，是公铁联运的最初和最终环节。

公铁联运实现后，厂家主要发货，只需要将货物交给从事联运的物流公司直接办理，而不必去找多家公司寻求转运服务，而且货物的主要运输方式是铁路运输，货物的安全性便得以保障，比过去全部汽车运输更安全。随着公路运输成本的增加，客户将长途运输改为铁路运输模式，成本必将下降，又会给企业带来新的效益。大物流的发展需要充分发挥各种运输方式的优势，规避其不足，公路与铁路的联运便呼之欲出。

四、联运接口事关成败

“公铁联运不是货物由货车搬到卡车，卡车搬到火车这么简单”。一个看似简单的物理过程，却包含着复杂的运输技术，且直接关系到公铁联合运输方式的效率和经济性。

公路和铁路的连接通常是通过公铁联合运输中转平台来实现的，要实现高效接驳，对卡车和铁路货车之间转运的货物不进行再次处理，中转平台是整个公铁联合运输链的增值中心。由集装箱、叉车、堆场构成的中转平台，构成了铁路与公路两种运输方式的接口，高效的转换全赖于此。

公铁联合运输的效率与运输中转平台的生产力紧密相关，而集装箱的推广和统一成为保证公铁联运通畅的统一接口。一个完善的公铁联合运输平台应这样完成接口工作：提供必要的人员和集装箱处理设备，接受、存储、发送拖挂车或者集装箱；准备接收和发送拖挂车和集装箱所需要的各种文件，保证所有的港口、机场、海关，以及平台的其他各种费用被支付。

以公铁联运为基础的多模式内陆运输在欧美许多发达国家的社会和经济发展中扮演了重要的角色。简而言之，现代物流的公铁联运可以化繁就简，把货物转换的时间一再缩短。

引例分析：

以公铁联运为代表的多式联运，一直是物流领域的热点话题，在全社会物流成本居高不下的现实境况下，它被许多人寄望为“灵丹妙药”。公铁联运作为一个单独的运输过程而被安排和协调运作，能减少在运转地的时间损失和货物灭失、损坏、被盗的风险。公铁联运经营人通过联络和协调，在运转地各种运输方式的交接可连续进行，使货物更快速地运输，从而弥补了市场距离远和资金积压的缺陷，节省了运杂费用。公铁联运还可以提高运输的组织水平，实现货物的连续运输，做到“门到门”运输。

学习目标

通过本模块的学习，期望达到下列目标。

1. 专业能力

(1)会分析国际多式联运与一般国际运输的区别。

(2)掌握《联合国国际货物多式联运公约》所有条款。

(3)多式联运线路的优化，分析比较确定最终的联运方案。

(4)掌握国际多式联运业务及程序。

(5)能熟练计算国际多式联运费用。

(6)掌握国际多式联运的形式。

(7)会膳制国际多式联运提单。

2. 社会能力

(1)通过分小组活动，培养学生的团队协作精神。

(2)通过规范文明操作，培养良好的职业道德和安全环保意识。

(3)通过分小组讨论、选代表上台陈述，学生及老师评述，培养学生与客户的沟通能力。

3. 方法能力

(1)通过查阅资料、文献等，培养个人自学能力和获取信息的能力。

(2)通过情境化的任务单元活动，掌握分析问题解决实际问题的能力。

(3)填写任务工作单，制订工作计划，培养工作方法能力。

(4)能独立使用各种媒体完成国际多式联运的学习任务。

模块图解

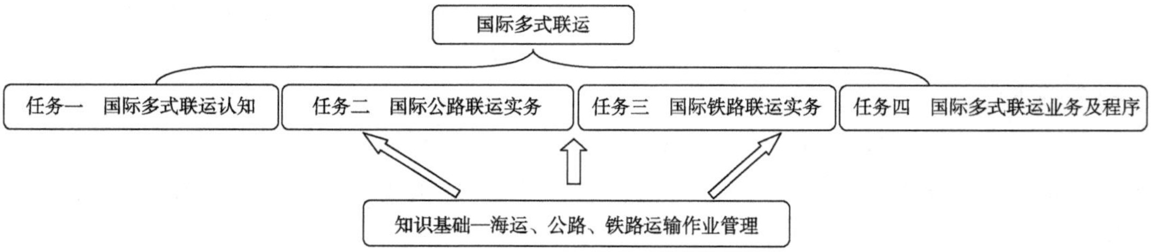

任务一　国际多式联运认知

案例导入

日本邮船公司的多式联运服务

日本邮船公司(NYK)作为世界上著名的班轮公司之一，是传统的海运服务公司，该公司自 1896 年起便开始经营欧洲和远东的“港至港”的服务。海运是 NYK 的主业，它拥有一支由 322 艘船舶组成的船队，每年承运七千多万吨货物。

航运业的利润下降和动荡,使 NYK 开始重组和改变其经营战略,由单一的“港至港”服务转向更加细致周到的“多式联运”服务。

NYK 集团提出了一个面向 21 世纪的公司战略,内部称为“NYK21”。“NYK21”的目标是使公司发展成为一个超越海上运输的全方位综合物流公司,也就是成为一个可以提供更广泛的服务种类的超级承运人。NYK 战略之一是计划首先通过其下属子公司在空运、货代、仓储和公路运输的运作上的协调一致,来实现其战略联盟。

公司的目标是加强 NYK 的货运服务、物流活动、空运和陆上运输,使其占 NYK 年收入的 30%(目前占 10%)。NYK 努力建立一个围绕海、陆、空服务的多式联运体系,以实现其目标。该战略的核心部分在于 NYK 不断在世界主要地区发展其物流中心。1991 年 NYK 从联合承运集团(United Carriers Group)收购了 3 个欧洲运输和物流公司作为其在欧洲建立物流网络体系的一部分。

NYK 的物流中心遍布全球,并且不断有新的中心建立。这些中心经营的远远不止仓储服务,NYK 将它们看作是集中向客户提供一定程度的物流服务的中心,如存货管理和订单处理。NYK 物流中心的经营理念是积极向客户推销,提供客户集中存货控制的好处,以达到缓解存货紧缺和减少运输设备的目的。每个中心均有陆、海、空运输的专业人才和自己的货物集中与分送的网络。NYK 认为信息技术是现代物流的重要基础,并且使每个中心互相联网以提供全球货物跟踪。

一些 NYK 的物流中心甚至向客户提供更为广泛的物流服务。以新加坡中心为例,物流中心为日本电子产品制造商提供“物料需求计划服务”(MRP),NYK 认为这是一个物流提供者尚未开发的巨大的领域。

MRP 服务涉及将零件清单、卖方、日期和定单次数与主要生产计划相匹配,以保证生产进程能有最低费用和即定的物料。这种即定即到的服务可以建立在以及时生产(JIT)为经营理念的零库存的基础上。很明显,当零件数和卖方增加时,MRP 系统的复杂程度也随之增加。

NYK 认为,制造商与有经验的物流专家订立 MRP 合同,就可以获得优势。主要生产计划可以转换到 NYK 的电脑系统,MRP 就能同时执行,而且购货订单可以以 NYK 享有或不享有货物所有权的方式发到卖方手中。这样的系统对于客户来说,具有下列好处:

(1)避免了采购安排和烦琐的文件。

(2)避免了与卖方进行货币结算。

(3)将人力释放到别的生产任务上。

过去,NYK 有广泛的地理覆盖范围,但仅经营有限的服务。要在竞争中成为超级承运人,就必须在一些领域里加入复杂的技术,如存货管理和产品配送。NYK 公司战略目标的确野心勃勃,然而,NYK 的全球能力以及与许多有实力的制造商的牢固关系表明:他们在走向明日超级承运人的道路上正迈着坚定的步伐。

思考题:

1. 针对这个案例,谈谈你的想法?

2. NYK 的实践表明哪些策略是值得借鉴的?

(1)改变原有单一的运输范围种类,向多式联运和服务多元化发展,同时不断根据客户的需求调整服务范围并提高服务质量。

(2)加强公司本部的协调,避免由于信息滞后或传达不及时而造成损失。

(3)根据本公司的发展战略,考虑采用兼并手段进入该国市场得到被兼并方的技术和网络体系。

(4)建立遍布全球各重要地区的物流中心,加强各物流中心的联络,以保证向客户提供及时准确的服务和信息,充分利用先进的信息技术发挥物流中心综合信息的功能。

任务分析

1. 任务准备

(1)一家物流企业材料,主要包括:企业的主要经营的运输线路、运输的货物类别等;

(2)多媒体教室(含可供学生上网查资料的电脑、多媒体教学设备、课件和动画等教学资料);

(3)网络资源,包括:电子地图系统等。

2. 任务目标

(1)能对国际多式联运市场变化的主要影响因素进行分析;

(2)掌握《联合国国际货物多式联运公约》主要条款;

(3)掌握国际多式联运的优点。

基础知识

一、国际多式联运的含义

国际多式联运(Multimodal Transport)是指由多式联运经营人按照多式联运合同,以至少两种不同的运输方式,将货物从一国境内接收货物的地点运至另一国境内指定地点交货的运输方式。

知识链接

国际多式联运的定义与区别

1. 国际多式联运的基本条件

国际多式联运(multimodal transport)通常是以集装箱为运输单元,将不同的运输方式有机地组合在一起,构成连续的、综合性的一体化货物运输。通过一次托运,一次计费,一份单证,一次保险,由各运输区段的承运人共同完成货物的全程运输,即将货物的全程运输作为一个完整的单一运输过程来安排。1980年《联合国国际货物多式联运公约》以及1997年我国交通部和铁道部共同颁布的《国际集装箱多式联运管理规则》对国际多式联运进行了定义,根据该定义,结合国际上的实际做法,可以得出,构成国际多式联运必须具备的特征或基本条件有:

(1)必须具有一份多式联运合同。该运输合同是多式联运经营人与托运人之间权利、义务、责任与豁免的合同关系和运输性质的确定,也是区别多式联运与一般货物运输方式的主要依据。多式联运经营人负完成和组织宗完成货物的全程运输,并一次性收取全程运费。

(2)必须使用一份全程多式联运单证。全程多式联运单据是证明多式联运合同及多式联运经营人已接收货物并按合同条款交付货物的单据,该单证应满足不同运输方式的需要,并按单一运费率计收全程运费。

(3)必须是至少两种不同运输方式的连续运输。国际多式联运全程运输中至少使用两种不同的运输方式,而且是不同运输方式、不同运输区段的连续运输。这里所指的至少两种运输方式可以是海—陆、陆—空、海—空等,这与一般海海、陆陆、空空的联运有着本质的区别。后者是联运,但仍是一种运输工具之间的运输方式,不属于于完整方式,不属于完整的多式联运。

(4)必须由一个多式联运经营人对货物运输的全程负责。该多式联运经营人在多式联运业务中作为总承运人对货主负有履行合同的责任,并承担自接管货物起至交付货物时止的全程运输责任,以及对货物在运输途中灭失、损坏或延迟交货所造成的损失负赔偿责任。显然,在多式联运经营人履行多式联运合同所规定的运输责任的同时,可将全部或部分运输委托他人(分承运人)完成,并订立他运合同。但分运合同的承运人与托运人之间不存任何合同关系。

(5)必须是国际货物运输。这是区别于国内货物运输和是否适合国际法规的限制条件。也就是说,在国际多式联运中,必须是跨越国境的一种国际货物运输。这不仅是区别于国内货物运输,主要是涉及国际运输法规的使用问题。

因此,国际多式联运是一种利用集装箱进行联运的新的运输组织方式,它通过采用海、陆、空等两种以上的运输手段,完成国际的连贯货物运输,从而打破了过去海、铁、空等单一运输方式互不连贯的传统做法。提供优质的国际多式联运服务已经成为集装箱运输经营中增强竞争力的很重要的手段。

2. 国际多式联运与一般国际运输的区别

(1)海关验放的手续不同。一般国际货物运输交货地点大都在装货港,目的地大多在卸货港,因而办理包裹和通过手续都是在货物进出境的港口。而国际多式联运货物的起运地大都在内陆城市,进境港口的海关一般不进行查验,只办理转关监管手续,待货物到达最终目的地时由当地海关查验放行。

(2)信用证上的条款不同。根据多式联运的需要,信用证上的条款有以下 3 点变动:

①向银行议付时不能使用舫运公司签发的已装船清洁提单,而应凭多式联运经营人签发的多式联运提单,同时应注明该提单的抬头如何制作,应明确可否转让。

②多式联运一般采用集装箱运输(特殊情况除外),因此,应在信用证上增加指定采用集装箱运输条款。

③如不同银行转单,为方便收货人或代理人能尽早取得货运单证,加快在目的港(地)提货的速度,则应在信用证上加列"装船单据由发货人或由多式联运经营人进直接寄收货人或其代理人"条款。如由多式联运经营人寄单,发货人出于议付结汇的需要应由多式联运经营人出具一份"收到货运单据已寄出"的证明。

(3)多式联运提单的适用性与可转性与一般海运提单不同。一般海运提单只适用于海运,从这个意义上说,只有当海运与其他运出方式相结合时才适用多式联运提单。多式联运提单把海运提单的可转让性与其他运输方式下的运单不可转让性合并一起。因此,多式联运经营人根据发货人的要求既可签发可转让多式联运提单,也可签发不可转让的多式联运提单。

(4)货物单证的内容与制作方式不同。国际多式联运大都是“门到门”运输,故货物于装船(或装车、装机)后应同时实际承运人签发提单货运单,多式联运经营人签发多式联运提单,这就是多式联运提单与任何一种单一的国际货运方式的根本不同之处,在此情况下,海运提单或运单中的发货人,应为多式联运经营人,收货人及通知方一般应有尽有为多式联运经营人的国外分支机构或其代理人;多式联运提单上的发货人和收货人,则是真正的、实际的发货人和收货人。

(5)手续办量不同,采用一次付费、一次托运、一单到底、统一理赔的运输方法,多式联运形式可实现发货人和收货人一体化,为货主简化办理货运手续提供了极大的方便。

二、《联合国国际货物多式联运公约》简介

国际多式联运运输方式打破了传统的海、陆、空互不连贯的运输方式,于20世纪50年代后期在美国被使用,随后在美洲、欧洲和亚洲的一些地区推广使用。随着这种运输方式的发展,其优越性得到越来越充分的体现。为此,联合国贸易发展委员会会议为了适应并促进轨迹贸易和国际多式联合运输的发展,与1980年9月在日内瓦召开的国际多式联运公约会议上,经参加会议的84个贸发会议成员国讨论并一致通过产生了《联合国国际货物多式联运公约》,对多式联运经营人、发货人的责任,索赔和诉讼,多式联运单据以及公约的适用范围和有关国家的管理权限等均做了详细的规定。

1. 国际多式联运的基本原则

(1)在国际多式联运中,发达国家和发展中国家之间的利益应当保持均衡,发达国家和发展中国家的活动应当得到公平分配。

(2)在引进新的货物多式联运的技术之前和之后,多式联运经营人、托运人 、托运人组织和各国主管当局应就运输条件进行协商。

(3)托运人有权自由选择多式联运或分段运输。

(4)本公约规定的多式联运经营人的赔偿责任应根据推定过失或疏忽原则。决定为此目的缔结本公约。

2. 对国际多式联运和多式联运经营人的规定

按照《多式联运公约》规定:“国际多式联运”为“按照多式联运合同,以至少两种不同的运输方式,由多式联运经营人将货物从一国境内接管货物的地点运至另一国境内指定的交付货物的地点。为履行单一方式运输合同而进行的该合同所规定的货物接送业务,不应视为国际多式联运。”

《多式联运公约》规定:“多式联运经营人”是指“其本人或通过其代表与发货人订立多式联运合同的任何人,他是事主,而不是发货人的代理人或代表或参加多式联运的承运人的代理人或代表,并且负有履行合同的责任。”

3. 对《多式联运公约》的适用范围的规定

《多式联运公约》规定:多式联运合同规定的多式联运经营人接管货物的地点是在一个缔约国境内,或者是交付货物的地点是在一个缔约国境内,则《多式联运公约》的各项规定适用于两国境内各地之间的所有多式联运合同。规定的原文如下:

本公约的各项规定适用于两国境内各地之间的所有多式联运合同,如果:

(1)多式联运合同规定的多式联运经营人接管货物的地点是在一个缔约国境内;或

(2)多式联运合同规定的多式联运经营人交付货物的地点是在一个缔约国境内。

4. 对多式联运经营人的赔偿责任做了规定

在赔偿责任方面,主要规定了多式联运经营人赔偿责任期间、赔偿责任基础、赔偿责任限制,并对非合同索赔和责任限制权利的丧失做了相应的规定。

1)赔偿责任期间

根据《多式联运公约》第14条规定,多式联运经营人对货物的责任期间,是从其接管货物之时起到交付货物时为止。也就是货物在多式联运经营人掌管之下这一期间。

2)赔偿责任基础

根据《多式联运公约》第16条规定,对经营人的赔偿责任采取推定过失或疏忽的原则,即除非多式联运经营人证明其本人或其受雇人或代理人为避免事故的发生及其后果已采取一切所能合理要求的措施,否则就推定联运经营人有疏忽或过失,就应对货物在其掌管期间发生的及其后果已采取一切所能合理要求的措施,否则就推定联运经营人有疏忽或过失,就应对货物在其掌管期间发生的灭失、损坏或延迟交付负赔偿责任。

《多式联运公约》第17条还规定,如果货物来灭失、损坏或延迟交付是由于多式联运经营人或其受雇人或代理人的过失或疏忽与另一原因联合而产生的,多式联运经营人仅在灭失、损失或迟延交货可以归因于此种过失或疏忽的限度内负赔偿责任,但多式联运经营人必须证明那部分损失不是他的过失或疏忽造成的。规定的原文如下:

(1)多式联运经营人对于货物的灭失、损坏和延迟交付所引起的损失,如果 造成灭失、损坏或延迟交货的事故发生于第十四条所规定的货物由其掌管期间,应负赔偿责任,除非多式联运经营人证明其本人、受雇人或代理人或第十五条所指的 任何其他人为避免事故的发生及其后果已采取一切所能合理要求的措施。

(2)如果货物未在明确议定的时间内交付,或者如无此种协议,未在按照具 体情况对一个勤奋的多式联运经营人所能合理要求的时间内交付,即为延迟交货。

(3)如果货物未在按照本条第2款确定的交货日期届满后连续90日内交付 ,索赔人即可认为这批货物业已灭失。

5. 赔偿责任限制

关于多式联运经营人赔偿责任限制,《多式联运公约》在第18、19条做了如下规定:

包括海运在内的联运,其赔偿责任以灭失或损坏的货物每件或其他货运单位计不超过9.20计算单位的数额,或按毛重每千克计不超过2.75计算单位的数额,以较高者为准。

国际多式联运如不包括海运和内河运输在内,则多式联运经营人的赔偿责任按灭失或损坏货物毛重每千克不得超过8.33计算单位的数额为限。这是考虑到空运承运人、公路、铁路承运人对货损的赔偿责任应高于海运承运人责任限额。

如果能够确定损失发生的运输区段,而该区段所适用的某项国际公约或强制性的国内法律所规定的赔偿限额高于多式联运公约规定的赔偿限额时,则适用该项国际公约或该国内法律规定。

多式联运经营人对迟延交货千万损失所负的赔偿责任限额,以相当于迟延交付货物应付运费的2.5倍的数额为限,但不得超过多式联运合同规定的应付运费的总额。

如果多式联运经营人与发货人同意,可在多式联运单据中规定超过本公约所规定的赔偿限额。

关于货物计算单位在《多式联运公约》第31条做了详细规定。

多式联运经营人与发货人发生了货物运输的纠纷，应依据《多式联运公约》的规定进行处理。

6.责任限制权利的丧失

根据《多式联运公约》第21条规定，如果有证据证明，货物的灭失、损坏或迟延交付是由于多式联运经营人有意造成或明知可能造成而毫不在意的作为和不作为所造成的，则多式联运经营人无权享受本公约所规定的赔偿责任限制的利益。

7.公约对多式联运单据的规定

在《多式联运公约》中的第二部分，包括五、六、七、八、九、十、十一、十二、十三条对单据进行了明确的规定。根据《多式联运公约》规定，多式联运经营人在接管货物时，应向发货人签发多式联运单据。并且规定："多式联运单据是指证明多式联运合同以及证明经营人接管货物并负责按照合同条款交付货物的单据。"

三、国际多式联运的优越性

国际多式联是一种比区段运输高级的运输组织形式，20世纪60年代末美国首先试办多联运业务，受到货主的欢迎。随后，国际多式联运在北美，欧洲和远东地区开始采用；80年代，国际多式联运已逐步在发展中国家实行。目前，国际多式联运已成为一种新型的重要的国际集装箱运输方式，受到国际航运界的普遍重视。1980年5月，在日内瓦召开的联合国国际多式联运公约会议上产生了《联合国国际货物多式联运公约》。该公约将在30个国家批准加入了一年后生效，它的生效将对今后国际多式联运具有许多优越性，主要表现在以下几个方面：

（1）简化手续，节省费用。在国际多式联运方式下，无论货物运输距离有多远，由几种运输方式共同完成，且不论运输途中货物经过多少次转换，所有一切运输事项均由多式联运经营人负责办理。而托运人只需办理一次托运，订立一运输合同，一次支付费用，一次保险，从而省去托运人办理托运手续的许多不便。同时，由于多式联运采用一份货运单证，统一计费，因而也可简化制单和结算手续，节省人力和物力，此外，一旦运输过程中发生货损货差，由多式联运经营人对全程运输负责，从而也可简化理赔手续，减少理赔费用。

（2）缩短货物运输时间，降低货损差事故，提高货运质量。在国际多式联运方式下，各个运输环节和各种运输工具之间配合密切，衔接紧凑，货物所到之处中转迅速及时，大大减少货物的在途停留时间，从而从根本上保证了货物安全、迅速、准确、及时地运抵目的地，因而也相应地降低了货物的库存量和库存成本。同时，多式联运通过集装箱为运输单元进行直达运输，尽管货运途中须经多次转换，但由于使用专业机械装卸，且不涉及箱内货物，因而货损货差事故大为减少，从而在很大程度上提高了货物的运输质量。

（3）降低运输成本，节省各种支出。由于多式联运可实行"门到门"运输，因此对货主来说，在货物交由第一承运人以后即可取得货运单证，并据以结汇，从而提前了结汇时间。这不仅有利于加速货物占用奖金的周转，而且可以减少利息的支出。此外，由于货物是在集装箱内进行运输的，因此从某种意义上来看，可相应地节省货物的包装，理货和保险等费用的支出。

（4）提高运输管理水平，实现运输合理化。对于区段运输而言，由于各种运输方式的经营人各自为政，自成体系，因而其经营业务范围受到限制，货运量相应也有限。而一旦不同的经营人共同参与多式联运，经营的范围可以大大扩展，同时可以最大限度地发挥其现有设备作用，选择最佳运输线路组织合理化运输。

（5）其他相关作用。从政府的角度来看，发展国际多式联运具有以下重要意义：有利于加强政府部门对整个货物运输链的监督与管理;保证本国在整个货物运输过程中获得较大的运费收入配比;有助于引进新的先进运输技术;减少外汇支出;改善本国基础设施的利用状况;通过国家的宏观调控与指导职能保证使用对环境破坏最小的运输方式达到保护本国生态环境的目的。

综上所述,国际多式联运的主要特点是,由多式联运经营者对托运者签订一运输合同统一组织全程运输,实行运输全程一次托运,一单到底,一次收费,统一理赔和全程负责。

任务实施

1. 实训目的

通过实训调查,使学生了解国际多式联运的组织过程、多式联运适用的各种单证,培养学生调查、收集与整理相关信息的能力,了解多式联运过程中货损案例的处理方法。

2. 实训技能

熟悉国际多式联运业务的流转过程

3. 实训内容

国际多式联运企业调研。

4. 实训准备

了解该企业选择运输方式考虑的主要因素是什么、货损案件的处理方法及法律依据、多式联运组织方法和使用的各种单证。

5. 实训步骤

(1)把全班学生平均分为几个小组,以小组为单位到企业进行调查,并做好调查记录。

(2)以小组为单位写出调查分析报告。

(3)在全班组织召开一次交流讨论会。

(4)根据分析报告和个人在交流中的表现进行成绩评估。

6. 实训评价

多式联运企业调研分析训练评价的方式有教师评价、小组内部成员评价和第三方评分组成员评价 3 种,建议教师评价占 60% 权重,小组内部成员评价占 20% 的权重,第三方评分组成员评价占 20% 的权重。将 3 者综合起来的得分为该生在该项目的评价分,见表 5-1。

训 练 评 价 表 表 5-1

考评人		被考评人	
考评地点			
考评内容	国际多式联运企业调研		
考评标准	具体内容	分值(分)	实际得分
	工作态度	15	
	沟通水平和团队合作	15	
	调查表的设计情况	15	
	调查中的表现及结果	25	
	撰写调查报告情况	30	
合计		100	

注:考评满分 100 分,60 以下为不及格,60 ~ 69 分为及格,70 ~ 79 分为中,80 ~ 89 分为良,90 分以上为优。

7. 技能训练活动建议

建议组织学生到国际多式联运企业进行参观、调研。

拓展阅读

公铁联运益在何处

要想定性分析公铁联运的有益之处，就得先了解铁路运输和公路运输分别的特点。铁路运输：准确安全铁路运输几乎不受气候影响，一年四季可以不分昼夜地进行定期的、准确的运转；铁路运输速度比较快，运输量比较大。铁路一列货物列车一般能运送5000t货物，远远高于航空运输和汽车运输；铁路运输成本较低。铁路运输费用仅为汽车运输费用的几分之一到十几分之一；运输耗油约是汽车运输的二十分之一。

铁路运输安全可靠，风险远比公路运输小。铁路货物运输固然有其优势，但其特点也决定了其必然存在弊端：由于在专线上行驶，而且车站之间距离比较远，缺乏机动性；运输起点和终点常常需要汽车进行运转，增加了搬运次数。

公路运输：灵活便捷公路货运机动灵活、简捷方便、应急性强，能深入到其他运输工具到达不了的地方；适应点多、面广、零星、季节性强的货物运输；汽车投资少、收效快；是空运班机、船舶、铁路衔接运输不可缺少的运输形式；随着公路现代化、车辆大型化，公路运输是实现集装箱在一定距离内"门到门"运输的最好的运输方式。公路货运存在的问题是，比起铁路来，汽车运输的运输单位小，运输量和汽车台数与操作人员数成正比，产生不了大批量输送的效果。动力费和劳务费较高，特别是长距离输送中缺点较为显著。尤其是在油价上涨后，公路运输的成本增加了10% ~15%，运输业更是呼唤新兴运输模式的出现。公铁联运：高效统一公铁联运就是充分发挥铁路骨干运输的优势，公路灵活多变、快速的特点，为客户提供一票式门到门运输服务。其优点主要有：手续简便、责任统一。在公铁联运方式下，所有运输事项均由联运承运人负责办理。而货主只需办理一次托运、订立一份运输合同、支付一次运费、办理一次保险，并取得一份联运提单。与各运输方式相关的单证和手续上的麻烦被减少到最低限度。发货人只需与联运经营人进行交涉。由于责任统一，一旦在运输过程中发生货物灭失或损坏时，由多式联运经营人对全程运输负责。减少运输过程中的时间损失，使货物运输更快捷。公铁联运作为一个单独的运输过程而被安排和协调运作，能减少在运转地的时间损失和货物灭失、损坏、被盗的风险。公铁联运经营人通过联络和协调，在运转地各种运输方式的交接可连续进行，使货物更快速地运输，从而弥补了与市场距离远和资金积压的缺陷。节省了运杂费用，降低了运输成本。公铁联运还可以提高运输的组织水平，实现货物的连续运输，可以把货物从发货人的工厂或仓库运到收货人的仓库或工厂，做到了门到门的运输，使合理运输成为现实。在竞争激烈的形势下，货物运输要求速度快、损失少、费用低，而公铁联运适应了这些要求，而我国地域辽阔，具有发展公铁联运的潜力。

任务二　国际公路联运实务

案例导入

德国集装箱公路联运

在铁路货物运输中，怎样有效地实现各集装箱办理站"门到门"运输，是实现铁路物流全过程运输的一个重要环节。德国铁路经过不断改革,探索出了一条集装箱公铁联运的运输方式。

德国运输集装箱的重载汽车由德国、瑞典、意大利、荷兰、法国等不同国家生产,但装载集装箱的拖车标准是一样的,即集装箱拖车可以互换,从而促进了公路集装箱运输在欧洲的发展。

德国铁路改革之初,已经把全德所有铁路货场出售给比利时的 ABX 公司,ABX 公司根据收购德铁货场的具体情况,对市场效益进行分析和重新商业运作,只有极少数货场仍然从事铁路业务,这标志着德国铁路货运几乎不存在与国内管理方式相同的铁路货场。个别铁路货场的公路运输业务由德铁斯廷思物流公司(StinnesAG)的子公司辛克公司(Schenker-AG)办理。德国有 4500 条专用线和 1600 个货运作业点,原德铁货场的货运业务现主要由这些专用线和货运点办理。为了抢占运输市场份额,失去铁路货场的德铁为专用线和货运点免费提供计算机和货运软件应用程序,免费维修与保养。

基础知识

一、合同的签订

德国铁路集装箱实现专用线或货运点到顾客之间的运输,有靠专用线或货运点自有汽车运输的,也有靠子公司汽车进行运输的。现在,专用线或货运点和汽车运输公司签订了公铁联运运输合同。

运输合同的签订使专用线或货运点拥有重载汽车使用的优先权。专用线或货运点根据日常运输任务,决定需要的汽车数量,不需要保证汽车运输任务。如果某日下午没有集装箱运输任务,只要专用线或货运点工作人员对重载汽车驾驶员说明,重载汽车就可以自由寻找其他运输任务,但是重载汽车明天必须按要求到专用线或货运点接受新的运输任务。

在德国,普通重载汽车空车(不含拖车)的造价是 7.5 万欧元左右,普通重载汽车拖车是 2.3 万~3.9 万欧元。这种价格在德国也是比较贵的。所以,一家普通卡车公司拥有重载汽车数量不是很多,许多卡车公司只是拥有 2~3 辆,和国内的个体运输户很相似。但也有较大的卡车公司,如不来梅的中立运输营业处有限责任公司(简称 NTK)。该公司拥有 70 多辆卡车,但卡车的产权并不属于公司,公司只是将若干个拥有私人卡车的个体进行有效的整合与组织,并且购置一部分拖车,为每辆加入的卡车安装全球卫星定位系统(GPS),以 NTK 的品牌为用户服务。这种方式可以提高品牌效应,提高竞争力。

由于运输公司间的竞争加剧,导致各运输公司之间运输合同的内容也不相同,运输合同没有统一标准的格式。德国很早就制定了《德国承运商人通用标准》,要求运输合同的签订必须在这个框架范围内,具体内容可以补充。

二、运输的组织

办理集装箱运输的专用线或货运点一般设有重载汽车编排部,负责重载汽车的任务分配和费用清算等,但重载汽车的日常维修与保养、运输服务质量、出现事故的处理费用等,都通过合同由运输公司负责。重载汽车的运输半径一般为 150km 以内,也有运输半径超过 200km 的。

重载汽车运输任务的安排。德国铁路"门到门"运输的线路是由不同的运输公司组织安排的，虽然运输公司都宣称自己可以代理德国境内甚至欧洲范围的公铁集装箱“门到门”运输，但是由于各个公司经营线路的侧重点不同，所以存在着运输价格的差别（运输价格在德国是保密的）。

组织集装箱运输的德铁子公司或组织集装箱运输的私营公司在收到客户订单后，根据客户在发、到站取送集装箱的时间要求，及时给发、到站发传真和电子邮件，告知接、送集装箱的运输任务，由发、到站根据时间安排，提前 1 ~ 2 天制定行车命令单，便于及早安排运输任务。私营集装箱运输公司的运输程序和德铁很相似，只不过有价格差别。

重载汽车集装箱的装卸。集装箱在专用线或货运点的装卸由专用线或货运点负责，费用由货主出。重载汽车只负责运输到指定地点，不负责装卸，如果集装箱收、发货人没有起重能力，可以申请由到站派车前来装卸，费用是另外收取的。

重载汽车运输费用的清算。重载汽车的清算单据是德铁行车命令单或私营集装箱运输公司的运输任务单据，按照运输最短径路的每公里费率进行清算。首先由德铁组织集装箱运输的公司或私营集装箱运输公司和集装箱货运人清算，然后和发、到站进行清算，发、到站再和重载汽车运输公司清算。由于公路运输最短径路可以查出，运输价率又有规定，所以在这一点上不存在运输费用的分歧。

运输过程中涉及装卸时间，一般情况下，装卸时间在 2h 以内不收费，如果超出 2h 将另外收取费用。装卸时间将在行车命令单或运输任务单据上体现，由驾驶员和集装箱收、发货人共同确认。每次重载汽车驾驶员运输完毕，将单据交到重载汽车编排部，一是确认上批任务完成，二是领取下批任务。

2005 年 1 月 1 日起，德国对通过高速公路运输的重载汽车收取一定的费用，这些费用也由集装箱收、发货人承担。

三、特种货物的运输

运输危险货物和超大货物的集装箱，根据货物的不同，选用的重载汽车也不同。

德国运输普通危险货物的驾驶员必须每 5 年进行一次 30h 的培训。驾驶员在运输危险货物时，必须配备安全帽、防护镜、铁锹、灭火器等，在集装箱四周必须张贴危险识别标识和联合国危险货物编号。

对于放射性或炸药等危险货物，将由经过更严格培训的驾驶员运输，集装箱换装站也是指定的。

如果运输超重的集装箱，就需要选派装载超重集装箱的拖车运输。

根据不同的情况，选用不同的车辆，这需要重载汽车编排部有目的地选择运输合同单位。运输特种集装箱的费用也不同于普通集装箱的运输费用。

引例分析

国际公路联运是国际集装箱多式联运系统的重要组成部分，国际公路联运的发展，既可方便付货人，减少运输环节，缩短运输周期，又可降低运输费用。目前国际公路联运已成为国内特别是中西部地区对外贸易和运输发展的桥梁和纽带，随着中国经济的高速发展和对外开放的不断深入，将更加有利于国际公路联运的发展，其前景也会更加广阔。

任务分析

1. 任务准备

(1)国际公路联运单证。

(2)多媒体教室(含可供学生上网查资料的电脑、多媒体教学设备、课件和动画等教学资料)。

2. 任务目标

(1)掌握国际汽车货运代理的业务流程。

(2)掌握国际公路联运承运人的责任范围。

(3)会填写国际公路联运单证。

知识链接

一、公路运输概述

公路运输(一般是指汽车运输)又称道路运输,是陆上两种基本运输方式之一,是人类交通发展史中陆路运输最初形成的运输方式。在国际货物运输中,它是不可缺少的重要运输方式,并且发挥着越来越重要的作用。

目前,全世界机动车总数已经达到4亿多辆,全世界现代交通网中公路线长占2/3,约达到2000万km,公路运输所完成的货运量占整个货运量的80%左右,货物的周转量占到10%,在一些发达的工业国家,公路运输的货运量、周转量在各种运输方式中都名列前茅,公路运输已成为一个不可缺少的重要组成部分。

二、公路运输的特点和作用

(1)公路货物运输与其他运输方式相比较,具有以下特点:

①机动灵活、简捷方便、应急性强,能深入到其他运输工具到达不了的地方。

②适应点多、面广、零星、季节性强的货物运输。

③运距短、单程货多。

④汽车投资少、收效快、

⑤港口集散可争分夺秒,突击抢运任务多。

⑥是空运班机、船舶、铁路衔接运输不可缺少的运输形式。

⑦随着公路现代化、车辆大型化,公路运输是实现集装箱在一定距离内“门到门”运输的最好的运输方式。

⑧汽车的载重量小,车辆运输时震动较大,易造成货损事故,费用和成本也比海上运输和铁路运输高。

(2)国际公路货物运输的作用:

①公路运输的特点决定了它最适合于短途运输。它可以将两种或多种运输方式衔接起来,实现多种运输方式联合运输,做到进出口货物运输的“门到门”服务。

②公路运输可以配合船舶、火车、飞机等运输工具完成运输的全过程,是港口、车站、机场集散货物的重要手段。尤其是鲜活商品、集港疏港抢运,往往能够起到其他运输方式难以起到的作用。可以说,其他运输方式往往要依赖汽车运输来最终完成两端的运输任务。

③公路运输也是一种独立的运输体系,可以独立完成进出口货物运输的全过程。公路运输是欧洲大陆国家之间进出口货物运输的最重要的方式之一。我国的边境贸易运输、港澳货物运输,其中有相当一部分也是靠公路运输独立完成的。

④集装箱货物通过公路运输实现国际多式联运。集装箱由交货点通过公路运到港口装船,或者相反。美国陆桥运输,我国内地通过香港的多式联运都可以通过公路运输来实现。

三、公路运输的经营方式

1. 公共运输业

这种企业专业经营汽车货物运输业务并以整个社会为服务对象,其经营方式有:

(1)定期定线。不论货载多少,在固定路线上按时间表行驶。

(2)定线不定期。在固定路线上视货载情况,派车行驶。

(3)定区不定期。在固定的区域内根据货载需要,派车行驶。

2. 契约运输业

按照承托双方签订的运输契约运送货物,与之签订契约的一般都是一些比较大的工矿企业,常年运量较大而有稳定。

3. 汽车货运代理

本身既不掌握货源也不掌握运输工具,他们以中间人的身份一面向货主揽货,一面向运输公司托运,借此收取手续费用和佣金。

四、公路运输的设施与设备

1. 公路

公路是指城市间、城乡间、乡村间主要供汽车行驶的公共道路。公路主要由路基、路面、桥梁、涵洞、隧道、渡口等附属设施组成。

1)公路的分类

(1)按照行政等级划分,公路可以分为国家公路、省公路、县公路和乡公路以及专用公路五个等级。

(2)根据现行的《公路技术标准》,公路按使用任务、功能和适用的交通量可以分为高速公路、一级公路、二级公路、三级公路、四级公路5个等级。

2)公路网

公路网是指一定区域内根据交通的需要,由各级公路组成的一个四通八达的相互联络、交织成网状的公路系统。

3)公路的主要技术指标

公路的主要技术指标有行车的速度、行车道宽度、路基宽度、极限最小平面曲线半径、停车视距、最大纵坡、桥涵设计车辆荷载及桥面车道数。

2. 公路运输车辆

车辆是行驶在道路上用于装载客、货的运输工具。汽车分为客车、普通载货汽车、专用载货汽车、牵引车和挂车。

3. 运输场站设施

1)公路货运站的功能和类型

公路货运站是进行货物集散、运输、中转、仓储、包装加工、货运中介代理、信息服务等运输组织和服务的场所,是联运服务的枢纽和中心。公路货运站可以分为:整车货运站、公路零担货运站、公路集装箱中转站、物流中心。

2)公路运输的站场规模

我国目前已经颁布事实了公路零担和集装箱中转站站级标准,并根据货运站的年货物吞吐量对零担货运站设定了3个级别。

一级站:年货物吞吐量在6万t以上。

二级站:年货物吞吐量在2万~6万t。

三级站:年货物吞吐量在2万t以下。

五、公路的货物运输业务

1. 货物的分类

货物品种繁多,根据运输、装卸等要求不同,常有以下分类方法:

(1)按照运输条件,货物可分为普通货物和特种货物。

(2)按装卸条件,货物可分为件装货物、散装货物和罐装货物。

(3)按照托运货物的批量,货物可以分为整批货物和零担货物。

(4)按货物的品名,目前道路运输货物可以分为17类和21种,即煤炭及制品,石油天然气及制品,金属矿石,钢铁,矿建材料,水泥,木材,非金属矿石,化肥及农药,盐,粮食,机械,设备和电器,化工原料及制品,有色金属,轻工、医药产品,农林牧渔残品,以及其他货类等。

2. 公路特种货物运输

1)大型特型笨重物件

大型特型笨重物件是指单件货物长度在6m及6m以上,货物高度在2.7m及以上,货物宽度在2.5m及以上,单件货物重量在4t及以上。

2)超限笨重物品

我过公安部、交通部颁布的《城市和公路交通管理规则》对超限货物已有具体的规定,超限货物需经有关部门允许方可运输。

3)大件货物

对大件货物的运输也有特有的规定。

4)危险货物

凡是具有爆炸、易燃、有毒、腐蚀、放射性等特性,在运输、装卸、搬运、储存、保管过程中,容易造成人身伤亡和财产损失而需要特别加以防护的货物。

5)鲜活易腐货物

鲜活易腐货物是指在运输过程中,要采取一定措施,以防止死亡和腐烂变质的货物。

6)零担货物

零担货物品类繁多、批量小、质量轻、体积小、流通范围广,要求运送速度快,是一种集零为整、化零为零的运输组织形式。

3. 公路运费

公路运费均以“t/km”为计算单位,一般有两种计算标准:

(1)按照货物等级规定基本运费费率。

(2)以路面等级规定基本运价。

如果一条运输路线包含两种或两种以上的等级公路时,则以实际行驶里程分别计算运价。特殊路,如山岭、河床、原野地段,则由承托双方另议商定。

公路运费费率分为整车(FCL)和零担(LCL)两种,后者一般比前者高30%~50%,按我国公路运输部门规定,一次托运货物在2.5t以上的为整车运输,适用整车费率;不满2.5t的为零担运输,适用零担费率。凡1kg重的货物,体积超过$4dm^3$的为轻泡货物(或尺码货物)。整车轻泡货物的运费按装载车辆核定吨位计算;零担轻泡货物,按其长、宽、高计算体积,每$4dm^3$折合1kg,以千克为计费单位。此外,尚有包车费率,即按车辆使用时间(小时或天)计算。

六、责任范围

1. 承运人责任

公路运输承运人的责任期限是从接收货物时起至交付货物时止。在此期限内,承运人对货物的灭失损坏负赔偿责任。但不是由于承运人的责任所造成的货物灭失损坏,承运人不予负责。根据我国公路运输规定,由于下列原因而造成的货物灭失损坏,承运人不负责赔偿:

(1)由于人力不可抗拒的自然灾害或货物本身性质的变化以及货物在运送途中的自然消耗。

(2)包装完好无损,而内部短损变质者。

(3)违反国家法令或规定,被有关部门查扣、弃置或作其他处理者。

(4)收货人逾期提取或拒不提取货物而造成霉烂变质者。

(5)有随车押运人员负责途中保管照料者。

对货物赔偿价格,按实际损失价值赔偿。如货物部分损坏,按损坏货物所减低的金额或按照修理费用赔偿。

2. 托运人责任

公路运输托运人应负的责任基本与铁路、海上运输相同,主要包括:按时提供规定数量的货载;提供准确的货物详细说明;货物唛头标志清楚;包装完整,适于运输;按规定支付运费。一般均规定有:如因托运人的责任所造成的车辆滞留、空载,托运人须负延滞费和空载费等损失。

任务实施

1. 实训目的

掌握国际公路联运单证的填写。

2. 实训技能

熟悉国际公路联运单证的填写。

3. 实训内容

本实训要求按照情景资料,填写相关运输单证。通过本项目的实训使学生能够熟练掌握各种运输单证的填写。

4. 实训准备

把学生分成5～6人一组，分析背景资料，分组填写国际公路联运单证。

背景资料1

杭州××商贸有限公司（杭州市××路880号，tel:88186666，）向山东青岛某酿酒厂购得白酒和葡萄酒各400箱，每箱10kg，外包装为纸箱，尺寸25cm×25cm×40cm，货物内包装为玻璃瓶，由青岛××公路运输公司（青岛西城区××路60号，tel:76568888）承运，请填写货物托运单，见表5-2。

公路货物托运单 表5-2

托运单位：________________ 承运单位：________________

电　　话：________________ 电　　话：________________

地　　址：________________ 地　　址：________________

货物名称	包装式样	件数	每件体积（m^3）	重量（kg）		托运总吨位	
			长×宽×高	每件	最重件	实重吨	车辆吨

需要车辆数： 需要车种： 起运地：　路号 到达地：　　　路号 发货单位： 收货单位： 运到日期： 委托注意事项： 1. __________ 2. __________ 3. __________ 4. __________ 5. __________ 6. __________ 运输距离：　　km 运费人民币（大写）：	经济责任：不按运输托运单规定的时间和要求配货发车的，由承运单位酌情赔偿损失；运输过程中货物灭失、短少、损坏，按货物的实际损失赔偿。托运方未按托运单规定的时间和要求提供托运的货物，应偿付承运方实际损失的违约金。由于货物包装缺陷产生破损，造成人身伤亡，托运方应承担赔偿责任。 附：结算单据等 托运方：　　（盖章） 　　　年　月　日 承运方： 营业员（盖章） 　　　年　月　日

背景资料2

杭州××食品厂（杭州市××路89号，Tel:88798818）与杭州××运输公司签订长期运输合同，约定每月25日，××运输公司到食品厂取货，纯净水2t运往福鼎××食品市场（××路8号，Tel:5766789）外包装均为纸箱，每箱5kg，每箱尺寸：25cm×25cm×30cm。运输费用采用季结方式。请填写货物运输合同，见表5-3。

货物运输合同 表5-3

订立合同双方:

托　　运　　方:________________

承　　运　　方:________________

托运方详细地址:________________

收货方详细地址:________________

根据国家有关运输规定,经过双方充分协商,特订立本合同,以便双方共同遵守。

第一条　货物名称、规格、数量、价款

货物编号	品名	规格	单位	单价	数量	金额(元)

第二条　包装要求　托运方必须按照国家主管机关规定的标准包装;没有统一规定包装标准的,应根据保证货物运输安全的原则进行包装,否则承运方有权拒绝承运。

第三条　货物起运地点________________

货物到达地点________________

第四条　货物承运日期________________

货物运到期限________________

第五条　运输质量及安全要求________________

第六条　货物装卸责任和方法________________

第七条　收货人领取货物及验收办法________________

第八条　运输费用、结算方式________________

第九条　各方的权利义务:

本合同正本一式两份,合同双方各执一份;合同副本一式________份,送________等单位各留一份。

托　运　方:________________　　承　运　方:________________

代　表　人:________________　　代　表　人:________________

地　　　址:________________　　地　　　址:________________

电　　　话:________________　　电　　　话:________________

开户银行:________________　　开户银行:________________

账　　　号:________________　　账　　　号:________________

______年____月____日订

5. 实训步骤

(1)把全班学生平均分为几个小组,以小组为单位进行相关单证填写。

(2)分析背景材料。

(3)填写相关单证。

(4)根据表现进行成绩评估。

6. 实训评价

训练评价的方式有教师评价、小组内部成员评价和第三方评分组成员评价 3 种,建议教师评价占 60% 权重,小组内部成员评价占 20% 的权重,第三方评分组成员评价占 20% 的权重。将 3 者综合起来的得分为该生在该项目的评价分,见表 5-4。

训 练 评 价 表　　　　表 5-4

考评人		被考评人	
考评地点			
考评内容	国际公路联运单证填写		
考评标准	具体内容	分值(分)	实际得分
	工作态度	15	
	沟通水平和团队合作	15	
	单证的填写情况	70	
合计		100	

注:考评满分 100 分,60 以下为不及格,60 ~ 69 分为及格,70 ~ 79 分为中,80 ~ 89 分为良,90 分以上为优。

延伸阅读

我国粮食物流业的多式联运

2006 年 11 月,开始了新一轮粮食价格上涨。据粮食业界人士宣称,此次涨价与粮食短缺无直接关系,而流通不畅才是其中关键因素。有专家认为,从当前和今后一段时期我国粮食供求的变化趋势看,建设粮食综合生产能力固然重要,然而,建设粮食综合流通能力,特别是开展粮食多式联运则更为关键。

1. 粮食运输物流节点脱节

粮价上涨,是否与粮食流通有关?带着这个问题,粮食局领导向记者介绍道,2003 年以来,我国广东等地的粮食价格均出现大幅度上涨。有专家分析指出,导致粮价上涨的主要因素是粮食运输物流节点脱节。作为粮农产业链中的重要一环,粮食物流连接生产与消费,维持着粮食市场的基本平衡。因此,如何通过有效的方法解决我国粮食物流存在的弊端,经成为刻不容缓的问题。

相关调查显示,我国的粮食物流企业正以高于国外 10% 以上的流通成本,与之在同一市场上进行竞争;交通体制改革的滞后,也使粮食物流遭遇"瓶颈"。据调查,国内粮食从生产区运到销售区的流通费用,占粮食销售价格的 30% ~35%,而国外(如加拿大)则为 20% ~ 25%。过高的流通费用以及小农生产等因素综合作用的结果,形成了目前中国粮食价格平均高于国际市场价格的局面。

目前,我国稻谷、小麦、玉米和大豆等主要粮食品种,其主产区和主要消费区严重错位分布,如玉米的主产区集中于北方,而作为养殖业密集区和饲料工业发达区的玉米主销区则主要集中于南方;我国粮食库存主要集中于粮食主产区,特别是东北地区。错位的分布使得粮食综合流通能力特别是粮食物流体系建设日显重要。

2. 发展粮食集运迫在眉睫

目前我国的粮食生产综合能力已经大体稳定在 4.5 亿 ~5 亿 t 的水平,商品粮约占其中的25% ~30%;全国有粮库6万多个,库存粮食2.5亿多t;粮食加工企业近2.1万家,年生产能力1.88亿t。如此巨大的粮食流通为粮食物流提出了更高的要求。

随着我国粮食主产区的逐步北移,我国粮食生产格局由过去的"南粮北调"变为"北粮南运"。粮食流通格局也发生了演变,东北地区(东北三省加上内蒙古东部地区)成为我国最主要的粮食产区及粮食外运地。建立一支低成本的粮食物流通道,是"十一五"时期,以保护种粮农民利益为出发点,确保粮食安全为落脚点的需要。

据介绍,东北地区粮食南运主要靠铁路运输和水上运输,目前70%左右采用包粮方式,多次搬倒,造成粮食运费高、损耗大、效率低。以黑龙江粮食南运为例,如果走铁路加水运到广东,流通费用占销售总成本的35%左右;如果从大连口岸出口粮食,流通费用占30%左右;撒漏损失一般占30% ~5% 。而欧美国家最高流通费用率不超过25%,撒漏损失不超过1%。

目前,我国粮食在铁路、水运方面,由于缺少集装箱运输,起步晚、投入也不足,所以,在发展粮食现代物流上,应大踏步地发展粮食集装箱运输。

3. 粮食物流亟盼多式联运

有关粮食专家认为,在当前铁路运能与运力矛盾突出的情况下,应发挥各交通基础设施比较完善的优势,协调发展多种运输模式,也就是多式联运。

例如,东北地区有较为丰富的交通运输条件,除铁路运输四通八达外,水运有北良、大窑湾、鲅鱼圈、锦州和丹东港。在这些交通运输方式中,铁路与各个港口有着多年相互配合、相互支持、优势互补的成功做法。因此,今后要进一步加快港口建设,推进散粮运输进程,降低粮食物流成本。

在充分利用港口运输能力的基础上,形成粮食专业化的运输条件,也是多式联运成功运转的基础。从去年粮食运输情况看,虽然铁路感到压力非常大,但是各个港口普遍都有吃不饱的感觉,港口吞吐能力出现闲置现象。为此,应加快粮食专业化运输建设,配置专业化粮食运输船队,铁路积极配合,制定相应办法,实现车船直取。尤其是水路运输比较发达的山东、上海、福建、广东和广西部分地区,经过资源的合理利用,逐步达到集中运输粮食的综合能力。

专家称,应尽快制定相关政策,通过政策扶持,发展粮食铁海联运,取消或降低收费标准,使水运运价与铁路运价基本持平,提高水运物流运输粮食的积极性。

任务三　国际铁路联运实务

案例导入

大陆桥运输的产生

大陆桥运输是集装箱运输开展以后的产物。出现于1967年,当时苏伊士运河封闭、航运中断,而巴拿马运河又堵塞,远东与欧洲之间的海上货运船舶,不得不改道绕航非洲好望角或南美致使航程距离和运输时间倍增,加上油价上涨航运成本猛增,而当时正值集装箱运输兴起。在这种历史背景下,大陆桥运输应运而生。从远东港口至欧洲的货运,于1967年底首次开辟了使用美国大陆桥运输路线,把原来全程海运,改为海、陆、海运输方式,试办结果取得了较好的经济效果,达到了缩短运输里程、降低运输成本、加速货物运输的目的。

思考题：

故事表明大陆桥运输作为一种海、陆、海联运方式具有比较明显的比较优势，未来将成为各国经贸发展中的主要运输方式。

任务分析

1. 任务准备

(1)一家物流企业材料，主要包括：企业的主要经营的运输线路、运输的货物类别；

(2)多媒体教室(含可供学生上网查资料的电脑、多媒体教学设备、课件和动画等教学资料)；

(3)网络资源，包括：电子地图系统等。

2. 任务目标

(1)能根据背景进行企业运输线路的优化分析；

(2)掌握主要的国际货物铁路联运线路。

基础知识

国际货物铁路联运是指在两个或者两个以上国家铁路运送中，使用一份运送单据，并以连带责任办理货物的全程运送，在异国铁路向另一国铁路移交货物时，无须发货人、收货人参加。

知识链接

铁路运输是现代运输业的主要运输方式。与其他运输方式比较，它具有运量大、速度快、安全可靠、运输成本低、运输准确性和连续性强、受气候影响较小等一系列特点。国际铁路货物运输是我国对外贸易运输中一重要的运输方式，仅次于海洋运输。

一、铁路运输概述

1. 铁路运输的特点

(1)铁路运输具有较高的连贯性和准确性，铁路运输几乎不受气候影响，一年四季可以不分昼夜地进行定期的、有规律的、准确的运转。

(2)铁路运输速度快。

(3)铁路运输量大。铁路一列货物列车一般能运送3000～5000吨，是航空运输和汽车运输不可比拟的。

(4)铁路运输成本低。铁路运输费用仅是汽车运输费用的几分之一到十几分之一。

(5)初期投资大，铁路运输需要铺设轨道、建造桥梁和隧道，建路工程艰巨而复杂；需要消耗大量钢材、木材；占用土地，其初期投资大大超过其他运输方式。

2. 铁路运输在我国对外贸易中的地位和作用

(1)铁路运输是内地联系香港、九龙地区，开展贸易的重要运输方式，香港作为国际贸易的自由港，有通往世界各地的海、空运定期航线，交通运输非常发达，所以，充分发挥香港在我国转口贸易中的作用,开展我国与世界各地的陆空联运和陆海联运,就更需要依靠铁路运输才能实现。

(2)通过铁路把欧亚大陆连成一片,为我国发展与亚、欧各国之间的经济贸易联系提供了有利的条件,通过铁路把欧亚连成一片,为发展中国和欧洲其他各国的贸易提供了条件。

(3)铁路运输在我国进出口货物的集散和省市之间物资的调拨中同样起到重要的作用。我国幅员辽阔,海运进口货物大部分利用铁路从港口运往内地的收货人,海运出口货物大部分也是由内地通过铁路向港口集中,因此铁路运输是我国国际货物运输的重要方式。

二、国际货物铁路联运

1. 国际货物铁路联运定义

国际货物联运是指在两个或者两个以上国家铁路运送中,使用一份运送单据,并以连带责任办理货物的全程运送,在异国铁路向另一国铁路移交货物时,无须发货人、收货人参加。

2. 国际货物联运的特点

(1)涉及的面比较广。凡是按照国际联运办理的货物运输,从承运时起,需要涉及两个和两个以上国家、国境站。

(2)运输条件高。要求每批货物的运输条件比如包装、转载、票据的编制、添附文件及车辆使用必须符合有关国际联运的规章制度。

(3)办理手续复杂。

(4)运输责任方面采用统一责任制。

(5)使用一份铁路联运单据完成货物的跨国运输。

(6)仅使用铁路一种运输方式。

3. 国际铁路联运运单

国际铁路联运运单是参加国际铁路货物联运的铁路与发货人、收货人之间缔结的运输合同。体现了参加联运的各国铁路和发货人、收货人之间在缔结运送上的权利、义务责任和豁免,对铁路和发货人、收货人都具有法律效力。国际铁路货物联运运单由以下几部分组成:

1)运单正本

运单正本是货物运送合同,随同货物至到站,并随同"货物到达通知单"和货物一起交给收货人。

2)运单副本

运单副本是在运送合同缔结后交给发货人,不具有运单的效力,仅仅作为货物已经由铁路承运的证明。

3)运行报单

运行报单是参加联运的各铁路部门办理货物交接、划分运送责任以及清算运费、统计运量和运费收入的原始依据,它随同货物至到站,并留存到达铁路。

4)货物交付单

随同货物至到站,并留存到达铁路。

5)货物到达通知单

随同货物至到站,并同运单正本和货物一起交给收货人。

4. 国际铁路联运出口货物运输

国际铁路货物联运出口货物运输组织工作主要包括铁路联运出口货物运输计划的编制、货物托运和承运、国境站的交接和出口货物的交付等。

(1)国际铁路货物联运出口货物运输计划的编制。国际铁路货物联运出口货物运输的计划一般是指月度要车计划,它是对外贸易运输计划的组成部分,体现了对外贸易国际铁路货物联运的具体任务。

(2)国际铁路货物联运的托运和承运。货物的托运是发货人组织货物运输的一个重要的环节;发货人在托运货物时,应向车站提出货物运单,以此作为货物的托运的书面申请。车站接到运单后,应进行认真的审核。

(3)国际铁路货物联运出口货物在国境站的交接。出口国境站货运调度根据国内前方站列车到达预报,通知交接所和海关做好接车准备。出口货物列车到站后,铁路会通海关接车,并将列车随带的运送票据送交接所处理,货物及列车接受海关的监管和检查。交接所实行联合办公,由铁路、海关、外运等单位参加,并按照业务分工开展流水作业,协同工作。

(4)国际联运出口货物的交付。国际联运出口货物抵达到站后,铁路应通知运单中所记载的收货人领取货物。收货人只有在货物因损毁或腐败而是质量发生变化,以致部分货物或全部货物不能按照用途使用时,才可以拒绝领取货物。

5. 运输程序

1)接受客户询价

如有客户询问运往上述国家的业务时,应向客户了解如下问题:

(1)运输方式:①整车;②集装箱。

(2)发送站和运往的国家及到站。

(3)货物的品名和数量。

(4)预计运输的时间。

(5)客户单位名称、电话、联系人等。

(6)其他。

2)接受委托

客户一旦确认报价,同意各公司代理运输后,需要客户以书面形式委托货运公司。委托书主要内容包括1、(1)-(6)。

3)运输单证

要求客户提供以下单证:

(1)运输委托书。

(2)报关委托书。

(3)报检委托书。

(4)报关单、报检单(加盖委托单位的专用章)。

(5)合同。

(6)箱单。

(7)发票。

(8)商检放行单。

(9)核销单。

4)填写铁路国际联运大票

在当地购买铁路国际联运大票,由国际部填写好样单后传真给当地公司由相关人员填写正式国际联运大票,或由国际部制单后快递给当地公司。

5)报关

客户可以自理报关,也可以委托某些货运公司报关,如果在发货地报关不方便,可以将上述单证备齐在口岸报关,即在满洲里、二连浩特、阿拉山口、凭祥等地报关。

在国际联运报关中海关要求一车一份核销单,同时客户需要在相应的出口口岸的海关、商检办理注册备案手续。

6)发车

根据运输计划安排通知,客户送货发运时,在发货当地报关的货物需将报关单、合同、箱单、发票、关封等单据与国际联运单一同随车带到口岸。在口岸报关的,需将合同、箱单、发票、报关单、商检证等单据快递给货运公司的口岸代理公司。货物发运后,将运单第三联交给发货人。

7)口岸交接

货物到达口岸后需要办理转关换装手续,待货物换到外方车发运后,货运公司将口岸该货的换装时间,外方换装的车号等信息通知发货人。

8)退客户单据

货物换装交接后,海关将核销单、报关核销联退给我司,有货运公司根据运费的支付情况再退给客户。

9)收费

国际联运其运费是以美元报价,客户需向货运公司支付美元运费,如客户要以人民币支付需经国际部同意。运费支付的时间应在发车后的10d内支付完毕。

注意:在运费没有收到前,不能将报关单核销联、核销单退给客户。

三、国际铁路联运单

1. 运单的作用

国际铁路货物联运运单是参加国际铁路货物联运的铁路与发货人、收货人之间缔结的运输合同。它体现了参加联运的各国铁路和发货人、收货人之间在货物运送上的权利、义务、责任和豁免,对铁路和发货人、收货人都具有法律效力。

2. 联运运单的组成

国际铁路货物联运运单由下列各张组成:

(1)运单正本。

(2)运行报单。

(3)运单副本。

(4)货物交付单。

(5)货物到达通知单。

此外,还有为发送路和过境路准备的必要份数的补充运行报单。

3. 联运运单的填写

1)总则

运单由下列各张组成:

(1)运单正本(随同货物至到站,并连同货物到达通知单和货物一起交给收货人)。

(2)运行报单(随同货物至到站,并留存到达路)。

(3)运单副本(运输合同缔结后,交给发货人)。

(4)货物交付单(随同货物至到站,并留存到达路)。

(5)货物到达通知单(随同货物至到站,并连同运单正本和货物一起交给收货人);

以及为发送路和过境路准备的必要份数的补充运行报单。

第1和第5张,以及第2和第4张应在左边相互连接。允许第1~5张在上边连接。

运单正面未划粗线的为运送本批货物所需的各栏,由发货人填写。

运单正面划粗线的各栏和背面所有各栏,均由铁路填写。

运单中记载的事项,应严格按照为其规定的各栏和各行范围填写,但第9~11栏的"一般说明"中规定的情况除外。

2)运单正面

下列记号表示:

(1)"X"表示应由发货人填写;

(2)"0"表示应由铁路填写;

(3)"X0"表示应由发货人或铁路填写(视由何人办理货物装车或车辆施封而定)。

(4)X1　发货人,通信地址。填写发货人名称及其通信地址。发货人只能是一个自然人或法人。

由越南、中国和朝鲜运送货物时,准许填写这些国家规定的发货人及其通信地址的代号(如,6ДМ—12)。

(5)0 数字编码栏由发站按发送路的规定填写。

(6)X2　合同号码。如出口单位和进口单位的合同仅有一个号码,则发货人在该栏内应填写出口单位与进口单位签订的供货合同号码。

如供货合同有两个号码:出口单位为一个号码,进口单位为另一个号码,则发货人在该栏内填出口单位合同号码。

发货人在第6栏内可填写进口单位合同号码。

0 根据发送路的规定,发站应在运单右上角第2栏上方标记数字编号2并加框(2)。

(7)X3　发站。填写运价规程中所载的发站全称。

由朝鲜运送货物时,还应注明发明发站的数字代号。

(8)X4　发货人的特别声明。发货人根据国际货协第5、7、10、11、21及其他等条和国际货协附件第3号和第4号的规定,在该栏中填写自己的声明,例如:

①关于通过过境路绕行运送超限货物;

②关于用旅客列车运送货物;

③关于对运单的更正;

④关于运送不声明价格的家庭物品;

⑤关于完成海关和其他指示的声明;

⑥货物运送或交付发生阻碍时的指示;

⑦关于根据国际货协附件第3号第4条和第9条授权货物押运人的事项;

⑧易腐货物的运送条件。

(9)X5　收货人,通信地址。注明收货人的全部名称及其准确的通信地址。收货人只能是一个自然人或法人。必要时,发货人可指示,在收货人的专用线上交货。

由越南、中国和朝鲜运送货物时,准许填写这些国家规定的收货人及其通信地址的代号(如:6дM——12)。

0 数字编码栏按到达路的规定由到站填写。

(10)X6　对铁路无约束效力的记载。发货人根据国际货协第 7 条第 13 项的规定,可以对该批货物做出记载,该项记载仅作为给收货人的通知,铁路不承担任何义务和责任。

发货人可在该栏右上角处填写进口单位合同号码。

(11)X7　国境口岸站。根据国际货协第 7 条第 6 项的规定,注明货物应通过的发送国和过境国的出口国境站。如有可能从一个出口国境站通过邻国的几个进口国境站办理货物运送,则还应注明运送所要通过的进口国境站,根据发货人注明的通过国境站确定经路。

(12)X8　到达路和到站。在斜线之前,应注明到达路的简称,在斜线之后,应用印刷体字母(中文用正楷粗体字)注明运价规程上到站的全称。运往朝鲜民主主义人民共和国铁路的货物,还应注明到站的数字代号。

铁路使用的简称如下:

——阿塞拜疆共和国铁路	——阿(塞)铁
——白俄罗斯共和国铁路	——白铁
——保加利亚共和国铁路	——保铁
——越南社会主义共和国铁路	——越铁
——格鲁吉亚铁路	——格铁
——伊朗伊斯兰共和国铁路	——伊铁
——哈萨克斯坦共和国铁路	——哈铁
——中华人民共和国铁路	——中铁
——朝鲜民主主义人民共和国铁路	——朝铁
——吉尔吉斯共和国铁路	——吉铁
——拉脱维亚共和国铁路	——拉铁
——立陶宛共和国铁路	——立铁
——摩尔多瓦共和国铁路	——摩铁
——蒙古国铁路	——蒙铁
——波兰共和国铁路	——波铁
——俄罗斯联邦铁路	——俄铁
——塔吉克斯坦共和国铁路	——塔铁
——土库曼斯坦铁路	——土铁
——乌兹别克斯坦共和国铁路	——乌(兹)铁
——乌克兰铁路	——乌(克)铁
——爱沙尼亚共和国铁路	——爱铁

0 数字编码栏按各铁路间的协议填写。

(13)第 9 ~ 11 各栏的一般说明。在第 9 ~ 11 各栏内填写事项时,可不受各栏间竖线的严格限制。但是,有关货物事项的填写顺序,应严格符合各栏的排列次序。

填写全部事项时,如篇幅不足,则应根据国际货协第 7 条第 12 项的规定,填附补充清单。

(14)X9　记号、标记和号码。填写每件货物上的记号、标记、号码(国际货协第9条第3项)。

(15)X10　包装种类。注明货物的包装种类:使用集装箱运送货物时,注明“集装箱”字样,并在下面用括号注明装入集装箱内货物的包装种类。

如货物运送时不需要容器或包装,并在托运时未加容器和包装,则应记载:“无包装”。

(16)X11　货物名称。货物名称应符合国际货协第7条第8项的规定。按货捆办理货物运送时,还应履行国际货协附件第11号第9条的要求。

如使用运送用具办理运送,则在货物名称之下另写一行,注明运送用具名称。

此外,运送由押运人押运的货物时,根据国际货协附件第3号第9条的规定必须注明有关押运人的事项,并在相应情况下注明更换押运人的国境站名称。

在“货物名称”字样下面专设的栏内填写通用货物品名表规定的六位数字代码。

(17)X12　件数。注明一批货件的数量,使用集装箱运送货物,注明集装箱的数量,并在下面用括号注明装入所有集装箱内的货物总件数。

运送货捆货物时(国际货协附件第11号)用分数注明:货捆数目(分子),装入货捆中的货件总数(分母)。

如用敞车类货车运送不盖篷布或盖有篷布而未加封的货物,以及总件数超过100件,则注明:“堆装”字样,不注货件数量。

运送仅按重量不计件数承运的小型无包装制品时,注明:“堆装”字样,不注件数。

如使用运送用具办理运送,则在运送用具名称同一行上,根据第11栏的填写内容注明该用具的数量。

(18)X13　发货人确定的重量(kg)。注明货物的总重。

用集装箱和托盘或使用其他运送用具运送货物时,注明货物重量,集装箱、托盘或其他运送用具的自重和总重。

(19)X14　共计件数(大写)。用大写填写第12栏(件数)中所记载的件数,即货件数量或记载“堆装”字样,而发送集装箱货物时,注明第12栏括号中记载的装人集装箱内的货物总件数。

(20)X15　共计重量(大写)。用大写填写第13栏[发货人确定的重量(kg)]中所载的总重量。

(21)X16　发货人签字。发货人应签字证明列入运单中的所有事项正确无误。发货人的签字也可用印刷的方法或加盖戳记办理。

(22)X17　互换托盘。该栏内的记载事项,仅与互换托盘有关。

注明托盘互换办法(例如,“EUR”),并分别注明平式托盘和箱式托盘的数量。

所有其他托盘均为运送用具,与这些托盘有关的事项载人第18、19两栏。

集装箱/运送用具

(23)X18　种类、类型。在发送集装箱货物时,应注明:

——集装箱种类(小吨位、中吨位、大吨位)。

——集装箱类型(小吨位和中吨位集装箱容积以立方米表示,大吨位集装箱,长度以英尺表示)。

——20、30或40(6058mm、9125mm或12192mm)表示]。

使用运送用具时,应注明该用具的种类(例如,篷布、挡板)。

填写全部事项时,如篇幅不足,则应根据国际货协第7条第12项的规定,填附补充清单。

例 1：

种类——小吨位

类型——$1m^3$

例 2：

种类——大吨位

类型——20

（24）X19　所属者及号码。在运送集装箱时，应注明集装箱所属记号和号码。为注明所属记号，采用大写拉丁字母。

对不属于铁路的集装箱，应在集装箱号码之后注明大写拉丁字母“P”。

使用属于铁路的运送用具时，应注明运送用具所属记号和号码（如果有此号码）。

使用不属于铁路的运送用具时，应注明大写拉丁字母“P”（如果有运送用具记号和号码）。

填写全部事项时，如篇幅不足，则应根据第 7 条第 12 项的规定，填制补充清单。

（25）X20　发货人负担下列过境铁路的费用。注明根据国际货协第 15 条由发货人负担过境路费用的过境路简称（见第 8 栏的说明）。如发货人不负担任一过境路的费用，则发货人应记载“无”字样。

在数字编码栏内按照货物运送的先后顺序，填写发货人所指出的过境路的编码。

各路使用的编码如下：

阿（塞）铁—57	白铁—21
保铁—52	越铁—32
格铁—28	哈铁—27
中铁—33	朝铁—30
吉铁—59	拉铁—25
立铁—24	摩铁—23
蒙铁—31	波铁—51
俄铁—20	塔铁—66
土铁—67	乌（兹）铁—29
乌（克）铁—22	爱铁—26

例如：

中铁与保铁联运

发货人负担蒙铁、俄铁和摩铁的运送费用。

（26）X21　办理种别。不需要者划消（国际货协第 8 条第 1 项）。

（27）X22　由何方装车。不需要者划消（国际货协第 9 条第 4 项）。

（28）X23　发货人添附的文件。注明发货人在运单上添附的所有文件（出口许可证、履行海关和其他规定所需的文件、证明书、明细表、运单的补充清单等）。

根据国际货协第 7 条第 12 项的规定，如运单上附有补充清单，则在该栏内记载添附补充清单的张数。

（29）X24　货物的声明价格。用大写注明货物价格，（国际货协第 10 条）。

（30）0 25　批号（检查标签）。在该栏上半部注明发送路和发站的数字编码。

在该栏下半部按发送路的现行国内规章的规定，填写批号。

例 1：

对使用五位数加一位检查数表示发站编码的发送路适用。

例 2：

对使用五位数而无检查位数或使用四位数加一位检查数表示发站编码的发送路适用

此外，在采用检查标签时，还必须在第 2 张（运行报单）和第一份补充运行报单（存根）的第 25 栏内，各贴附一份检查标签。检查标签应符合国际货协附件第 12.5.1 号的样式。

（31）26　海关记载。该栏供海关记载之用。

（32）X0 第 27～30　各栏的一般说明。

这些栏用于记载使用车辆的事项，只在运送整车货物时填写。

关于车辆的事项由发货人或发站（视由何方装车而定）填写。当在国境站将整车货物换装到另一种轨距的车辆或在途中换装时，换装站应将原车辆记载事项划消，但原字迹须能辨认，并应在下面记载货物换装后每一车辆的事项。

填写货物换装后车辆事项时，如篇幅不足，换装站应编制必要数量的补充清单（运单第 1、2、4、5 各张以及每份补充运行报单各需一份），并将其添附在运单和各份补充运行报单上。第 27～30 各栏的最后一行应注明："续见补充清单"。

为押运人提供单独车辆时，还必须记载有关该车辆的相应事项并在下面注明："（押运人用的车辆）"（国际货协附件第 3 号第 9 条）。

在其余情况下，都适用国际货协第 7 条第 12 项的规定。

（33）X0 27　车辆。

注明车种、车号和车辆所属路简称。如车辆上无车种标记，则按发送路的现行国内规章填写车种。

例：

KP 24538746 俄铁

如车辆有 12 位数码，则不填写上述事项，而应填写如下号码：

例：

2154 126 0513 0

X0 28　标记载重。填写车辆上记载的载重量。

如使用标有"ABC"标记的车辆，则写上字母"C"及其下面所注的最大重量，以此作为载重量。

（34）X0 29　轴数。

填写所使用的车辆的轴数。

（35）X0 30　自重。

填写车辆上记载的自重。

当用过磅的方法确定空车重量时，车辆上记载的自重写成分子，而过磅确定的自重写成分母。

（36）0 31　换装后的货物重量。

货物换装运送时，应注明换装后铁路确定的重量。

将货物从一辆车换装数辆车时，换装后每辆车的货物重量应分别记载。

（37）0 32　铁路确定的重量（kg）。注明铁路确定的货物重量。

（38）0 33～44　数字编码栏。各栏供铁路填记事项之用。各路只能在其留存的运单各张上或补充运行报单上填记数字编码。

参加运送的铁路,可商定共同使用上述各栏的办法。

(39)X0 45　封印个数和记号。根据国际货协第9条第8项或国际货协附件第8号第12条的规定,填写车辆或集装箱上施加的封印的个数和所有记号。

(40)0 46　发站日期戳。货物承运后,发站在运单的所有各张和补充运行报单上加盖发站日期戳,作为缔结运输合同的凭证。

(41)0 47　到站日用戳。货物到达到站后,到站在运单的第1、2、4和5张上加盖到站日期戳。

(42)X0 48　确定重量方法1。注明确定货物重量的方法,例如:“用轨道衡”,“用 的衡器”,“按标准重量”,“按货件上标记的重量”,“丈量法”。

如由发货人确定货物重量,则发货人还应在该栏内注明关于确定货物重量的方法的事项。

(43)0 49　过磅站戳记,签字。在32栏中记载的重量以过磅站戳记和司磅员签字证明。

(44)X 50　附件第2号□。根据国际货协附件第2号托运危险货物时,必须在方框内画对角线(×)。如果该栏中方框和“附件第2号”字样为黑色,则发货人在根据国际货协附件第2号托运至中华人民共和国、俄罗斯联邦及相反方向和过境这些国家的危险货物时,除在运单货物名称下画一横线,还应同时在运单第一张货物名称下划一红线。

任务实施

1. 实训目的

掌握国际铁路联运运单的填写。

2. 实训技能

熟悉国际铁路联运运单的填写

3. 实训内容

根据提供的材料填写国际铁路联运运单。

4. 实训准备

把学生分成5~6人一组，分析背景资料，分组填写国际铁路联运运单，见表5-5。

国际铁路联运运单 表5-5

发送路简称 中铁	1 发货人，通信地址： Jing international logistic Co 25 longwangshan Street Liaoning , China 389700	25 批号(检查标签) 33 12.5.1 运输号码： N0 9383727 2 合同号码： No 876091
	5 收货人，通信地址： Blinkers Co. Ltd 8620W. Knoll Dr Mosico CA－90067 807221	3 发 站：大连货运公司
6 对铁路无效约束力的记载：		4 发货人的特别申明：
7 通过的国境站：大连站		26 海关记载
8 到达路和站 俄铁 | 俄罗斯联邦铁路		27 车辆／28 标记载重(t)／29 轴数／30 自重／31 换装后的货物重量

27	28	29	30	31
KP2453874 俄铁	C500	6	450	454.6

国际货协——运单慢运	9 记号，标记，号码	10 包装种类	11 货物名称 50，附件第二号	12 件数	13 发货人确定的件数(kg)	32 铁路确定的件数(kg)
	ART. NO 3331	集装箱	CASUAL SHOES	200	2400	2400

14 共计件数(大写)：贰佰件整	15 共计重量(大写)：贰仟肆百千克整	16 发货人签字

17 互换托盘数量	集装箱/运送用具					
	18 种类类型			19 所属者及号码		
20 发货人负担下列过境铁路的费用：无	21 办理种别：/			22 有何方发车：/		33
	整车	零担	大规模集装箱	发货人	铁路	34
	不需要的划清					35
	24 货物的声明价格：四十二万六千 RMB					36
						37
23 发货人添附的文件	45 封印					38
	个数 200	记号 ART. NO 3331				39
						40

46 发站日期数 2012－11－9	47 到站日起数 2012－12－30	48 确定重量方法 按货件上标记的重量	49 过磅的戳记，签字	41
				42
				43

5. 实训步骤

(1)把全班学生平均分为几个小组,以小组为单位进行国际铁路联运运单填写。

(2)分析背景材料。

(3)填写国际铁路联运运单。

(4)根据表现进行成绩评估。

6. 实训评价

训练评价的方式有教师评价、小组内部成员评价和第三方评分组成员评价 3 种,建议教师评价占 60% 权重,小组内部成员评价占 20% 的权重,第三方评分组成员评价占 20% 的权重。将 3 者综合起来的得分为该生在该项目的评价分,见表 5-6。

训 练 评 价 表 表 5-6

考评人		被考评人	
考评地点			
考评内容	国际铁路联运运单填写		
考评标准	具体内容	分值(分)	实际得分
	工作态度	15	
	沟通水平和团队合作	15	
	国际铁路联运运单的填写情况	70	
合计		100	

注:考评满分 100 分,60 以下为不及格,60 ~ 69 分为及格,70 ~ 79 分为中,80 ~ 89 分为良,90 分以上为优。

延伸阅读

中远集团的集装箱运输与新亚欧大陆桥

随着中国北疆铁路与哈萨克斯坦上西铁路接轨,一条濒临东海连接我国主要港口,西出新疆阿拉山口、横穿亚欧大陆、终抵大西洋东岸西欧各港口的新亚欧大陆桥已全线贯通。这条新大陆桥的开通,对于形成亚欧非三大洲、太平洋、大西洋的物流新格局,促进我国中、西部地区的对外开放,加强我国远洋运输在国际集装箱运输中的地位,都具有重要的意义和作用。

一、中运集团的国际集装箱运输

作为中国最大的航运企业集团,中运集团在发展远洋航运事业方面紧跟世界科学技术前进的步伐,从船舶运输、国际物流、信息处理等方面,均应用了世界最先进的技术。目前,中远集团拥有各类大型运输船舶 579 艘 1662 万载重吨,航行于世界 150 多个国家和地区的 1100 多个港口 6 其中集装箱运输船队数量居世界各航运公司第二位,共拥有船舶 156 艘,总箱位 17.4TEU。1995 年完成集装箱运量 307 万余 TEU。中远集团是以中国远洋运输(集团)总公司为核心,由中远集装箱运输总部、中远散货运输总公司、中远国际货运总公司,中国外轮代理总公司,中国船舶燃料供应总公司等大型企业组成,是以国际航运国中心,集多种业务为一体,跨国家、跨地区、跨行业经营的大型企业集团。

国际集装箱运输是中远集团的龙头产业之一。1994 年以来陆续投入了技术先进的 3500 ~ 3800TEU 全集装箱船 13 艘,服务航速达 23.5 节,比原有集装箱船提高近 30%,可缩短交货期,提高了服务质量,降低了运输成本,使中远集团在世界三大航线的集装箱船的单船载箱量有了很大的提高。

中远集团于1994年底又相继订造了世界最大的5250TEU超巴拿马型集装箱船6艘,这批船将于1996年下半年陆续投入营运,将大大提高中远集团运输国际集装箱的能力。

在大陆桥的利用方面,中远集团作为跨国运输公司,除已充分利用北美大陆桥实现国际集装箱运输的多式联运以外,以国内已通过全国八个最大的口岸站天津、大连、广州、上海、青岛。满洲里、二连、深圳等接运国际集装箱。为了促进新亚欧大陆桥集装箱运输的沟通,已试运过天津港经二连至蒙古以及从阿拉山口出境的陆桥集装箱运输,收到了一定的效果。

二、国外大陆桥运输

大陆桥一般系指利用贯穿大陆的多种运输方式作为连接海洋与大陆或大陆与海洋之间的桥梁",构成的国际联合运输。目前世界上主要的大陆桥运输线路有二:

(1)贯穿北美东西海岸的北美大陆桥。在跨越4500多千米的、加东西部有数条铁路线从太平洋岸到大西洋岸。美国柏灵屯铁路公司,每日从西雅图港开出八列双层列车,能连接美国其他铁路,妥善的回转集装箱,年运量达30余万TEU。铁路公司可以帮助组织回头货源,整个大陆桥运输快捷,跨越美国西东两岸,从西雅图—纽约或孟菲斯运行时间仅100h,从西雅图—芝加哥为62h。北美另一家铁路公司,加拿大太平洋铁路公司(CP Rai1 System)也经营北美陆桥运输,经营铁路线里程达11850km,采用双层平板车运输进出口集装箱。服务的线路有温可华港—多伦多、蒙特利尔,温哥华—芝加哥等。列车谭行时间分别为110h和70h。年运量达20余万TEU。

中远集团已开辟中国—长滩、奥克兰、中国—西雅图、温哥华以及中国美东航线,均为每周一班,采用大型集装箱干线班轮,3500TEU大型集装箱船已投入营运,世界最大的5250TEU集装箱船在年内也将投入该航线营运,年运量达数十万TEU。其运输货物大多为运往北美内陆的消费品,并利用北美大桥进行转运,开展门—门的国际集装箱多式联运。

(2)沟通俄罗斯远东地区与欧洲地区间,跨越西伯利亚的欧亚大陆桥。该大陆桥是由日本和原苏联两个国家发起开辟的。它发挥了地理的优势,加快了船舶和货车等运输工具的周转,大大提高了运输效率,得到稳步的发展,深受各国客户和转运公司欢迎。该大陆桥运输始于1967年,由于管理上的原因1967~1970年只运输了511个标准箱。1970年9月,日苏双方就组织日本与西欧间西伯利亚大陆桥运输,正式谈判达成协议。从1971年3月30日起,1972年得到了较快发展,当年又开辟了西欧与香港之间的西伯利亚大陆桥运输。1975年2月,从俄罗斯东部的纳霍德卡港—马尼拉的大陆桥运输也开始运营。

尽管西伯利亚大陆桥的运量在波动,但获利甚巨。根据有关资料:由日本各港至纳霍德卡港至西伯利亚大陆桥到布列斯特路径,年运7万箱可收入1.3亿美元,是一项创汇相当可观的运输收入。所以,俄罗斯目前正在采用一系列措施,发展西伯利亚大陆桥运输。据有关人士分析,到2000年,预计年过境运量可达30万TEU。

西伯利亚大陆桥以日本至欧洲/中近东(伊朗、阿富汗)的集装箱运输为主。俄罗斯为了开办过境集装箱运输业务,成立了全俄过境运输总公司,全俄过境运输总公司作为总的组织者,安排日本各港到欧洲各收、交货点的运输。远东和欧洲的有关运输业者,则从事这一大陆桥的订舱业务。并在两端开展转运服务,使之成为一种联运。日本各港至俄罗斯东部港口之间的运输,由日俄双方共同派船承担。西面铁路运输由INTETCONTAINET公司承担。

公路运输由俄罗斯和波兰共同派汽车承担。全程运输天数合计约35天。

三、新亚欧大陆桥

为进一步扩大我国与东亚、中亚、西亚和欧洲的经济技术合作与交流，加快我国东、中、西部的经济发展，进一步寻求和开辟亚洲与欧洲之间的新大陆桥，已成为当今世界各国交通运输业和客商所共同注目的重大问题之一。其中最具有现实意义的是东起日照港、连云港、上海港、南连广州港、深圳港、经陇海线和兰新线横穿我国大陆，由新疆阿拉山口进入中亚地区，最终与黑海、地中海以及大西洋东岸的各港相衔接的新亚欧大陆桥。该大陆桥运输线的贯通，将进一步缩短亚欧之间的运输距离，运费将更低，时间将更短，以快速、安全的运输方式，来满足各国对过境集装箱运输的需要。特别是在俄罗斯西伯利亚铁路能力不足和东部港口冰冻期间，将对世界各国集装箱运输起可靠的保证作用。因此，新亚欧大陆桥的沟通，将对国际贸易和我国外贸事业的发展具有重大的意义。

据分析，新亚欧大陆桥目前处于一个非常有利的发展时期：

1. 经济一体化促进了集装箱运输市场容量的增长

世界经济全球一体化加速发展，使得国际贸易的发展快于世界经济的增长；而世界贸易量的90%以上是通过港口和海运业来完成的。国际经济和贸易的发展使得件杂货的箱化率和箱货运输增长率也相应提高。箱货运量在整个海运贸易中的比重从20世纪60年代的12%～14%上升到目前的23%左右，从价值上讲，其比重则高达80%。

2. 国际集装箱多式联运业进入综合物流时代

随着跨国公司大规模向世界各地渗透，进行跨国生产、经营和销售，世界消费者的需求正变得越来越接近，从而将形成一个全球统一的贸易市场。另一个方面，全球资源市场也趋向一体化。世界资源市场的集中性和产品市场的趋同性，朝着利于多式联运的方向发展，这就给世界运输业特别是远程多样联运产业带来了发展的机遇。国际多式联运的发展对其质量也提出了更高的要求。随着托运人对多式联运质量要求提高，多式联运经营人要想在全球市场上生存与发展，就必须打破限制，将服务范围扩展到各种运输服务领域。集装箱船公司除了经营传统的海运业务以外，还必须介入陆上运输、内陆货运站、代理、仓储和流通领域，根据多式联运有关的广泛市场的动向以及需求者和托运者的各种需求来控制货物的运输过程，从而使国际多式联运产业进人了综合物流的新时代。面向21世纪，综合物流管理将成为推动世界集装箱多式联运业的最重要的力量。

中远集团为了推进新亚欧大陆桥的进程，在连云港成立了中远连云港远洋公司，并积极组织新亚欧大陆桥过境国际集装箱货物的试运。据统计1994年新亚欧大陆桥过境国际集装箱近2000TEU，载箱货物14000余吨。

四、中远集团的集装箱运输与新亚欧大陆桥关系展望

通过对新亚欧大陆桥与我国国际集装箱运输的关系分析，对其前景展望如下：

1. 新亚欧大陆桥的特点

(1)大陆桥的两端桥头多。该大陆桥东端同时由大连、天津、连云港、上海、广州、深圳等港口和车站上桥。路线多，可综合发挥各港站的中转换装作业能力与线路输送能力，机动灵活。西端桥头也多，主要的有鹿特丹、汉堡、安特卫普、敖德萨、圣彼得堡等港。

(2)吸引范围广。由于新亚欧大陆桥的腹地宽广，吸引范围大，预计将来的集装箱源是

充足的。日本、韩国、东南亚各国以及大洋洲国家和中国香港、中国台湾等地区，均有可能利用它运输集装箱货物，可形成过境的固定箱源。返程西欧、东欧、近东、中东至远东的货流也是非常充裕的。

(3)沿陆桥两岸物资丰富。这座大陆桥在我国的骨干，由陇海线和兰新线架起，途经各省区，资源蕴藏丰富，且亟待开发。它的沟通，对促进途经省区，特别是中原和西北省区的经济发展十分有利，故得到了这些省区的重视与支持。

(4)地理位置适中，运距短。新亚欧大陆桥比西伯利亚大陆桥运距缩短了3000km，陆路更便捷，运费更便宜。其竞争力更强。

(5)自然条件优越，气候适宜。新亚欧大陆桥的东、南端桥头堡，均为不冻港，可全年不间断地作业。而西伯利亚大陆桥，一年中有3个多月的冰冻期，需破冰船协助作业，不仅成本高，且能力受限制。

2. 通过运量预估

如果各方面条件具备每年运送7~8万箱的运量是可能的，即每日对开列车。但据铁路部门估计，目前铁路全线虽已初通，但兰新线、陇海线的宝鸡—兰州段运能都已饱和，有待在线路上采用多种技术措施，如新修兰州—乌鲁木齐的石油管线和新修宝中线等分流措施。

3. 新亚欧大陆桥的贯通对我国经济发展也具有长远战略意义

它是我国中西部经济带形成的基础。根据国家总体战略部署，加速“大陆桥经济带”的开发，不断完善大陆桥的功能，是建设陆桥经济带的一项长期的共同的战略任务。从长远来说，将给国际集装箱海运带来深远影响，将进一步推进国际集装箱多式联运的发展和提高整个集装箱运输的经营效果。

4. 通过新亚欧大陆桥实现国际集装箱多式联运将给中运集团的集装箱运输带来挑战和机遇

(1)中远集团西欧航线的集装箱运输会受到一定的冲击。但在国际集装箱运输激烈竞争下，也会促使中远集团的国际集装箱运输改善经营、降低成本，提高服务质量。

(2)中远集团将抓住机遇，适应运输方式的变化更快成为实力雄厚提供优质服务的国际多式联运的经营人和承运人，而进入“下海、登陆、上天”的综合物流时代。

任务四　国际多式联运业务及程序

案例导入

陆空联运帮助企业走出货物转关新路

一年来，青岛海关下属烟台海关开展陆空联运，共办理陆空联运货物311票，货运量2.8t，货值2.5亿美元。这一措施解决了辖区大型企业小件保税货物转关运输时间长、成本高等物流方面存在的难题，开创了一条具有烟台特色的货物转关新路子，取得显著效果。

一、转变思路，找准切入点

烟台海关辖区内的鸿富锦和鸿富泰2家企业是山东省精密电子制造的龙头企业，每天都有大量的保税货物特别是小件货物进出口，而在货物各地海关监管区域内的转关让这2家企业犯了难。为了解决这一难题，烟台海关先后6次到这2家大型企业进行调研，找准货物转关方面存在的突出问题。组织相关业务骨干成立项目组，开展项目论证，提出改变传统转关模式，采取陆空联运的方式解决企业难题。先后多次派员赴青岛、上海、成都三地海关商讨，分别于2011年10月、11月推出上海至烟台、烟台与成都海关特殊监管区域间保税货物陆空联运转关新模式，该模式以企业分类管理为依托，进一步优化物流作业流程，充分整合企业陆、空运输资源，最大限度地满足企业实际需求。经试运行，陆空联运转关模式得到企业的充分认可，2012年试点范围进一步扩大，全线推开。目前，烟台出口加工区B区与上海3个海关业务现场、与成都1个海关业务现场的保税货物均可采取陆空联运模式进行转关。

二、开拓创新，找准服务点

陆空联运将传统的全程陆路运输转变为陆路运输与航空运输相结合，货物两头“坐”汽车，中间“坐”飞机。具体说来就是货物从转出地海关放行后采取陆路运输至转出地机场，通过空运的方式运到目的地机场，目的地机场货物分拨完成后，企业可采取陆路运输的方式直接提运至目的地海关，实现货物全程无缝隙运输。为保证这一新模式的顺利开通，烟台海关还量身打造符合陆空联运业务特点的场站物流管理系统，陆空联运报关单放行后，系统可自动调取海关放行信息，企业无须等待，放行第一时间即可入厂送货。制定陆空联运业务绿色通道制度，指定专人专岗负责该项业务的申报、放行及后续相关工作，做到“优先申报、优先审单、优先放行、优先查验”，企业全程享受便捷服务。

三、落实效益，找准利益点

采用陆空联运转关模式后，企业的通关成本大大降低了。鸿富锦的李强给笔者算了一笔账：“采取陆空联运后，光运费就节省了70%，一年来节省运营成本170多万元。”通关效率也大大提高。全程陆路运输，企业一票货物从转出地海关到目的地海关需要1周左右的时间。而采取陆空联运转关方式，货物从转出地海关到目的地海关仅需1d时间，大大提高了通关效率，充分满足企业生产需求。同时货物运输业更加的安全。

思考题：

陆空联运具有到货迅速，运费适中、安全保质、手续简便和可以提前结汇等特点。国际陆空联运主要有空陆空联运，陆空路联运和陆空联运等形式。目前，接受这种联运方式的国家遍及欧洲、美洲和澳大利亚。

任务分析

1. 任务准备

(1)一家物流企业材料，主要包括：企业的主要经营的运输线路、运输的货物类别等；

(2)多媒体教室(含可供学生上网查资料的电脑、多媒体教学设备、课件和动画等教学资料)；

(3)网络资源，包括：电子地图系统等。

2. 任务目标

(1)能根据背景资料进行企业运输线路的优化分析；

(2)掌握国际多式联运的形式；

(3)掌握国际多式联运提单的膳制与填写。

基础知识

国际多式联运经营人的定义

关于国际多式联运经营人的含义,有关国际公约、法律法规和惯例均对此做出了相应的规定。国际货运公约或货物运输合同一般都规定,承运人应是与发货人订有运输合同人,或完成货物运单的人。然而,现行的国际货运公约对承运人的概念理解不一,在认识上没有统一。多式联运作为不同运输方式间的组合,系由众关系人组成,其法律关系十分复杂,其中主要关系有多式联运经营人与发货人之间关系,以及与其受雇人、代理人之间的代理关系、承揽关系、侵权行为关系等。多式联运首先应调整上述关系人的法律关系,确定多式联运经营人的法律地位,从而平衡相互间的权利、义务和赔偿责任。已通过的《多式联运公约》和现行的多式联运业务对多式联运经营人概念理解为:"多式联运经营人是指本人或通过其代表与发货人订立多式联运合同的任何人,他是事主,而不是发货人的代理人或代表或参加多式联运有承运人的代理人或代表,并且负有履行合同的责任。"可知,当多式联运经营人从发货人那里接管货物时起,即表明责任业已开始,货物在运输过程中的任何区段发生灭失或损害,多式联运经营人均以本人的身份直接承担赔偿责任,即使该货物的灭失或损害并非由多式联运经营人本人的过失所致。

知识链接

一、多式联运经营人的基本条件

作为多式联运经营人的基本条件是:

(1)取得从事国际多式联运的资格。

(2)具备国际多式联运线路以及相应的经营网络。

(3)与自己经营的国际多式联运线路有关的实际承运人、场站经营人之间存在长期的合作协议。

(4)具备必要的运输设备,尤其是场站设施和短途运输工具。

(5)拥有雄厚的资金

(6)拥有符合规定的国际多式联运单据。

(7)具备自己所经营国际多式联运线路的运价表。

二、国际多式联运的主要业务流程

多式联运经营人从事多式联运业务时,大致需要经过受托申请→订立多式联运合同→空箱发放、提取及运送→出口报关→货物装箱及接受货物→向实际承运人订舱及安排货物运送→办理货物保险→签发多式联运单证→组织完成货物的全程运输→办理运输过程中的海关业务→货物交付→化纤后故处理等环节。

1. 接受托运申请、订立多式联运合同

多式联运经营人根据货主提出的托运申请和自己的运输线路等情况,判断是否接受该托运申请。如果能够接受,则双方议定有关事项后,在交给发货人或其代理人的场站收据副本上签章,以证明接受委托申请,此时,多式联运合同已经订立并开始执行。

1)国际多式联运合同及其特点

国际货物多式联运合同是指"多式联运经营人凭以收取运费、负责完成或组织完成

国际多式联运的合同”。该合同由多式联运经营人与发货人协议订立。多式联运合同具有如下特点:

(1)多式联运合同是双方合同。合同双方均负有义务和享有权利。

(2)多式联运合同是有偿合同。

(3)多式联运合同是不要式的合同。尽管可用多式联运提单证明,但提单不是运输合同,没有具体体现形式。

(4)有约束第三者性质,收货人不参加合同订立,但可直接获得合同规定的利益并自动受合同约束。

(5)有时包括接受委托、提供服务等内容,这些内容由双方议定。

2)国际多式联运合同的订立

国际多式联运合同是处于平等法律地位的国际多式联运经营人与发货人双方的民事法律行为,只有在双方表示一致时才能成立。与其他合同一样是双方的协议,其订立过程是双方协商的过程。

国际多式联运经营人为了揽取货物运输,要对自己的企业(包括办理机构地点等)、经营范围(包括联运线路、交接货物地域范围、运价、双方责任、权利、义务)等做广告宣传,并用运价本、提单条款等形式公开说明。发货人或他的代理人向经营多式联运的公司或其营业所或代理机构申请货物运输时,通常要提出货物(一般是集装箱货物)运输申请(或填写订舱单),说明货物的品种、数量、起运地、目的地、运输期限要求等内容,多式联运经营人根据申请的内容,并结合自己的营运路线,所能使用的运输工具及其班期等情况,决定是否接受托运。如果认为可以接受,则在双方商定运费及支付形式,货物交接方式、形态、时间、集装箱提取地点、时间等情况后,由多式联运经营人在交给发货人(或代理人)的场站收据的副本联上签章,以证明接受委托。这时多式联运合同即告成立,发货人与经营人的合同关系已确定并开始执行。

2. 空箱的发放、提取及运送

多式联运中使用的集装箱一般是由多式联运经营人提供的,在表示接受委托之后,多式联运经营人签发提单给发货人或其代理人以保证其在商定的时间、地点撮空箱使用。发货人或其代理人按双方商定的内容及托运货物的实际情况填写场站收据,并在经营人编号、办理货物报关及货物装箱后,负责将热处理箱托运至双方商定的地点将货物交给多式联运经营人或指定的代理的代理人(堆场或货运站),取得正本场站收据后到经营人处换取多处联运提单。如发货人委托也可由多式联运经营人办理从堆场到装箱地点的空箱托运(这种情况需加收空箱托运费)。

如果是拼箱货(或是整货但发货人无装箱条件不能自装)时,则有多式联运经营人将所用空箱调运至接收货物的集装箱货运站,做好装箱准备。

3. 出口报关

若多式联运从港口开始,则在港口报关;若从内陆地区开始,则在附近的内陆地海关办理报关。

出口报关事宜一般由发货人或其代理人办理,也可委托多式联运经营人代为办理

(这种情况需加报关手续,并由发货人支付海关派员所产生的费用)。报关时,应提供场站收据、装箱单、出口许可证等有关单据和文件。

4. 货物装箱及接受货物

若是发货人自行装箱,发货人或其代理人提取空箱后在自己的工厂和仓库组织装箱。装箱工作一般在报关后进行,并请海关派员到装箱地点监装和办理加封事宜。如需理货,还就请理化员现场理货并与之共同制作装箱单;如是拼箱货物,发货人应负责将货物运至指定的集装箱货运站,由货运站按多式联运经营人的指示装箱。

无论装箱工作由谁负责,装箱人均需制作装箱单,并办理海关监装与加封事宜。对于由发货人自行装箱的装箱货物运至双方协议规定的地点,多式联运经营人或其代表(包括委托的场站业务员)在指定的地点接受货物。若是拼箱货,经营人在指定的货运站接受货物。验收货物后,代表联运经营人接受货物的人应在堆场收据正上签章并将其交给发货人或其代理人。

5. 订舱及安排货物运送

多式联运经营人在合同订立之后,即应制定该合同涉及的集装箱货物的运输计划。该计划应包括货物的运输线路、区段的划分、各区段实际承运人的选择、及各区段衔接地点的到过达、起运时间等内容。这里所说的订舱泛指多式联运经营人要按照运输计划安排洽定各区段的运输工具,与选定的各实际承运人订立各区段的分运合同。这些合同的订立由多式联运经营人本人(派出机构或代表)或委托的代理人在各转接地办理,也可请前一区段的实际承运人作为代表向后一段的实际承运人订舱。货物运输计划的安排必须科学并留有余地,各方在工作中应相互联系,根据实际情况调整计划,避免脱节。

多式联运合同在签订时,一般应明确各换装港(站)及货物交接办法或各区段承运人的责任。至于承运人之间的责任,一般先由多式联运承运人与各区段承运人来协议约定然后在分运合同中加以明确。但是,联运承运人与各区段承运人之间就其责任的约定,不得影响或者减少联运经营人对全程运输所承担的义务。如果约定联运承运人仅对某一区段运输负责,而不对全程运输负责的,该约定应为无效。

6. 办理保险

在发货人方面,应投保货物运输险。该保险由发货自行办理,或由发货人承担费用由经营人代为办理。货物运输保险可以全程投保,也可分段投保。在多式联运经营人方面,应投保货物责任险和集装箱保险,由经营人或其代现人负责办理保险。

7. 签发多式联运提单并组织完成货物的全程运输

多式联运经营人的代表收取货物后,经营人应向发货人签发多式联运提单。在把提单交给发货人前,应注意按双方协定的付费方式内容、数量向发货人收取全部应付费用。

多式联运提单是证明多式联运合同的运输单据,具有法律效力,同时也是经营人与发货人之间达成的协议(即合同)和条款和实体内容的证明,是双方基本义务、责任和权利的说明,提单填写的条款和内容是双方达成的合同的内容(除事先另有协议外)。

多式联运经营人签发提单是履行合同的一个环节,证明他已按合同接受货物并开始对货物负责。对于发货人来讲,接受经营人签发的提单意味着已同意接受提单的内容与条款,即已同意以这些内容和条款说明的合同。因此,发货人(或其代理人)在订立多式联运合同时，应认真了解多式联运经营人的提单条款（应是事先印制而且公开的），如有不能接受之处，应与经营人达成书面协议解决，否则将被认为是接受所有条款，接受其关于双方责任、权利和义务的说明。

多式联运经营人有完成和组织完成全程运输的责任和义务。多式联运经营人在接收货物后，要组织各区段实际承动人，与各派出机构及代理人共同协调工作，完成全程中各区段的运输、各区段之间的衔接工作，以及运输过程中所涉及的各种服务性工作和运输单据、文件及有关信息等的组织和协调工作。

8. 运输过程中的海关业务

按照惯例，国际多式联运的全程运输（包括进出口国内陆段运输）均应视为国际货物运输，因此运输过程中的海关业务工作主要包括货物及集装箱进口国的通关手续、进口国内陆段保税（海关监管）运输手续及结关等内容。这些涉及海关的手段一般由多式联运经营人的派出机构或代理人办理，也可由各区段的实际承运人作为多式联运经营人的代表代为办理，由此产生的费用全部由发货人或收货人负担。如果货物在目的港交付，则结关在港封后运往内陆目的地，然后在内陆海关办理结关手续。

9. 货物交付

货物运至目的地后，由目的地代理人通知收货人提货。收货人凭多式联运提单提货，多式联运经营人或其代理人按合同规定，收取收货人应负的全部费用，收回提单，签发提货单（交货记录），提货人凭提货单到指定堆场和地点提取货物。如果是整箱提货，由收货人要负责至拆箱地点的运输，并在货物取出后将集装箱运至指定的堆场，运输合同终止。

10. 货运事故处理

如果全程运输中发生了货物灭失、损害和运输延误，无论是否能确定损害发生的区段，发（收）货人均可向多式联运经营人提出索赔。多段联运经营人根据提单条款及双方协议确定责任并做出赔偿。如果确知事故发生的区段和实际责任者时，可向其索赔，如不能确定事故发生的区段，一般按在海运段发生处理。如果已对货物及责任投保，则存在要求保险公司赔偿和向保险公司进一步追索的问题。如果受损人和责任人之间不能取得一致，则需通过在诉讼时效期内提起诉讼和仲裁来解决。

三、国际多式联运的形式

国际多式联运是采用两种或两种以上不同运输方式进行联运的运输组织形式。这里所指的至少两种运输方式可以是：海陆，陆空，海空等。这与一般的海海，陆陆，空空等形式的联运有着本质的区别。后者虽也是联运，但仍是同一种运输工具之间的运输方式。

众所周知，国际多式联运中各种运输方式均有自身的优点与不足。一般来说，水路运输具有运量大、成本低有优点；公路运输则具有机动灵活、便于实现货物门到门运输的特点；铁路运输的主要优点是不受气候影响、可深入内陆和横贯内陆实现货物长距离运输；而航空运输的主要优点是可实现货物的快速运输。由于国际多式联运可以综合运用各种运输方式的优点，具有其他单一运输组织形式无可比拟的优越性，因而已在世界各主要国家和地区得到了广泛的推广和应用。目前，有代表性的国际多式联运主要

有远东/欧洲,远东/北美等方向的海陆空联运,常见的多式联运形式包括以下几种形式:

1. 海陆联运

海陆联运国际多式联运的主要组织形式,也是远东/欧洲方向国际多式联运采用的主要组织形式之一。目前,主要有班轮公会的三联集团、北荷、冠航和丹麦的马士基等国际航动公司以及非班轮公司的中国远洋运输公司、中国台湾长荣航运公司和德国那亚航运公司等组织和经营远东/欧洲海陆联运业务。这种组织形式以航运公司为主体,签发联运提单,与航线两端的内陆运输部门开展联运业务,与大陆桥运输展开竞争。

1)陆桥运输

在国际多式联运中,陆桥运输(Land Bridge Service)起着非常重要的作用。它是远东/欧洲国际多式联运的主要形式。所谓陆桥运输是指采用集装箱专用列车或卡车,把横贯大陆的铁路或公路作为中间"桥梁",使大陆两端的集装箱海运航线与专用列车或卡车连接起来的一种连贯运输方式。严格地讲,陆桥运输也是一种海陆运形式,只是因为其在国际多式联运中的独特地位,故将其单独作为一种运输组织形式。目前,远东/欧洲的陆桥运输线路有西伯利亚大陆桥和北美大陆桥。

2)西伯利亚大陆桥(Siberian Landbridge)

西伯利亚大陆桥(SLB)是指使用国际标准集装箱,将货物由远东海运到俄罗斯东部港口,再经跨越欧亚大陆的西伯利亚铁路运至波罗的海沿岸如爱沙尼亚的塔林或拉脱维亚的里加等港口,然后再采用铁路、公路或海运运到欧洲各地的国际多式联运的运输线路。

西伯利亚大陆桥于1971年由原全苏对外贸易运输公司正式确立。现在全年货运量高达10万TEU,最多时达15万TEU。使用这条陆桥运输线的经营者主要是日本、中国和欧洲各国的货运代理公司。其中,日本出口欧洲杂货的V3,欧洲出口亚洲杂货的1/5是经这条陆桥运输的。由此可见,它在沟通亚欧大陆,促进国际贸易中所处的重要地位。

西伯利亚大陆桥运输包括"海铁铁"、"海铁海"、"海铁公"和"海公空"等4种运输方式。由俄罗斯的过境运输总公司(SOJUZTRANSIT)担当总经营人,它拥有签发货物过境许可证的权利,并签发统一的全程联运提单,承担全程运输责任。至于参加联运的各运输区段,则采用"互为托、承运"的接力方式完成全程联运任务。可以说,西伯利亚大陆桥是较为典型的一条过境多式联运线路。

西伯利亚大陆桥是目前世界上最长的一条陆桥运输线。它大大缩短了从日本、远东、东南亚及大洋洲到欧洲的运输距离,并因此而节省了运输时间。从远东经俄罗斯太平洋沿岸港口去欧洲的陆桥运输线全长13000km。而相应的全程水路运输距离(经苏伊士运河)约为20000km。从日本横滨到欧洲鹿特丹,采用陆桥运输不仅可使运距缩短1/3,运输时间也可节省1/2。此外,在一般情况下,运输费用还可节省20% ~30%,因而对货主有很大的吸引力。

由于西伯利亚大陆桥所具有的优势,因而随着它的声望与日俱增,也吸引了不少远东、东南亚以及大洋洲地区到欧洲的运输,使西伯利亚大陆桥在短短的几年时间中就有了迅速发展。但是，西伯利亚大陆桥运输在经营上管理上存在的问题如港口装卸能力不足、铁路集装箱车辆的不足、箱流的严重不平衡以及严寒气候的影响等在一定程度上阻碍了它的发展。尤其是随着我国兰新铁路与中哈边境的土西铁路的接轨，一条新的“欧亚大陆桥”形成，为远东至欧洲的国际集装箱多式联运提供了又一条便捷路线，使西伯利亚大陆桥面临严峻的竞争形势。

3）北美大陆桥（North American Landbridge）

北美大陆桥是指利用北美的大铁路从远东到欧洲的“海陆海”联运。该陆桥运输包括美国大陆桥运输和加拿大大陆桥运输。美国大陆桥有两条运输线路：一条是从西部太平洋沿岸至东部大西洋沿岸的铁路和公路运输线；另一条是从西部太平洋沿岸至东南部墨西哥湾沿岸的铁路和公路运输线。美国大陆桥于1971年底由经营远东/欧洲航线的船公司和铁路承运人联合开办“海陆海”多式联运线，后来美国几家班轮公司也投入营运。目前，主要有4个集团经营远东经美国大陆桥至欧洲的国际多式联运业务。这些集团均以经营人的身份，签发多式联运单证，对全程运输负责。加拿大大陆桥与美国大陆桥相似，由船公司把货物海运至温哥华，经铁路运到蒙特利尔或哈利法克斯，再与大西洋海运相接。

北美大陆桥是世界上历史最悠久、影响最大、服务范围最广的陆桥运输线。据统计，从远东到北美东海岸的货物有大约50%以上是采用双层列车进行运输的，因为采用这种陆桥运输方式比采用全程水运方式通常要快1～2周。例如，集装箱货从日本东京到欧洲鹿特丹港，采用全程水运（经巴拿马运河或苏伊士运河）通常约需5～6周时间，而采用北美陆桥运输仅需3周左右的时间。

随着美国和加拿大大陆桥运输的成功营运，北美其他地区也开展了大陆桥运输。墨西哥大陆桥（Mexican Land bridge）就是其中之一。该大陆桥横跨特万特佩克地峡（Isthmus Tehuantepec），连接太平洋沿岸的萨利纳克鲁斯港和墨西哥湾沿岸的夸察夸尔科斯港，陆上距离182 n mile。墨西哥大陆桥于1982年开始营运，目前其服务范围还很有限，对其他港口和大陆桥运输的影响还很小。

在北美大陆桥强大的竞争面前，巴拿马运河可以说是最大的输家之一。随着北美西海岸陆桥运输服务的开展，众多承运人开始建造不受巴拿马运河尺寸限制的超巴拿马型船（Post－Panama Ship），从而放弃使用巴拿马运河。可以预见，随着陆桥运输的效率与经济性的不断提高，巴拿马运河将处于更为不利的地位。

2. 其他陆桥运输形式

北美地区的陆桥运输不仅包括上述大陆桥运输，而且还包括小陆桥运输（Minibridge）和微桥运输（Microbridge）等运输组织形式。这表示了北美陆桥运输系统的基本构成。

（1）小陆桥运输从运输组织方式上看与大陆桥运输并无大的区别，只是其运送的货物的目的地为沿海港口。目前，北美小陆桥运送的主要是日本经北美太平洋沿岸到大西洋沿岸和墨西哥湾地区港口的集装箱货物。当然也承运从欧洲到美西及海湾地区各港的大西洋航线的转运货物。北美小陆桥在缩短运输距离、节省运输时间上效果是显著的。以日本/美东航线为例，从大阪—纽约全程水运（经巴拿马运河）航线距离9700 n mile，运输时间21～24d。而采用小陆桥运输，运输距离仅7400 n mile，运输时间16d，可节省1周左右的时间。

(2)微桥运输与小陆桥运输基本相似,只是其交货地点在内陆地区。北美微桥运输是指经北美东、西海岸及墨西哥湾沿岸港口到美国、加拿大内陆地区的联运服务。随着北美小陆桥运输的发展,出现了新的矛盾,主要反映在:如货物由靠近东海岸的内地城市运往远东地区(或反向),首先要通过国内运输,以国内提单运至东海岸交船公司,然后由船公司另外签发由东海岸出口的国际货运单证,再通过国内运输运至西海岸港口,然后海运至远东。货主认为,这种运输不能从内地直接以国际货运单证运至西海岸港口转运,不仅增加费用,而且耽误运输时间。为解决这一问题,微桥运输应运而生。进出美、加内陆城市的货物采用微桥运输既可节省运输时间,也可避免双重港口收费,从而节省费用。例如,往来于日本和美东内陆城市匹兹堡的集装箱货,可从日本海运至美国西海岸港口,如奥克兰,然后通过铁路直接联运至匹兹堡,这样可完全避免进入美东的费城港,从而节省了在该港的港口费支出。

(3)亚欧第二大陆桥(也称新亚欧大陆桥)。俄罗斯的西伯利亚铁路是一条跨越亚欧大陆而将太平洋连接起来的陆上桥梁,起初人们称为亚欧大陆桥或西伯利亚大陆桥。而由太平洋西岸我国连云港开始的陇海、兰新铁路向西延伸至我国西部边境阿拉山口与哈萨克斯坦共和国的德鲁日巴站接轨,经亚洲、欧洲诸国直到大西洋的另一条陆上通道,则被称为新亚欧大陆桥。1990年9月12日,随着我国兰新铁路与萨克斯坦土西铁路接轨,连接亚欧的第二座大陆桥正式贯通。该陆桥为亚欧开展国际多式联运提供了一条便捷的国际通道。

新亚欧大陆桥是相对旧亚欧大陆桥而言的。它东起太平洋西岸连云港等我国东部沿海港口,西可达大西洋东岸荷兰的鹿特丹、比利时的安特卫普等港口,横贯亚欧两大洲中部地带,总长约10900km。它是东端直接与东亚及东南亚诸国相连,并进而与美洲西海岸相通;它是中国段西端,从新疆阿拉山口站换装出境进入中亚,与只得萨克斯坦德鲁日巴站接轨,西行至阿克端,进而分北中南三线接上欧洲铁路网通往欧洲。其北线由哈萨克斯坦阿克套北上与西伯利亚大铁路接轨,经俄罗斯、波兰通往西欧及北欧诸国;中线由哈萨克斯坦往俄罗斯、乌克兰、斯洛伐克、匈牙利、奥地利、瑞士、德国、法国至英吉利海峡港口转海运或由哈萨克斯坦阿克套南下,沿吉尔吉斯斯坦边境经乌兹别克斯坦塔什干及土库曼斯坦阿什哈巴德西行至克拉斯诺沃茨克,过里海达阿塞拜疆的巴库,再经格鲁吉亚第比利斯及波季港,越黑海至保加利亚的瓦尔纳,并经鲁塞进入罗马尼亚、匈牙利通往中欧诸国;南线由土库曼斯坦阿什哈巴德向南入伊朗,至马什哈德折向西,经德黑兰、大不里士入土耳其,过博斯普鲁斯海峡,经保加利亚通往中欧、西欧及南欧诸国。新亚欧大陆桥连接着东亚、中亚、西亚、中东、俄罗斯、东欧、中欧、南欧、西欧等40余个国家,占世界国家总数的22%,面积3970万km^2,占世界陆域面积的26.6%,居住人口22亿,占世界人口的36%。

新亚欧大陆桥在我国境内经过陇海、兰新两大铁路干线,全长4130km。它在徐州、郑州、洛阳、宝鸡、兰州分别与我国京沪、京广、焦柳、宝成、包兰等重要铁路干线相连,具有广阔的腹地。至此,亚太地区运往欧洲、中近东地区的货物可经海运至我国连云港上桥,出我国西部边境站阿拉山口后,进入哈萨克斯坦国境内边境站换装,经铁路运至其边境站、港，再通过铁路、公路、海运运至西欧、东欧、北欧和中近东各国。而欧洲、中近东各国运往阿拉山口换装，经我国铁路运至连云港后，再转船运至日本、韩国、菲律宾、新加坡、泰国、马来西亚等国家和地区。

新亚欧大陆桥使得亚欧之间的货运距离比西伯利亚大陆桥更为缩短，从日本、韩国至欧洲，通过新亚欧大陆桥，水陆全程仅为 12000km，比经苏伊士运河少 8000km，比通过巴拿马运河少 11000km，比绕道好望角少 15000km。远东至西欧、经新亚欧大陆桥比经苏伊士运河的合程海运航线缩短运距 8000km；比通过巴拿马运河缩短运距 1100km。远东至中亚、中近东，经新亚欧大陆桥比经西伯利亚大陆桥缩短运距 2700 ~ 3300km。该陆桥运输线的开通将有助于缓解西伯利亚大陆桥运力紧张的状况。

新亚洲大陆桥使各东亚与中亚、西亚的货运距离大幅减少。日本神户、韩国釜山等港至中亚的哈萨克斯坦、乌兹别克斯坦、吉尔吉斯斯坦、塔吉克斯坦、土库曼斯坦 5 个国家和西亚的伊朗、阿富汗，通过西伯利亚大陆桥和新亚欧大陆桥陆上距离达到 1332km，走新亚欧大陆桥，陆上只有 9977km，到达中亚的阿富汗，走西伯利亚大陆桥，陆上有 8600km，走新亚欧大陆桥，陆上距离只有 5862km，相差 2738km。

由于运距的缩短，新亚欧大陆桥在运输时间和运费上将比西伯利亚大陆桥又有所减少，更有利于同海运的竞争。此外，新亚欧大陆桥的东端桥头堡自然条件好，位置适中，气候温和，一年四季可不间断作业。在亚欧经贸合作中，新亚欧大陆桥具有重要作用。它的东西两端连接着太平洋与大西洋两大经济中心，基本上属于发达地区，但空间容量小，资源缺，而其辽阔狭长的中间地带即亚欧腹地，除少数国家外，基本上都属于欠发达地区，特别是我国中西部、中亚、西亚、中东、南亚地区，地域辽阔，交通不够便利，自然环境较差，但空间容量大，资源富集，开发前景好，开发潜力大，是人类社会赖以生存、发展的物华天宝之地。这里是世界上最重要的农牧业生产基地，粮、棉、油、马等在世界上占有重要地位。这里矿产资源有数百种，其中，金、银、铜、铁、铀、铅、锌、镍、钛、汞、铬、镁、钠、钾、钒、铝、钨、锰、钼、磷、硼等均享誉世界。能源尤为富集，煤炭储量 2 万亿 t 以上，石油储量约 1500 亿 t，天然气储量近 7500 亿 t。

新亚欧大陆桥的畅通，有利于促进沿桥国家的经贸合作、亚欧经济的发展与繁荣，对于亚欧两大经济走廊的形成、开创世界经济的新格局具有重要意义。新亚欧大陆桥的贯通，有利于促进沿桥区地区经济的平衡协调发展，对于推进沿桥地带的开发开放、加快工业化和城市化进程、提高各国综合国力，都具有重要的战略意义。新亚欧大陆桥的发展，有利于开拓中亚市场，对于扩大我国的对外经贸合作，有着不可忽视的重大作用。新亚欧大陆桥的开通与发展，有利于提高我国大陆沿海港口体系的国陆地位。它将使我国港口从根本上解脱地理环境的制约，优化沿海港口区位，为它们开展国际贸易运输创造有利条件。

3. 北美内陆公共点(OCP)运输

OCP 一词的英文全称为“Overland Common Point”(“内陆公共点”或“陆上公共点”)，其含义是指可享有优惠费率通过陆上运输可抵达的区域，即指使用两种运输方式将卸至美国西海岸港口的货物通过铁路运抵美国内陆公共点。从美国的北达科他州、南达科他州、内布拉斯加州、科罗拉多州、新墨西哥州起以东的地区均属 OCP 地区，所有经美国西海岸运往这些地区(或反向)的货物，称 OCP 地区货物，并享有 OCP 运输的优惠费率。所谓 OCP 费率是指太平洋航运公会为争取运往美国内陆地区的货物,途经美国西海岸转运而制定的一个较直达美国东海岸较低的费率。OCP 地区是以落基山脉为界,其以东地区均定为内陆地区范围。OCP 运输是一种特殊的国际运输方式,它虽然由海运、陆运两种运输形式来完成,但严格来说,OCP 运输并不属于国际多式联运。国际多式联运是由一个承运人负责的自始至终的全程运输;而在 OCP 运输中,海运、陆运段分别由两个承运人签发单据,运输与责任风险也是分段负责。从远东地区向美国 OCP 地区出口货物,如按 OCP 条款达成交易,出口上可以享受较低的 OCP 优惠费率,进口商在内陆运输中也可以享受 OCP 优惠费率。因此采用 OCP 运输,对进出口双方都有利。在 OCP 运输时应注意下列几点:

(1)OCP 运输中货物的最终目的地必须属于 OCP 地区范围,签订贸易合同时应在运输条款中予以明确,同时也要明确是集装箱运输;OCP 运输方式必须经由美国西海岸港口中转以 CFR/CIF 美国西海岸口作为价格条款。为方便制单结汇,信用证也要做出相应规定:"自×××(装运港)至×××(美国西部港口)OCP×××(内陆地点)。"其英文如下:"Shipment from×××to×××OCP×××。"

在 OCP 运输单据中必须注明 OCP 字样。以卸装港美国西雅图(Seattle),最终交货地是底特律(Detroit)为例,提单中卸货港栏填制 SATTLE OCP,目的地栏填制 OCP DETROIT,货物品名、唛头及货物包装上也应注明 SEATTLE OCP DETROIT,在提单中间空白处也要加打 OCP DETROIT,以便在装卸、转运进识别。

(2)OCP 运输下的集装箱货物,卖方(发货人)承担的责任终止在美国西海岸港口货物卸船后,由收货人委托中转商持正本提单向船公司提货,并负责运抵收货人指定地点。

(3)收货人在收到货物单证 10d 内,必须申请进口保税运输,以保证将货物最终运抵交货地。如不按时提出申请,货物即转至保税仓库,从而生产各项费用。避免这些费用支出的做法是收货人或其代理人委托铁路公司代办运输至内陆公共点的保税申请手续。

(4)OCP 运输的集装箱货物,在买卖合同和信用证栏内应加注"OCP 运输"字样,签发提单时,其签发要求与买卖合同、信用证要求相符。

(5)凡运往内陆公共点的集装箱货物,应在卸货船 45 天内由发货人向铁路提供证明,如陆上运输单证、转运单、海关转口申请单等。

(6)采用 OCP 方式运输,即使货物的最终目的地分散在美国内陆区域的几个地方,只要把所有货物品名一并列在一份提单上,且在最终目的地处注明 OCP 陆路公共通点。承运人将合并计算含装卸、仓储、码头及内陆转运在内的海运部门安排货物的内陆转运工作,收货人在指定的目的地提货,从而大大方便了收货人。

4. 国际海空联运

国际海空联运又被称为空桥运输(AIR - BRIDGE SERVICE)。在运输组织方式上,空桥运输与陆桥运输有所不同,陆桥运输在整个货运过程中使用的是同一个集装箱,不用换装,而空桥运输的货物通常要在航空港换入航空集装箱。

海空联运方式始于 20 世纪 60 年代,但到 80 年代得以较大的发展。采用这种运输方式，运输时间比全程海运少，运输费用比全程空运便宜。20世纪60年代，将远东船运至美国西海岸的货物，再通过航空运至美国内陆地区或美国东海岸，从而出现了海空联运。这种联运组织形式是以海运为主，只是最终交货运输区段由空运承担。1960年年底，原苏联航空公司开辟了经由西伯利亚到欧洲航空线；1968年，加拿大航空公司参加了国际多式联运；80年代，出现了经由中国香港、新加坡、泰国等至欧洲航线。目前，国际海空联运线主要有：

(1)远东—欧洲：远东与欧洲间的航线有以温哥华、西雅图、洛杉矶为中转地，也有以中国香港、曼谷、海参崴为中转地。还有经旧金山、新加坡为中转地。

(2)远东—中南美：近年来，远东至中南美的海空联运发展较快，因为此处港口和内陆运输不稳定，所以对海空运输的需求很大。该联运线以迈阿密、洛杉矶、温哥华为中转地。

(3)远东—中近东、非洲、澳洲：这是以中国香港、曼谷为中转地至中近东、非洲的运输服务。在特殊情况下，还有经马赛至非洲、经曼谷至印度、经香港至澳洲等联运线，但这些线路货运量较小。

总的来讲，运输距离越远，采用海空联运的优越性就越大，因为同完全采用海远相比，其运输时间更短。同直接采用空运相比，其费率更低。因此，从远东出发将欧洲、中南美以及非洲作为海空联运的主要市场是合适的。

四、国际多式联运相关单证

国际多式联运中使用的单证较多，但根据其用途可以分为两大类：一类是进出口运输所需要和办理有关业务的单证，如多式联运提单、各区段的运单、提单、提箱单、设备交接单，装箱单、场站收据、交货记录等；另一类是向各口岸监管部门申报所使用的单证，如商业发票，进出口许可证，商检、卫生检疫证明，合同副本，信用证副本等。其中，集装箱运输相关单证主要有以下几种：

1. 设备交接单

设备交接单是集装箱进出港区、场站时，用箱人、运箱人与管箱人或其代理人之间交接集装箱及设备的凭证。兼有管箱人发放集装箱凭证的作用。当集装箱或机械设备在集装箱码头堆场或货运站借出或收回时，由码头堆场或货运站制作设备交接单，经双方签字后，作为两者之间设备交接的凭证。其背面的条款主要包括的内容有：

(1)出租人的义务。集装箱或机械设备的所有人应提供完好的，并具备合格、有效证书的设备和集装箱。当交接集装箱、机械设备时，用箱人、运箱人如没有异议，则表示该集装箱或设备处于良好的状态。

(2)用箱人的责任与义务：用箱人在接受集装箱或机械设备后，在其使用期间应保持集装箱、机械设备的状态良好，并应负责对集装箱或和机械设备进行必要的维护保养。在用箱期间，不论是何种原因引起的有关集装箱或机械设备的丢失、损坏，均由用箱人负责赔偿，但自然磨损除外。

2. 装箱单

装箱单是集装箱货物运输条件下，详细记载箱内所装货物详细情况的唯一单证。该单证由负责装箱的人填写并签字。如需理货时，由装箱人和理化员共同制作、签字，每箱一份。由于集装箱装相单是详细记载箱内货物情况的唯一单证,因此在国际集装箱运输中,集装箱装箱单是一张极为重要的单证,其功能主要体现在以下的几个方面:

(1)在装货地点作为向海关申报货物出口的代用单证。

(2)作为发货人、集装箱货运站与集装箱码头堆场之间货物的交接单。

(3)作为向承运人通知集装箱内所装货物的明细清单。

(4)在进口国及途径国作为办理保税运输手续的单证之一。

(5)单证上所记载的货物和集装箱的重量是计算船舶吃水差和稳性的基本数据。

(6)当发生货损时,作为处理事故索赔的原始依据之一。

因此装箱单记载内容准确与否,对保证集装箱货物运输的安全有着非常重要的意义。

3. 场站收据

场站收据是多式联运经营人或其代理人签发,证明已经收到托运货物并对货物开始负有责任的凭证。发货人可据此向多式联运经营人或代理人换取多式联运提单。该单证是一份复合单证,在我国有7联、10联、12联三种,是集装箱货物托运的主要单证。

4. 提货单

提货单是收货人凭正本提单向承运人或其代理人换取的可向港区、场站提取集装箱或货物的凭证,也是承运人或其代理人对港区场站放箱的交货通知。提货单仅仅是作为交货物的凭证,并不具有提单那样的流通性。

在签发提货单时,首先要核对正本提单签发人的签署、签发提单的日期、提单背书的连贯性,判断提单持有人是否正当,然后再签发提货单。

提货单应具有提单所记载的内容,如船名、交货地点、集装箱号、封志号、货物名及收货人等交货所必须具有的项目。

5. 交货记录

交货记录是承运人把箱、货交付给收货人,双方共同签署,以证明货物已经交付,承运人对货物责任已告终止的单证。该单证也是复合单证,共有5联,是集装箱在目的地交付的主要单证。

交货记录通常在船舶抵港前由船舶代理依据舱单、提单副本等卸船资料预先制作。交货记录中货物的具体出库情况由场站、港区的发货员填制,并由发货人、提货人签名。

五、国际多式联运提单

《联合国国际货物多式联运华约》对多式联运单证所下定义是:“指证明多式联运合同及证明多式联运经营人接管货物并负责按合同条款交付货物的单据。”在实践中一般称为多式联运提单。多式联运经营人在接收货物时,应由本人或其授权人签发国际多式联运单据。多式联运单据并不是多式联运合同,而只是多式联运合同的证明,同时也是多式联运经营人收到货物的收据和凭其交货的凭证。

1. 国际多式联运提单的性质与作用

(1)国际多式联运提单是多式联运经营人与发货人之间订立的国际多式联运合同的证明,是双方在合同确定的货物运输关系中权利、义务的准则。

(2)国际多式联运提单是多式联运经营人接管货物的证明和收据。

(3)国际多式联运提单是收货人提取货物和多式联运经营人交付货物的凭证。

(4)国际多式联运提单是货物所有权的证明,可以用来结汇、流通和抵押等。

2. 国际多式联运提单的种类

根据国际多式联运公约规定和在目前实际运作中,多式联运提单的种类,按照是否可转让的原则可以分为两大类:可转让提单和不可转让提单。

3. 国际多式联运提单的内容

根据《多式联运公约》,国际多式联运提单应载明下列事项:

(1)货物的品类、识别货物所必需的主要标志。如属危险货物,其危险特性应明确声明,包件数、货物的毛重或其他方式表示的数量等,所有这些事项均由发货人提供。

(2)货物的外表状况。

(3)多式联运经营人的名称和主要营业所。

(4)发货人、收货人(必要时可有通知人)名称。

(5)多式联运经营人接管货物的地点和日期。

(6)交付货物的地点。

(7)双方明确协议的交付货物地点、交货的时间、期限。

(8)表示该提单为可转让的声明。

(9)多式联运提单签发的地点和日期。

(10)多式联运经营人或经其授权人的签字。

(11)经双方明确协议的有关运费支付说明,包括应由发货人支付的运费及货币,或由收货人支付的其他说明。

(12)有关运输方式、运输路线、转运地点的说明。

(13)有关声明与保留。

(14)在不违背签发多式联运提单所在国法律前提下双方同意列入提单的其他事项等。

《联合国国际货物多式联运公约》对多式联运提单所规定的内容与上述规则基本相同,只是公约中还规定多式联运提单应包括下列内容:

①表示该多式联运提单可转让或不可转让的声明;

②如在签发多式联运提单时已经确知,预期经过的路线、运输方式和转运地点等。

4. 国际多式联运提单的签发与转让

一般情况下,多式联运经营人在收到货物后、签发多式联运提单前,应向发货人收取合同规定和应由其负责的全部费用,然后可以根据发货人的要求签发可转让国际多式联运提单或不可转让国际多式联运提单。根据《联合国国际货物多式联运公约》的要求,国际多式联运提单的转让性在其记载事项中应有规定。

可转让的多式联运提单具有流通性。国际多式联运提单可转让方式签发时,应列明按指示向持票人交付。如列明按指示交付,须经背书后转让;如列明向持票人交付,无须背书即可转让。提单上的通知方一般是在最终交货地点由收货人指定的代理人。此外,对签发下本提单的数量一般没有规定,但如应发货人要求签发一份以上的正本时,在每份正本提单上应注明正本份数,各正本提单具有同样的法律效力,但多式联运经营人或其代理人如已按其中的一份正本交货,便已履行交货责任,其他正本提单自动失效。如签发任何副本(应要求),每份副本均应注明“不可转让副本”字样,副本提单不具有提单的法律效力。如果多式联运经营人或其代表在接收货物时,对货物的实际情况和提单中所注明的货物的种类、标志、数量或重量、包件数等有怀疑,但又无适当方法进行核对,检查时,可以在提单中做出保留,注明不符之外和怀疑根据。

签发不可转让提单时,应列明收货人的名称。不可转让国际多式联运提单没有流通性。多式联运经营人凭单据上记载的收货人而向其交货。根据《联合国国际货物多式联运公约》的规定,多式联运经营人将货物交给此种不可转让的多式联运提单指明的记名收货人或经收货人以书面形式正式指定的其他人后,该多式联运经营人即已履行其交货责任。

国际多式联运提单一般在经营人收到货物后签发。由于联运的货物主要是集装箱货物,因而经营人收货物地地点可能是集装条堆场(CY)、集装箱货运站(CFS)和发货人的工厂或分为(DOOR)。由于接收货物的地点不同,提单签发的时间、地点及联运经营人承担的责任也有较大区别。国际多式联运提单的签发时间与地点规定如下:

1)在集装箱堆场(CY)收到货物后签发的提单

这种情况一般由发货人将装好的整箱货运至多式联运经营人指定的集装箱堆场,有多式联运经营人委托的堆场业务人员代表其接收货物,签发正本场站收据给发货人,再由发货人用该正本场站收据至多式联运经营人处换取多式联运提单。多式联运经营人收到该正本场站收据并收取应收费用后即应签发多式联运提单。

2)在发货人的工厂或仓库收到货物后签发的提单

这种情况应在场站收据中注明。多式联运提单一般在集装箱装到在发货人国内工厂或仓库处的交通工具(汽车或火车)上后签发。在发货人工厂或仓库签发提单意味着发货人应自行负责货物报关、装箱、制作装箱单、联系海关监装及加封,交给多式联运经营人的是外表状况良好、铅封完整的整箱货物。而多式联运经营人应负责从发货人工厂或仓库至码头堆场的运输和至最终交付货物地点的全程运输。

3)在集装箱货运站(CFS)收到货物后签发的提单

在这种情况下,多式联运经营人是其自有的或由其委托的集装箱货运站接收货物。该货运站可在港口码头附近,也可以在内陆地区。接收的货物一般是拼箱运输的货物。提单的签发时间一般是在货物交接入库后。在集装箱货运站签发提单意味着发货人应负责货物报关,并把货物(以原来形态)运至指定的集装箱货运站,而多式联运经营人或其委托集装箱货运站负责装箱,填表装箱单,联系海关加封等业务,并负责将拼装好的集装箱货物运至集装箱堆场。

5. 多式联运提单与联运提单的区别

1)两种运输单据的名称不同

根据《联合国国际货物多式联运公约》的规定,在多式联运方式下所使用的运输单据称为“多式联运提单”;在联运方式下使用的运输单据称为“联运提单”(Through B\L)。联运提单,是指须经两种或两种以上运输方式(海陆、海河、海空、海海等)联运的货物,由第一承运人收取全程运费后,在起运地签发到目的港的全程运输提单。联运提单虽然包括全程运输,但签发提单的承运人只对自己运输的一段航程中所发生的货损负责,这种提单性质相同。

2)两种运输单据的签发人不同

联运提单习惯上由拥有运输工具的海上承运人或其代理人签发,而多式联运提单的签发人是多式联运经营人,他不一定是运输工具的所有人,但有权控制多式联运并对全程运输负责。

3)两种运输单据签发的时间和地点不同

联运提单在货物的装船港,且货物实际装船后签发,而在多式联运方式下,多式联运经营人或其代理人在内陆集装箱货运站、码头堆场、发货人的工厂或仓库接收货物后即可签发式多联运提单,因此,多式联运提单往往是备运提单。

4)两种运输单据下的责任范围不同

联运提单对承运人规定的责任形式为"单一责任制"或"网状责任制",前者系指各承运人只对自己运输区段内的货物负责,后者由签发提单的人对全程运输负责,但损害赔偿仍按造成货损区段的法规。而多式联运经营人对全程运输负统一责任。为履行合同他可以自己办理全部或一部分实际运输,也可以自己完全不办理实际运输,而把全程各段运输以他自己和名义分别委托给相应的区段承运人办理,但在整个运输过程中,他始终要对货物的灭失或损坏(不论它们发生在任何区段)承担责任。

6.国际多式联运提单与单一运输方式下单据的比较

目前在个单一方式国际货物运输中,主要使用两种性质的货运单据。海上运输采用提单,陆上运输和航空运输采用运单。

不同运输单据内容、性质和作用的规定都是以某一国际公约为基础的,一般均在首要条款中对服从的国际运输公约做出说明。由于不同运输方式的特点、运输组织形式、货物运输中的风险及货物运输所需要的时间等方面存在着差别,各国际公约对运输单证内容、性质条款和规定也有很大的差别。

多式联运提单与各单一方式运输单据的主要差别见表5-7。

多式联运提单与各单一运输单据主要差别表 表5-7

单证 内容	铁路运单	公路运单	海运提单	多式联运提单
运输方式	铁路	公路	海运	多种
接收货物收据	是	是	是	是
运输合同	是	是	不是	不是
交付凭证	不是	是	是	是
物权凭证	不是	不是	是	是
可转让性	不可	不可	可(特殊情况例外)	可(特殊情况例外)
责任期限	站—站	接收—交付	港—港	接收—交付

7. 国际多式联运提单的证据效力

国际多式联运提单的证据效力主要表现在它是该单据所载明的货物由多式联运经营人接管的初步证据。由此可见，作为国际多式联运合同证明的多式联运提单，其记载事项与其证据效力是密切相关的，多式联运提单主要对以下几个方面起到证明作用：

(1)当事人本身记载；

(2)有关货物状况的记载；

(3)有关运输情况的记载；

(4)有关法律约束方面的记载。

根据《联合国国际货物多式联运公约》的规定，多式联运经营人对开多式联运单据中的有关记载事项可以做出保留。如果多式联运经营人或其代表知道、或有合理的根据怀疑多式联运提单上所列货物的品种、主要标志、包装或件数、重量等事项没有准备地表明实际接管的货物状况或无适当方法进行核对，则该多式联运经营人或其代表应在多式联运提单上做出保留，注明不符之处、怀疑的根据。如果多式联运经营人或其代表为在多式联运提单上对货物的外表状况加以批注，则应视为他已在多式联运提单上注明货物的外表状况良好。

多式联运经营人如在单据上对有关货物或运输方面加了批注，其证据效力就会产生疑问，收货人原则上是不能接收加了批注的多式联运提单的。如果多式联运提单上没有这种保留性批注，这多式联运提单上记载事项的证据效力是完全的，对发货人来说是初步证据，但多式联运经营人可举证予以推翻。不过根据〈联合国国际货物多式联运公约〉的规定，如果多式联运提单是可以转让方式签发的，而且已转让给信赖该单据所载明的货物状况的、包括收货人在内的第三方式，该单据就构成了最终证据，多式联运经营人提出的反证不予接受。

此外，《联国国际货物多式联运公约》对一些经过协议达成的记载事项，如交货日期、运费支付方式等并未做出法律规定，这符合合同自由原则。但《多式联运公约》对由于违反此类记载事项带来的责任还是做了规定：如果多式联运经营人意图诈骗，在多式联运提单上列入有关货物时的不实资料，或其他规定载明的任何资料，则该联运经营人不得享有该公约规定的赔偿责任限制利益，而须负责赔偿包括收货人在内的第三方因信赖该单据所载明的货物状况行事而遭受的任何损失、损坏或费用。

任务实施

1. 实训目的

掌握国际多式联运方案设计。

2. 实训内容

大众汽车有限公司现有一批轿车出口伊朗，轿车的发货地为上海，交货地为伊朗的德黑兰市。现委托广浩国际货运代理有限公司组织多式 联运，广浩国际货运代理有限公司为大众汽车有限公司设计多式联运方案，确定运输路线。

3. 实训准备

把学生分成5~6人一组，打开网络，准备世界地图一张。

4. 实训步骤

(1)在世界地图上找到上海、伊朗的德黑兰市。

(2)设计从上海到伊朗德黑兰市的线路。

(3)选几组学生来分别就各自设计的路线进行分析；其他组学生对其进行评议，并提出理由。

(4)教师进行点评。

5. 实训评价

训练评价的方式有教师评价、小组内部成员评价和第三方评分组成员评价 3 种，建议教师评价占 60% 权重，小组内部成员评价占 20% 的权重，第三方评分组成员评价占 20% 的权重。将 3 者综合起来的得分为该生在该项目的评价分，见表 5-8。

训 练 评 价 表 表 5-8

考评人		被考评人	
考评地点			
考评内容	国际多式联运方案设计		
考评标准	具体内容	分值(分)	实际得分
	工作态度	15	
	沟通水平和团队合作	15	
	调查表的设计情况	15	
	调查中的表现及结果	25	
	撰写调查报告情况	30	
合计		100	

注：考评满分 100 分，60 以下为不及格，60～69 分为及格，70～79 分为中，80～89 分为良，90 分以上为优。

延伸阅读

南航打造"陆空联运"品牌

中国《内地与香港关于建立更紧密经贸关系的安排》(简称：CEPA)的实施，将为粤港两地物流业带来巨大商机。中国南方航空公司借此良机，大力发展连接粤港两地的陆空联运"卡车航班"业务。南航"陆空联运"品牌"卡车航班"，就是利用广州邻近香港的优势以及南航广州基地密集的航线网络优势，定期开通香港—广州的海关监管卡车联运业务，并在国内首次为卡车运输设定航班号 CZ791 和 CZ793，前者承运入境货物，后者承运过境货物，每天发运一班。

由于卡车联运过程使用了海关监管车，货主只需在始发地进行一次报关，在各转运地交由南航委托的地面运输公司进行简单的转关操作即可，大大节省了通关时间。这样，货物从香港始发，只需 4h，就可运到广州白云机场、南航马上就可根据货物订舱情况，将货物迅速配载上航班，快速转运到各地。

南航的此项新业务将通过地面"卡车航班"与空中航线网络的有效对接，在香港与中国内地各大中城市之间搭建一个快速便捷的陆空联运网。"卡车航班"联运业务开通以来，每月从香港经广州陆空转运到内地的货物逾 100t。

根据 CEPA 规定，自明年起，允许香港公司在内地提供相关的货运分拨和物流服务。这将促使香港与内地外贸、物流大幅度增长，强劲拉动两地对航空货运的市场需求。与此同时，为促进内地与香港贸易投资的便利化，深圳海关积极推进通关业务改革，对经皇岗口岸进出的报关、报验车辆全面实施通道自动核放，简化了通关手续。

南航有关负责人表示，CEPA 的实施将为航空货物运输带来良好的商机，“通关便利”又为陆空联运业务的开展提供了顺畅的条件。南航货运将打破“空空联运”的局限，积极打造“陆空联运”品牌，利用完善的空中、地面运输网络，促进粤港两地物流业的大力发展。

在理顺香港至广州的陆运通道后，下一阶段，南航将筹划卡车运输回程航班 CZ792 和 CZ794 的具体运作事宜，准备开通广州—香港的定期卡车航班。届时，南航将通过广州密集的航线网络优势，将内地各大中城市出境过境货物用飞机航班运至广州白云机场，再由“卡车航班”快速转运至香港。

参考文献

[1] 陈彩凤. 国际货运代理[M]. 北京:北京交通大学出版社,2010.

[2] 中国国际货代协会. 国际海上货运代理理论与实务[M]. 北京:中国商务出版社,2009.

[3] 孙敬宜. 国际货运代理实务[M]. 北京:对外经济贸易大学出版社,2010.

[4] 陈伟芝. 国际商务单证[M]. 广州:暨南大学出版社,2010.

[5] 何银星. 货代高手教你做货代[M]. 北京:中国海关出版社,2014.

[6] 中国国际货运代理协会. 国际航空货运代理理论与实务[M]. 北京:中国商务出版社,2010.

[7] 黄力华. 民用航空法学[M],成都:四川大学出版社,2000.

[8] 肖瑞萍. 国际航空货物运输[M]. 北京:科学出版社,2011.

[9] 陈心德. 集装箱运输与国际多式联运管理[M]. 北京:清华大学出版社,2008.

[10] 武德春,武骁. 国际多式联运实务[M]. 北京:机械工业出版社,2009.

[11] 中国国际货运代理协会. 国际陆路货运代理与多式联运理论与实务[M]. 北京:中国商务出版社,2010.

[12] 朱晓宁. 集装箱运输与多式联运 [M]. 北京:中国铁道出版社,2010.

[13] 孙家庆. 集装箱多式联运 [M]. 北京:中国人民大学出版社,2010.

[14] 段满珍. 国际集装箱运输与多式联运 [M]. 北京:清华大学出版社,2011.

[15] 陈琳. 集装箱多式联运 [M]. 上海:上海财经大学出版社,2006.

[16] 陈琳. 国际集装箱多式联运实务与法规 [M]. 北京:人民交通出版社,2005.

[17] 武德春. 集装箱运输实务[M]. 北京:中国经济出版社,2010.

[18] 郑淑媛. 实用进出口单证[M]. 北京:电子工业出版社,2008.

[19] 中国快递市场发展研究课题组. 中快递市场发展研究报告[M]. 北京:中国经济出版社,2006.

[20] 中国航空法学研究会. 国际航空法华沙体制文件汇编[M],北京:中国法制出版社,1999.